开着飞机去旅行——中国低空经济之路

徐连彦　闻　慧　著

中国原子能出版社

图书在版编目（CIP）数据

开着飞机去旅行 : 中国低空经济之路 / 徐连彦, 闻慧著. -- 北京 : 中国原子能出版社, 2024. 10.

ISBN 978-7-5221-3691-2

Ⅰ. F562

中国国家版本馆CIP数据核字第2024BP7978号

开着飞机去旅行——中国低空经济之路

出版发行	中国原子能出版社（北京市海淀区阜成路 43 号 100048）	
责任编辑	潘玉玲	
责任印制	赵　明	
印　　刷	北京厚诚则铭印刷科技有限公司	
经　　销	全国新华书店	
开　　本	787 毫米 ×1092 毫米　1/16	
印　　张	20	
字　　数	368 千字	
版　　次	2024 年 10 月第 1 版　2024 年 10 月第 1 次印刷	
书　　号	ISBN 978-7-5221-3691-2	
定　　价	89.00 元	

发行电话：010-88828676

　　自改革开放以来，"私人飞机"这一概念首次广泛进入公众视野，或可追溯至电影《追捕》中的经典场景，检察官杜丘驾驶着真由美父亲的私人飞机，从北海道成功逃逸。如今，驾驶私人飞机出游已不再仅是电影中的幻想，它正逐步成为我们生活中的一部分，引领着一种全新的出行与生活方式。

电影《追捕》截图

　　开飞机容易吗？正如电影中检察官杜丘的感觉，比开汽车简单多了。根据 AOPA（中国航空器拥有者及驾驶员协会）的一般要求，电影中杜丘开的飞机，有 40 小时的飞行时间，其中 20 小时与教练一起飞行、至少 10 小时独自飞行经历，就可以单飞啦。

　　私人购买飞机现实吗？这类似于 30 年前家用轿车普及程度的议题。以类似电影中杜丘所驾驶的飞机为例，其国内售价约为 400 万元人民币。在常规使用条件下，该飞机可服务长达 20 年，甚至更长，且支持分期付款的购买方式。我们不禁要问，在您的社交圈内，能够承担这一经济负担的个体数量会有多少？更为诱人的是，市场上还有专业的运营租赁公司可提供分期付款等相关金融服务，进一步降低了个人或企业直接拥有并运营飞机的门槛。

中国是否能够实现私人飞机的普及？回顾中国汽车工业的发展历程，我们或许能够从中获得一定的信心。1990 年，中国的私人汽车保有量仅为 82 万辆，而同期美国的私人汽车保有量则高达 1.9 亿辆。然而，经过 30 多年的发展，截至 2022 年年底，中国的私人汽车保有量已经攀升至 2.78 亿辆，与美国的 2.79 亿辆基本持平。

哪些人会成为低空飞行的新宠儿呢？根据美国联邦航空局（FAA）截至 2022 年年底的统计数据，美国通用航空飞行员中，年龄在 16 至 34 岁之间的飞行员数量约为 284,784 人，而年龄范围扩展至 16 至 44 岁的飞行员数量则增至约 425,504 人、占全国飞行员总数量的 50% 以上。这一数据表明，年轻群体作为永远充满新生力量的社会组成部分，会展现出强劲的潜力与活力。

国家是否会给予支持？2024 年 3 月的《政府工作报告》已明确指出：积极打造生物制造、商业航天、低空经济等新增长引擎。据不完全统计，2024 年以来，全国已有 20 多个省区市将低空交通写进了政府工作报告，将发展低空交通列入了本省的发展规划或工作任务，更有多个省市已经发布或正在研究制定本地发展低空交通的支持政策措施。投资与咨询机构也相继发布相关报告。

2024 年 7 月 18 日，中国共产党第二十届中央委员会第三次全体会议通过的《中共中央关于进一步全面深化改革 推进中国式现代化的决定》明确提出："深化综合交通运输体系改革，发展通用航空和低空经济。"

我们的长远目标是什么？通过对比中美低空飞机的现状，答案或许已呼之欲出。

美国 FAA 的数据显示：截至 2022 年年底，美国拥有注册通用航空飞机 267,658 架，活动飞机约 209,540 架，各类型机场 19,633 个，提供公共服务的机场达 5,080 个。注册飞行员数量高达 80 万，低空飞机年飞行 2,695 万小时。通用航空创造的就业岗位高达 120 万个。

据中国民用航空局发布的《2022 年通用和小型运输运行概况》，截至 2022 年 12 月 31 日，我国实际运行的通用及小型运输航空公司有 399 家，从业飞行人员 3,371 名（含中国籍飞行员 3,349 人、外籍飞行员 22 人），航空器总数为 2,234 架。

结合中美数据及国内外政策导向，我国低空产业的发展目标应设定为：2030 年实现县县通，低空飞机达到每万人 0.5 架的全球平均标准，固定资产产值超过 4 万亿元。远期目标则是追赶美国，使注册飞机和机场数量相匹配，预计总产值将超过 20 万亿元。

低空交通产业是目前产业投资和股票市场上最热门的话题，那么它是怎么样迅速来到风口的呢？未来会吹向哪里？又有哪些产业会被风吹起来呢？"共享飞行"离我们还有多远呢？

如何破解低空交通产业的财富秘密呢？如何达到我们心中理想的目标呢？《开着飞机去旅行》将从美国低空飞行的发展历程入手，以中国式现代化的视角，对低空飞行的服务对象、发展路径、产业规划等提出全新的见解，带着读者一起进入未来的画面。

早晨，于水乡低空小镇的飞机别墅内享用完早餐后，驾驶私人飞机前往魔都的专属机场。在那里，与同样以飞行方式抵达的朋友们、商业伙伴进行了深入的商务洽谈，并共享了午餐。随后，再次驾驶飞机返回低空小镇，与家人在温馨的氛围中共进了一顿烛光晚餐。

网上有一个九年级的考试题：在 20 世纪被称为"装在轮子上的国家"是哪个？标准答案是"美国"。但如果问 21 世纪装在轮子上的国家，那就得是中国了，因为中国 2023 年的民用汽车保有量 33,618 万辆，世界第一了。

未来，我们是否会被称为"装上翅膀的国家"呢？

我们的未来在天空！

作　者
2024 年 7 月

目录
CONTENTS

目 录

低空飞行概述

2021 年 2 月，中共中央、国务院印发《国家综合立体交通网规划纲要》，提出"发展交通运输平台经济、枢纽经济、通道经济、低空经济。"这是首次将"低空经济"概念写入国家规划。

规划里所描述的低空经济是从传统的通用航空发展而来的一种新经济模式，概括地说，低空经济是一个依托于低空空域，以各类航空器的低空飞行活动为核心，辐射带动相关领域融合发展的综合性经济形态。

2023 年 12 月，中央经济工作会议提出："打造生物制造、商业航天、低空经济等若干战略性新兴产业"。

2024 年 3 月，《政府工作报告》中提出："实施产业创新工程，完善产业生态，拓展应用场景，促进战略性新兴产业融合集群发展。巩固扩大智能网联新能源汽车等产业领先优势，加快前沿新兴氢能、新材料、创新药等产业发展，积极打造生物制造、商业航天、低空经济等新增长引擎。"

2024 年 7 月 21 日，中国政府网全文公布了党的二十届三中全会审议通过的《中共中央关于进一步全面深化改革、推进中国式现代化的决定》，提出"健全现代化基础设施建设体制机制；发展通用航空和低空经济"[①]。

当前，低空经济是最热门的投资话题，已经成为各级政府、各机构的追捧对象。低空经济的概念起源于低空飞行，沿通航航空—低空天网—临空经济—陆空一体—低空经济带—低空经济这样的路径演化而来。笔者将从低空飞行的起源入手，对比分析中外低空飞行的发展历程和成果，以揭示中国低空产业的发展路径和方法。

1.1 低空飞行的起源

飞行的梦想自古以来便为人们所向往。1783 年 11 月 21 日，法国蒙特哥菲尔兄弟（Joseph-Michel Montgolfier 和 Jacques-Étienne Montgolfier）通过自行制造的热气球，完成了人类历史上首次载人飞行实验。此次飞行自巴黎西部的布洛涅林公园启动，历时 25 分钟，最终降落在现今巴黎

---

① 本书中，我们将通用航空和低空经济归纳为：低空综合交通系统，简称"低空交通"。

十三区的意大利广场附近。勇敢的乘客德罗齐耶与阿兰德侯爵一起，共同完成了人类的首次飞行。

图 1-1　1783 年在法国进行的首次载人热气球飞行[①]

大约十年后，军事航空的潜力逐渐显现。1794 年，法国航空部队的气球参与了法国大革命的军队行动。之后欧洲在气球、滑翔机和空气动力学领域的研究与探索持续深入展开。气球的一个主要缺点是缺乏驾驶手段，被风驱动的气球会以与风相同的速度和方向移动。人们目光因而转向了飞艇。

1783 年，法国将军梅尼埃设计了第一个飞艇。它由三名船员操作的三个螺旋桨驱动。他的发明要到一个世纪后才得以实现……而且是用发动机。19 世纪初，英国男爵凯利（一个我们稍后会提到的重要人物）设计了一艘由蒸汽发动机驱动的飞艇，并配备了方向舵。但缺乏足够的发动机使飞艇的发展受到了长期阻碍。从 19 世纪 70 年代开始，人们研发出了更轻的发动机——蒸汽发动机、内燃机或电动机，来驱动螺旋桨。

1852 年，可能已经有一次飞艇飞行。但第一个名副其实的飞艇是 1884 年查尔斯·勒纳德设计的"法国号"。它由电池供电的电动机驱动，电动机带动位于前方的螺旋桨。1898 年，巴西人桑托斯·杜蒙将一台汽油发动机安装在了飞艇上。1901 年 10 月 19 日，他驾驶着桑托斯·杜蒙六号环绕埃菲尔铁塔飞行，并赢得了十万法郎金的德意志奖。

----

① 图片来源：柏林普鲁士文化资产图片档案馆。

图 1-2　1901 年桑托斯·杜蒙环绕埃菲尔铁塔飞行 [1]

1853 年，英国乔治·凯利爵士 [2] 成功研制出一款具备固定机翼、弧形机翼，以及水平和垂直稳定器的滑翔机，这些设计最终演化为类似于现代悬挂式滑翔机的飞行器。

图 1-3　乔治·凯利的滑翔机 [3]

进入 20 世纪，飞行技术实现了重大突破。1903 年，奥维尔和威尔伯·莱特兄弟（Orville and Wilbur Wright）在历经多年的研究与实践后，通过超

---

[1]　图片来源：Histoire de l'aviation（法语，航空史）.Flammarion，1792.

[2]　乔治·凯利，George Cayley，十九世纪的英国人，空气动力学之父。1809 年，他的题为《论空中航行》的论文在自然哲学杂志上发表。在该论文中，他提出了十分重要的科学论断：1. 为作用在重于空气的飞行器上的四种力——升力、重力、推力和阻力下定义；2. 确定升力的机理是与推力机理分开的。这一重要发现奠定了固定机翼形式的飞机的基本构思和理论基础。

[3]　图片来源：Yorkshire Air Museum 17 April 2010 Cayley Glider (replica) Photo by：Malcolm Clarke.

过 1,000 次的滑翔试验，成功解决了机翼、发动机和控制系统等关键飞行难题，实现了首次动力驱动、持续、可控的飞行，从而开启了机身重于空气的航空时代。此次短暂的 12 s 飞行不仅标志着现代航空的起始，也为美国海军航空工业的发展奠定了坚实的基础。随后，莱特兄弟持续对飞机进行改进，1905 年 10 月实现了飞行时间长达 38 min03 s、距离 39.4 km 的壮举，使飞机逐渐成为"具有实用价值并可销售"的产品。莱特兄弟进而开始航空商业化运营，申请飞机专利并展开销售工作，主要销售对象为欧美各国的政府部门。下图是莱特兄弟第一次试飞成功的照片，这幅图被称为"20 世纪被转载最多的图片"。

图 1-4   莱特兄弟在海滩试飞可控飞机 [1]

1909 年 3 月，美国人格伦·柯蒂斯（Glenn Curtiss）先于莱特兄弟建立了第一家美国飞机公司（1910 年改名为"柯蒂斯飞机公司"），同年 8 月获得法国首届飞行大赛上的飞行速度冠军，名声大噪，后来成为莱特兄弟最大的竞争对手。柯蒂斯对水上飞机的研发贡献巨大，他在法国飞行大赛上向"水上飞机之父"法国人亨利·法布尔（Henri Fabre）[2] 取经后，对水上飞机不断进行研究和改进，成功研发出"实用型的水上飞机"，后更于 1913 年研制出具有革命性的船身式水上飞机，被美国海军广泛使用。航空母舰的构想和实现也是起源于柯蒂斯对水上飞机的研发。另外，1911 年，柯蒂斯的水上飞机成功营救了一名迫降在湖上的飞行员，开创了飞机用于"水上救援"的先河。当时，柯蒂斯与美国海军展开了全面的合作，不仅为其研发、制造飞机，还为海军培训飞行员，他对美国海军航空贡献巨大，因此被誉为"海军航空之父"。

---

[1]   图片摘自 Histoire de l'aviation（法，航空史）.Flammarion（法国出版社），1792.

[2]   亨利·法布尔（Henri Fabre），是法国著名的飞行家，被誉为"水上飞机之父"。1910 年 3 月 28 日，他在马赛附近的海面上进行了世界上第一次水上飞机的飞行试验。飞机装有 3 个浮筒和一台 50 马力的内燃发动机，首次飞行就取得了成功，飞行距离达到了 500 m。在第一次世界大战期间，他创建了一家拥有 200 名雇员的公司，专门从事水上飞机的制造。

图 1-5　Curtiss 的 A-40 型水上飞机 [1]

1861 年，正值美国内战期间，一支气球队为联邦军队提供了重要的空中观察和侦察服务。尽管库存中的 7 个气球在一定程度上发挥了作用，但它们也展现出脆弱性——易受天气条件的影响，因此在 1863 年，美国军队解散了联邦军的热气球队。

1906 年，莱特兄弟获得了"飞行器专利"，为了更好地展示其飞机性能并推广产品，他们开始在全球范围内进行飞行表演，这成为飞行表演的最初形式。这些公开飞行不仅消除了外界的疑虑，更在政府、航空界以及公众中引起了广泛关注，特别是在他们曾饱受质疑的美国，引发了航空热潮。这一热潮吸引了更多美国人投身于飞机研发工作，航空业的竞争也日趋激烈。

1909 年，法国布莱里奥航空公司的飞机成为有史以来第一架成功飞越英吉利海峡的重于空气的飞机。

图 1-6　弗朗西斯科·巴拉卡和其驾驶的 SPAD S. Ⅶ [2]

1917 年，意大利第一次世界大战王牌飞行员弗朗西斯科·巴拉卡（Francesco Baracca）驾驶的 SPAD　S. Ⅶ，机身上饰有著名的跃马标志，

---

[1]　图片摘自《American Flying Boats and Amphibious Aircraft-An Illustrated History》.
[2]　图片摘自《The Tandem Wing:Theory,Experiments,and Practical Realisations》.

该标志后来被法拉利采用，以纪念巴拉卡本人。

1914 年，格伦·柯蒂斯意识到推动式飞机已经过时，而欧洲人在牵引设计方面处于领先地位。柯蒂斯前往英国寻求灵感，在访问索普韦思航空公司时，他遇到了一位名叫本杰明·道格拉斯·托马斯的年轻工程师。他请求托马斯为他设计一款牵引式飞机，托马斯提出了 J 型机的设计（在后来的岁月里，托马斯还参与了 H-1 America 的设计）。J 型机的首次飞行是在 1914 年 5 月 10 日，速度达到了每小时 85 英里，成为美国最快的飞机。

尽管外表温和，J 型机却是第一架用于战争的美国飞机。1916 年，潘乔·维拉带领一群强盗进入新墨西哥州的哥伦布市，并袭击了美国第 13 骑兵团。他们抢夺马匹、军事补给，最终烧毁了半个城镇。作为对这次袭击的回应，威尔逊总统派遣了 5,000 名士兵，由约翰·J·潘兴将军指挥，去捕捉维拉。1916 年 3 月 16 日，潘兴领导 1916—1917 年的"惩罚性远征"军队进入墨西哥，JN-3s 被用于边境巡逻，从得克萨斯州的布朗斯维尔起飞，第一航空中队提供空中支援作为观察员。

与此同时，欧洲各国了也进行了大量的飞机研制。1913 年 9 月 29 日，法国人马塞尔·普雷沃（Marcel Prévost）驾驶一架"德佩杜辛"（Deperdussin）设计的单翼飞机，以 59 min45 s 的成绩完成了 200 km 的赛程，赢得了"戈登·贝内特杯"（Gordon Bennett Cup）。普雷沃打破了平均速度（200.836 km/h）和绝对速度（203.850 km/h）的纪录。

图 1-7　Deperdussin 飞机 [1]

1914 年一战之初，法国、德国、俄罗斯 [2] 及英国的飞机数量分别为 1,400 架、1,000 架、800 架及 400 架，而美国则仅有 23 架飞机。到停战时，

---

[1]　图片摘自 Histoire de l'aviation（法语，航空史）.Flammarion（法国出版社），1792。Sociétépourles Appareils Deperdussin（法语，德佩杜辛飞行器公司），后来更名为法国航空与赛斯公司（SPAD——斯帕德），SPAD 飞机制造公司在一战期间生产了一系列性能出色的战斗机，其中斯帕德 S.7 和斯帕德 S.13 型战斗机尤为著名。

[2]　1914 年的俄罗斯全称为俄罗斯帝国（Russian Empire），沙皇（Tsar）是 1547-1917 年对俄罗斯帝国皇帝的称呼，因此也称此时的俄罗斯帝国为沙俄。

美国陆军已接收大约 11,000 架飞机，这是 27,000 架订单中的一部分。其中，大约 7,800 架为教练机，主要是著名的 JN-4D（珍妮），陆军获得了 5,000 多架。

后来，珍妮机主要被用作训练机，因为它已经被当时欧洲的单翼战斗机所超越。它成为第一次世界大战期间美国和加拿大陆军的主要初级训练机，也被英国和美国海军使用。

图 1-8 柯蒂斯 JN-4D 珍妮[①]

在战斗中需要达到的性能（速度、载荷因数和有效载荷）要求有一个可靠的结构，而当时美国的单翼飞机根本无法应对，因此一战时美国生产的飞机以双翼飞机为主。

图 1-9 第一中尉拉塞尔·L·莫根在 PW-8 前，该飞机用于海岸黎明至黄昏飞行[②]

Junkers F13 拥有全金属构造和悬臂式机翼，这两项技术均由德国工程师雨果·容克斯于 1915 年率先开发。Junkers F13 于 1919 年首次飞行，它是世界上第一架能够搭载乘客、邮件和货物，有全封闭驾驶舱的全金属商

---

① 图片来源：http://www.aviation-history.com/curtiss/jn4.htm.JN-4D（珍妮）是 Curtiss 飞机公司所设计的双翼飞机，JN-4D 为美国本土设计的首架大规模生产飞机，约有 95% 的美国及加拿大飞行员在珍妮机上完成了部分飞行训练。战后，自 1920 年至 1926 年，被称作"珍妮机时代"，众多军事飞行员及首次在珍妮机上学习飞行之人购买了数百架改装的美国陆军珍妮机，进行空中飞行表演。其中，JN-4 型号最受欢迎，它也是美国航空史上经典机型之一，与 DC-3、Piper Cub、P-51 Mustang、Boeing 707 和 F-4 Phantom 等飞机齐名。

② 图片来源：Aviation in The U·S Army 1919-1939.

用飞机，它的外壳由抗腐蚀的波纹杜拉铝板制成。单翼飞机在第一次世界大战后开始流行，到了20世纪30年代，迅速成为固定翼飞机的标准配置。

图 1-10　Junkers F 13 原型机 [1]

1927 年，塞斯纳飞机公司在堪萨斯州威奇托组织并开始制造悬臂式单翼系列私人飞机，新单翼飞机设计中的第一个"幻影"，于 1927 年 8 月 13 日首次飞行。此后，该公司成功制造了一系列四座和六座单翼飞机。75 年来，赛斯纳工厂总共交付各型飞机 19 万架，包括 16 万架单发活塞轻型飞机，24,000 架双发飞机，2,000 架军用喷气教练飞机，3,600 架奖状系列喷气公务飞机和 1,300 架凯旋号单发涡桨飞机。

图 1-11　鲁斯特驾驶 Cessna-172 降落在莫斯科红场 [2]

亨克尔 He-178 是世界上第一架以涡轮喷气发动机为动力的飞机，也是第一架可投入使用的喷气式飞机，它采用硬壳铝制机身、木质机翼，飞行速度达到每小时 700 km。1939 年 8 月 27 日，He-178 在德国著名飞行

---

[1]　图片来源：https://www.europeanairlines.no/centennial-first-flight-junkers-f-13/.

[2]　1987 年 5 月 28 日，德国青年马蒂亚斯·鲁斯特驾驶一架 Cessna 172 型飞机，从芬兰赫尔辛基起飞，经过大约 650 km 的飞行，成功降落在莫斯科红场列宁墓附近。还处于冷战时期的苏联边境地区拥有 1,300 架拦截机、超过一万枚防空导弹、7,000 部雷达及传感器，防护措施堪称严密。鲁斯特在苏联"边防战士日"成功突破苏联防空系统，暴露了苏军防空的缺陷。因此，时任苏联国防部长谢尔盖·索科洛夫及防空军总司令科笃诺夫上将等 300 余名军官被撤职。红场事件也对世界各国的低空防御提出了挑战。图片来源：https://metaldetectorhobby.forumfree.it/?t=74398319.

员瓦西茨的驾驶下首飞。

图 1-12　最早的涡轮喷气飞机 [1]

在第一次世界大战期间，固定翼飞机迅速找到了军事用途，最初用于侦察，后来作为轰炸机和战斗机。飞机还被发现非常擅长击落敌方的侦察气球。然而，气球拥有飞机所缺乏的一项重要能力：能够连接地面电话线以报告战场上的情况。战争期间，奥地利军队气球团的斯特凡·冯·佩特罗奇中尉启动了一个项目，旨在开发一个系留的、武装的空中观测平台，该平台在需要时可以迅速收回。在如今已成为传奇人物的西奥多·冯·卡门的技术指导下，以及威尔海姆·祖洛维奇少尉的协助下，1917 年 10 月在布达佩斯开始了一台重 1,433 磅（650 kg）的全尺寸机器 PKZ 1 的制造工作。一台 190 马力（142 kW）的奥斯特 - 戴姆勒电动机被用来驱动观察员前后的两个螺旋桨。电力通过电缆传输，但电动机本身仍然重达 430 磅（195 kg）。1918 年 3 月，该机进行了四次测试飞行，最高飞至 20 英尺（6 m）的高度，但电动机烧毁了，阻碍了进一步的测试。

图 1-13　1917 年 PKZ 1 栓系观测机

1921 年 1 月，美国陆军航空队授予乔治·德·博特扎特博士和伊万·杰罗姆获得了一份合同，用于开发垂直飞行机器。这架重 3,700 磅（1,678 kg）的 "X" 形结构飞行器，在 30 英尺（9 m）长的臂端各支撑一个 26.5 英尺

① 图片来源：Aviation in The U·S Army 1919-1939.

（8.1 m）直径的六叶旋翼。在横向臂的末端，使用了两个可变螺距的小螺旋桨用于推进和偏航控制。在框架交界处上方还安装了一个小型升力旋翼，位于180马力（134 kW）的勒罗恩径向发动机上方（也为发动机提供冷却），但后来因不必要而被移除。每个旋翼都有单独的总螺距控制，通过机体倾斜产生差动推力以实现平移。飞机起飞时重3,748磅（1,700 kg），于1922年10月进行了首次飞行。发动机很快升级为220马力（164 kW）的宾利BR-2旋转发动机。到1923年底，在俄亥俄州代顿附近的赖特机场进行了大约100次飞行，包括一次挂着三名"乘客"在机身上的飞行。尽管合同要求进行300英尺悬停，但它达到的最高高度约为15英尺（5 m）。在花费了20万美元后，德·博特扎特证明他的飞行器可以相当稳定，实用直升机在理论上是可能的。

图1-14　1921年的德波特萨特飞行器

1939年，美籍苏联人斯科尔斯基（Igor Sikorsky）研发的单旋翼带尾桨的直升机首飞成功，实用直升机起步发展。1930年，他开始草拟单旋翼直升机的设计。次年6月，西科斯基提交了一项专利申请，描述了一个使用尾缘襟翼在单个主旋翼叶片上实现周期性俯仰控制的直升机。经过几年的进一步研究，西科斯基说服了他的母公司联合飞机公司的管理层资助其开发工作。1938年，设计团队建造了一个旋翼测试台来研究升力和扭矩力。次年春天，他们设计了一个简单的测试飞行器VS-300（沃特－西科斯基－直升机第3号），它由一台65马力（48 kW）的莱明发动机驱动，配备一个28英尺（9 m）长的三叶主旋翼和一个单叶平衡尾旋翼，总重量为1,092磅（495 kg）。选择框架结构的特别设计是为了在实验中易于修改，如下图 [①]。

---

①　直升机的三幅图片摘自《The American helicopters.An Overview of Helicopter Developments in America1908-1999》。伊戈尔·西科斯基设计的VS-300是美国第一款实用的直升机，也是全球首个成功采用我们现在熟悉的单主旋翼和尾旋翼设计的直升机。

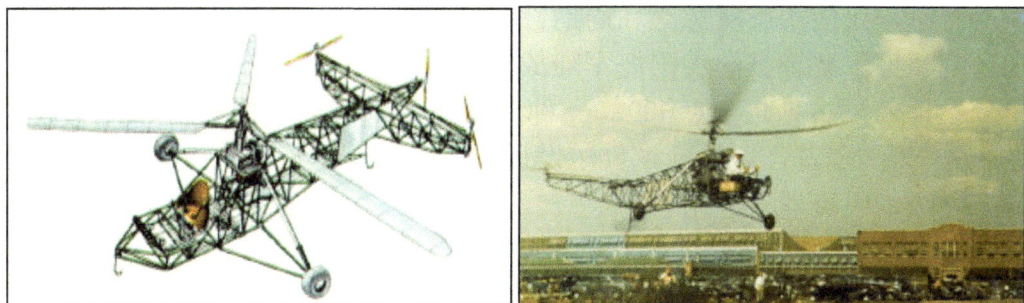

图 1-15　The Sikorsky VS-300 in 1940

　　VS-300 的首飞（系留）是在 1939 年 9 月 14 日，首次非系留飞行则是在 1940 年 5 月 13 日。经过不断测试，到了 1941 年 5 月 6 日，西科斯基驾驶 VS-300 刷新了世界直升机续航纪录，达到 1 小时 32 分钟 26 秒。VS-300 经过几次重大配置调整，直到 1941 年 12 月 8 日以最终配置飞行：它采用单一主升力旋翼，具备全周期螺距控制以实现滚转和俯仰控制，还有一个单一尾旋翼用于方向控制和反扭矩。1943 年 10 月 7 日，VS-300 被赠予亨利·福特及其位于密歇根州迪尔伯恩的爱迪生博物馆。在其生涯中，VS-300 累计飞行了 102 小时 35 分钟 51 秒。VS-300 的开发奠定了后来 VS-316（R-4）的设计基础，这是全球第一款量产直升机，也开启了世界直升机产业的新时代。

图 1-16　贝尔 V-22 鱼鹰（左）和 BA 609（右）[①]

　　1983 年 4 月，贝尔和波音获得了海军的一份合同，联合开展先进垂直起降（JVX）飞机的初步设计。1989 年 3 月，该机型首飞。目前，距离倾斜旋翼概念首次展示已经过去了 45 年，贝尔波音 V-22 鱼鹰已成为作战飞机。鱼鹰的动力系统是两台 6,150 马力（4,586 kW）的劳斯莱斯·艾利森 T406 涡轮轴发动机，其功率与重量比超过 6 马力 / 磅。每个发动机 / 旋翼产生约 24,000 磅（107 kN）的推力，推力与重量比接近 25。控制系统也

---

　　① 图片摘自 https://www.aerospace-technology.com/projects/ba609/.

相对简单，仅使用旋翼总距和周期性俯仰来控制悬停，以及机舱角度来实现过渡。贝尔波音已向美国海军陆战队、空军和海军交付了超过 500 架的鱼鹰。贝尔阿古斯塔 BA 609，一种六到九座乘客的民用倾斜旋翼飞机，在 2001 年实现首飞。目前，贝尔设计的一种四倾斜旋翼机 V-44，已在大约 50 t 级的飞行器上应用。

1.2　无人机的发展历程

无人机（Drone）是一种无需人员在机上操作的飞行器，它可通过实时操控、预设航点或自主飞行来操作。1914 年提出概念，并在第一次世界大战期间开始研发。

1916 年，在距离莱特兄弟历史性飞行不到 15 年的时间里，第一架现代无人机——Hewitt-Sperry 自动飞机问世，它是以两位发明者命名的。它的问世得益于斯佩里陀螺仪设备的发明，这些设备是飞行稳定性所必需的。斯佩里成功地引起了美国海军的兴趣，后来发展出了柯蒂斯 – 斯佩里空中鱼雷，同时美国陆军空军赞助了查尔斯·凯特林的自由鹰空中鱼雷。

图 1-17　世界上最早的无人机——空中鱼雷 [1]

图 1-18　德哈维兰虎蛾双翼飞机展出 [2]

在英国，整个 20 世纪 20 年代都在进行无人机的实验，其中包括 1921 年的 RAE1921 靶机。1933 年，英国皇家海军首次使用"蜂后"目标无人机。下图是德哈维兰虎蛾双翼飞机的改良版本，并成功用于炮击练习。

之后世界各国都在研制不同体制的无人机，最常见的就是用于空中射击训练的靶机。

SD-1，也被称为 MQM-57 猎鹰者，是美国陆军的首款侦察无人机，

---

[1] 图片来源：《Handbook of Unmanned Aerial Vehicles》是由 Konstantinos Dalamagkidis 等人编写的参考书，涵盖了无人机（UAV）的所有方面，从设计到物流等。

[2] 图片来源：《Handbook of Unmanned Aerial Vehicles》.

一直服役到 20 世纪 70 年代。

1960 年 U-2 侦察机在苏联上空的失事为无人侦察机的研发提供了新的动力，两年后第二架 U-2 在古巴上空的失事[①]解决了各种疑虑和资金问题。美国空军支持了 Ryan Model 147 无人机的开发，该机型进化出了一系列具有不同功能的型号，20 世纪 60 年代和 70 年代被美国用于对中国、越南和其他国家进行侦察任务。在这段时间里，美国发射了近 3,500 架"闪电虫"无人机，并且有接近 84% 的成功返回。值得注意的是，这些无人机在尝试击落战斗机时被记功，其中一架无人机因击落五架越南米格战机而被授予王牌无人机。

图 1-19 MQM-57 猎鹰者无人机[②]

图 1-20 AQM-34Q 闪电虫无人机[③]

真正在战场上显示威力的无人机是 1991 年美军沙漠盾牌行动中有过出色表现的 RQ-2A 先锋和 MQ-1 捕食者。

美国陆军、海军和海军陆战队从 20 世纪 80 年代末开始使用 RQ-2A。它可为战场指挥官提供实时侦察、监视、目标获取和战斗损害信息，并可通过地面控制器操纵飞机在其 185 km（115 英里）的范围内飞行，还可通过飞入船上的大型网中回收，或者在陆地上使用尾钩和拦阻线进行回收，小巧的体积和复合材料使得其在视觉上和雷达上难以被探测到。

1991 年海湾战争期间，RQ-2A 被在威斯康星号战列舰上操作，当它在评估对科威特城附近的费拉卡岛上的目标进行海军炮火打击造成的损害时，几名伊拉克士兵在飞机低空飞过时向飞机示意投降——这是敌人士兵

---

① 1962 年 10 月 27 日，一架隶属于美国空军的 U-2 高空侦察机在古巴上空侦察时，被苏联的 SA-2 防空导弹系统锁定并击落，飞行员鲁道夫·安德森少校坠机身亡。U-2 侦察机拍摄的照片成为苏联在古巴部署 SS-4 和 SS-5 中程导弹的重要证据。该事件也暴露了 U-2 侦察机在苏联防空系统面前的脆弱性。

② 图片来源：美国空军国家博物馆。

③ AQM-34Q 是 Ryan Model 147 型无人侦察机的几种变体之一。图片来源：美国空军国家博物馆。

首次向无人机投降。他们后来被美国地面部队俘虏。

MQ-1"捕食者"无人机是美国通用原子航空系统公司（GA-ASI）研发的一种中高空长航时（MALE）无人机，最初作为侦察无人机（RQ-1）使用，2002年升级为具备攻击能力察打一体机，可携带两枚激光制导导弹。2001年11月，RQ-1B发射两枚"地狱火"反坦克导弹，击毙了"基地"组织的三号人物穆罕默德·拉提夫。此后，MQ-1"捕食者"在阿富汗、伊拉克、巴基斯坦等地区执行了大量侦察和打击任务。

图1-21　在沙漠盾牌行动中的RQ-2先锋[1]　　　图1-22　美军捕食者无人机[2]

全球鹰无人机（RQ-4 Global Hawk）是由美国诺斯洛普·格鲁曼公司研制的一款高性能高空长航时无人侦察机，主要用于战略级的监视、侦察和情报收集任务。该无人机于1994年开始研制，并在2001年通过能力评估后投入使用。全球鹰无人机具有显著的技术优势，包括其能够在高空长时间飞行而不受敌方防空系统的威胁，滞空时间可达40 h，覆盖面积达700万 km^2。它搭载了多种先进的传感器，如合成孔径雷达（SAR）、光学和红外成像仪等，能够提供高分辨率的图像和实时情报。此外，全球鹰还配备了MP-RTIP雷达和AN/ALR-89自卫保护套件，增强了其生存能力。

1991年海湾战争中，美国海军、陆军和海军陆战队部署了6个先锋系统（图1-21），出动545架次共飞行1,698小时。主要任务包括向己方发回有关阵地的实况视频图像，用于引导火炮、评估打击效果以及进行战斗损毁评估和目标搜索。由于其抢眼的表现，引起全世界军队的重视。这次在俄乌军事冲突中，更显其威力。

无人机的出色表现，让世界各国开始重视并投入力量研发无人机。包

---

① 图片来源：ttps：//airandspace.si.edu/collection-objects/pioneer-rq-2a-uav/nasm_A20000794000.
② 图片来源：美国空军。

括太阳能无人机、高空无人机、手抛无人机、直升机无人机等多种型号。

　　1991 年 12 月，美国贝尔直升机公司开始研制"鹰眼"（Eagle Eye）无人机，它是一种倾斜旋翼无人机系统，具备垂直起降和快速水平飞行的能力。它的最大速度可达 370 km/h，巡航速度为 111 km/h，实用升限约 6,100 m，作战半径达 185 ～ 370 km，有效载荷为 136 kg，续航时间 3 ～ 5 h。起飞重量 2,250 磅，空重 750 磅，有效载荷 200 ～ 300 磅，燃油重 14,000 磅。

图 1-23　RQ-4 全球鹰无人机 [1]　　　　图 1-24　Eagle Eye 无人机 [2]

　　eVTOL 即电动垂直起降飞行器（electric Vertical Take-off and Landing），由世界直升机巨头意大利 August Westland 在 2011 年提出。2014 年，美国直升机国际协会（AHA）和美国航空宇航协会（American Institute of Aeronautics and Astronautics，简称 AIAA）在弗吉尼亚大会上正式将 eVTOL 概念引入。2016 年，Uber 提出 Uber Elevate 空中出租车计划，引发 eVTOL 在欧美市场的浪潮。

　　2016 年，EHANG 184 在拉斯维加斯 CES 上首次亮相，标志着其成为世界上第一架电动多旋翼客运级自主飞行器。它是中国广州的亿航智能技术有限公司独立自主研发制造全球第一款可载客的无人驾驶飞机，有 8 个螺旋桨和 4 支向四外伸出的机臂，能够搭载一名乘客，通过远程计算机平台控制，无需机组人员即可操作。这款载人飞行器高约 1.5 m，净量 240 kg，额定载重 100 kg，整机最大输出功率 152 kW（8 马达），海平面续航时间 25 min，平均巡航速度 60 km/h，可乘坐单人乘客。

　　EHANG 已经在 14 个国家进行了数十万次演示飞行，并已制造了 200 多架飞机，超过 1,200 台预订。

---

　　[1]　图片来源：US Air Force,Master Sgt. Jason Tudor.
　　[2]　图片来源：美国海岸警卫队。

图 1-25　亿航 184（单座，4 臂 8 马达）[1]

2017 年，由垂直飞行协会编制的第一份 eVTOL 飞机目录对外发布。2019 年，欧洲航空安全局（EASA）发布了全新的航空管理规定，应用于小型 eVTOL 飞行器的适航认证工作。自此，eVTOL 概念正式得到官方认可。初创公司、汽车、航空产业巨头等玩家开始纷纷进入 eVTOL 市场。2019 年，中国亿航智能在纳斯达克上市，成为全球首家上市的 UAM（城市空中交通）企业。2021 年，美国 Joby、德国 Lilium、美国 Archer、英国 Vertical Aerospace 等公司陆续上市，eVTOL 商业化加速。

1.3　多旋翼无人机的崛起和业态

无人机（Unmanned Aerial Vehicle，UAV）是一种无须飞行员操纵的飞行器，通过无线电遥控设备或自备的程序控制装置来操纵，它是遥控无人机（Drone）的一种。因此，美国联邦航空局（Federal Aviation Administration，简称 FAA）网站的无人机业务类的标题是 Drones，而不是 UAV。多旋翼无人机的主要特点包括尺寸小、重量轻、结构简单、机动性高、隐蔽性好、成本低廉和适应性强。

德国 MicroDrones GmbH[2] 成立于 2005 年，并于 2006 年推出了其第一款四旋翼无人机系统——MD4-200。这款系统是一种全球领先的垂直起降微型自动驾驶无人飞行器，主要用于执行资料收集、协调指挥、搜索、测量、通信、检测和侦察等多种空中任务。MicroDrones MD4-1000 无人机成为首架穿越阿尔卑斯山的无人机，总飞行距离达到 12 km，约合 7.5 英里。观众们印象特别深刻的是，MD4-1000 在此次旅程中以 GPS 导航模式飞行，因此，整个飞行路线完全是自动的，所以被称为无人机。

---

[1]　图片来源：亿航公司官网。
[2]　Micro Drones 的发明者兼创始人乌多·尤尔斯驾驶着 Md4-200，这是第一款为专业应用而发布的商用四旋翼飞行器。他研制此款机器是因与朋友打赌会做出四旋翼无人飞机。

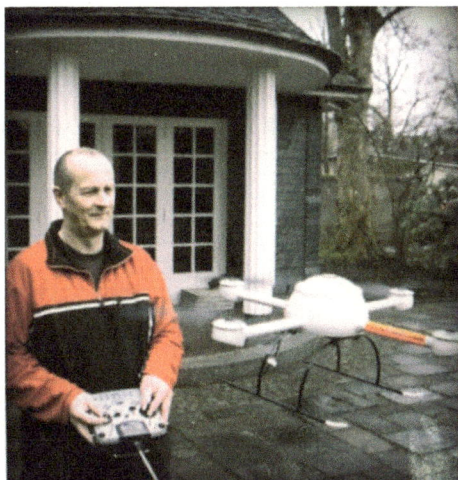

图 1-26　MicroDrones 创始人

2006 年 10 月 24 日，德国人 Holger Buss 和 Ingo Busker 创造了一个伟大的开源社区 Mikrokopter，不仅包括硬件设计，还涵盖了软件开发，使得整个系统具有高度的可定制性和兼容性。此外，Mikrokopter 的飞行控制系统采用模块化设计，提供了丰富的接口和多种传感器支持，如磁力、角速度和加速度传感器，这些都极大地增强了其性能和应用范围。

开源飞行控制的发展可分为三代：

第一代飞行控制的主要特点是模块化和可扩展的能力。基于 Arduino 或其他类似的开源电子平台的开源飞行控制系统，扩展到连接各种 MEMS 传感器，以顺利起飞。

第二代飞行控制的主要特点是高集成和高可靠性。大多数开源的飞行控制系统都有自己的开源硬件、开发环境和社区。为了提高可靠性，将 lODOF 传感器、主控制单片机，甚至 GPS 等设备都集成在一个电路板上。全数字三轴 MEMS 传感器用于形成一个姿态系统（IMU），可以控制飞机完成自主飞行，也可以安装一个无线电台与地面站通信，具有完整的自动驾驶功能。这种飞行控制还可以支持多种无人驾驶设备，包括固定翼飞机、多旋翼飞机、直升机和车辆，并有多种飞行模式，包括手动飞行、半自动飞行和全自动飞行，其功能接近商业自动驾驶标准。

第三代开源飞行控制系统在软件和人工智能方面进行创新。增加了集群飞行、图像识别、自动避障、自动跟踪飞行等先进的飞行功能，向机器视觉、集群和平台开发过程的方向发展。

根据是否打开源代码，飞行控制分为开源飞行控制和商品飞行控制。开源飞行控制的优点在于其高度的可定制性和透明性，用户可以根据自己的需求进行修改和优化。商品飞行控制的优点在于其稳定性和可靠性，通常经过严格的测试和验证，适合商业应用。

表 1-1 常见开源飞行控制器硬件平台及核心部件配置表 [1]

硬件配件	APM	Pixhawk	KK	MWC	PPZ
处理器	Mega2560	Stm32f407	Megal68	Mega328	Stm32f105
陀螺仪	MPU6000	L3GD20H	ENC03	IDC650	MPU6000
加速传感器	MPU6000	LSM303D		LIS3L02	MPU6000
地磁极	HMC5834	LSM303D		HMC5883	HMC5883
气压计	MS5611	MS5611		BMP085	MS5611

随着商品飞行的发展，开源飞行控制项目也因其独特的参与和高可扩展性越来越受到国内外航空模型爱好者和研究人员的青睐。这些开源项目在飞行控制领域有着非常重要的影响。目前，大多数开源项目仍处于开发阶段，正在实时更新和修改中。总之，Mikrokopter 项目在多旋翼飞行器领域具有里程碑意义，它不仅推动了开源技术的发展，也为后续的无人机研发奠定了坚实的基础。

因为开源系统的支持，目前全世界有 1,000 多个多旋翼项目正在进行着，并形成了一个全新产品系列——电动垂直起降飞行器（electric Vertical Take-off and Landing）。

方兴未艾的无人机，作为崛起的新势力，已经在几年内发展到 126.7 万架 [2]。无人机在物流中的应用将成为现代物流行业的重要组成部分，但是以当前无人机的性能和运载能力，在物流上有竞争优势吗？如果它能大幅降低运输成本，必将会带来运输市场的革命。为此我们对具有运输功能的无人机与传统运输工具的成本做了一个比较。

以 15 kg 无人机为例，此电动六旋翼无人机是目前投入末端快递配送应用的一款物流无人机系统，根据厂家官网的无人机参数：最大安全载重 15 kg，满载悬停时间 50 min，最大巡航速度 15 m/s，设备成本为 5.6 万元，生命周期内可运行总里程数为 5 万 km，一共可飞行 2,500 架次，达到总运行里程后即强制退役，且退役后便不再使用。这款无人机使用的动力电池的单价为每组 5,200 元，考虑电池定期及不定期更换，可用充放电循环次数平均为 500 次，即每组电池平均可供飞行 500 架次，一架无人机生命周期内共需 5 组动力电池。一组动力电池充满电需要 1.5 度电量，测试地区充电电价为 1 元 / 度左右，所承运的快递包单包重量 0.5 kg(预估包

---

① 数据来源：International Core Journal of Engineering ISSN:2414-1895 Volume 7 Issue 8,2021.
② 数据来源：中国民用航空局 2023 年民航行业发展统计公报。

表 1-2　无人机与传统货车的成本比较表

低空物流与传统物流成本比较表

运输工具	产品功率(W)油耗(L/100km)	电(油)价/(元/kWh)(元/L)	运行距离/(km)	巡航速度/(km/h)	有效载荷/kg	载重工作时间/h	能源成本/(元/(t·km))	日工作时间/小时	运载工具/万元	使用寿命(飞行次数)	产品生命周期/km	设备成本均摊/(元/(t·km))	吨公里总成本/元	单次包数	20 km单包总成本/元	0.5 kg标箱尺寸 mm / 货仓容量 m³
15 kg级无人机	1,500	1	45	54	15	0.83	1.71	10	8.2	2500	112,500	48.59	50.31	30	1.14	250×200×180
100 kg纯电无人机	2,400	1	36	36	100	1	0.74	10	29	2500	90,000	32.22	32.96	200	0.59	
双座载人无人机	121,000	1	30	60	200	0.42	4.67	8	239	2500	150,000	79.67	84.33	2人	956	
100 kg燃油无人机	16	7.5	60	60	130	1	15.38	20	12	2500	150,000	0.80	16.18	260	0.65	货仓容量 m³
运 5 改燃油无人机	1,200	7.5	1,640	160	1,500	0.5	3.66	20	240	25	28,800,000	0.06	3.71	1,333	0.09	12
4.2 m厢式纯电货车	60,000	1	270	60	1,275		0.19		18.8	5（年）	400,000	0.37	0.56	1,778	0.01	16
4.2 m厢式柴油货车	10	7.5		60	1,890		0.40		7.53	10	400,000	0.10	0.50	2,556	0.01	23
39 t柴油货车	36	7.5		70	39,000		0.07		46.76	10	2,400,000	0.005	0.07	14,333	0.004	129

注：短途无人机使用寿命按 2,500 次估算[1]。厢式货车报废里程按 40 万 km 估算，重卡按 10 年，每月行驶 2 万 km 估算。运-5 改按 25 年每天 20 小时不间断飞行估算。

① 磷酸铁锂电池的充电循环一般不超过 2,500 次。民航局《批准放行证书/适航批准标签》的签发与管理程序第七条第 5 款规定：（5）发动机、螺旋桨或零部件退役不再使用，之前局方或其授权人员签发的 AAC-038 表格失效。由于飞行实行适航证制度，没有放行许证的飞机是不能投入运营的。

装尺寸 250 mm×200 mm×180 mm），根据这个标准计算，合单包成本是 1.61 元。

100 kg 的无人机，我们选择淘宝上两款无人机的技术指标进行推算。

在长途运输上，我们采用了网络公开报道的数据。以运-5B 为例，它是基于苏联安-2 飞机仿制的双翼小型运输机，通过无人化改装，成功变身为一款具有广泛应用前景的无人机。这款无人机是在运-5B 的基础上，拆除了驾驶员维生系统设备和操纵机构，搭载了航电系统和无人飞行控制系统，并加装了飞控系统所需的光电传感器和信息接收设备。改造后的无人机能够通过地面控制站遥控起降，并具备一定的自主飞行能力，其最大起飞重量达到 5.25 t，最大任务载荷重量为 1.5 t，业载能力目前居商业无人机首位。此外，它还具备飞行高度 4,500 m，巡航速度 160 km/h，最大航程 1,560 km 的性能。运-5B 无人机的起飞距离不超过 200 m，货仓容积为 12 m³，有效载荷 1.5 t 左右，最大航程接近 1,000 km。这些特性使其能够在国内任何一个中小型机场或简易跑道起降，执行预定航线的运输任务，满足边远地区、山区、海岛等复杂地形的物流运输需求，并拓展应用于复杂条件下的应急救灾物资投放和军民融合远程物资投送等多个领域。以 20 km 近郊物流配送为例计算比较如表 1-2 所示。

按载重比较，短途小型无人机的 t/km 成本在 16.18 元以上，长途运-5B 的 t/km 成本为 3.17 元，4.2 m 的短途厢式货车 t/km 成本约为 0.50 元。按 0.5 kg 快递标箱比较，短途小型无人机的单箱成本在 0.65 元，卡车的成本约为 0.01 元。

同时我们还对上海到南京的物流车进行了调研，数据如表 1-2 所示。

表 1-3　长途卡车实际运营成本表 [1]

上海-南京柴油卡车实际运营成本抽样调查表							
实际运营调研数据	加油费	行驶里程 /km	有效载荷 /kg	能源成本 /（元/t·km）	高速费	工资	驾驶补贴	社保
27 t 柴油卡车	1,639	660	27,000	0.09	1,254.00	267.00	396.00	133.00
23 t 柴油卡车	1,587	660	23,000	0.10	1,122.00	267.00	396.00	133.00
实际运营调研数据	运行总成本	运行成本 /（t/km）	产品生命周期 /km	设备成本均摊 /（t/km）	吨公里总成本	单次包数	600 km 单包总成本	车厢容量 /m³
27 t 柴油卡车	2,050.00	3.11	2,400,000	0.005	3.30	14,333	0.26	129
23 t 柴油卡车	1,918.00	2.91	2,400,000	0.005	3.11	7,222	0.49	65

---

[1]　数据来源：上海众煜国际物流有限公司。

柴油卡车实际运营成本，包括高速费和司机工资、社保和管理成本，吨公里成本为 3.10 元。660 km 距离的单包成本是 0.24～0.49 元。20 km 距离的单包成本接近 1 分钱。无人机的运营成本和人工操作成本没有公开数据，未作比较。

在运输效率方面，若需运送一万件重 0.5 kg 的标准包裹：15 kg 级别的无人机需执行 334 次飞行任务，若每次飞行耗时 30 min，总计需耗时 165 h（未计入返程时间）；100 kg 级无人机则需执行 50 次任务，每次 30 min，总计耗时 25 h（未计入返程时间）；4.2 m 长的厢式货车进行运输，需进行 4 次运输，每次耗时 30 min，总计需 2 h（未计入返程时间）。对于同样数量的包裹，若运输距离为 1,640 km：运 -5B 改型飞机需执行 8 次飞行任务，总计耗时 80 h（未计入返程时间）；重型卡车一次即可完成运输任务，以平均速度 65 km/h 计算，需耗时 25 h，并且能够提供门到门的服务；若无人机需持续不间断工作，需要安排 24 h 装卸工和管控人员，这将导致人工成本和管理成本的大幅度增加。

电动载人垂直起降飞行器，以目前市场上最新的纯电动多旋翼的载人无人机为例，整机最大输出功率 120 kW（8 马达），海平面续航时间 30 min，平均巡航速度 60 km/h，可乘坐单人 / 双人乘客的机型。按每度电 1 元计算，30 km 的出行能源成本是 120 元，参照 15 kg 级的生命周期 2,500 次飞行时间，设备均摊，单次运行成本在 1,000 元左右，再加上航空公司的运营成本、维护成本，使得它在运输市场上竞争力并不强。按最大运行次数，8 次 / 天（飞行 1 h，充电 2 h）×360 天 / 年 ×3 年 =8,640 次[①]（电机、电池、电控系统、机身、机翼材料的最大飞行时长未见实验数据），则设备成本单次飞行均摊为 276 元左右。但需要 24 h 运营，人工成本也会相应地增加。

综上所述：

（1）不管是短途还是长途运输，空运成本都远高于公路运输成本，目前的无人机运输成本更高。

（2）城区送货方面，同样送达各小区的货物集散点，如菜鸟驿站等。

---

① 1. 需要电池技术大幅度提升，能支持上万次的循环充放电。2. 飞行器，尤其是载人飞行器是在安全上是否允许换电池模式，目前还没有国家标准和规定。3. 根据《民用航空产品和零部件合格审定规定》中关于 1.ETOPS 组类 1 重要系统同时符合以下条件：（1）具有与飞机的发动机数量提供的冗余度直接相关的失效安全特性；（2）失效或者故障时可能导致空中停车、丧失推力控制或者其他动力丧失的系统；（3）对因发动机不工作导致的任何系统动力源丧失的情况，通过提供额外的冗余度而对 ETOPS 改航的安全有重要贡献；（4）对于飞机在发动机不工作飞行高度延长运行非常关键。换电池应该按 TOPS 组类 1 重要系统进行管理的。4. 由于飞机实行适航证制度，没有放行批准证书是不能投入运营的。

无人机对短途厢式货车（纯电或柴油车）没有竞争优势，且无人机的不间断装卸货需要接货点有专人值班接收，想要发挥无人机不间断送货的优势，势必增加各集散点的成本和操作复杂度。如：某个脚上有残疾的人，他自己守一个集散点，每天厢式货车送货时，家人和司机帮着把货卸下来，并帮他摆在货架上，他自己慢慢登记，居民都是自己取货，集散点也运行得挺正常。如果用无人机送货，要半小时拆一次货厢，对他来说就非常困难了。

（3）从运输效率和经济效率的对比可以看出，空运在物流运输上所占的比例并不大，从交通运输部发布的 2023 年营业性货运量的构成来看，民航只占 0.01%（见下图）。根据中国民航业统计公报，2019 年"货邮运输收入水平为 1.45 元 / 吨公里"。大宗物流势必用低成本的运输方式。无人机可抢占的物流市场应该在城际快递业务方面，但需长距离、长航时的无人机。

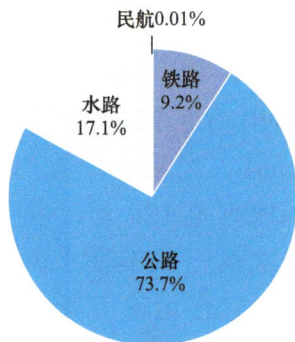

图 1-27　2023 年营业性货运量构成

注：截取自《交通运输部行业统计公报》（2023 年）。

（4）无人机对"冰激凌"快递这类有时间要求的有优势，但这种直接送货上门业务和客户都不足以支持一个产业。一是多数住宅小区是高层或多层楼房结构，在窗口递送无论是安全性还是可操作性都很难实现商业化。二是即使降落到楼顶，从无人机放货点到客户手上的最后 100 m 也需要人员送达，反而比现在的快递上门模式更复杂。

（5）电动垂直起动航空器 eVTOL（Electric Vertical Takeoff and Landing），也是目前热点之一。要广泛应用于城市内空中出行和都市圈城际出行场景，电池性能、续航能力等方面仍面临一些技术挑战。既要减少电池重量对飞行器载重的影响，也要提升整机的生命周期，以降低运输设备在单次运输成本上的均摊，从而增加单次飞行的距离和时间，降低运营成本，使之成为真正可市场化的共享出行工具。

1.4　低空空域

空域（airspace）指的是地球表面上空的大气层空间，包括特定区域的陆地或水域上空的空间。在法律和航空控制上，空域是特定国家对其领土（包括领海）上空进行技术航空控制和／或管辖指定的大气层部分，各国对其领空拥有主权，允许或禁止飞机进入，并对飞机活动进行控制。空域管理与使用是一种有限资源，可以通过垂直、水平和时间维度来定义，以讨论与飞行相关的活动。它可以分为受控空域和非受控空域，前者存在对飞行器积极控制的空中交通管制。

✈ 1.4.1　空域的划分

国际民航组织（International Civil Aviation ognaization，ICAO）制定了空域分类的相关标准，将空中交通服务空域分为 A、B、C、D、E、F、G 七类基本类型。这些分类从 A 类到 G 类逐步放松对目视飞行的限制。具体来说：A 类空域通常为标准气压高度 6,000 m（含）至标准气压高度 20,000 m（含），提供所有飞行的空中交通管制服务；B 类空域为地表至 10,000 英尺（约 3,048 m），主要用于繁忙机场航站楼区；C 类空域为地表至 4,000 英尺（约 1,220 m），主要用于机场雷达服务区和中型机场航站楼区；D 类空域为地表至 1,000 英尺（约 305 m），主要用于管制地带；E 类空域在 B、C 空域上方，根据管理要求可以划设为 VFR 或 IFR 飞行区域；F 类空域主要用于通用航空活动，通常不进行空中交通管制；G 类空域为非管制空域，适用于不受管制的自由飞行。

需要注意的是，ICAO 提供的空域分类标准是一个较为基本的模板，各国可以根据本国实际情况进行选择和扩充。例如，欧美等航空发达国家参照 ICAO 的标准完成了空域的分类划设，而亚太地区也有三分之二的国家采用了类似的分类方法。

表 1-4　ICAO 空域划分

空域类型	飞行种类	间隔配备	提供的服务	速度限制	通信要求	ATC 许可
A	IFR	所有航空器	空中交通管制服务	不适用	持续双向	需要
B	IFR	所有航空器	空中交通管制服务	不适用	持续双向	需要
B	VFR	所有航空器	空中交通管制服务	不适用	持续双向	需要
C	IFR	IFR 与 IFR	空中交通管制服务	不适用	持续双向	需要

空域类型	飞行种类	间隔配备	提供的服务	速度限制	通信要求	ATC许可
C	VFR	VFR与IFR	（1）为VFR与IFR之间提供间隔服务（2）VFR之间提供交通情报服务（和根据要求，提供交通避让建议）	AMSL3,050 m（10,000英尺）以下，指示空速（IAS）250节	持续双向	需要
D	IFR	IFR与IFR	空中交通管制服务，关于VFR飞行交通情报。	AMSL3,050 m以下，IAS 250节	持续双向	需要
	VFR	不配备	IFR与VFR和VFR与VFR之间提供交通情报。	AMSL3,050 m以下，IAS 250节	持续双向	需要
E	IFR	IFR与IFR	空中交通管制服务，尽可能提供关于VFR飞行的交通情报	AMSL3,050 m以下，IAS 250节	持续双向	需要
	VFR	不配备	尽可能提供交通情报	AMSL3,050 m以下，IAS 250节	不需要	不需要
F	IFR	IFR与IFR（尽可能）	空中交通咨询服务；飞行情报服务	AMSL3,050 m以下，IAS 250节	持续双向	不需要
	VFR	不配备	飞行情报服务	AMSL3,050 m以下，IAS 250节	不需要	不需要
G	IFR	不配备	飞行情报服务	AMSL3,050 m以下，IAS 250节	持续双向	不需要
	VFR	不配备	飞行情报服务	AMSL3,050 m以下，IAS 250节	不需要	不需要

当过渡高度低于 AMSL 3,050 m（10,000 英尺）时，应使用 FL100 代替。

✈ 1.4.2　中国的低空空域

《国务院中央军委关于深化我国低空空域管理改革的意见》（国发〔2010〕25号）规定："低空空域垂直范围原则为真高 1,000 m 以下，可根据不同地区特点和实际需要，具体划设低空空域高度范围，报批后严格掌握执行。民航局会同空军研究论证在现行航路内、高度 4,000 m（含）以下，按监视空域管理办法为通用航空飞行提供空中交通服务。"

国务院办公厅印发的《关于促进通用航空业发展的指导意见》（国办发〔2016〕38号）中第五条"扩大低空空域开放"，开宗明义地指出"及时总结推广低空空域管理改革试点经验，实现真高 3,000 m 以下监视空域和报告空域无缝衔接，划设低空目视飞行航线，方便通用航空器快捷机动飞行"，以国家政策文件形式正式把低空空域确定在真高 3,000 m 以下。2023 年 5 月 31 日，国务院、中央军委公布《无人驾驶航空器飞行管理暂行条例》第二十二条规定，属于下列情形之一的，经空中交通管理机构批准，可以进行融合飞行："根据任务或者飞行课目需要，警察、海关、应急管理部门辖有的无人驾驶航空器与本部门、本单位使用的有人驾驶航空器在同一空域或者同一机场区域的飞行；取得适航许可的大型无人驾驶航空器的飞行；取得适航许可的中型无人驾驶航空器不超过真高 300 m 的飞行；小型无人驾驶航空器不超过真高 300 m 的飞行；轻型无人驾驶航空器在适飞空域上方不超过真高 300 m 的飞行。"

因此，在我国广泛的低空空域泛指 3,000 m 以下空域，无人机飞行一般指 300 m 以下空域。

要做好空中交通管理工作，促进低空经济健康发展，核心在于保障低空区域的安全运行，这要求我们对低空飞行器实施精确的导航与安全监控措施。具体而言，构建一套覆盖 3,000 m 以下低空的导航系统，并将各地分散的低空空域通过网络连接，从而建立起一个可视、可联、可控的基础设施与保障体系，是落实上述目标的具体措施。

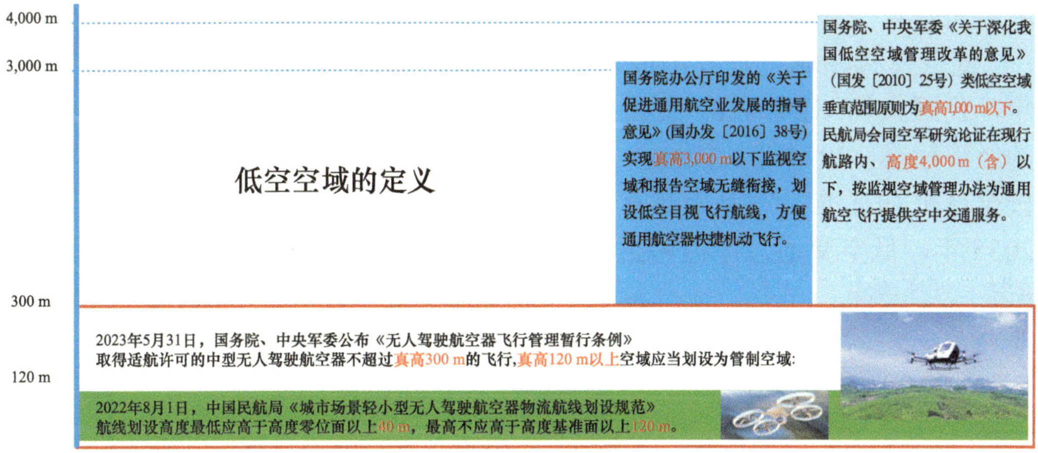

图 1-28　我国低空空域的定义

✈ 1.4.3　中国第一个立项的低空天网

作为"要做好空中交通管理工作，促进低空经济健康发展"施工图项目的低空天网，这一概念最早见于浙江《省发展改革委对低空天网建设试点方案的复函》，其中明确"低空天网系统是发展通用航空的必要技术保障，也是低空飞行服务保障体系的有益补充。低空天网系统以多波相控阵三坐标雷达和低成本机载综合通信网关为技术依托，跨界整合空间地理信息技术、高速数据通信技术、北斗定位技术，有利于构建便捷畅达、协调一致、安全高效的综合立体交通数据可视化通用航空管理服务平台。有利于争取解决军地、通航民航在通用航空器管理方面存在的困难和问题，快速形成整体解决方案，为低空空域进一步开放，促进通用航空产业发展提供有力支撑。在我省开展建站组网试点工作，是非常必要的。"

这次批复标志着中飞通航科技有限公司成为国内首个正式向省级政府提出建设低空天网项目的建设单位，并提出其详尽的低空天网试点实施方案。该方案的核心在于，依托低空天网技术，充分利用浙江省内现有机场资源，构建省内高速网络并设立低空走廊，旨在将原本孤立的德清、临安、建德等空域实现有效连接。该方案还规划了由上海、南寻出发，途经德清、临安、建德、千岛湖，直至黄山的低空旅游走廊，并同时建立连接上海、嘉兴、绍兴、义乌、金华、衢州等地的 G60 经济带的低空飞行方案。这一系列举措旨在逐步构建起浙江省内的低空交通，从而引领浙江省发展成为全国范围内技术领先、管理规范、飞行有序的通用航空大省。具体的试点方案和长期规划方案见第 7 ～ 10 章。

低空天网项目本质上是为低空开放提供必要的技术支持与保障，涵盖了地面监管、导航及服务体系等多个方面。

低空飞行领域也是我国改革开放以来唯一没有放开发展的领域。2010年，我国人均 GDP 4283 美元，已经超过了国际公认的通用航空产业发展的经济标准。2024 年，国内生产总值超过 126 万亿元，人均达到 8.9 万元。按全球平均标准，每万人有 0.5 架通航飞机计算，产值将超过万亿元。到2035 年，低空交通总产值将达到 4 ～ 20 万亿元，蕴含着广阔的市场前景。

■ 中国人均GDP（美元）

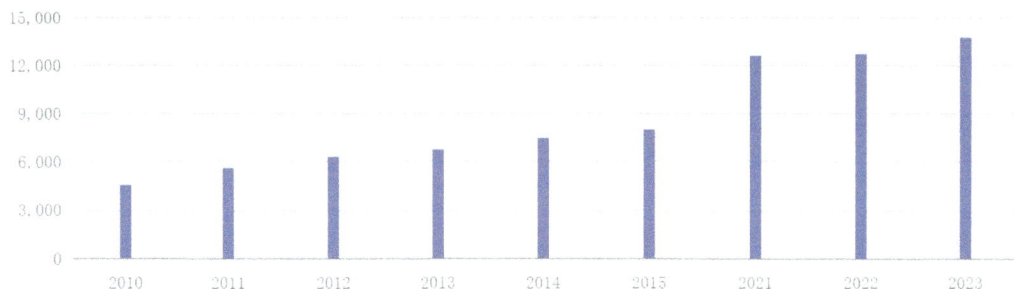

图 1-29　中国人均 GDP 增长图[①]

如何实现开着飞机去旅行的梦想，找到中国式低空飞行发展之路，破解低空飞行的财富密码呢？既然低空飞行兴起于美国，我们就从美国的低空飞行入手，探讨中国式低空飞行及其现代化的途径，与广大读者共享。

天空并不是极限——它仅是开始。

---

① 此图和数据由讯飞星火大模型自动生成。

美国通用航空发展的历程

美国联邦航空局（Federal Aviation Administration，简称 FAA）向美国国会呈报的《综合机场系统国家规划（2021—2025）》（National Plan of Integrated Airport Systems（2021—2025），简称 NPIAS）显示，截至 2020 年底，美国现有：超过 664,500 名飞行员，7,628 架商用飞机和 211,749 架通用航空飞机在超过 19,600 个着陆区域每年执行约 9,900 万次飞行。这些机场包括 14,556 个私人用途（不对公众开放）和 5,080 个公共用途（对公众开放）设施，包括为常规固定翼飞机、直升机和水上飞机开发的着陆区。

表 2-1 美国现有机场的数量和类型（2020 年 2 月）[①]

设施类型	机场总数	私人机场数	公用机场数
机场	13,065	8,263	4,802
直升机场	5,901	5,842	59
水上飞机基地	510	300	210
超轻型的	112	109	3
滑翔机场	35	30	5
气球基地	13	12	1
合计	19,636	14,556	5,080

美国的通用航空机场形成了一张巨大的航空运输网络，为社会的经济发展作出了巨大的贡献。通用航空运输给美国创造了 388 亿美元的经济产出，如果把航空制造业和旅游业考虑进去，通用航空运输共创造了 765 亿美元的经济效益。

2018 年，美国全国有 273,500 名全职和兼职工作人员直接受雇于通用航空行业。通用航空总共支持了 120 万个工作岗位和 2,470 亿美元的产出（包括间接、诱导和促成影响在内）。通用航空行业还产生了 770 亿美元的劳动收入（包括工资、薪水和福利以及所有者的收入），并为美国国内生产总值（GDP）贡献了 1,280 亿美元。

美国通用航空制造商协会（General Aviation Manufacturers Associa-

---

① 数据来源 NPIAS (2021—2025)。

tion，GAMA）数据显示：2023 年全球通用航空飞机交付量突破 4,000 架，交付金额达到 278 亿美元，同比增长 3.7%，这一数据充分证明了通用航空市场的强劲增长势头。

从地域分布来看，全球通用航空市场主要集中在北美、欧洲和亚太地区。其中，美国作为通用航空领域的领头羊，其通用航空器保有量接近全球总量的一半，市场成熟度和技术水平均处于领先地位。欧洲市场紧随其后，拥有众多知名的通用航空器制造商和服务提供商。亚太地区，特别是中国，近年来通用航空市场发展迅速，成为全球通用航空市场的重要增长极。据目前世界上通用航空飞机最大比例的活塞式飞机的出量分析，亚太地区的需求在持续增长。增长曲线图如下：

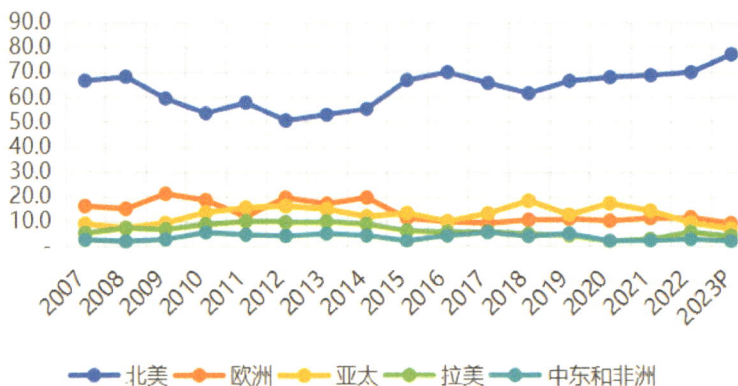

图 2-1　2007—2023 年通用飞机（活塞式）出货量分区统计[1]

美国是当今公认的通用航空发展最发达、最领先的国家。起初，飞行器简陋脆弱，但很快就发展成了坚固可靠的机器，飞行员们打破了长期以来时间和距离的障碍。到 20 世纪中叶，乘飞机旅行已司空见惯，而到了 50 年代末，飞机已经取代了火车和汽船，成为人们首选的交通工具。到了 20 世纪最后四分之一，随着大型高效的喷气式飞机的出现，乘飞机旅行变得普遍且人人负担得起。对于数以亿计的人来说，飞行已经成了第二天性，并且与社会结构紧密相连，以至于我们无法想象一个没有飞行的世界。

从 1903 年至今，美国通用航空发展已有 110 多年历史，其中的过程更是坎坷起伏。下面我们分为四个阶段来回顾它的发展历程。

2.1　第一阶段（1903−1945 年）：起步积累

这一时期，不仅是私人飞行的起始期，更是美国航空的起步发展期。

---

① 数据来源：美国 GAMA。

在这个阶段，飞机、飞机公司、飞行表演、航校等都首次出现在人们的视野中。有三个举足轻重的人物深刻影响了这段时期的发展，他们分别是莱特兄弟和格伦·柯蒂斯（Glenn Curtiss）。

1903 年，莱特兄弟经过多年的研究和实践，终于攻克了机翼、发动机以及控制系统这三大飞行难关，成功实现了人类首次的动力飞行。

格伦·柯蒂斯，美国人，于 1909 年 8 月在法国首届飞行大赛中荣获飞行速度冠军，从而声名鹊起。继而，在 1911 年，他成功制造了世界上首架实用的水上飞机——D 型水上飞机，并创下了连续飞行 180km 的纪录。自 1917 年起，柯蒂斯开始设计 HSw 系列飞机，其中 HS-1L 型号搭载了两台 350 马力的 Liberty 12 型 12 缸水冷发动机，驱动四叶木制固定桨距螺旋桨。该型号飞机的最大速度可达 83 英里 / 小时，升限为 5,200 英尺，航程可达 517 英里。其船首装备了一挺 30 口径的刘易斯机枪，每个下机翼下可挂载一枚重达 230 磅的炸弹。由于其卓越的性能，HS-1L 获得了大规模生产的机会，总产量达到 1,226 架。为了进一步提升武备载荷，1918 年中期柯蒂斯推出了 HS-2L 型号，该型号的翼展增加了 11 英尺 1 英寸，并增加了一个翼肋支撑段。

图 2-2　莱特复制品准确地展示了莱特兄弟的飞机配置[1]　图 2-3　Curtiss HS-2L 型水上飞机[2]

✈ 2.1.1　飞机早期的应用——空中信号兵

随着航空工业的快速发展，美国政府对航空领域的重视日益增强。1907 年 8 月 1 日，时任美国总统西奥多·罗斯福在陆军信号兵团内设立了航空部门。成立之初，陆军首先意识到需要训练有素的应征士兵进行气球的充气及必要维修工作，把气球兵团解散后保留下来的气球利用起来。同

---

[1]　图片摘自《The Tandem Wing:heory,Experiments,and Practical Realisations》。
[2]　1918 年 5 月，HS 成为第一种在法国服役的美国制造的战斗飞机，它一直服役到 1926 年。
图片来源：American Flying Boats and Amphibious Aircraft.

年，埃迪·沃德和约瑟夫·巴雷特在纽约州纽约市的利奥·史蒂文斯气球工厂接受布料处理、折叠和缝合的基础培训，并学习制造浮力气体，成为充气和控制陆军飞机的专家。在信号兵团中，确保飞行员安全成为军事航空的重要任务。应征飞行员不仅负责修理飞机，还致力于提高飞机的飞行安全性。他们为少数军官飞行员提供日常支持，学习成为飞机机械师，掌握维护和修理飞机引擎、机身、控制系统和系统的知识技能，并进一步发展作为机械师、装配工和装配员的技能。应征分队作为一小群空军人员，共同致力于建立军事航空作为国家防御永久部分的第一步。截至 1912 年 10 月，航空部门已拥有 11 架飞机、14 名飞行官员和 39 名应征机械师，实力与欧洲相当。1913 年，第 1 空中中队正式成立，它是美国空军最古老的飞行中队。

莱特兄弟为这一部门提供了唯一符合其首架军用飞机规格的可飞行飞机。该飞机需满足搭载两名总重量不超过 350 磅的人员，并以平均 40 英里每小时的速度飞行 125 英里的要求。尽管在 1908 年 9 月 17 日的一次飞行中发生了坠机事故，导致奥维尔严重受伤并造成乘客托马斯·E·塞尔弗里奇中尉不幸身亡，但至 1909 年，美国陆军正式接受了莱特公司提供的首架飞机，即信号兵团第 1 号飞机。随后，莱特兄弟为美国陆军培训了数名飞行员，其中包括未来的美国陆军空军指挥官亨利·哈利·阿诺德。[①]

莱特双翼飞机首席机械师弗兰克·斯科特于 1908 年加入美国陆军野战炮兵部队，后于 1911 年转入信号兵团。他最初负责热气球的发射和释放工作，随后被分配到 B 型莱特双翼飞机上。作为首席机械师，下士斯科特陪同飞行员洛克威尔中尉进行试飞。然而，在 1912 年 9 月 28 日的飞行中，飞机遭遇引擎故障，导致斯科特和洛克威尔中尉不幸遇难。弗兰克·斯科特因此成为首位在军用飞机事故中丧生的应征人员，伊利诺伊州的斯科特空军基地原名即为斯科特菲尔德，以纪念他的贡献。

首位美国应征飞行员弗农·L·伯吉的故事可追溯至 20 世纪初。当时，弗兰克·P·拉姆上尉在菲律宾开设新飞行学校，由于军官培训人员不足，下士伯吉自愿接受训练，并于 1912 年 6 月获得飞行员执照，成为公认的首位美国应征飞行员及一战时期少数应征飞行员之一。服役 10 年后，伯

---

① 亨利·哈利·阿诺德（Henry Harley Arnold，1886 年 6 月 25 日—1950 年 1 月 15 日），阿诺德将军被誉为"美国现代空军之父"。阿诺德将军的职业生涯始于 1911 年，当时他向莱特兄弟学习飞行，成为美国空军首批飞行员之一。他在第一次世界大战期间为美国航空工业做出了贡献，并对航空技术及其潜力有着深刻的见解。在第二次世界大战初期，阿诺德担任负责航空兵事务的陆军副参谋长，并于 1942 年被任命为陆军航空队司令。在他的领导下，美国空军从一个隶属于陆军的特殊分支演变为独立于陆军之外的空军，拥有自己的指挥机构、总部和广泛的培训基础设施。

吉在一战期间被任命为军官，并继续以军官身份服役 25 年。

被誉为"盲飞之父"的中士威廉·C·奥克尔于 1898 年加入美国陆军，参与西班牙—美国战争和菲律宾—美国战争，先后服役于骑兵和炮兵部队。1914 年，他正式加入伯吉和兰基（第 2 名应征飞行员）等应征飞行员行列，成为第三位应征飞行员。一战期间，奥克尔在指导飞行员时解决了飞入云层带来的危险，开发了飞行积分器，一种带有移动背景滚动条的电动陀螺仪，帮助飞行员在云层中保持方向感。1930 年 6 月，奥克尔从得克萨斯州圣安东尼奥飞行至伊利诺伊州斯科特菲尔德，完成约 900 英里的飞行，赢得"盲飞之父"的称号。1955 年 1 月，美国空军追授奥克尔荣誉勋章，以表彰他在二战期间因开创训练设备而挽救众多生命。[1]

在 1910 年至 1920 年的墨西哥革命期间，弗朗西斯科"潘乔"维拉的部队袭击了新墨西哥州的哥伦布。1916 年，伍德罗·威尔逊总统下令第 1 空中中队协助地面部队保护边境并抓捕潘乔·维拉。由本杰明·福卢瓦上尉指挥的 11 名飞行官、82 名应征士兵和一名民间机械师从得克萨斯州圣安东尼奥出发，驾驶八架柯蒂斯 JN-3 珍妮飞机、10 辆卡车和六辆摩托车。途中，福卢瓦接上了两名应征医护兵和一个工程小队，包括一名军官和 14 名应征人员。尽管第 1 空中中队成功执行了侦察飞行和几次派遣任务，但墨西哥奇瓦瓦州大卡萨斯地区 5,000 英尺高海拔的山区天气、尘土、极端温度对飞机造成了严重破坏。一个月内，只有两架飞机处于工作状态。2 月份，经过近一年的所谓"惩罚性远征"后，追捕潘乔·维拉的行动被叫停。维拉继续领导墨西哥北部的叛军，直到 1920 年，他成功地与墨西哥临时总统谈判，以和平协议为条件换取了自己和军队的赦免。福卢瓦上尉赞扬了他的飞行员们的勇气和愿意驾驶明显危险的飞机的决心，还称赞了应征人员们的奉献精神和日夜工作以保持飞机运行的意愿。在此期间，福卢瓦上尉积累了实地条件下航空队现实情况的宝贵经验，也意识到充足的维护是必要的，同时需要有足够的备用飞机，以便其他飞机下线维修时使用。

在西班牙—美国战争期间参军并在菲律宾服役时获得委任的本杰明·D·"班尼"福卢瓦于 1908 年被分配到华盛顿特区的首席信号官办公室，在那里他参与了军队第一艘半刚性飞艇和首架飞机——莱特飞行者，即信号兵团 1 号的验收测试。1910 年，他将飞机带到得克萨斯州的山姆休斯敦堡，进行了测试以证明飞机的军事用途。完成第 1 空中中队的组织后，福

---

[1]　摘自《Air Force Handbook 1》Airman 1.11.2021.

卢瓦指挥了潘乔·维拉远征队。在美国参加第一次世界大战后，福卢瓦在规划和实施价值 6.4 亿美元的航空计划中发挥了重要作用。1917 年，准将福卢瓦被任命为美国远征军空军服务部门负责人，1927 年迁至华盛顿特区成为航空兵局助理主任，1931 年晋升为首位美国空军将军。[1]

1914 年 1 月 1 日的早晨，第一次定期商业航班起飞了。从佛罗里达州的圣彼得堡起飞，飞往坦帕，这架贝诺伊斯特水上飞机由托尼·贾纳斯驾驶，前圣彼得堡市长亚伯拉罕·C·菲尔作为乘客。这标志着定期客运航空旅行的开始。

图 2-4　美国首次商业飞行员及乘客留影 [2]

✈ 2.1.2　第一次世界大战引发飞机的爆发性增长

协约国力量，这一称谓源自 1907 年，最初由法兰西共和国、大英帝国及俄罗斯帝国三大实体联合而成。随后，意大利与日本相继加入其行列，而比利时、塞尔维亚、希腊、黑山及罗马尼亚等国亦纷纷归附。与之对立的是四国联盟，成员包括德意志帝国、奥匈帝国、奥斯曼帝国及保加利亚王国。1914 年 7 月，第一次世界大战的战火燃起，其导火索为奥地利大公弗朗茨·斐迪南在萨拉热窝遭遇南斯拉夫力量的暗杀。

当欧洲大陆回荡起第一次世界大战的第一声炮响，美国众议院于同年 7 月 18 日通过了第 5304 号决议，该决议赋予了信号兵团组建航空部门的权力。这一新成立的部门，被正式命名为信号兵团航空部，由 60 名军官及 260 名应征人员构成。第 1 空中中队迅速集结了十余名军官、54 名应征士兵及六架飞机。截至 1916 年，该部门已增设第二中队并新建训练设施，同时规划了扩充至 24 个中队、每队配备 12 架飞机的宏伟蓝图。至

---

[1]　摘自《Air Force Handbook 1》Airman 1.11.2021.

[2]　图片来源：《100 years of commercial aviation》。

1917 年初，所有 24 个中队均已组建完毕，但仅第 1 空中中队在美国于同年 4 月 6 日对德国宣战之际，达到了装备齐全、人员充足且组织严密的理想状态。

1914 年一战之初，法国、德国、俄罗斯及英国的飞机数量分别为 1,400 架、1,000 架、800 架及 400 架，而美国则仅有 23 架飞机。至 1917 年 4 月 6 日美国对德国宣战之时，其陆军航空兵尚处于起步阶段，仅拥有不到 1,200 名人员、约 250 架飞机及 5 个气球。这些装备当时均隶属于信号兵团，主要承担步兵、骑兵及炮兵的观察与通讯任务。然而，战争的爆发为航空兵力的迅速扩张及作战能力的显著提升提供了强大动力，并最终促使航空部门确立了其作为独立作战力量的地位。在 1918 年 11 月 11 日的停战协议上，陆军有超过 190,000 名从事航空勤务的人员，其中 40% 驻扎在欧洲，作为美国远征军（AEF）的航空兵局部分，由约翰·J·潘兴将军指挥。除了少数被分配到夏威夷、菲律宾和巴拿马运河区的卫戍部队的人员外，其余人员都在国内训练飞行员和机械师，并为 AEF 生产飞机和其他航空器材。

战争中的陆军航空兵使用了重型和轻型飞行器，前者用于轰炸和追击行动，两者都用于观察。在欧洲，潘兴将军将航空兵从通信兵团中分离出来，并建立了一个空中部队，最终由布莱恩·M·帕特里克准将担任负责人。前线的空中中队隶属于师、军团，由师、军团指挥官控制指挥。在每个级别，高级航空官员都以参谋官和指挥官的双重身份参与作战行动。因此，在圣米耶和缪斯—阿戈讷攻势期间，被分配到第一军总部的威廉·米切尔准将是第一军空中部队的负责人，并指挥直接隶属于第一军的航空中队。然而，他无权指挥隶属于第一军团的军团和师的航空中队。

在美国远征军 AEF 的空中中队，观察航空队被分配给师、军团和陆军，与地面部队协同工作。空中观察员在后方的系留气球中漂浮着，俯瞰战场，报告敌人的位置和活动。其他观察员驾驶飞机沿着战线飞行，飞越敌方占领的阵地，通过视觉和摄影手段获取战场信息。因此，空中中队执行了传统上属于骑兵的职责。当友军从战壕出击攻击敌人时，飞行员飞越战场上空，观察并报告地面部队的移动和位置给后方的指挥部。空中观察员还监控友军炮火，使炮兵能够对准目标。有时，分配给陆军总部的侦察机深入敌后执行侦察任务，但大多数情况下，观察航空在直接支援地面部队的战区内运作。就结果而言，空中观察和侦察为地面指挥官提供了许多宝贵信息，而空中观察员在重型和轻型飞行器中证明有助于指导炮火。标识为"接触"和"联络"的步兵支援任务通常不太成功，因为缺乏良好的空地无线电通信使得视觉信号和投放信息成为空中观察员和地面部队之间主要的通讯方式。此外，这类操作的联合训练不足。

分配给陆军的追击航空队与高射炮一起，保护友军免受敌方航空器的观察和攻击。追击飞机和飞行员在机场上升空拦截、交战并摧毁暴露在附近的敌机。其他时候，它们单独或编队巡逻指定区域抵御敌机，经常护送观察机或轰炸机抵御威胁任务的敌机，还攻击并摧毁敌方观察气球。追击作战使像爱德华·V·里肯巴克上尉这样的人物成为英雄，他是 AEF 各空中中队的顶尖王牌，还有弗兰克·卢克中尉，他因被称为"气球破坏者"而闻名。追击工作还包括在战区扫射和轰炸地面目标，这在战争的最后几天变得越来越频繁，并引发了组建攻击中队进行此类工作的计划。

分配给军团的轰炸中队的任务是攻击诸如部队集结地、补给区、弹药库、道路、火车和铁路中心等目标，飞机的航程限制了对最多约七十五英里以外的目标的攻击。与其他航空中队的工作相比，轰炸任务量相对较小。在停战日当天前线的 45 个飞行中队中，只有 7 个是轰炸中队，相比之下，观察中队有 18 个，追击中队有 20 个。

图 2-5　第一次世界大战时空地场面[①]

美国远征军（AEF）的计划是建立一支强大的空军，用于对战略目标进行远程轰炸，但战斗在相关部队准备就绪之前就已经结束了。按照构想，空军将直接隶属于陆军总司令部，而陆军总司令部则向美国远征军指挥官报告。由于美国远征军的轰炸行动在停战前的规模和性质有限，因此几乎没有迹象表明战略空战可能取得何种成果。因此，美国在第一次世界大战期间的空中作战经验主要来自受师、军和集团军指挥官控制的部队，这些部队被用来支援地面部队。地面指挥官发现航空兵是一种有价值的辅助力

---

① 图片来源：电影《Wings》截图，这是一部以第一次世界大战为社会背景的黑白无声电影，获得第一届奥斯卡金像奖最佳影片奖。

量，因此希望将其保留在自己部队中，并由自己控制指挥。

在国内，陆军航空兵的重点是培训人员、生产飞机和装备，以及组建部队派往美国远征军（AEF）。1917 年 4 月，美国几乎没有飞机生产能力。因此，陆军转而向美国的盟友寻求飞机，以供应远征军，直到美国能够自行生产。在美国，许多刚获得陆军订单的商人和工程师负责设计飞机和发动机，建造工厂并将现有的工业设施改造成航空材料生产厂，以及在"信号兵"（军代表）的指导下管理生产计划。

信号兵团试图通过重组解决生产问题，但生产滞后。最终，伍德罗·威尔逊（Woodrow Wilson）总统使用国会授予的战时权力，在 1918 年 5 月 20 日，创建了两个机构：飞机生产局，由前安纳康达铜业公司总裁约翰·D·瑞安（John D.Ryan）领导；军事航空处，由最近从法国返回并负责训练和作战的威廉·L·肯利（William L.Kenly）将军领导。随后，威尔逊授权贝克将这两个机构合并为一个航空兵局[①]。

到停战协定签订时，陆军已收到所订购的 27,000 架飞机中的约 11,000 架。其中，约 7,800 架为教练机，大部分是著名的 JN-4D（珍妮号），陆军共采购了 5,000 多架。美国为陆军大量生产的唯一一种作战飞机是 DH-4。DH-4 是根据英国的设计图纸制造的，采用了美国参战后由通信兵部队装备分部设计的自由式发动机。DH-4 项目的进展缓慢，1918 年 4 月仅生产了 15 架飞机。但到 11 月，已完成了 3,000 多架。首批 DH-4 于 1918 年 5 月运往法国，但由于运输船只短缺，大量飞机的海外运输受到延误。尽管约有 1,200 架飞机抵达法国，但在停战协定签订前，只有 196 架到达前线。在战斗中，美国陆军飞行员主要驾驶的是外国制造的飞机，包括 Nieuports、SPADs、Breguets 和 Salmsons。

美国陆军参战时在美国拥有三个机场。主要的一个是由信号兵团于 1912 年 12 月在加利福尼亚州圣迭戈市北岛创立的航空学校，后来成为 Rockwell Field[②]。另一个学校于 1916 年在纽约长岛的 Mineola 开设，后来成为 Hazelhurst Field[③]，培训国民警卫队和预备役候选人。第三个位于宾夕法尼亚州费城附近的 Essignton，是一个临时训练场，就在美国参战前

---

①　1947 年 9 月 18 日，美国空军才成为独立的兵种（United States Air Force，缩写为 USAF），之前的空中力量属于陆军航空兵或海军航空兵。

②　1917 年 7 月，信号兵航空学校被命名为罗克韦尔机场，以纪念 1912 年在大学公园坠机身亡的少尉 Lewis C.Rockwell。1931 年正式关闭，现一些原始建筑和相关遗址被列入国家历史遗址名录。

③　1917 年更名为 Hazelhurst Field，以纪念在 1912 年因飞机事故去世的美国陆军航空队少尉莱因顿·威尔逊·赫尔斯特（Leighton Wilson Hazelhurst,Jr.），1951 年关闭，一些原始建筑和相关遗址被列入国家历史遗址名录。

五天设立。战争期间，陆军又获得了 45 个飞行场，以及 19 个仓库和遍布全国的众多其他设施。

一名年轻男子作为飞行学员应征入伍，首先在八所大学中的一所接受为期两个月的地面学校培训。随后，他前往一所陆军飞行学校，参加为期八周的课程。如果顺利完成课程，他将获得预备役军事飞行员（RMA）的资格，并被委任为少尉。战争期间，有 8,600 名学员从美国的初级学校毕业。其他学员则在法国和意大利的学校接受培训，使得战争期间培训的总飞行员人数达到 10,000 名。新飞行员随后在国内或海外的其他领域接受进一步培训，学习炮术以及侦察、追击或轰炸技能。数千名其他人员则接受了气球驾驶员、飞机机械师、发动机机械师、军械师、仓库管理员、无线电报务员和摄影师等方面的培训。此外，许多机械师还在英国或法国接受了海外培训。

为了将官兵调往欧洲进行培训和作战，航空兵局将他们编成各个部队。其中包括服役（侦察、追击或轰炸）中队和气球连。有些部队由官兵组成，但许多部队主要由士兵组成，只配有一两名负责军官。例如，有的中队在抵达法国后才接收到他们的飞行员和观察员。总共有约 5,700 名航空勤务军官和 74,000 名应征士兵加入了美国远征军（AEF）。许多人在培训中心、仓库或行政或参谋岗位上工作。计划要求在 1919 年 6 月 30 日前在前线部署 202 个中队，但如前所述，在停战前只有 45 个中队抵达。当时军队中训练有素的飞行员众多，但在 1918 年 11 月 11 日，只有 767 名飞行员、481 名观察员和 23 名机枪射手在这些中队中执行任务。因此，战争在美国的生产和培训计划在对敌人产生全力影响之前就结束了。

1918 年 11 月 11 日停战协定签订时，美国陆军已有超过 360 万人身穿军装。其中约 200 万人随同潘兴将军的美国远征军（AEF）在欧洲作战。最新成立的部门——航空兵，已从 1917 年 4 月的不到 1,200 名官兵发展到超过 19 万人。700 万名男女从事战争相关工作，面对如此庞大的战争动员规模，国家现在面临着巨大的复员任务。在民众"把孩子们带回家"的呼声中，陆军于 1919 年 2 月 1 日前遣散了超过 100 万人，到 6 月 30 日遣散人数超过 270 万。航空兵的人数从停战时的 19 万人（美国本土 11.2 万人，海外 7.8 万人）减少到 1919 年 1 月底的 8.1 万人，再到 1919 年 6 月底的 2.7 万人（其中军官 5,500 人，士兵 2.15 万人）。在此期间，航空兵的规划是基于一支 50 万人的和平时期陆军，其中航空勤务队部分为 1,200 名军官 ①

---

① 1919 年 9 月，军方授权陆军保留部分应急军官（即在战争期间被委任的军官）至 1920 年 6 月 30 日，航空兵局获准保留的应急军官人数为 1,200 人，其中至少 85% 需为合格飞行员。1919 年 9 月 26 日，航空兵局王仕查尔斯·T·梅诺赫少将公布了一份名单，列出了将继续留任现役的 1,200 名临时军官。

和 2.2 万名士兵。然而，国会尚未制定和平时期军事机构的立法。这些载誉归来的复员兵，成为后来低空飞行的生力军。

✈ 2.1.3　低空飞行的崛起和普及

1918 年停战协议签订后，新成立的航空兵局（Air Services）的首要任务变成了复员。这涉及让战时服务的军官和士兵退役，以及处理过剩的设施、设备和物资。航空兵局的目标是在不破坏国家经济的情况下尽快恢复正常飞行。因此在复员进行的同时，航空兵局试图通过飞行表演、跨国飞行和空中竞赛来激发人们对航空的兴趣并推动航空发展。

招募人才，是航空兵局的最主要的工作之一。随着对 1,500 名士兵的临时授权，航空兵局在 1919 年春开始补充复员期间的损失。"航空兵需要人才"是一则新闻稿的标题："你今天有好工作吗？如果没有，还有什么比航空兵更好的选择呢？对于熟练的飞机飞行员和机械师总会有大量需求。现在是用政府的钱学习的时候了。航空兵局致力于为飞机机械师、发动机机械师、螺旋桨技工、织物技工、磁电机修理工、仪器修理工、无线电电工、木匠、机械师、焊接工、硫化工、摄影师、绘图员，以及包括司机在内的其他职业人员提供专业培训。商业航空的未来发展前景广阔，对熟练的机械师和其他航空专家的需求预计将显著增长。在薪酬方面，我们提供极具竞争力的待遇。一名中士的基本年薪为 360 美元，加上食宿补贴（480 美元）、服装津贴（170 美元）以及退休储蓄计划（500 美元），一名中士的年度总收入可达到 1,510 美元。若晋升为上士（SFC），其总收入将进一步提升至 1,690 美元。此外，我们还提供包括免费医疗、休闲娱乐、旅行机会以及针对已婚人士的福利商店优惠等在内的一系列额外福利。与 20 至 25 岁平民平均年收入 885 美元相比，我们的薪酬和福利体系极具吸引力。在职业发展方面，我们提供广阔的晋升空间。正如招募文件所述，一个聪明、充满活力、积极主动的年轻人，不应长时间停留在初级职位。具备高中教育背景、勤奋好学、对飞机和发动机有深入了解，并通过体检的应征者，将有机会学习飞行技术，从而获得升职的机会。航空兵局诚挚邀请有志之士加入，共同把握这'一生的机会'。"这些让美国的飞行服务迅速吸引了大量优秀的人才。

美军航空兵在早期阶段，通过私营部门和政府支持，积极建设机场设施。随着航空业的不断发展，人们逐渐认识到全国性的航线、机场以及应急停机坪对于军事和民用航空的进步具有至关重要的意义。航空兵局对公众对飞行的浓厚兴趣予以关注，并鼓励全国各城乡进行机场的建设。

许多城镇已经表现出了兴趣，佐治亚州的托马斯维尔就是其中之一。1919 年 4 月，《时代企业报》（Times-Enterprise）的编辑爱德华·R·杰格（Edward R.Jerger）先生和另外三人驾车前往佐治亚州阿梅里克斯的桑德斯机场（Souther Field①）寻求帮助。机场指挥官厄尔·S·斯科菲尔德（Earl S.Schofield）少校派遣约翰·麦克雷（John McRae）中尉随他们一同返回，以就选址问题提供建议。航空局批准此类请求，并派遣专业飞行员协助寻找合适的着陆设施。

2.1.3.1 飞行表演和比赛

在战争期间，美国陆军航空兵主要致力于飞行员、观察员、轰炸员和炮手的培训，以及装备的开发与测试，跨全国长距离飞行活动鲜有涉及。战后的航空兵局开始执行一系列飞行任务，旨在激发公众对航空的兴趣，赢得社会支持，并为军事与民用航空的后续发展收集必要信息。通过举办空中表演、开创性的跨州飞行及空中竞赛等活动，不仅展示了美国陆军航空兵的特色，也深刻揭示了当时飞行的本质。

美国陆军航空兵局发现，县集市、赛马会、爱国集会等大型人群聚集的活动，均可作为举办空中表演的理想场合。即使无此类活动安排，仅凭飞机的轰鸣声及预期的特技表演，亦足以吸引民众聚集。航空兵局积极鼓励各单位和站点组织此类表演，并同步报告跨州飞行及其他具有新闻价值的事件。例如，1919 年 2 月 19 日，位于圣地亚哥郊外的洛克威尔机场为公众举办了一场盛大的表演。早些时候，为庆祝停战，指挥官哈维·B.S·伯威尔中校曾率领 212 架飞机（据称是美国当时一次性升空飞机数量最多的一次）在城市上空飞行。现在，圣地亚哥居民有机会参观这座机场了。他们乘坐火车和汽车前来，参观机库、机械车间、学校和飞机，聆听乐队演奏，观看体育比赛，享用烧烤美食，在歌舞厅跳舞，观赏附近陆军骑兵站骑兵驯服野马的表演，还参与了杂耍活动。射击场的招牌上写着："击落 5 架飞机，成为王牌飞行员。"娱乐活动包括热气球升空和跳伞表演、飞机编队飞行、刚从法国归来的两位王牌飞行员的模拟空战、一些特技飞行表演以及轰炸演习。这场盛会所得收入（4742 美元）均用于洛克威

---

① Souther Field 机场位于美国乔治亚州的阿姆斯特朗县（Armstrong County），靠近美国 31 号公路和 29 号公路交会处。Souther Field 机场是一个固定基地运营商（FBO），为当地居民和游客提供全面的航空服务，包括飞机出口服务、农业应用喷洒作业，并为当地企业和个人提供飞行培训和观光飞行服务。该机场每年还会举办节日活动，如"Jimmy Carter's Day"，以纪念其历史重要性。Souther Field 机场不仅是乔治亚州重要的航空枢纽，还承载着丰富的历史背景，见证了美国航空业的发展历程。

尔机场体育基金。活动的高潮是一场颁奖仪式，由美军航空兵局西区主管亨利·H·阿诺德上校为在欧洲战争中表现英勇的人员颁发勋章。肯尼斯·马尔少校荣获法国战争十字勋章，他与拉斐特埃斯卡德利尔中队并肩作战，并领导了著名的美国第 94 中队；卡尔·斯帕茨少校则因在第 13 航空中队战斗中的英勇表现，被授予杰出服务十字勋章。

图 2-6　乔治·E·斯特拉特迈耶少校（中间站立者）的飞行表演的部分飞行员[①]

在 20 世纪 20 年代，那些"热衷于飞行"的人们用"带翼的福音"一词来描述他们对航空的热情。

航空局抓住每一个展示和宣传的机会。1919 年 1 月，西奥多·罗斯福去世时，长岛黑泽尔赫斯特机场的指挥官小米拉德·F·哈蒙中校派出飞机巡逻，并在前总统的住宅上空投下花圈。当伍德罗·威尔逊总统 2 月底从巴黎和平会议返回华盛顿时，罗伊·弗朗西斯上尉驾驶他的新马丁轰炸机低飞于游行路线上空，一路拍摄电影。在那次活动中，博林机场为"空中游行"提供了多种其他飞机，这已成为"任何自尊的庆祝活动中必不可少的一部分"。第 29 气球连从阿伯丁试验场带来一个气球参加游行，但气球带着一等兵 G·H·麦克米伦和一名摄影师在吊篮中飘走了。

1919 年 3 月上半月，制造商飞机协会在纽约举办了一场航空博览会，为航空局和航空工业提供了良好的展示机会。航空局展示了飞机和设备。3 月 14 日，即航空局日，飞往纽约的空中交通"相当繁忙"。从华盛顿飞来参加活动的有战争部助理部长本尼迪克特·克罗威尔、查尔斯·T·梅诺赫少将、威廉·L·肯利少将、威廉·米切尔准将和内华达州参议员基·皮特曼。弗朗西斯上尉则忙着用他的马丁轰炸机载着新闻记者升空。

新闻记者们很幸运。许多人都希望与航空局的飞行员一起飞行，但平民的娱乐飞行是被禁止的。飞行员可以搭载航空局的任何成员或员工，或陆军、海军或海军陆战队的任何军官或士兵作为乘客。如果总统、首席大

---

① 图片来源：《Aviation in the U.S. Army，1919—1939》。

法官或国会议员想要乘坐，飞行员可以带他们。其他人则需要战争部部长的许可。"无一例外，"肯利将军说。

1919年，商人、演员、电影明星和其他名人纷纷为美国政府的胜利贷款运动贡献力量，航空局也通过举办其所谓的"美国有史以来见证过的最伟大的飞行节目"来助一臂之力。它组织了一个由三个飞行队组成的胜利贷款飞行马戏团，由奥拉·M·巴尔丁格少校指挥。每个飞行队由大约22名军官、50名士兵和18架飞机（5架福克飞机，从德国人那里缴获了4架SPAD、4架SE-5和5架柯蒂斯-H型飞机），此外还有一列由9节行李车、3节卧铺车和1节餐车组成的列车。亨利·J·F·米勒少校指挥位于黑泽尔赫斯特机场的东部飞行队；乔治·E·斯特拉特迈耶少校指挥位于埃林顿机场的中西部飞行队；而斯帕茨少校则指挥位于罗克韦尔机场的远西部飞行队。

自1919年4月10日起，为期30天的巡演覆盖超过19,000英里的距离，横跨45个州的88个城市，呈现了一系列精彩的演出。巡演期间，还在计划路线附近的城市举办了多场表演。演出通常在大约13:30时开始，特色环节包括飞行展示、特技表演和模拟战斗，其中福克飞机攻击柯蒂斯飞机，随后由SPADs和SE-5s进行救援。此外，还有胜利贷款演讲环节，城市上空被装载有胜利贷款传单的纸板炸弹所覆盖。为增强民众参与度，放宽了禁止娱乐飞行的规则，允许每个地方认购贷款金额最高的人免费乘坐航空兵局的飞机。

飞行员们飞越全国，持续寻找合适的着陆地点，如同斯帕茨在海伦娜和大瀑布之间的行动一般。部分飞行具有特定目的，例如，为了确定着陆场和绘制航线。首次飞行中，洛克韦尔机场的培训主任阿尔伯特·D·史密斯少校于1918年12月4日驾驶五架JN-4型机从埃尔帕索起飞，获得延长飞行的许可后，继续飞往杰克逊维尔，随后抵达华盛顿和新约克市，最终于1919年情人节返回圣迭戈。

此次飞行任务由史密斯少校与H·D·麦克莱恩中尉、罗伯特·S·沃辛顿和阿尔伯特·F·派尔中尉共同驾驶，飞行外科医生詹姆斯·H·麦克基少校随行，摄影师为约翰·W·埃文斯，威廉·G·刘和罗伯特·P·布兰顿担任机械师。飞行队于1918年12月7日安全抵达埃尔帕索，于11日到达休斯敦，14日到达新奥尔良，16日到达蒙哥马利，17日到达佐治亚州的阿梅里克斯，18日到达杰克逊维尔。在完成了美国空军服役史上的首次跨大陆飞行后，史密斯和他的队员们飞往南部的多尔机场度过圣诞节，然后再向北前往华盛顿。

1919 年夏天，纽约与多伦多之间举行了一场飞机比赛与障碍赛。比赛规定参赛者须在两天内（从白天至天黑）完成往返行程。在奥尔巴尼、锡拉丘兹和布法罗的控制站，每位飞行员均须绕行一圈，着陆加油，停留 30 分钟，待获得控制官员的许可后，再次起飞。正如项目名称所示，此次活动包含两场比赛—— 一场是速度测试，旨在检验谁能以最短时间完成往返飞行；另一场是可靠性测试，将每架飞机的实际性能与航空工程师的理论计算进行比对。

1919 年在美国举行的最大、最重要的空中比赛是第一次横贯大陆的可靠性与耐力测试。比赛路线从纽约至旧金山，途经布法罗、克利夫兰、芝加哥、奥马哈、夏延、盐湖城和里诺，全程 2,701 英里，设有 29 个控制站。为检验人民和组织的应急反应能力，梅诺赫将军直至 1919 年 9 月 20 日，即比赛开始前 18 天才宣布赛事。任何政府飞机和飞行员，在机场或航空兵指挥官的建议下均可参赛，但飞机必须满足每小时 100 英里或以上的速度要求，并在各方面均符合标准。最终，共有 74 架飞机参赛：包括 46 架 DH-4、6 架 DH-4Bs、1 架 DH-9、7 架 SE-5、5 架福克斯、3 架 LUSAC-11、2 架马丁轰炸机、1 架安萨尔多 SVA-5、1 架托马斯 - 莫尔斯 MB-3、1 架 SPAD 和 1 架布里斯托尔战斗机。其中，58 人报名参加从纽约至旧金山的比赛，另有 16 人参加从西向东的比赛。

图 2-7　穿越美洲飞行比赛前的机场 [①]

在史密斯少校成功穿越美洲大陆之后，其他飞行员转而挑战更为艰险的大西洋，视其为当时最艰巨的考验。针对伦敦每日邮报为首次不间断横渡大西洋所设立的 50,000 美元奖金，美国海军 NC-4 水上飞机在阿尔伯特·C·里德中校的指挥下，于 1919 年 5 月完成了横渡壮举，但在由纽芬兰至葡萄牙的航程中，曾在亚速尔群岛进行短暂停留。与此同时，英国团队哈里·霍克和肯尼斯·F·麦肯齐 - 格里夫中校亦在同月尝试了一次不

---

　　① 图片来源：《Aviation in the U.S. Army，1919—1939》。

间断飞行，但遗憾的是，他们在海上遭遇了紧急状况，不得不进行迫降。美国空军原计划派遣罗伊·弗朗西斯上尉驾驶马丁轰炸机进行大西洋的飞越，但考虑到长途海上飞行的风险，最终决定在冒险之前对轰炸机进行更为全面的测试。因此，弗朗西斯上尉计划于 1919 年 6 月 10 日进行单程横贯大陆的飞行。但直到 6 月 14 日，克利夫兰的马丁工厂才完成该轰炸机的准备工作，并安排其飞往麦库克机场进行测试。然而，就在次日，英国的约翰·阿尔科克上尉和亚瑟·惠滕·布朗中尉成功地从纽芬兰直飞至爱尔兰，以出色的飞行表现赢得了每日邮报所提供的 50,000 美元奖金。

据美国《飞机年鉴》（1925 年）记载[1]，1924 年度共见证了 59 项崭新世界纪录的诞生，这些纪录涵盖飞机、水上飞机及直升机等多个领域。其中，尤为瞩目的是，美国飞行员在美国本土利用美国制造的设备，成功创造了总计 32 项世界纪录，包括 14 项飞机纪录和 18 项水上飞机纪录。法国则紧随其后，斩获了 8 项飞机、6 项水上飞机及 3 项直升机的世界纪录。捷克斯洛伐克在飞机领域贡献了 4 项纪录，丹麦和瑞典则分别在水上飞机领域取得了 5 项和 1 项世界纪录的佳绩。国际航空联合会[2] 官方认可了共计 103 项世界飞行纪录的权威性。具体分布为：美国占据领先地位，拥有 54 项；法国紧随其后，拥有 33 项；丹麦、捷克斯洛伐克分别获得 5 项和 4 项；德国、意大利各有 3 项入榜；瑞典则贡献了 1 项纪录。

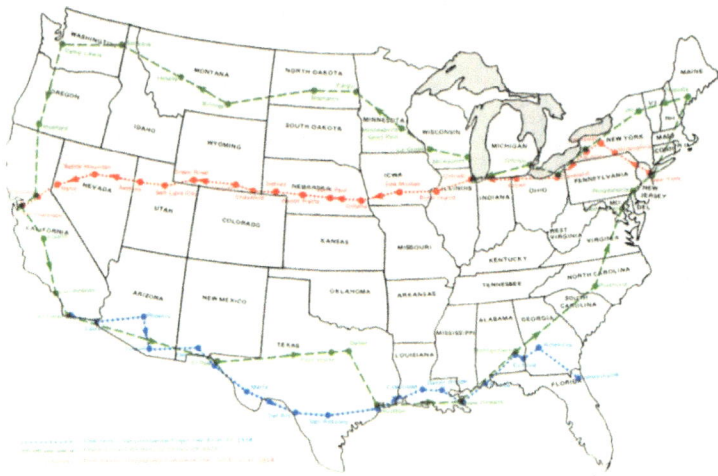

图 2-8　1918—1919 年穿越美洲和环游美国飞行路线图[3]

---

① Aircraft Yearbook –1925.
② 非政府、非营利性国际组织。1905 年，由法国航空俱乐部、德国气球协会等机构的代表在布鲁塞尔提出了成立"国际航空联合会"（Fédération Aéronautique Internationale，法语，FAI）的建议，随后在同年 10 月 12 日于巴黎召开的国际航空会议上正式通过了章程，FAI 于 1905 年 10 月 14 日正式成立。FAI 目前拥有超过 100 个会员国家或地区，中国航空运动协会自 1978 年加入 FAI。
③ 图片来源：《Aviation in the U.S.Army，1919—1939》。

深入剖析 1924 年由美国缔造的飞行新篇章，不难发现其鲜明的特色与亮点。在陆地飞机领域，装备赖特发动机的道格拉斯 D.-T-4 型飞机与搭载自由发动机的马丁和巴林轰炸机，均展现出非凡的性能，在持续飞行时间、飞行距离及飞行高度等方面均取得了卓越成就，且各自承载的有效载荷重量也有所不同。转至水上飞机领域，柯蒂斯 C.S.-2 型飞机凭借其配备的 585 马力赖特发动机，创下了持续飞行时间 14 小时 53 分 44.2 秒的惊人纪录，并同时刷新了 994.19 英里的长距离飞行纪录。此外，柯蒂斯 CR 型水上飞机在装备 C.D.12 发动机后，更是以时速 188.08 英里的卓越表现，夺得了世界最大水上飞机速度的新桂冠，并在同一架飞机上连续刷新了 100 km、200 km 及 500 km 赛段的速度纪录。而配备自由发动机的洛宁空中游艇，则在 1,000 km 赛段上，以时速 101.642 英里的速度，再次刷新了世界纪录。值得一提的是，洛宁空中游艇的卓越工程学设计，还促成了洛宁公司一款新型水陆两用飞机的诞生，该机型在次年夏季被海军部选中，参与了北极探险行动。

在此期间，航空俱乐部如雨后春笋般涌现，年鉴中详细记载了底特律航空城镇俱乐部所设立的奖杯及竞赛详情。竞赛项目为轻型商用飞机的速度与效率赛，参赛者仅限于平民。此次竞赛的总奖金额度达到 2,500 美元，其中速度赛第一名将获得 500 美元，第二名 250 美元，第三名 100 美元；效率赛第一名将获得 900 美元，第二名 500 美元，第三名 250 美元。类似的比赛还有很多。

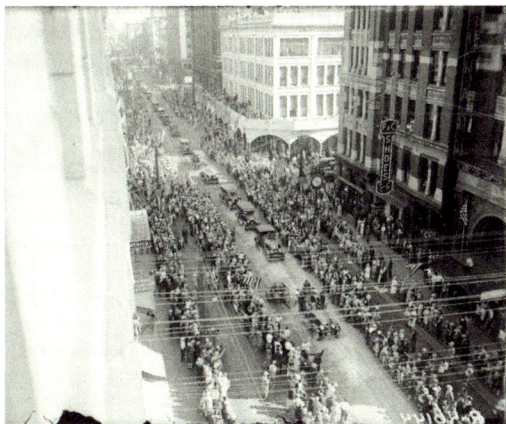

图 2-9　在街道上为林德伯格欢呼的人们 [①]

查尔斯·林德伯格 1927 年从纽约到巴黎的单人不着陆跨大西洋飞行为

---

① 　1927 年 9 月 27 日，成千上万的人在科罗拉多州丹佛的第 16 街人行道上排成一行，为查尔斯·A·林德伯格完成横跨大西洋的单人飞行欢呼。此前，欧洲的飞行制造水平一直是领先于美国。图片来源：《American Aviation Heritage》。

航空的普及提供了巨大的推动力。作为动力飞行早期历史中对美国公众空中意识最戏剧性的刺激，林德伯格的飞行引发了"美国公共生活中前所未见的庆祝活动"。1919年，纽约酒店老板雷蒙德·奥特格提供了25,000美元给第一个从纽约直飞巴黎的飞行员。8年后，奖金仍未有人领取。林德伯格，一位前巡回表演飞行员和陆军航空服务队飞行员，是密苏里州圣路易斯罗伯特森飞机公司的首席飞行员。他说服9位圣路易斯商人共同承担10,580美元的费用，定制一架飞机以追求这笔奖金。他选择了一架由瑞安飞行公司制造的M-2型支柱式单引擎单翼飞机，并将其命名为"圣路易斯之灵"。1927年5月20日，林德伯格驾驶他的飞机沿着纽约米诺拉罗斯福菲尔德的雨中跑道滑行。这位25岁的飞行员使用磁性罗盘导航——被持怀疑态度的新闻界称为"飞行小子"和"飞行傻瓜"——规划了一条横跨大西洋的3,610英里航线。离开纽约33个半小时后，林德伯格在巴黎附近的勒布尔热机场降落，创造了航空历史。回到纽约，林德伯格受到了400万人的热烈欢迎，其他城市也举行了庆祝活动。卡尔文·柯立芝总统授予林德伯格有史以来第一枚杰出飞行十字勋章，美国国会还授予他国会荣誉勋章。

他的飞行成为了转折点——美国首次自莱特兄弟以来成为世界航空领域的领导者。

2.1.3.2 航空巡逻

在1920年期间，美国空军在俄勒冈州和加利福尼亚州的巡逻任务中取得了显著的进展和成就。具体而言，俄勒冈州的巡逻任务由Lo'ell Smith上尉率领，他们与森林服务局、州牧师以及私人所有者之间建立了紧密的沟通机制。在巡逻过程中，尽管面临挑战，如遭遇两次迫降的紧急情况，但得益于精心策划和高效执行，这些事件均未导致人员伤亡，每日飞行距离更是高达360英里。与此同时，加利福尼亚州的航空巡逻任务也于6月19日正式启动。该任务以马瑟菲尔德为指挥中心，由第9航空中队全权负责。为了全面覆盖和高效执行巡逻任务，该中队设立了多个分队，并分别部署于红布鲁、弗雷斯诺和马瑟菲尔德等多个关键地点。

1920年春季，空军与民兵局就一项计划达成共识。该计划规定，每个国民警卫师将配备一个空军服务单位，包括一个航空中队、一个气球连和一个照相部门。联邦政府将负责提供所需设备，而民兵局将与各州协调设施安排。对于靠近常规空军服务站的单位，它们将在那里进行安置和训练。国民警卫队单位将按照与常规单位相同的方式进行组织，并在获得联邦认可之前接受常规空军服务官员的审核。

首个通过联邦审核的国民警卫队航空队是马里兰州的第 104 观察中队，该中队于 1921 年 6 月 29 日获得联邦认可。随后，至 1926 年中期，共有 16 个观察中队获得认可，其中 1921 年底前认可了 4 个，1922 年认可了 2 个，1923 年认可了 4 个，1924 年认可了 3 个，1925 年认可了 1 个，次年 5 月又认可了 1 个。届时，照相部门和医疗分队亦已组建完毕，为 11 个师的航空兵局提供支持。国民警卫队的各航空队当时所需的军官和士兵数量不到战时力量的一半。其中，国民警卫队的 271 名军官（除医生外），有 184 名被评为飞行员，33 名被评为观察员。在剩余的 54 人中，除一人外，均通过飞行体检并被分配为观察员。战时一个观察中队需要 13 架飞机，而当时的国民警卫队中队平均仅有 5 架，且均为旧的训练机而非作战飞机。此外，原计划的气球连已被放弃。至 1927 年已有两个州完成了增加航空队的组织工作，1930 年，第三个州也完成了。这为国民警卫队的 18 个师中的每一个都提供了一个观察中队，并额外指定了一个军团航空单位。

2.1.3.3　边境巡逻

边境巡逻是战后航空兵局考虑的众多活动之一。1919 年夏季，为了监控墨西哥边境，陆军计划组建至少 9 个航空中队和一个飞艇连，以覆盖从墨西哥湾到太平洋的整个边界。该计划要求西部地区的两个观察中队（第 9 中队和第 91 中队）从加利福尼亚州的洛克韦尔菲尔德出发，向东巡逻至加利福尼亚—亚利桑那线。同时，南部省的 3 个监视中队（第 8、90 和 104 中队）和 4 个轰炸中队（第 11、20、96 和 166 中队）将沿从亚利桑那州到墨西哥湾的边境分布。

2.1.3.4　海岸防御

在海岸防御方面，陆军长期以来一直负责协助防止入侵，这是其与海军共同承担的任务，旨在击败成功登陆的敌人部队。为了完成这一任务，陆军的作战区域扩展至海上火炮射程范围。第一次世界大战结束前，空军部门认为其任务应包括海岸巡逻，协助保卫港口和海岸免受敌人攻击，并通过寻找目标、确定距离和观察火力来协助海岸炮台。事实上，战争结束时，空军正在美国东西海岸和三个海外部门建立海岸防御站。实施该项目计划，国内需要 10 个飞机中队和 10 个气球连，海外需要 15 个中队和 9 个气球连。

2.1.3.5 森林防火

至于森林火灾巡逻，早在 1909 年，美国森林管理员便提倡使用飞机来探测和报告森林火灾，并于 1915 年在威斯康星州的森林中进行了试验。1918 年 10 月，明尼苏达州北部发生了一场超过一万英亩的大火后，警长亨利斯向农业部林务局长格雷夫斯寻求航空局的帮助。1919 年 3 月，战争部长贝克批准了这一请求，授权梅诺赫尔将军为实验巡逻提供航空服务人员、设备和设施。航空服务和林务局同意在加州启动该计划。航空兵局于 1919 年 6 月 1 日开始运作，旨在发现、定位并向森林服务处报告火灾。位于加利福尼亚州马奇机场的 JN-4H 型飞机每天进行两次巡逻，分别在上午 10 点和下午 1 点开始。巡逻路线覆盖了克利夫兰国家森林的北部地区和天使国家森林的部分区域。此外，位于萨克拉门托附近的马瑟机场的 JN-4D 型飞机负责巡视塔霍、埃尔多拉多和斯坦尼斯劳斯森林。为了报告火灾地点，巡逻人员携带标有网格的地图。虽然一些无线电设备可用于从巡逻飞机向地面站发送电报消息，但无线电通信效果不佳且不可靠，因此经常使用其他方法。空中观察员发现火灾时，经常会将消息投放到最近的城镇，请求发现者通知森林局。

2.1.3.6 地图测绘

在停战协议生效后不久，美国海岸和大地测量调查局即积极寻求与陆军和海军的紧密合作，旨在利用航空摄影技术进行绘图实验。在与调查局的协作下，航空兵局于 1919 年 6 月至 7 月期间，成功拍摄了大西洋城周边海岸线的详细影像。此次实验中，三台不同类型的相机被投入使用：首台为 L 型平板相机，该相机基于英国型号进行改造，并由伊士曼柯达公司制造；次台为伊士曼 K 型自动相机，它使用长达 75 英尺的胶卷，能够产生九十张 7 乘 9 英寸的曝光照片；第三台相机则是由工程师团的詹姆斯·W·巴格利少校精心设计，具备三个镜头，其中一个向下指向以进行垂直摄影，其余两个倾斜以执行斜向拍摄。经过一系列测试，充分验证了这些相机在绘制平坦国家地图方面的实用价值，并预示了航空摄影技术在未来山区地形测绘中的广阔应用前景。

随后，在 1919 年晚些时候，阿尔伯特·W·史蒂文森上尉及其领导的陆军航空服务队摄影科第 7 小组，成功为总参谋部拍摄了乔治亚州戈登营地的详细影像。进入 1920 年上半年，各单位又陆续完成了对弗吉尼亚州兰利机场以上的半岛、亚利桑那州尤马、北卡罗来纳州布拉格营地、堪萨斯州莱文沃思堡周边地区以及菲律宾马里韦莱斯湾海岸线的地图绘制工作。

　　基于上述及其他相关项目的成功经验，航空兵局长助理首席将军米切尔在 1920 年秋季发表声明，他指出："在合适的组织架构下，我们完全有能力在三年内从空中对全国进行精确测绘。"他还强调，这种测绘工作的效率极高，其成本仅为传统方法的十分之一，所需时间仅为百分之一。航空兵局已拥有先进的相机设备（尤其是他认为"无与伦比"的 K-1 型相机），并具备完成此项工作的专业能力。米切尔将军进一步指出："当前的核心任务是，确保所有需求得到协调，并构建一个能够高效实施必要措施的统一组织。"

　　20 世纪 20 年代上半期，航空兵局为多个政府机构提供了摄影服务。它为内政部对大峡谷进行了航空勘测，为美国公共卫生服务局拍摄了密西西比州的一个地区，为美国地质调查局绘制了田纳西州五千平方英里的地图，并帮助地质调查局更新了纽约州的几个四边形地图。其他项目还包括拍摄明尼苏达州德卢斯附近美加边境两千平方英里的区域，以及制作拟建的谢南多厄国家公园和大烟山国家公园区域的镶嵌地图。航空局还为罗切斯特大学前往巴拿马南部的考察队提供了摄影支持，以确定该地区是否适合种植橡胶，并寻找一个金发印第安人部落。此外，航空局还在纽约米切尔机场提供了 35 架飞机，用于拍照并协助阿默斯特学院的戴维·托德教授及其他科学家观测 1925 年 1 月 24 日的日全食。军事项目包括为河流与港口委员会拍摄水路和码头设施，以及制作陆军基地、保留地和训练区的镶嵌图。另外，航空局还与野战炮兵合作，根据航空照片制作火力控制地图。

图 2-10　空中摄影服务队 [1]

---

[1]　图片来源：《Aviation in the U.S.Army,1919—1939》。

2.1.3.7 农业喷洒

1921 年，克利夫兰市的昆虫学家 C. N. 奈利在给密集种植的树木叶片喷洒杀虫剂时遇到了困难，于是他萌生了用飞机给树木喷洒药粉的想法。他通过前战争部长贝克，获得了俄亥俄州代顿市麦库克机场空军工程部的协助。俄亥俄州伍斯特市的俄亥俄试验站指派 J. S. 豪瑟参与该项目。豪瑟和麦库克机场的 E·多尔莫伊设计了一种系统，可以从飞机侧面安装的料斗中喷洒杀虫剂。1921 年 8 月，豪瑟在俄亥俄州特洛伊附近的哈利·A·卡弗农场对该装置进行了测试。麦克雷迪中尉驾驶一架 JN-6 飞机，在遭受毛虫侵害的洋槐树林上空约 20~25 英尺处飞行。坐在后座舱的豪瑟转动曲柄，洒下砷酸铅。三天内，99% 的毛虫死亡。亲眼目睹了这次测试的州昆虫学家 H·A·戈萨德报告称，航空兵"似乎不仅愿意，而且非常渴望与任何希望测试飞机在此用途上价值的人合作。"

随后的夏季，航空兵局派遣两架飞机、两名飞行员和三名士兵至路易斯安那州的塔卢拉，与美国农业部合作进行棉花喷洒实验。实验从 1924 年 12 月持续进行，涵盖了不同的天气、高度和一天中的不同时间，同时使用了多种类型的杀虫剂。这些实验直接促成了作物喷洒行业的建立。航空兵局还临时派遣哈罗德·R·哈里斯少校协助 Huff-Daland Dusters 公司启动相关业务。该公司在 1925 年喷洒了约五万英亩上地，至 1927 年，商业喷洒机覆盖的面积已扩大至十倍以上。

航空兵局进一步协助农业部在路易斯安那州进行消灭蚊子的实验，以及在新英格兰地区消灭舞毒蛾的尝试。此外，还借出一架飞机协助农业部对抗苜蓿叶蜂的行动。奥克利·G·凯利少校在离开现役后，成为有组织预备役第 321 观察中队执行官，他帮助俄勒冈州的果农喷洒苹果园，以防治疮痂病和卷叶蛾。

根据 1923 年秋季在圣何塞的作业情况，韦丁顿得出结论，飞机可以消灭蝗虫，而且比其他任何方式都更经济。1924 年，菲律宾农业局购买了一架 JN-4D 飞机用于喷洒药粉，并聘请了一名飞行员，该飞行员曾在美国陆军航空局的尼科尔斯营地接受过第一中尉米洛·麦坎的指导。

自 1921 年起，航空兵局连续数个夏季协助农业部研究小麦锈病。与航空兵局的飞行员合作，农业部的观察员在不同海拔和全国的不同区域收集锈病菌孢子，以追踪疾病的传播。航空兵局的飞行员和飞机还协助政府官员进行了调查俄勒冈州一个国家森林的风暴损害、计算加利福尼亚州的麋鹿数量、在夏威夷通过空中散布种子重新造林，以及报告各地作物种植情况等事务。

2.1.3.8　救援任务

航空兵局总是准备向处于困境中的人伸出援手。1919 年 9 月，得克萨斯州的凯利菲尔德的飞机向墨西哥边境洪水中被困的人们投下了食物和物资。当里奥格兰德河在 1922 年再次泛滥时，凯利的飞机执行巡逻任务，报告洪水情况并定位被困的人们和牲畜。航空兵局的飞机在俄亥俄州的代顿、科罗拉多州的普韦布洛以及其他地方的洪水中提供了帮助。

1923 年 3 月，来自马里兰州阿伯丁试验场的飞机轰炸了特拉华河上的一处冰坝，1926 年 2 月又轰炸了萨斯奎哈纳河上的另一处。来自伊利诺伊州查努特菲尔德的 NBS-1s 型飞机和来自堪萨斯州莱利堡的 DH-4Bs 型飞机通过轰炸普拉特河上的一处冰坝，于 1924 年 3 月挽救了联合太平洋大桥和铁路线。

当圣克莱尔湖上一艘摩托艇上的人在一场风暴后被报告失踪时，杰罗姆·B·马赫列少校从密歇根州的塞尔弗里奇菲尔德起飞，并在一个无人居住的岛上找到了他们。塞尔弗里奇的一个快艇将他们救出。纽约米切尔菲尔德的尤金·H·巴克斯特少校和牛顿·朗费罗少校在寻找一艘在风暴中被吹出海的游艇时就没有这么幸运了。加州马奇菲尔德的亚瑟·L·福斯特少校及其观察员沃尔特·W·沃茨迈尔少校未能找到一名离家出走的两岁儿童。

✈ 2.1.4　机场和飞行航线

航空兵局早期即洞察到建立全国范围航线和着陆场网络的必要性，旨在确保航空部队能迅速穿越全国以达成军事目的。同时，也预见到了民用航空对这类设施的需求。如阿尔伯特·D·史密斯少校和西奥多·麦考利少校的大陆横穿飞行，以及拉瑟福德·S·哈茨中校围绕美国边缘的飞行，均对实现跨州航空运营起到了推动作用。首次横贯大陆的可靠性和耐久性测试亦提供了丰富宝贵的信息。航线和着陆场的开发成为了一项多方合作的项目，涵盖了多个联邦机构、州和市政府、商业和工业界以及公民团体。航空兵局在建立和运营模范航线方面，作出了显著贡献。

作为该项目的重要组成部分或与之紧密相关的工作，航空兵局致力于导航仪器、夜间飞行设备、空对空和空对地通信、气象服务以及安全装置的开发与改进。在空中飞行时，飞行员会优先选择在其可视滑翔距离内的最佳地点进行着陆。显然，一个全国性的航线、机场和紧急着陆场网络对于军事航空和商业航空的发展具有不可或缺的重要性。航空兵局充分利用公众对飞行的兴趣，鼓励全国范围内的城市和小镇建设可供所有飞行员使用的着陆场。

梅诺尔将军在 1919 年 5 月于乔治亚州梅肯举行的东南航空大会上，公布了一项市政机场计划。他向与会代表透露，航空兵局和邮政部门正与城市和小镇合作，共同创建机场。目前，该计划仅涵盖需要邮件服务或航空兵局跨州飞行的 32 个社区。城市将承担建立和维护场地以及搭建政府提供的钢结构机库的费用。梅诺尔将军敦促其他城市和小镇按照政府规定的规格建设场地，以便将来能够融入全国性的网络。

在接下来的一年半里，航空兵局为推进该计划付出了巨大努力。宾夕法尼亚州城市的代表们聆听了 J·H·沙利文上尉关于市政场地需求和价值的讲解。随后，大会通过了一项计划，要求每个城市成立一个航空委员会，选定场地，设计其维护方式，并激发公众兴趣。在塞尔弗里奇菲尔德，诺曼·J·布茨少校收到了密歇根州夏洛特市关于规划场地建设的请求。在西部地区，亨利·H·阿诺德上校指派拉尔夫·M·凯利和莱兰德·W·米勒两位少尉为西雅图市提供建设机场的建议。类似的工作也在全国其他各地有序展开。

仅凭机场本身并不足以让商业航空安全运营，也无法让空军迅速将飞机从国家的一个地区调配到另一个地区以满足国防需求。必须规划并标识出航线，并确定紧急着陆点。如果航空业要发展到能够无论天气好坏，都能安全、无昼夜差别地（穿越全国飞行），那么天气服务、通信、维护和修理、照明等都必须一应俱全。

为了在美国启动航线计划，航空兵局在华盛顿与俄亥俄州代顿之间建立了一条模范航线。1921 年 2 月 12 日，威廉·米切尔准将在博林菲尔德的开幕仪式上详细阐述了这条航线将如何为航空提供服务，正如道路对汽车的必要性一样。航空兵局租赁了西弗吉尼亚州芒兹维尔附近的土地和航空设施与装备，并开设了一个配备了汽油和补给品的着陆场，以便为华盛顿与代顿之间的航班提供中途停留的便利。此外，航空兵局还邀请了沿途的城镇提供并标识紧急着陆场地。

哈丁总统对于发展横贯大陆的航线给予了坚定支持，他期望航空兵局能够与其他政府机构合作规划航线，并与各州共同推进机场建设。然而，这一任务并未得到充分的资源支持。在帕特里克将军于 1921 年 10 月担任航空兵局总监后，他从其他项目中调拨资金以支持航线建设。1921 年 12 月 1 日，他重新设立了航线部门，由伯德特·S·赖特上尉担任主任。该部门的主要职责之一即为收集和传播关于机场的信息。尽管航空兵局已在华盛顿收集了大量来自跨国飞行报告及其他渠道的数据，但这些信息仍需经过审核、更新和扩展。

在航线部门的组织下，圣克莱尔·斯特里特上尉于 1920 年春天进行了一次为期 5 周、长达 4,000 英里的调查飞行，以收集印第安纳州、肯塔基州、伊利诺伊州、密苏里州、堪萨斯州、艾奥瓦州、威斯康星州、俄亥俄州、纽约州、马萨诸塞州和康涅狄格州的相关数据。帕特里克将军进一步指示多个空军服务站对全国航线系统的各个部分进行调查。洛厄尔·H·史密斯上尉和威廉·B·怀特菲尔德中士负责爱达荷州、怀俄明州、内华达州、犹他州、俄勒冈州和华盛顿州的调查工作。中士德尔玛·H·邓顿则负责从得克萨斯州的凯利菲尔德到伊利诺伊州的斯科特菲尔德的路线调查。北卡罗来纳州波普菲尔德的第 22 观测中队分遣队的飞行员则负责绘制前往乔治亚州的萨凡纳和梅肯以及肯塔基州路易斯维尔的路线。这一系列的调查和绘图工作覆盖了全国的广泛区域。至 1925 年中期，航空兵局已掌握了近 3,500 个着陆地点的信息，其中包括全国超过 2,800 个紧急着陆区。

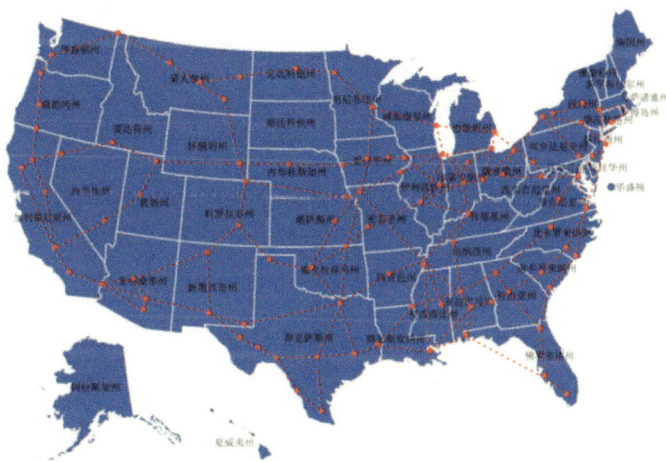

图 2-11　1925 年的美国航线图 [①]

1923 年 3 月 1 日，航空兵局开始出版一本名为《航线与着陆设施》的小册子，其中详细描述了所有已知的着陆场。同年晚些时候，航空兵局开始以活页形式发布关于场地的信息，以便根据需要进行修订。利用航空兵局提供的数据，工程兵团准备并印制了一张显示美国各地机场和建议航线的地图。

---

① 原图片来源《Aviation in the U.S.Army,1919—1939》，作者翻译了各州名，并对航线数字化重绘。

1923 年，航空兵局自 15 个站点发起飞行任务，旨在全面审视并绘制航线各段的双向路线。相关信息以公告形式进行发布，首份公告于 1923 年 9 月 15 日刊出，内容涵盖了从旧金山至萨克拉门托的航线详情。此外，航空兵局也向地质调查局和工程兵团提出请求，要求其准备一系列条状地图，每张地图覆盖约 200 至 220 英里长、80 英里宽的区域，比例尺为 1:500,000。这些出版物的副本随后被分发给海军部、邮政总局以及美国文件监督官，以供公众购买。

与此同时，空军着手建设拟议中的全国航线网络的一部分，作为整个系统的示范。1922 年，它通过增加从华盛顿特区到米切尔机场和兰利机场的南北航线、从西弗吉尼亚州的蒙兹维尔到塞尔弗里奇机场的航线，以及从代顿到斯科特机场的航线，扩展了原有的航线。1923 年，它又增加了从斯科特经密苏里州堪萨斯城、俄克拉何马州马斯科吉和达拉斯到凯利机场的南部支线。

航空兵局期望沿线城镇和着陆场能够实现统一标识。尽管该服务鼓励各社区自行完成标识工作，但亦提供了相关信息，并率先在模范航线上进行了标识测试，以为系统提供范例。1922 年夏季，绘画队伍在代顿与华盛顿之间的 106 个城镇进行了标识尝试，但因资金问题而中断。预备役和国民警卫队中队以及常规航空兵中队在动员商会、市民俱乐部、童子军和其他组织参与此项工作上效果有限。直至 1925 年，航空兵局重启了标识工作，并获得了印第安纳州标准石油公司的支持。在莱特兄弟于基蒂霍克飞行 22 周年纪念日（1925 年 12 月 17 日）当天，该公司开始在其运营的十个州区域内对航线进行标识。随后，其他石油公司亦纷纷加入这一行动。例如，加利福尼亚的标准石油公司在 1926 年初之前，完成了圣地亚哥与西雅图之间 110 个加油站的标识工作，并计划对所有 650 个站点进行标识。

航空兵局自 1922 年起，在模范航线上安排了定期航班，用于运输乘客和包裹。初期采用 DH-4B 型飞机，后由俄亥俄州费尔菲尔德的仓库将 DH 型飞机进行改装以适应此项服务。特别定制的 DH-4B4 航线飞机配备了更大的汽油油箱以及最新设备，以支持并提升飞行员的舒适度。后座舱被改造为带有流线型盖子的货舱，但保留了可折叠座椅，以便在需要时搭载乘客。航空兵局报告指出，在四年间，其飞行总里程超过 120 万英里，执行了 671 次定期航班，成功运输了超过 1,200 名乘客和 62,000 磅的货物。模范航线的控制站最初设立于博林菲尔德，后于 1925 年迁移至俄亥俄州麦库克菲尔德的一个更为中心的位置。不久之后，控制站再次迁移至俄亥俄州的威尔伯·莱特菲尔德。控制站的官员负责为乘客预订座位，并记录航班的实时动态。在此期间，尽管空中无线电并未在航线操作中实现常规使用，但模范航线上的站点之间已建立了无线电连接。

✈ 2.1.5　飞行和导航仪器

飞行员在熟悉的地域上空飞行时，如果能看到已知的地标，只需要少数几个仪器——转速计以及显示汽油、机油压力和水温的仪表——来告知他发动机的运行状况。如果他不熟悉该地区，或者因雾、云或黑暗而看不到地面，他就需要仪器来告诉他飞机的姿态、航向和高度。磁罗盘和无液气压计已经被改装适用于飞机，战争结束时也有了简单的倾斜和俯仰指示器。然而，飞行员对这些仪器不太信任。航空兵工程部一直都有漂移计、罗盘、空速指示器、高度计、飞行指示器、六分仪和其他仪器的研发项目，以提供更好的导航辅助工具。20 世纪 20 年代初，负责这一领域的是阿尔伯特·F·赫根伯格一等中尉，"他是飞行中使用导航仪器的最主要倡导者之一"。美国空中导航领域的权威布拉德利·琼斯与他一起在麦库克机场合作研发地球感应罗盘。

磁罗盘会受到飞机发动机、电线和其他金属部件的影响。它们需要根据飞机进行调整。即使设置得当，磁罗盘也不可靠，经常在最需要的时候开始旋转。航空兵对标准和先驱仪器公司在 1923 年正在研发的新型地球感应罗盘很感兴趣，于是购买了一些进行测试。

赫根伯格和琼斯（Hegenberger & Jones）进行了多次飞行，以测试地球感应罗盘和其他仪器。例如，1923 年 9 月 6 日，他们驾驶一架装有大型汽油和机油箱的 DH 飞机前往波士顿。后座舱经过改装，供琼斯进行六分仪观测。座舱地板上装有漂移计、磁罗盘，以及琼斯用来设定航向的感应罗盘刻度盘。前座舱的仪表板由赫根伯格设计，配有垂直刻度，便于读数。仪表包括飞行指示器、空速计和一个刻度盘，只要赫根伯格保持在琼斯设定在指示罗盘上的航向上，刻度盘就指向零，但如果飞机向左或向右偏转，刻度盘就会相应移动。

当赫根伯格和琼斯从麦库克机场起飞前往波士顿时，随着飞机向东飞行，大片云层逐渐增多。琼斯使用漂移计测量侧风引起的向北漂移，并校正了罗盘设置。大约 10 点 40 分，他们看到了俄亥俄州立大学的哥伦布体育场。此时云层已经相当浓密，他们只能瞥见一眼俄亥俄河。云层从 300 英尺延伸到 7,000 英尺，9,000 英尺以上还有更多云层。赫根伯格穿越云层攀升到 10,000 英尺，在宾夕法尼亚州上空飞行时一直未见到地面。他以为自己应该已经接近哈德逊河，于是开始下降。在康涅狄格州的哈特福德，他们首次在 400 英里的航程中核对了航向。波士顿就在前方。不久后，赫根伯格转调至夏威夷。1924 年 1 月，琼斯前往兰利机场，为即将开始环球飞行的飞行员教授导航知识，这些飞机同时装备了磁罗盘和地球感应罗盘。麦库克机场的仪器研发工作也在持续进行。在一次前往纽约的飞行中，尤吉尼·H·巴克斯代尔一等中尉和布拉德利·琼斯大部分路程都是在云层上方，依靠仪器飞行。借助 50 英里的顺风，他们以创纪录的 3 小时 45 分钟完成了 575 英里的航程。另一次值得注意的飞行是从麦库克机场飞往纽约奥尔巴尼。飞行员休·C·唐尼一等中尉和布拉德利·琼斯之前都未曾飞过这条路线。他们携带的地图仅为应急之用，且已被密封。他们大部分路程都是在 10,000 英尺的云层上方飞行。尽管遇到了强烈的侧风，但他们最终降落在距离目的地仅 5 英里的地方。

工程部对无线电信号作为导航辅助手段很感兴趣，于 1924 年初开始测试一种互锁系统。当飞行员调谐到无线电信标时，如果他偏离航线在右侧，会听到点划线信号（摩尔斯电码中的"A"）；如果偏离在左侧，会听到划线点信号（"N"）；如果保持在航线上，则会听到连续声音。测试表明，这需要飞行员高度集中注意力，并且可能存在信号解读错误。工程师们将信号连接到仪表板上的指示灯——白色表示保持在航线上，绿色表示偏向右侧，红色表示偏向左侧。使用来自威尔伯·赖特机场信号的飞行员，在距离多达两百英里的地方也能凭借信标返航。测试一直持续到 1926 年，当时航空局正在协助航空邮件局在伊利诺伊州的蒙茅斯建立并测试一个无线电信标。

在 20 世纪 20 年代中期，航空局的飞行员仍然几乎完全依靠地标法进行飞行。磁罗盘、高度表和飞行指示器是跨区或夜间飞行中最常用的导航仪器。

✈ 2.1.6　夜间飞行

第一次世界大战结束时，很少有航空服务站配备探照灯或其他电气设备来照亮着陆区域。在有此类设备的地方，照明主要用于帮助突然遭遇黑暗的飞行员。在其他站点，篝火、信号弹、倒在地上并点燃的汽油、燃烧的浸满汽油的废罐头，或这些方法的组合，帮助飞行员找到着陆场地。如果飞行员需要在夜间飞行（这种情况很少见），他会选择一个月光明媚的夜晚。他可能会带上降落伞信号弹，并在飞机翼尖安装信号弹。虽然信号弹在紧急着陆时特别有用，但经常出现故障。翼尖信号弹同样危险，有时会在场地点燃草地、杂草或灌木，或者如果飞机坠毁，可能会引燃飞机。

20 世纪 20 年代初，航空兵局在夜间飞行设备方面取得了良好进展。麦库克机场的唐纳德·L·布鲁纳中尉和他的团队做出了诸多改进。他们开发了安装在飞机机翼上的流线型强力着陆灯。采用了栗色无眩光表面处理，以减少螺旋桨反射的光线。通过将排气管延伸到后座舱之后，减少了自由发动机火焰引起的眩光。设计了流线型运行灯外壳。仪器表盘涂有发光涂料，仪器面板也装有照明。与军械部合作，开发了更强大、更可靠的降落伞信号弹。此外，机场照明也得到了改善，配备了电气边界灯、障碍物灯、信标和探照灯。

首次在模型航道上进行的夜间飞行并没有使用这些新设备。1922 年 8 月 5 日至 6 日晚，克莱顿·L·比塞尔中尉从华盛顿飞往代顿，并于次日晚上返回。他因此质疑是否有必要仅为夜间工作而在飞机上安装大量昂贵设备。然而，到 1923 年，航空局已在其飞机和着陆场上安装了新的电气设备。

布鲁纳中尉制订了一项航道计划，为紧急场地和航站楼场地提供了边界灯和障碍物灯。每个场地还将配备一个照明风向指示器和一个水平旋转闪光灯。他布置的信标使得飞行在航道上的飞行员始终能看到至少一个，大多数时候能看到两个。1923 年，航空兵局让他在安装设备的代顿至俄亥俄州哥伦布之间的模型航道段上测试他的计划。

那年早些时候，航空兵局将夜间飞行纳入了训练和常规操作中。它启动了一个项目，为 80 架 DH-4B、65 架 NBS-1 和 12 架 MB-3A 配备夜间设备。俄亥俄州费尔菲尔德的仓库将这些设备连同安装说明一起运往各场地。到 1924 年 10 月，兰利机场的第二轰炸机组已为其飞机配备了设备，并积累了足够的经验，可以进行飞往纽约的夜间飞行。航空兵局关于此次飞行的新闻稿提请注意机翼上的两个电动着陆灯和运行灯（翼尖为红色和绿色，尾部为白色）。报道指出，每架轰炸机都携带了四枚降落伞信号弹和四枚翼尖信号弹。在阿伯丁试验场，航空兵局进行了夜间轰炸试验。高级飞行学校将夜间飞行纳入了其课程，夏威夷中队在年度演习中增加了夜间任务，因此是夜训为其注入了新的维度。

✈ 2.1.7　通　信

1919 年航空局成立边境巡逻队时，梅诺赫将军通知总信号官，航空兵局将需要双向空地无线电通话设备。此外，对于超出无线电通话范围的飞机，还需要空地无线电报设备，并且在某些情况下，还需要飞机之间的无线电通话设备。圣安东尼奥的航空仓库将提供一些设备，但梅诺赫将军要求信号兵部队提供其他设备，负责安装，并指导陆军无线电工作的指令操作地面站。梅诺赫将军提到的通信类型已有相关设备存在。但其中大部分设备并不达标，且航空兵局的人员缺乏使用这些设备的训练和经验。此外，信号兵部队也很少有人员可以详细负责在飞机上安装和维护无线电设备或操作地面站。因此，在边境巡逻中，无线电几乎未得到使用。

在战争时期，经验表明，通过将手写便条置于附着于降落伞的管状容器或袋子中，或简单地系上飘带以吸引注意力，这种传递信息的方式相较于无线电而言更为可靠，适用于从空中向地面发送信息。飞行员与地面部队协作时，会使用信号弹或特定的空中机动动作来发出事先约定的信号。而地面部队则通过展示不同图案的面板，或利用信号弹、火箭、烟雾或灯光等手段，向飞机传递事先约定的信息。这些方法在 20 世纪 20 年代初期一直被广泛使用。

为了寻求更好的通信方式，亚利桑那州诺加莱斯的第 12 中队试验了从地面到空中的摆动信号（wigwag）通信。夏威夷的空中观察者尝试在岛际短途飞行中使用摆动信号在飞机之间进行通信。巴拿马运河区的部队使用了快门面板。几个部队试验了通过 Magnavox Telemegaphone① 从飞机上广播信息。在墨西哥边境或运河区进行越野飞行的飞行员经常携带鸽子，如果飞机在无人居住的地区坠毁，就放飞鸽子。

一旦显示信号兵部队在边境或森林巡逻方面不会提供太多无线电帮助，梅诺赫将军就寻求对所有航空无线电活动的控制权。1920 年初，战争部将安装、维护和操作其部队和站点的无线电设备的责任转移给了航空局。它并没有允许航空局接管无线电设备的开发，但信号兵部队在麦库克机场设立了一个飞机无线电实验室，以便两个部门之间更紧密地协调。

在信号兵部队的支持下，同时自行培训人员，航空局在 1920 年和 1921 年改进了森林巡逻的无线电通信。

1921 年的轰炸测试应用了无线电来控制编队内的飞机，由旗舰肖穆特号（USS Shawmut）指挥作战，并报告迫降情况。第一临时空军旅的轰炸飞机配备了语音设备，以便编队内的飞机之间通话。每个编队的指挥飞机还配备了一套长距离火花发射设备，用于与兰利机场、诺福克海军基地、肖穆特号以及沿飞行航线往返目标的驱逐舰上的站点通信。无线电成为

———————————

① Magnavox Telemegaphone 是米罗华（Magnavox）公司开发的扩音设备，最初于 1918 年首次向公众推出，并被命名为"Telemegaphone"（扬声器）。在 1920 年美国总统伍德罗·威尔逊的演讲中，Magnavox 提供了扬声器设备，使他能够向圣地亚哥体育场的 5 万名观众发表讲话。米罗华成立于 1917 年，是美国电子厂商飞利浦旗下的子公司，在电子行业有着深厚的技术积累和品牌影响力。

NBS-1 飞机的标准设备。观测部队逐渐采用双向无线电来调整炮火。随着对无线电设备的使用经验积累，以及对设备和程序的改进，通信质量稳步提升。

信号兵部队致力于研发配备超外差接收器的新型无线电设备，用于追击、观测和轰炸。追击设备（SCR-133）确保飞机之间在五英里范围内的语音通信。观测和轰炸设备（SCR-134 和 -135）支持语音通信，其中 134 型设备的通信距离可达 30 英里，而 135 型设备则更远一些。这两种设备还额外提供音调和连续波（CW）电报功能，以实现更远距离的通信。CW 的通信范围更长，但只能进行发射。操作轰炸设备的无线电员通过内部通话设备（SCR-155）与飞机指挥官保持联系。指挥官通常通过内部通话设备与其他机组人员交流，但他也可以根据需要自行操作无线电。一个内部通话系统（SCR-160）与观测设备（SCR-134）相连。

130 系列无线电设备仍存在许多问题。电气干扰导致接收困难。点火系统需要屏蔽，在某些情况下甚至需要对飞机进行完全重新布线。木制飞机需要在机翼和机身上添加电线和金属条进行金属化处理，以确保充分接地。所有金属部件都需要进行连接，以防止吸收辐射能量、消除金属部件之间产生火花的危险，并降低接收器噪声。这些步骤需要大量的实验。

✈ 2.1.8　气象服务

战后，跨国飞行的迅速发展产生了对气象信息的全新需求。负责陆军气象工作的信号兵部队无法足够迅速地组建气象站或提供能满足航空局需求的服务。飞行场上的现役观测员收集的信息仅能满足当地飞行的需要。这些信息也被发送到华盛顿，供美国气象局用于为陆军和海军准备天气预报。这些天气预报通过电报发送至各飞行场，有助于规划跨国飞行。同样有帮助的还有气象局专门为广播编写的航空天气预报，这些预报由海军位于弗吉尼亚州阿灵顿的强大电台定期播出。

尽管信号兵部队和气象局的支持有所帮助，但仍未满足航空局的需求。梅诺赫尔将军表示，航空局必须拥有自己的气象部门，由熟悉飞行需求的人员运营。然而，无论是梅诺赫尔将军还是帕特里克将军，都未能成功获得战争部门批准在航空局设立气象科。

在资金短缺、几乎所有活动都受到影响的时期，帕特里克无法从信号兵部队获得太多帮助。于是，他在 1922 年与气象局达成了合作协议。航空局的训练飞行员访问了距离其基地 300 英里范围内的气象局站点，与气象学家熟悉起来，了解了当前的天气状况，并讨论了双方服务中的问题。

气象局人员接受了邀请，在航空局站点就气象局的工作和区域天气举办讲座。航空局站点可以通过支付电话费或电报费来接收气象局的预报。如果飞行员在远离基地的地方着陆并请求电报预报，气象局会支付回复费用。

到 1925 年，信号兵部队已建立了新的气象站，每个航空局飞行场都配有一个信号兵部队气象分队。在航空局军官的监督下，气象分队进行观察、准备和传送报告、接收来自气象局和其他气象站的报告、为飞行员张贴天气数据，并为跨国飞行提供特别报告。

1924 年初，俄亥俄州麦库克机场的工程部设立了一个气象处，由信号兵部队军官、原美国远征军首席气象学家威廉·R·布莱尔少校担任处长。该处致力于寻找更好的方法来收集上空气流的数据、寻找确定云层高度和深度的手段，以及确定飞机或气球被雷击的可能性等。

航空局还协助美国气象局进行研究。气球和飞艇学校为 C·勒罗伊·梅辛格博士安排了从伊利诺伊州斯科特机场起飞的 15 次气球飞行。梅辛格博士在战争期间作为航空局军官积累了丰富的气球和气象学经验。1924 年，他为气象局工作，研究了气流的路径、空气中的尘埃量、天空亮度和云滴的大小。该项目在第十次飞行时于 1924 年 6 月 2 日结束，当时气球被雷击，梅辛格博士和他的飞行员、中尉詹姆斯·M·G·T·尼利不幸遇难。

航空局感兴趣的项目之一是驱散雾。帕特里克将军提供了航空局的飞机和飞行员，与哈佛大学的弗朗西斯·沃伦博士合作。沃伦博士希望试验向云层投放带电沙子。在马里兰州的菲利普斯机场和后来的博林机场进行的测试产生了沃伦博士所称的"神秘现象"，并使他相信自己的理论是正确的。他认为，如果使用能携带更多沙子的飞机，效果会更好。他相信，两架大型飞机可以驱散覆盖纽约市和港口区域大小的雾。因此，实验继续进行，这个项目注定要以某种形式存在很长时间。

✈ 2.1.9　降落伞

第一次世界大战期间，在美国航空兵服役并担任空中观察员的成员配备有降落伞，以便在敌人攻击时从系留气球上逃生。飞机上的飞行员和观察员则没有配备。停战之后，麦库克机场工程部的装备科继续开展战争期间开始的飞机用降落伞研发工作。爱德华·L·霍夫曼少校负责该科工作，詹姆斯·弗洛伊德·史密斯则是他负责降落伞开发的助手。

对于气球而言，降落伞连接在气球吊篮上，跳伞者通过静力绳拉出降落伞。尝试将这种类型的降落伞改装用于飞机并不太成功。包括史密斯和麦库克机场的另一位平民莱斯利·L·欧文在内的许多人都在制作由跳伞者携带和操作的降落伞。1919 年 4 月 28 日，欧文测试了史密斯开发的一款降落伞。欧文在 1500 英尺的高空离开飞机，安全降落但脚踝骨折。在对史密斯的降落伞进行进一步测试和修改后，空军于 1919 年 6 月 25 日订购了 400 个，订单来自欧文在康复期间成立的一家公司。

1920 年，当新型降落伞（美国飞机 A 型）分发时，航空兵在机械学校增设了降落伞课程。随后，航空兵发布指令，要求必须在课程毕业生的监督下测试和使用降落伞。应为想跳伞的人员提供机会，但跳伞必须完全自愿。除紧急跳伞外，所有跳伞都应配备两个降落伞，其中至少一个为自由落体式手动操作类型。此外，除紧急跳伞外，跳伞高度不得低于 1,500 英尺。

得克萨斯州的凯利机场在课程开始后的两个月内记录了 40 次跳伞。除了背包外，每位跳伞者还携带了一个备用胸前降落伞。完成降落伞训练的军官中包括中尉哈里森·G·克拉克尔。回到拉雷多的中队后，他发现同伴们都渴望学习跳伞。大约同时，中尉赛勒斯·贝蒂斯在埃尔帕索演示了降落伞的使用方法。在佛罗里达的卡尔斯特罗姆机场，降落伞"跳跃"吸引了那些对飞行已经"厌倦"并寻求新刺激的"勇敢者"。在俄克拉荷马的波斯特机场，中士恩西尔·钱伯斯从 5,000 英尺高空跳下，在 4,000 英尺时打开降落伞，在 3,000 英尺时松开，再下降 500 英尺后打开第二个降落伞，并在场地中央完成了"漂亮"的着陆。降落伞课程首席教官二级军士长吉尔伯特·A·舒梅克站在 DH-4B 飞机的上机翼上，拉下拉环，被打开的降落伞带离飞机，而一名派拉蒙新闻社的摄影师则从另一架飞机上拍下了这一幕。

看谁能从最高高度跳伞的竞争迅速将纪录推高到了需要配备氧气设备和增压器的飞机才能达到的程度。1922 年 6 月 12 日，在俄亥俄州代顿进行摄影实验后，上尉艾伯特·W·史蒂文斯携带氧气瓶从 24,000 英尺高空跳下。他说："降落伞只是完成真正工作后下来的另一种方式。"降落伞猛地打开，绑在史蒂文斯腿上的 11 磅氧气瓶松开了。史蒂文斯抓住它，塞到肩带下，从管子里吸了几口氧气。但氧气瓶很快就滑出并消失了，不过他下降得很快，之后也不再需要它。在强风中，降落伞剧烈摇晃，史蒂文斯因此"晕得厉害"。着陆时，他脚部骨折。

跳伞的安全记录良好，航空兵希望保持这一状态。1920 年 10 月，在马里兰州阿伯丁的一次演示中，一等兵厄尔·W·穆恩降落在切萨皮克湾后溺水身亡，之后航空兵修改了规定，要求跳伞者如果可能降落在水中，必须穿戴救生衣。同时，航空兵还加强了指令，以确保跳伞者拥有适当的装备和指导。后来，帕特里克将军要求，训练、测试或具有特殊风险的表演跳伞必须获得其办公室的批准。不久之后，注意到有延迟开伞以测试人员和设备的跳伞行为，帕特里克命令，在进行任何非正常训练课程的跳伞前，必须获得他的批准。

为训练和演示购买的降落伞不适用于常规使用。1920 年年初，麦库克机场的试飞员采用了座椅式降落伞。为机枪手和摄影师开发了大腿式降落伞。然而，过了一段时间后，降落伞才在航空兵航班中常规使用。

1921 年 4 月 10 日，《芝加哥论坛报》称，飞行员通常不佩戴降落伞。该报称，如果佩戴了降落伞，30% 的飞行员本可以在坠机事故中幸存下来。少校福莱特·布拉德利对此表示异议：飞行员应尽力挽救飞机，如果不这样做，他就是"行为不端"。要求飞行员佩戴降落伞并鼓励其使用，会助长"怯懦"心理，并导致许多本可以安全着陆的坠机事故。布拉德利认为，只有在三种情况下——火灾、碰撞以及飞机解体或失去机翼等关键部件——飞行员才有理由使用降落伞。霍夫曼少校则认为还有其他情况，如夜间在崎岖地区且飞机没有着陆灯时发动机故障。他说，麦库克机场的飞行员认为降落伞是不可或缺的，他们并没有表现出布拉德利所预测的怯懦心理。

1922 年 10 月 20 日，哈罗德·R·哈里斯 (Harold R.Harris) 少尉成为空军中第一个使用降落伞救了自己一命的人。当时，他正在麦库克机场测试一架洛宁 PW-2A 飞机，飞机突然发生了剧烈震动。看到左翼或副翼的一部分脱落，哈里斯解开安全带，离开驾驶舱，安全降落。谈到哈里斯的跳伞经历，两位代顿新闻记者莫里斯·赫顿和弗恩·蒂默曼，以及工程部的一名员工 M·H·圣克莱尔，萌生了一个想法，即成立一个俱乐部，成员为那些因飞机在飞行中被迫离开而使用降落伞获救的人。于是，"毛毛虫俱乐部"[①]应运而生，其"会员"名单由麦库克机场的降落伞部队编制。另一位空军飞行员，一等兵弗兰克·B·廷德尔，于 1922 年 11 月 11 日在西雅图测试 MB-3A 飞机时，因机翼脱落而跳伞。在三周内有两名飞行员获救后，空军下令要求所有军队飞机的飞行员和乘客在每次飞行时都必须携带降落伞。然而，要过一段时间，所有基地才能配备足够的降落伞来执行这一规定。

---

① Harold R.Harris 创办的跳伞逃生者俱乐部，该俱乐部的名字来源于降落伞的主伞面和绳索由最优质的丝绸制成，正如毛毛虫从茧中爬出并最终降落到地面一样，象征着生命的重生。俱乐部的标志是一枚金色的毛毛虫徽章，徽章上刻有会员的姓名和军衔。到 1943 年，总会员数已超过 80,000人，其中大部分是因在战斗中被迫跳伞而幸存下来的士兵。

1923 年，没有航空兵人员加入毛毛虫俱乐部。但在 1924 年 4 月至 1926 年 6 月底期间，有 18 人符合条件加入，其中包括霍勒斯·M·希卡姆和哈罗德·盖格（他们的飞机相撞）、约翰·A·麦克雷迪、弗兰克·O·D·（蒙克）亨特和尤吉尼·H·巴克斯代尔。查尔斯·A·林德伯格是第一个两次从飞机上跳伞获救的人，一次是在他还是学员的时候，另一次是作为预备役军官。到 1926 年年中，另有两名航空兵人员，亨特和巴克斯代尔，也完成了两次跳伞。携带降落伞的要求、飞机设计和制造的改进、更好的设备和设施，以及对飞行安全的重视，减少了飞机失事造成的死亡人数。1920 年有51 人死亡，1923 年 57 人，1924 年 34 人，1925 年 128 人。每死亡一人所对应的飞行小时数逐年增加，从 1921 年的 1,018 小时增加到 1925 年的 4,063 小时。同期，每死亡一人所对应的飞行里程数从 73,631 英里攀升至 297,375 英里。空军对每一起事故进行调查以确定原因。它认为大约一半的致命事故是由于飞行员判断错误或失误造成的，发动机故障是其次频繁的原因。只有少数事故是由于结构故障或天气条件造成的。

美航空兵通过开创自由落体降落伞的开发和使用，为飞行安全做出了巨大贡献。其在空对空和空对地通信方面的无线电工作进展缓慢，而在仪器和空中导航方面的工作进展稍快。一个重大项目是建设和运营一条航道，作为全国系统的模型。航空队绘制了着陆场的计划和规格，设计了一套标准的场地和路线标记方案，提供信息和建议，并鼓励城镇和城市创建和运营机场。该部队与邮政部的航空邮件局以及个人、组织、州和地方政府合作。它与陆军的通信兵在无线电方面、与通信兵和美国气象局在气象服务方面、与标准局在仪器方面，以及与工业界在各种设备方面进行了协作。此外，农民、商人、童子军、预备役人员等也为航道项目提供了帮助。通过这种合作，军事和民用航空在 20 世纪 20 年代并肩发展。

✈ 2.1.10　商业航空法案引起的繁荣

20 世纪 20 年代的飞行表演者将航空描绘为寻求刺激者和鲁莽者的领域，而不是安全或可靠的交通方式。尽管客运飞行越来越受欢迎，但公众对飞行的恐惧限制了其全部潜力。为了增加航空公司的客户量和航空发展的新资本，需要让那些粗心的"吉普赛飞行员"对安全负责。因为没有法律或指导方针规范航空作为一项业务或交通系统的合理增长，所以需要新的立法来促进空中安全并创建一个可靠、值得信赖的航空系统。一战空战王牌爱德华·埃迪·里肯巴克认为，一个受监管的运输系统可以通过跨大陆和南北路线的系统将全国紧密联系在一起，同时改善空中防御系统。人们相信，民用航空的推广将产生"一大批熟练的飞行员、机械师和航空工程师，以及一个充满活力的机身和发动机制造业……在战争情况下可以迅速转为军用"。

1918年，美国邮政局启动了航空邮递服务，以满足国家商业的需求。这是航空首次被严肃地用于商业用途，其目的是改善邮件递送并降低成本。邮政局规划了航空邮递路线，包括从纽约到旧金山的第一条横贯大陆航线，沿着邮政航空服务路线发展了机场。美国于1925年通过了《航空邮政法案》，正式名称为"凯利法案"（Kelly Act）。鉴于当时高速公路与高铁的匮乏，航空邮件成为当时最迅速的物流方式之一。授权邮政局与私人运营商签订合同运送邮件。该法案的实施显著推动了美国商业航空业的发展，并促进了国内航空网络的建设，全新路线的开发产生了机场建设的繁荣期。

到了20世纪20年代中期，由于飞行事故增多，行业领袖开始呼吁更多的监管。1925年，美国商务部和美国工程委员会的一个联合委员会宣布，飞行是"不必要的危险"。奥维尔·赖特宣称："我相信应该要求每位从事有偿运送乘客或货物的飞行员接受检查和许可。我还相信必须采取适当的预防措施以确保使用的飞机处于安全状态。"1924年令人震惊的致命事故统计数据进一步证明了监管的必要性。参议院小组委员会报告称，流动的商业飞行员每飞行13,500英里就有一起致命事故；相比之下，联邦授权的空邮服务飞行员和飞机每飞行463,000英里才有一次致命事故。美国军队飞行员的情况更好，使小组委员会得出结论："推论是显而易见的。"管制是提高安全的必要手段。

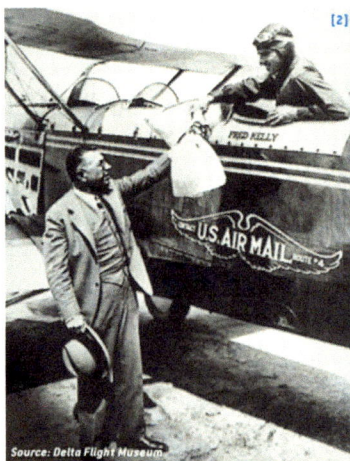

图 2-12　道格拉斯 M-2 飞机正在开展邮件业务 [①]

[①]　图片摘自《Fight,100 years of aviation》，一架为西部航空快递公司服务的道格拉斯 M-2 飞机开始在犹他州盐湖城开展通往加州洛杉矶的邮件业务。

经过多次讨论，专家们一致认为，安全飞行的六个要素是：①飞机在空气动力学和结构上都要可靠；②发动机要可靠且功率足够；③飞行员要称职且谨慎；④机场和紧急着陆场，彼此之间的距离要足够近，以确保能够滑翔至安全地点；⑤全国范围的天气预报，要专门化并适应飞行员的需求；⑥完备的航线图。

作为对这些提高和维护安全标准的各方联合行动呼吁的回应，卡尔文·柯立芝总统于 1926 年任命了一个委员会来制定国家航空政策。委员会的报告推荐建立一个国家航空运输系统，国会在 1926 年的航空商业法案中采纳了委员会的建议。1926 年，美国联邦政府颁布《商业航空法案》，此法案作为航空业的首个管理法规，标志着通用航空步入规范化发展的新时期。

《商业航空法案》明确规定：本法案中提及的"航空商业"，系指通过飞机运输人员或财产，无论是否全部或部分，以获取报酬为目的；或为业务之目的导航飞机；或从一地向另一地导航飞机以开展业务。而"州际或国际航空商业"则涵盖任何州、领土或属地、哥伦比亚特区与其以外的任何地方之间的航空商业；或在同一州、领土或属地、哥伦比亚特区内的点与点之间，但跨越其外空域的航空商业；或完全在某一领土、属地或哥伦比亚特区上空的空域内进行的航空商业。①

商务部长根据本法案规定，承担以下职责以促进航空商业的发展：鼓励建设机场、民用航线和其他航空导航设施；向农业部长提出关于必要气象服务的建议；研究美国航空商业、航空工业和贸易的发展潜力，并收集及传播相关信息，包括现有技术水平的信息；与标准局和政府行政部门的其他机构协商，推进旨在改进航空导航设施的研究和发展工作，商务部部长有权将用于执行本款目的的资金转移给任何此类机构，以与商务部合作推进此类研究和开发工作；调查、纪录并公布美国民用航空导航事故的原因；通过现有政府渠道与外国政府交换有关民用航空导航的信息。

《商业航空法案》通过规定飞机的注册和评级，在该法管辖范围内服务的飞行员的考核和评级，航空导航设施的考核和评级，以及为飞机的导航、保护和识别制定空中交通规则，朝着满足这些需求迈出了明确的一步。考虑到这门科学在技术上飞速发展所需的灵活性，细节问题明智地留

----

① 此法案在法律上确立了私人领地上空可供公众服务及私人（非公众服务）飞行使用的重要原则，改变了"谁拥有土地，就拥有其上至天空、下至地心的所有权"的传统观念（源自于英国普通法系中的古老法谚"Cujus est solum,ejus est usque ad coelum et ad inferos"），标志着私人领地不再涵盖其上空的空域，从而在美国全面推动了飞行业务的开展。

给了部门规章来规定。

然而，要确保安全，仅靠规章是不够的。必须设立航线，并配备完善的紧急着陆场，以便遇险飞机能够获得必要的维修，从而能够继续飞行。正如联邦政府可以运营设有防波堤的避风港一样，它也可以租赁和管理紧急着陆场，并为其配备必要的灯光设施。根据 1926 年《航空商业法案》，建立照明航线系统的责任从邮局转移到了商务部及其新成立的航空部门（1926－1934 年）。1927 年 7 月，该部门承担了该系统尚未完成的 2,612 英里跨大陆照明航线的责任。到 1929 年 1 月底，该部门完成了加州塞拉山脉上空信标的架设，从而完成了从纽约到旧金山的整个跨大陆路线和支线。总共有 4,121 英里的照明航线现在横跨美国。因其在发展国家空中导航系统方面的工作，航空局获得了 1929 年的科利尔奖杯，这是一项纪念美国航空领域最重要成就的年度奖项。[①]

虽然在大萧条期间，航空业的繁荣似乎不太可能，但该法案是美国的民用航空业历史上"关键的分水岭"。根据该法案，政府获得了促进空中商务、建立航线和导航设施以及制定和执行安全规则的授权。取得了巨大进展。正如当时的商务部长赫伯特·胡佛后来回忆的，"我们带着极大的热情投入其中。"据美国飞机年鉴 1928 年的统计，当时有近 400 家运营商在航空服务领域开展一般活动。虽无法详尽列出所有运营商的活动，但据研究，1927 年位于花园城的柯蒂斯飞行服务是其历史上最成功的一年，业务量约为 1926 年的两倍。该公司当年记录的总飞行时间达 4,169 小时，总计飞行距离令人印象深刻，达到 320,000 英里，相比之下 1926 年约为125,000 英里。[②]

到 1929 年，该法案已经实现了"25,000 英里的政府改善航线，其中14,000 英里安装了照明设备，使夜航有了基本保障；建成了 1,000 个机场，另有 1,200 个正在建设中；6,400 架获得许可的飞机每年进行 2,500 万英里的定期飞行；每年生产 7,500 架飞机。"航空公司乘客数量从 1926 年的 6,000人大幅增加到 1929 年的约 173,000 人。公众对创纪录飞行和空中竞赛越来越着迷，同时设计和工程上的重大进步极大促进了航空业的发展。与此

---

① 摘自《American Aviation Heritage》，一些来自 20 世纪 20 年代和 30 年代初的仍在运行的旋转信标展示了曾经革命性但现已过时的导航系统。包括俄勒冈州波特兰 Rocky Butte Scenic Drive 历史区 [NR, 1991] 的 0 号信标，以及明尼苏达州圣保罗 Indian Mounds 公园的一个飞机信标。1946 年，航线灯光信标达到顶峰，共有 2,112 个信标在使用中。在 20 世纪 50 年代，这个数字开始下降，尽管一些仍被用来标记障碍物或通道。1973 年，位于加利福尼亚州棕榈滩附近的 Whitewater Hill 上的最后一个航线灯光信标被停用。到了 20 世纪 80 年代早期，不到 40 个历史性航线信标仍然存在，而且大多数这些信标都不在工作状态。

② 摘自《Aircraft years,1929》。

同时，在航空邮件、政府调查和客机方面的开发发展显著塑造了未来。

《1926 年航空商法》旨在促进美国航空商业和航空工业的发展，通过将基本控制权置于商务部手中，在很大程度上实现了其目标。航空旅行的速度使州界成为里程碑，这足以成为废除相互冲突的州法律和市政条例的理由。但统一性的确定性对于吸引私人资本进入航空领域也是可取的，因为保险公司不愿承保普通风险，更不用说即使是最成功的欧洲航空公司的无利可图的现状所带来的教训，这些都阻碍了保守投资。尽管需要这种统一性，但由于不确定国会是否拥有宪法赋予的权力来监管航空业，联邦立法长期受到阻碍。最终确定，联邦政府调节州际商业的权力手段被赋予了必要的宪法权威。然而，该法不仅控制州际商业，还规定了对飞机的监管，并为所有飞机（无论是州际还是州内、商业还是私人）规定了空中交通规则。州内和州际商业的密切关系似乎也在一定程度上证明了联邦政府对前者进行监督的合理性，其理论依据是，当对州内商业的监管是控制州际商业的附带行为时，联邦政府可以对其进行监管。但该法未涉及的事项，其管辖权必须仍归各州所有。此外，各州也可以通过为居民安全划设必要的空域保留区，对州际商业行使一定的控制权，这是该法赋予它们的权力。

✈ 2.1.11　低空飞机的改进与提升

由于一战时几乎所有飞机制造商都专注于战机的研发上，战后初期用于飞行表演、飞行培训、市场上销售的飞机等都是由失去原本用武之地的价格低廉的剩余军机组成。大多数制造商在战争结束后都开始将业务转回到了战前产品上，他们不断研发更高性能的飞机和发动机以适应市场的发展和客户的需求。这一时期飞机的设计有几个革新性的改变：一是飞机从木质结构逐渐转为全金属结构；二是飞机从开放式机舱转为封闭式机舱，飞行员不用再佩戴头盔、护目镜等装备，受到的噪声干扰也大大减少；三是单翼机逐渐取代双翼机成为市场主流。这些设计上的突破保证了飞机不断地向更高、更快、更远的方向发展。众多老牌通用航空飞机制造厂商如韦科（Waco）、塞斯纳（Cessna）、派珀（Piper）、穆尼（Moony）、比奇（Beechcraft）等均在此时期顺应市场需求而成立并发展起来。

在 20 世纪 30 年代，也是水上飞机的黄金时期，特里普成为了泛美航空公司跨洋飞行服务创立的主要推动力。但正如航空记者和前飞行员罗伯特·L·甘特所指出的，"没有一个主要的民用机场拥有足够长、平坦、铺设好的跑道来容纳远洋运输飞机的重量。"设计师们接受了这一挑战，创造了水上飞机的黄金时代。这些飞机在长途旅行中比陆上飞机具有更多优势：它们不需要一连串的机场，它们的船体式机身让越洋飞行的乘客感到安心，而且它们比陆上飞机更宽敞。在美国商业航空史上，泛美的水上飞机占据着重要位置。

图 2-13　Waco1935 年出品的 YMF-5[①]

由于需要一种现代化的水陆两用飞机，特里普转向了著名航空设计师伊戈尔·西科尔斯基。西科尔斯基曾制造了可容纳 10 人的 Sikorsky S-38 型飞机，现在又为泛美生产了首批四引擎水上飞机，即西科尔斯基 S-40 和 S-42。S-40 可以搭载 50 名乘客，航程近 1,000 英里。S-42 的航程是 S-40 的三倍，是世界上首个大型豪华客机，也是"首架根据特定航空公司的规格制造的飞机"。在 1931 年交付首架 S-40 后，特里普将其命名为"美国快船（American Clipper）"，以纪念 19 世纪 60 年代中国茶叶贸易中的快速帆船。[②]

图 2-14　泛美的 S-40 水上飞机

---

① 图片来源：Waco 官网。
② 摘自《American Aviation Heritage》。据《FAA Historical Chronology 1926—1996》记载，1933 年 11 月 22 日至 29 日，泛美航空公司完成的从旧金山飞往火奴鲁鲁、中途岛、威克岛、关岛和马尼拉首次横跨太平洋的航空邮件飞行的飞机被命名为"China Clipper"。

1931 年 11 月，特里普使用三架 S-40 水上飞机，启动了前往加勒比海和南美洲的广泛国际邮件和客运服务。

航程更长的 S-42 于 1934 年 8 月开始在佛罗里达州迈阿密的泛美国际机场（Dinner Key 基地）提供南美客运服务。这些飞机是一个跨越大洋的网络的一部分，作为著名的 Clipper Ships 服务的一部分，创下了一系列航空纪录。凭借其 25 架水上飞机的"舰队"，泛美成为首家跨越太平洋的航空公司，首家在南美建立广泛航线的航空公司，以及首家提供穿越北大西洋的定期飞机商业服务的航空公司。

图 2-15 Dinner Key Terminal[①]

当富兰克林·罗斯福在 1933 年就任总统时，这位前海军助理部长被证明是海权和空中力量的倡导者。约克城（Yorktown）[②]和企业号（Enterprise）[③]是 1933 年国家工业复兴法的一部分，该法律旨在创造就业机会。这两艘船分别于 1934 年开始建造，并于 1937 年和 1938 年服役，它们构成了后来被称为艾塞克斯级航母的基础，每艘能搭载 100 架飞机。

二战前几年，富兰克林·D·罗斯福总统呼吁大规模增加飞机生产。

---

① 这座航站楼建于 1933 年，已被记录为美国历史性建筑调查系列的一部分。该记录描述了 Dinner Key 为"世界上最大和最现代的海上航站楼之一"，也是陆地或海上机场建造的最佳规划的航站楼，因其创新的交通处理布局计划和科学设计而受到称赞。这种设计允许同时处理四架班机，这是前所未有的。Dinner Key 常被描述为"美洲之间的空中通道"，是全美最繁忙的商业水上飞机航站楼。图片来源：Historic American Buildings Survey,ca.1934.

② 美国最早航空母舰，它是以美国独立战争中的"约克城围城"命名，约克城号在珍珠港事件后被调往太平洋，参与了珊瑚海海战和中途岛海战。在中途岛海战中，约克城号与大黄蜂号（CV-8）共同击沉了日本的"苍龙"号航空母舰。

③ 它是美国海军第一艘以"企业"命名的航母，在珍珠港事件后，企业号被派往太平洋，并参与了包括中途岛海战、瓜达尔卡纳尔岛战役、圣克鲁斯群岛海战、所罗门群岛战役和瓜达尔卡纳尔岛战役在内的多次重要战斗。

在美国参战两年前，面对欧洲日益加剧的军事危机，罗斯福指定了一个10，000 架飞机的空军力量目标。但在 1940 年春季，随着法国即将沦陷和英国能否抵抗纳粹闪电战的能力令人怀疑，他在国会联席会议上宣布了每年建造 50,000 架飞机的目标（陆军 36,500 架，海军 13,500 架），这是一个天文数字，因为制造商在 1939 年只生产了 2,141 架军用飞机。

图 2-16　洛克希德 P-38 生产线——二战中的飞机生产 [1]

珍珠港的袭击加速了这一前所未有的装备制造。军事航空计划突然需要不仅为盟友提供飞机，还要生产自己的装备、飞机、基地和人力。美国的"千机"轰炸战术中，一次进攻可能使用多达 4,000 架运输机、战斗机、轰炸机和滑翔机。在战争期间，美国建造了近 30 万架军用飞机并培训了数十万飞行员。[2]

表 2-2　1944 年美国航空业生产机型和雇员统计表

1944 年美国航空业雇员统计表				
公司	州	产品型号	雇员	现状
贝尔	纽约	P-39 Airacobra P-63 Kingcobra	28,000	房地产公司收购贝尔工厂
贝尔	佐治亚	B-29 Superfortress	28,000	（现为洛克希德工厂）仍在生产 C-130 和 F-22
波音	华盛顿	—	50,000	—
波音	华盛顿	B-17 Flying Fortress		波音历史飞机的仓库（B-307、707 原型机）
波音	华盛顿	B-29 Superfortress		仍在生产 737 和 757
波音	堪萨斯	B-29 Superfortress	40,000	仍在生产 737 机身

---

① 图片来源：https://www.ww2f.org/war.html.
② 数据摘自《WWII U.S.Aircraft Manufacturers Factories in Production in Early 1944》By Stephen Sherman,Apr.2001.Updated January 23,2012.

1944 年美国航空业雇员统计表				
公司	州	产品型号	雇员	现状
联合	加利福尼亚	PBY Catalina	45,000	1997 年拆除（空地）
联合	加利福尼亚	B–24 Liberator		美国海军 SPAWAR 老城区校园
联合	得克萨斯	B–24 Liberator	32,000	（现为洛克希德工厂）仍在生产 F–16
柯蒂斯–赖特	纽约	P–40 Warhawk, C–46 Commando	—	布法罗机场中心：空置，等待拆除
柯蒂斯–赖特	俄亥俄	SB2C Helldiver	13,000	危险废物处理站
柯蒂斯–赖特	密苏里	C–46 Commando	—	现为波音工厂，仍在生产 F–15 和 F/A–18
柯蒂斯–赖特	肯塔基	C–46 Commando	80,000	1997 年，该地产成为路易斯维尔国际机场新西跑道的一部分
道格拉斯	加利福尼亚	A–20 Havoc, C–54	40,000	1980 年代中期拆除（现为飞行博物馆、机库和工业园区）
道格拉斯	加利福尼亚	B–17 Flying Fortress, A–26 Invader, C–47	—	2002 年拆除（空地）
道格拉斯	俄克拉荷马	B–24 Liberator, A–26 Invader, C–47	22,000	（现为波音工厂）仍在运营
道格拉斯	加利福尼亚	SBD Dauntless	—	（现为诺斯罗普工厂）仍在生产 F/A–18
道格拉斯	伊利诺伊	C–54	—	奥黑尔国际机场仍保留"ORD"作为其标识符。奥黑尔国际机场仍保留"ORD"作为其标识符。
福特	密歇根	B–24 Liberator	42,000	货运机场
通用汽车东方飞机部门	–	FM Wildcat, TBM Avenger	—	塔里镇现在是公寓开发项目
固特异	俄亥俄	FG–1 Corsair (F4U)	—	—
格鲁曼	纽约	F6F Hellcat	25,000	—
汉密尔顿标准	康涅狄格	propellers	—	—
休斯	加利福尼亚	HK–1	—	1995 年出售，电影制片厂录音棚
洛克希德	加利福尼亚	P–38 Lightning	94,000	1993 年拆除（新购物中心）
洛克希德	加利福尼亚	B–17 Flying Fortress, PV–2 Harpoon		2000 年拆除（空地）
洛克希德	加利福尼亚	C–69 Constellation		1993–1998 年拆除（空地）
马丁	马里兰	B–26 Marauder	53,000	—
马丁	内布拉斯加	B–29 Superfortress	14,000	—
诺斯罗普	加利福尼亚	P–61 Black Widow	—	（现为沃特工厂）仍在生产 747 机身

1944 年美国航空业雇员统计表				
公司	州	产品型号	雇员	现状
北美航空	加利福尼亚	AT-6 Texan, P-51 Mustang	—	1980 年代中期拆除（LAX 航空货运设施）
北美航空	堪萨斯	B-25 Mitchell	—	空地
北美航空	得克萨斯	B-24 Liberator	—	—
普惠	康涅狄格	engines	—	仍在运营
普惠	密苏里	Double Wasp engines	—	霍尼韦尔核武器工厂
共和	纽约	P-47 Thunderbolt	24,000	—
沃特	康涅狄格	F4U Corsair	—	—
沃尔蒂	加利福尼亚	BT-13 Valiant	—	—
沃尔蒂	田纳西	A-31 Vengence	—	—

在具体的型号和制造商方面，波音公司是主要的生产者之一，制造了 12,692 架 B-17 和 3,898 架 B-29。此外，其他重要的制造商包括北美航空（North American Aviation），其产量为 41,188 架，以及共和飞机公司（Republic Aircraft Corporation），生产了 15,660 架 P-47"雷电"战斗机。

战争期间，美国生产的飞机种类繁多，涵盖了战斗机、轰炸机、运输机和训练机等。例如，洛克希德公司的 P-38"闪电"、P-39"空中公爵"、Curtiss 公司的 P-40"战斧"、P-47"雷电"、North American 的 P-51"野马"、Northrop 的 P-61"黑寡妇"，以及海军的 F2A"野马"、F4F"野猫"、F4U"地狱猫"和 F6F"海猫"。

二战结束后，大量的现役、退役及未交付订单，再次刺激了美国的通用航空市场。飞机除继续用于私人飞行外，还被扩展至很多其他用途，如旅游观光、公司包机、警务执勤、农务作业等。当然飞机种类也由最初的基本型衍生出限制型，这类限制型的飞行器类别主要有：固定翼飞机、旋翼飞机（或称直升机）、滑翔机、热气球（类）、飞艇、实验类飞机等。根据美国 CFR Part21、Part135 之规定，这些飞机的应用被统称为"通用航空（General Aviation）"。美国联邦航空管理局（Federal Aviation Administration）将使用者报上来的使用用途划分为 15 个种类，其中个人使用者（非对公众服务的飞行）所占比例最高。

2.2 第二阶段（1945—1979 年）：高速发展

在第二次世界大战仍在进行时，劳工部估计战后将有 1,500 万男女军人失业。为了减少因广泛失业引发的战后萧条的可能性，白宫国家资源规划委员会早在 1942 年就研究了战后人力需求，并于 1943 年 6 月推荐了一系列教育和培训计划。

✈ 2.2.1　复员军人就业，通航忠诚的粉丝

美国退伍军人协会构思了《退伍军人重新适应法案》的核心条款，并致力于推动其在国会的审议与通过。该法案（又称 GI Bill，简称 GI·法案）于 1944 年春季获得国会两院的全票赞成而得以通过。富兰克林·D·罗斯福总统于 1944 年 6 月 22 日签署该法案，使之正式成为法律，此举发生在诺曼底登陆数日之后。

美国退伍军人会宣传员杰克·塞纳尔称之为"士兵权利法案"，因为它提供联邦援助帮助了退伍军人在医疗、购买房屋和商业以及特别是教育领域适应平民生活。该法案为退伍军人继续在学校或大学接受教育提供了学费、生活费、书籍和用品、设备及咨询服务。

在接下来的七年内，大约有 800 万退伍军人接受了教育福利。根据该法案，大约 230 万人就读于学院和大学，350 万人接受学校培训，340 万人接受在职培训。美国学院和大学颁发的学位数量在 1940 年至 1950 年间翻了一番多，拥有学士学位或更高学位的美国人比例从 1945 年的 4.6% 上升到半个世纪后的 25%。到 1956 年，当 GI·法案到期时，教育和培训部门已经向退伍军人发放了 145 亿美元——但退伍军人管理局估计仅增加的联邦所得税就超出支付该法案的费用的数倍。到 1955 年，已批准了 430 万笔住房贷款，总值达 330 亿美元。此外，退伍军人还购买了战后新建房屋的 20%。

这一系列举措对整个经济产生了深远的影响，它不仅有效避免了新的经济萧条的出现，更引领了一代人的无与伦比的繁荣景象。GI 法案的效力多次得到延长，在朝鲜战争期间，有近 230 万退伍军人参与了该计划；而在越南战争期间，参与人数更是超过了 800 万。这些人以及他们的后代（"婴儿潮一代"）的确成为了日后美国通航市场发展的中坚力量。

二战后的美国经济被誉为"黄金时代"，国民生产总值骤增，人民生活富足，可谓是真正的国泰民安。美国民众也逐渐从战争的阴影中走出来，特别是当年退伍的二战军队飞行员们度过了战后几年的疗愈期后对飞行的思念日渐浓烈，开始重归"飞行生活"。而他们的飞行情节也很自然地影响到了他们的下一代子女。

美国政府、航空业内专家及各大媒体，基于战争期间培育的庞大飞行

员群体，对战后私人飞机市场的发展作出了过于乐观的预测与宣传。他们坚信，这些飞行员退役后仍将保持其飞行热情，并有大量人员将选择购置私人飞机，从而导致私人飞机需求量急剧攀升。这一预期吸引了大量资本涌入飞机制造业，各制造商纷纷为预期中的"繁荣景象"积极筹备。

1945 年颁布的美国退役军人法案，对通用航空领域产生了深远的正面效应。具体而言，该法案为退伍军人提供了经济优惠的飞行培训机会，极大地拓宽了退伍军人接触通用航空的渠道，并在全国范围内激发了民众对飞行的浓厚兴趣和热情。战后时期，随着退伍军人掌握飞行技能及相关技术，小城镇与社区对市政机场的需求显著增加，这些地区此前往往缺乏大城市地区的航空服务。这一趋势直接推动了新型通用航空机场的建设与现有机场的升级改造，进而加速了通用航空在全国范围内的普及与扩展。GI Bill 不仅深刻改变了退伍军人的命运轨迹，更为通用航空行业带来了前所未有的增长机遇与发展空间。

✈ 2.2.2　联邦机场法案和联邦援助机场计划

《1946 年联邦机场法案》（Federal Airport Act of 1946）是由美国国会于 1946 年通过的一项重要法律，旨在为全美范围内的民用机场提供联邦资金支持。该法案由哈里·S·杜鲁门总统于 1946 年 5 月 13 日签署成为法律。

依据该法案，联邦政府将为地方各级政府在机场基础设施建设或改善方面所必需的费用提供一半的资金支持，地方政府则负责承担另一半费用。此举象征着联邦政府对全国机场系统建设责任的承担与参与的启动，并确立了第一个联邦资助的机场发展计划——即联邦援助机场计划（Federal Aid Airport Program, FAAP）。

法案授权了总额为 5 亿美元的联邦拨款用于机场建设，这些拨款将分七年逐步实施。此外，法案还规定了每年最多可支出 7,500 万美元，以满足各地对援助的需求。这种资金分配方式不仅促进了机场的建设和扩展，也平衡了联邦政府、地方政府和私人实体之间的资金来源。值得注意的是，在法案通过后，一些州通过立法要求地方申请联邦机场援助必须通过州机构进行，从而重新确立了州作为中介的角色。尽管面临来自城市协会的强烈反对，到 1949 年已有 21 个州通过了相关立法，加强了对联邦机场援助的控制。《1946 年联邦机场法案》不仅为美国的民用航空基础设施提供了重要的财政支持，还奠定了后续一系列机场和航空发展法案的基础，如 1970 年的《机场和航空发展法案》（Airport and Airway Development

Act），该法案取代了 FAAP，并继续提供机场规划和发展方面的资助。

✈ 2.2.3　飞机性能不断改进，成就一批飞机制造商

在此背景下，以 Cessna 为代表的飞机制造商积极响应市场需求，大量生产适用于公众与商业用途的飞机产品。派珀、塞斯纳和比奇飞机公司成为通航飞机制造业三大巨头。多引擎商务飞机机队能在不良能见度条件下全天候飞行，并按照美国联邦航空局（FAA）的 IFR（仪器飞行规则）飞行。超过一半真正活跃的单引擎飞机机队拥有所有基本的 IFR 飞行设备。经济实惠、尺寸和重量适中、易于安装在现代小型飞机上的优质导航和通信设备的可用性，促进了商业、工业和农业使用私人飞机的增长。国家的商业和工业领域迅速接受了这类飞机，并广泛使用。五六十年代，各种小型双引擎飞机（4 至 8 座）开始引入，如今，多引擎通用航空机队的数量已远超国家航空公司机队。1959 年，轻型双引擎飞机的销售额约占实用型和行政型飞机总销售额的 13%。如今，商务和实用型飞机种类繁多，能满足各种需求，从小型训练和短途运输飞机，到单引擎和多引擎行政飞机，再到涡轮螺旋桨和喷气式飞机。这种强劲的市场需求直接推动了通用航空产业的蓬勃发展，并确立了通用航空在美国机场建设、空中交通管理及导航系统中的重要地位。

许多大公司运营着自己的飞机机队，用于运输高管和关键人员，并在很多情况下设立航空运输部门来管理这一运营。成千上万的较小企业和个体商业及专业人士也操作私人飞机。小型飞机的私人使用已成为国家经济的一部分，因为它带来了效率和生产力的提升，形成一种独立的业务模式 -- 企业航班。农业和林业对飞机的使用也是通用航空的一个重要部分。农业经营者用飞机提高生产力和效率，就像商人一样进行快速运输。他们还用飞机进行特殊任务，如规划作物、检查土壤侵蚀、围栏巡查以及计算和放牧牛群。每年有大量土地被喷洒农药或用农业化学品处理，大片森林保护区也从空中巡逻。通用航空飞机在使国家广阔地区可通过空中到达方面发挥了重要作用。

✈ 2.2.4　先进的空管系统，为通航繁荣提供了保障

1944 年，美国民用航空局计划成立一个可容纳 50 万架飞机的空管系统以应对预期爆发的航空业。之后美国政府更开放了空域将大约 85% 的空域划分为了民用，从 70 年代起将私人飞机主要的活动领域——3000 米

以下的大多数低空归为非管制区域。空域的开放无疑保证并推动了美国通用航空业的高速发展。各地方政府大力修建了上千个通航小机场，许多前军用机场转为民用。这些举措为美国通航业进入高速发展起到了不可或缺的保证和推动作用。①

通用航空广泛使用与航空公司服务相同的机场，这一事实得到了联邦航空局有关设有 FAA 操作控制塔的机场活动的数据证实。截至 1959 年 12 月，全国较繁忙的空中交通中心共有 222 个 FAA 操作的控制塔。在 1949—1958 年的十年间，空运商（航线）活动从 3,713,257 次增加到 6,977,671 次，而通用航空飞机活动从 2,721,925 次增加到 7,937,747 次，通航飞行比商航多一百多万次。②

通航飞机也开始采用双发和其他先进技术如雷达导航、无线电通信等设备的安装，飞行员可以与机场控制器沟通，在良好能见度条件下高效飞行，减少了天气因素的限制，提高了轻型飞机的安全性和实用性使其更多地应用于商业活动中。运动类飞机和家庭自制的实验类飞机发展迅速各成一派。③

全国 6,000 个机场中只有不到 600 个提供航线服务，而通用航空飞机可以使用全部机场。小型私人飞机和空中出租车把商务人士从繁忙的空中交通中心运送到了非航线点，增加了航空公司和通用航空之间的相互依赖。④

二战时生产军机所采用的大规模量产技术被通航制造商沿用，保证了飞机需求的充足供给，大大提高了生产效率，节约了制造成本，因此轻型小飞机单价低廉。再加上当时燃油便宜、经济形势良好，私人飞机对很多美国人来说并不是一件遥不可及的奢侈品。比起乘坐时间固定、票价高昂的商业航班更多人愿意选择拥有一架私人飞机作为自己的出行交通工具，

---

① 美国从 1945 年到 1951 年，政府在航空导航基础设施上的支出总计近 1.04 亿美元。即将推出的适用于所有天气条件的微波导航辅助设备，预计会让美国政府再花费 10 亿美元。尽管航空公司直接受益于这些基础设施服务，但他们并不为此支付费用，实际上这成了一种间接补贴（尽管一些资金以机场降落费或其他税收的形式回收）。摘自 Harvey C.Bunke，"将补贴与航空邮件付款分开的迷信"，《航空法与商业杂志》第 20 卷，第 3 期（夏季 1953 年），第 274 页；M.George Goodrick，"商业航空的航空邮件补贴"，《航空法与商业杂志》第 16 卷，第 3 期（夏季 1949 年），第 253-254 页。

② 数据来源：《Aerospace Facts and Figuers-1960 Edition》.

③ 1946 年 5 月 24 日，民用航空管理局在印第安纳波利斯市立机场的机构实验站上首次展示了配备雷达的控制塔，用于民用飞行。雷神公司为海军建造了基本的雷达设备，该公司的工程师在印第安纳波利斯进行了指导修改，包括为该服务所做的改进。其中包括一个改进的搜索天线和一个通过只允许移动目标出现在屏幕上来消除地面杂波的功能。（美国联邦航空局的历史年表，1926—1996 年）

④ 1950 年 8 月 1 日，民航局启用了威克岛航线交通控制中心。1950 年 10 月 15—21 日，在这七天的时间里，民航管理局投入运营了第一条全向范围（VOR）航线（见日历年 1947）。尽管在美国不同地区已经启用了 271 个全向范围，但这标志着首次将这些范围指定为受控航线。（美国联邦航空局的历史年表，1926—1996 年）

这样更具成本效益。

此外直升机在通航的应用越来越广泛，主要用于空中侦察、搜索和营救、医疗护送、防火等。特别是直升机可垂直起降、空中悬停的性能，使其能够到达其他交通工具无法到达的地方如半山腰等，尽管在通航业占很小的比例，但其价值和作用具有不可替代性。

1953 年，完全由美国飞行爱好者们自发组织的美国试验飞机协会（EAA）成立。每年夏天的 EAA 飞行者大会，如今已是全球规模和影响最大的航空展，也成为各种私人自制小飞机展示的最大舞台。FBO、飞行俱乐部、航空小镇等通航相关产业在这一时期均蓬勃发展。

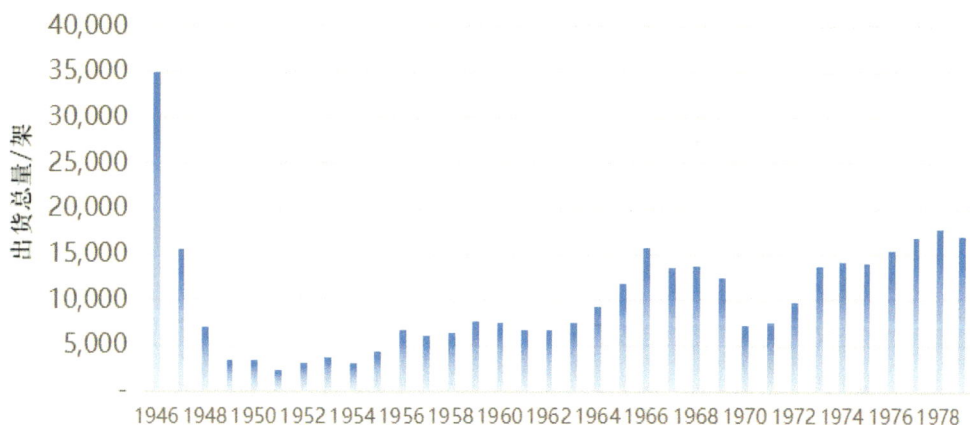

图 2 17　1946—1979 年美国通用航空飞机出货统计 [①]

以上成果的取得，得益于政府在基础设施建设上的投入，尤其是空管系统。

2.3　第三阶段（1980—1993 年）：衰退回落

在 20 世纪的最后两个十年，即 70 年代末至 90 年代初，美国通用航空业遭遇了前所未有的挑战。1979 年颁布的《统一产品责任法案》成为了小型飞机制造商们的沉重负担，导致制造成本飙升、产量锐减，许多历史悠久的机型被迫停产，技术创新停滞不前，美国通航制造商的国际竞争力急剧下降。两次石油危机（1979 年与 1990 年）和美国股灾（1987 年）进一步推高了新飞机的购买和持有成本，私人飞行的门槛被抬高，其在国内外运输系统中的竞争优势不复存在。整个美国通航市场陷入了发展的恶性

---

① 数据来源：美国 GAMA。

循环。

《统一产品责任法案》忽视了航空业的特殊性质，要求通航飞机厂商对其设计和生产的飞机及部件负终身责任（约40年），这给制造商们带来了无穷无尽的安全责任诉讼和高额的赔偿。尽管后来证明大多数责任并非出于飞机及其零部件的设计和生产缺陷，但诉讼所需的大量人力和财力投入，以及小飞机的中后期事故率相对较高和赔偿价格昂贵，使得通航飞机制造商为此付出了沉重的代价。美国三大活塞飞机制造巨头派珀、塞斯纳和比奇等首当其冲，短短几年间处理的诉讼案件数以百计，花费过亿美元。通航飞机年产量从1979年的上万架骤降至1993年的不足千架（包括公务机在内），其中活塞单发飞机的减产最为显著。一些制造商因无法承受沉重的赔偿负担而纷纷倒闭。根据美国国会1994年的《通用航空振兴法案》审议记录显示，1980年的29家美国通航飞机制造商到1992年时仅剩下9家，而同期国外制造商数量却翻倍，从15家增至29家。美国通航飞机制造商在本国和国际上都遭遇了前所未有的严峻挑战。该法案还极大地打击了制造商们的创新积极性，使他们不愿也无力开发新技术。

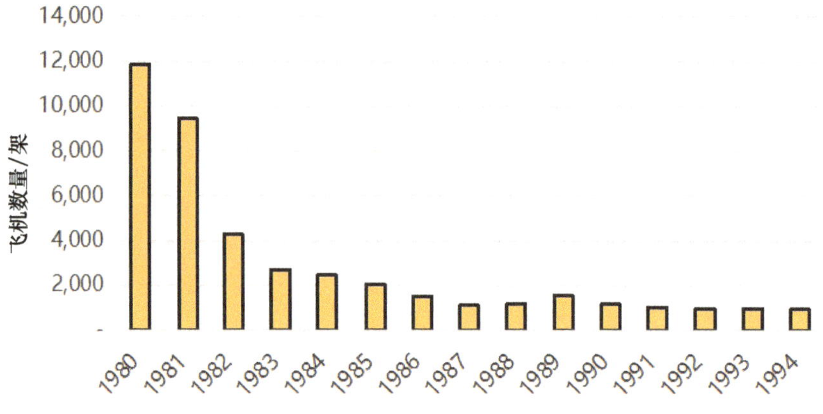

图2-18　1980—1994年美国通用航空飞机出货量统计 [①]

在这一时期，美国通用航空业的价格普遍显著上升，私人飞行变得难以企及。飞机价格急剧攀升，私人飞机市场进入了高利润与低销量并存的阶段。多种因素导致小型飞机使用成本不断增加，制造商因诉讼压力而减少产量，大规模生产小型飞机的时代已成过去，许多低等级机型已停产；飞机供应量减少，单机制造成本上升；产品责任险费用增加；新飞机价格自然上涨；1987年美国股灾引发的通货膨胀导致新飞机价格进一步溢价；两次石油危机使得燃油费用翻倍；人工费用和税费上涨。与此同时，商业

———————————————

① 数据来源：美国GAMA。

航空领域中大型喷气机技术的不断进步，为人们提供了更为安全、舒适、快捷的出行方式，票价也降至人们可接受的水平，逐渐成为美国人长途旅行的首选。不断上涨的购机价格和维护成本使得许多美国人放弃了购买私人飞机的计划。此外，飞行培训费用也相应增加，加上学习飞行通常需要较长时间，很少有人愿意再投入大量金钱和时间去获取并不十分实用的私人飞行驾照，飞行学习者中更多是以职业发展为主要目的的考取商业驾照或航线飞行员执照（ATP）。根据美国联邦航空局（FAA）对持照飞行员的统计数据，自 1980 年起，美国持有私人和商业飞行执照的飞行员人数逐年减少，尽管持有 ATP 执照的人数呈上升趋势，但至 1994 年，飞行员总数大幅减少近 18 万人。美国航空学校的经营也变得更为艰难。

通用航空业的困境对美国社会和经济等许多方面都造成了极大的不利影响和损失。在这十几年间，仅飞机出口收入的损失就达数亿美元，通航业失业率剧增。另一方面，自 1990 年以后，美国的交通系统全面饱和，已难以应对当时人们日益增长的出行需求。商业航班经常延误或取消，各大机场的进出道路以及城市间的公路也都拥堵不堪。在通用航空小机场占绝大多数的美国，政府愈发意识到通用航空将是解决美国不堪重负的交通系统的救星。

2.4 第四阶段（1994 年至今）：恢复发展

为了振兴通用航空市场，缓解日益严重的交通拥堵问题，美国政府和通航业内人士做出了大量努力。首先，1994 年 8 月，美国时任总统克林顿签署了《通用航空复兴法案》（General Aviation Revitalization Act，GARA）。该法案拯救了颓废的美国通用航空制造业，将制造商对其生产的飞机和零部件应承担的法定产品责任年限下调至 18 年。小飞机制造商在自己的权益获得合理合法的保证后，积极性大增，并恢复生产了很多之前已停产的机型。例如，塞斯纳同年恢复了其最受欢迎的三个螺旋桨机型 172、182 和 206；派珀次年也恢复了其单发活塞机 PA32 以及双发活塞的两种机型。飞机出产量有所回升，但轻型飞机的价格却未受到政策影响，持续升高。

GARA 法案生效同年，政府相关部门如美国宇航局（NASA）和 FAA，连同业内各方机构、大学等组成政民联盟，先后启动了"先进通用航空运输机试验"（"AGATE"）和"通用航空动力"（"GAP"）两个项目，分别研发更安全、更易操作、更经济的飞机和发动机型号以及先进的新技术和飞行系统。根据 NASA 通用航空项目办公室（GAPO）2001 年的数据，AGATE 项目（1994—2001）的投资额超过 3 亿美元，其中 62% 的资金来自政府资源，其余来自私人以及非营利部门。

伴随着 90 年代美国的新经济神话，在政府和各方的通力合作和大力推动下，美国通用航空业再现繁荣景象。首先是技术创新不断，如新型涡轮发动机、航电系统的 COTS 技术、先进的导航系统、新的防撞击进场系统、机舱内天气显示系统、液晶显示器仪表等等。新一代安全且价格适中的轻型飞机也相继出现，如日蚀 500、西锐 SR-20 和 Lancair 哥伦比亚 300。另据 GAMA 数据（2001），截至 2000 年，美国通航飞机交付量增长了 300%，飞机出口恢复 20%，行业收入上升了 350%，通航事故率下降 20%，并创造了 2.5 万个就业岗位。

进入 21 世纪后，美国很快便经历了其历史上悲剧的一年。受网络泡沫和"9·11"事件的影响，美国 2001 年出现新经济危机。恐怖袭击事件给美国民用航空业尤其是商业航空带来了沉重的打击。然而公务航空在"9·11"事件后受到更多企业老板们的青睐，从而促进了通航业的发展。新世纪通用航空的地位和价值在美国被进一步肯定和提升，被认为是高速交通旅行的第四次革命，作为新世纪重要的国家航空运输力量被美国政府正式纳入公共交通系统的规划。NASA 于 2001 年提出建立小飞机运输系统（简称 SATS），并获政府批准和拨款。SATS 计划是将所有 AGATE 和 GAP 项目中的创新技术进行整合，在未来几十年中分三个阶段研发和验证更安全更易操作且人们可负担的飞机，对航空法规空域基础建设等进行全方位的部署，从而逐步实现在美国人人可驾驶或乘坐小飞机去往绝大多数目的地特别是偏远地区的愿景，让民众的未来出行更加安全快速和便捷。

之后美国通航制造业又经历了 2007—2009 年次贷危机，之后再度恢复。据 GAMA 数据，通航飞机销量在 2011 年和 2012 年均呈上升趋势年增长率分别为 4.8% 和 3.6%。2013 年底，美国总统奥巴马签署了小型飞机复兴法案（简称 SARA），要求 FAA 对轻型飞机的认证标准和认证程序进行调整和简化（FAA 23 部），从而降低飞机及相关设备的升级改造成本和新飞机的价格，并鼓励创新。

✈ 2.4.1　通用航空复兴法案

1994 年，《通用航空复兴法案》应运而生，这是一项具有里程碑意义的联邦法律，旨在修订 1958 年的联邦航空法（FAA）。该法案为通用航空飞机制造商提供了前所未有的保护，使其免受因过往被错误归咎于制造商故障的事故而引起的诉讼。制造商们对这一修正案表示热烈欢迎，因为它明确规定了一个 18 年的时间框架——在此期限内，他们可能因设计缺陷而被追究责任。因此，GARA 的实施对于许多单引擎和双引擎活塞飞机的制造商来说，意义重大。

2.4.1.1　GARA 法案提出的背景

20 世纪 60 年代末到 70 年代初，是航空制造业参与制造单引擎和双引擎活塞飞机的黄金时期。然而，从 1978 年到 1988 年间，整个行业的就业人数下降了惊人的 65%。整体上，航空制造业的新飞机出货量大幅下降，下降了 95%，美国直接与航空制造业相关的领域有超过 10 万人失业。塞斯纳飞机公司、派珀飞机和比奇飞机（现为比奇克拉夫特），这三个领先的通用航空飞机制造商占美国通用航空飞机产量的一半以上，受到了最严重的打击。自 1927 年成立以来，一直生产通用航空飞机的塞斯纳在 1983 年公布了公司的首次年度亏损。由于之前的赔偿责任曝出，塞斯纳被迫在 1986 年停产所有单引擎飞机。派珀飞机公司一度陷入破产，并被迫暂停了一些最受欢迎的飞机型号的生产，如 Super Cub 和 PA-32 Cherokee Six/Saratoga。比奇飞机将重点从活塞 / 螺旋桨飞机转移开，保留了比奇 Bonanza 和比奇 Baron 的生产，停止了所有其他活塞 / 螺旋桨飞机型号的生产。造成单引擎和双引擎活塞飞机的就业和制造急剧下降的原因是对制造商频繁的诉讼：无论实际飞机设计已开发或客户使用了多少年，制造商都可能因制造缺陷而被起诉。这尤其加重了飞机制造商的困难，因为通用航空飞机在制造后几十年仍在使用，远长于汽车，甚至大多数商业客机。这些诉讼在 20 世纪 80 年代变得如此普遍，以至于许多律师开始专门针对通用航空飞机制造商和保险公司提起经常是无理的诉讼。事实上，在 1983 年至 1986 年间，比奇飞机应诉了 203 起诉讼，每起案件的平均辩护费用为 53 万美元。在研究这些案件时，NTSB（美国国家运输安全委员会 National Transportation Safety Board，NTSB，是美国联邦政府的独立机关，成立于 1967 年，总部设于华盛顿。该机构专门负责调查美国国内航空、公路、铁道、水路及管线等事故）发现没有一起事故可以归咎于制造和设计缺陷，大多数仅是飞行员的错误或其他间接过失。这些无理诉讼的影响是广泛的。1978 年，美国制造了 18,000 架通用航空飞机，相比之下，在 GARA 最终通过的 1994 年，只有 928 架飞机仍在飞行。通用航空行业缺乏新飞机，特别是在培训、租赁和使用包机方面。三种最受欢迎的训练飞机，塞斯纳 152、派珀 Tomahawk 和比奇 Skipper 在 20 世纪 80 年代中期都被撤出市场，再也没有回归。

2.4.1.2　GARA 法案的提出

在 20 世纪 80 年代和 90 年代期间，在塞斯纳首席执行官拉塞尔·迈耶和通用航空制造商协会（GAMA）主席埃德·斯蒂普森引导下，美国最大的私人飞行员和通用航空飞机所有者组织——飞机拥有者和飞行员协会（AOPA）、代表几家通用航空飞机工厂工人的国际机械师和航天工人联合会（IAM/IAMAW）以及由参议员南希·卡斯巴姆领导的一群堪萨斯州政治家，共同推动通用航空行业向国会提出申请。他们的主要诉求是国会对飞机制造商的产品责任设定限制，迈耶承诺如果这样的立法获得通过，他将使塞斯纳恢复单引擎通用航空飞机的生产。该提案通过的立法被称为"通用航空复兴法案"，或"GARA"。作为 GARA 实施的最大倡导者之一的 GAMA 指出，用于帮助飞机制造商免受诉讼的资金可以更好地用于改善整体飞机安全和帮助发展新技术，以利于整个行业的发展。

2.4.1.3　GARA 正式签署成法，通航恢复

终于在 1994 年，国会通过了 GARA，并于 1994 年 8 月 17 日由比尔·克林顿总统签署。最终形式的 GARA 仅有短短三页。然而，这三页为通用航空飞机的制造商提供了一项免除责任的保护，即对于任何自事故发生之日起已满 18 年或更久的产品免于责任追究。其中详细列出了一些例外情况，并且这是一项"滚动"法规，意味着每当在飞机上安装修改或替换部件时，18 年的时间段就会重置。在 GARA 生效后的五年内，该行业创造了超过 25,000 个新的航空航天制造工作岗位。此外，美国劳工部估计，每新增一个制造岗位还会创造三个额外的支持岗位。飞机制造商开始显现生机，包括三大制造商。塞斯纳首席执行官拉塞尔·迈耶兑现了他的承诺，以更为有限的方式将单引擎飞机制造重新带回塞斯纳。他们恢复了三种最受欢迎的、统计数据上最安全的单引擎飞机型号的生产，从 1996 年开始生产塞斯纳 172 和 182 型号，并在 1998 年将 206 型号（从流行的可收放起落架塞斯纳 210 型号发展而来）重新纳入生产线。派珀飞机虽然面临财务困难，但仍坚持生产了 80 年代幸存下来的型号，并甚至设法恢复了一些之前停产的飞机型号的生产。这包括 PA-32 Cherokee Six/Saratoga，以及双引擎的 Seminole 和 Seneca 型号。最终，派珀避免了破产，一些人认为 GARA 帮助它们渡过了这一难关。比奇飞机继续生产在 GARA 之前的萧条时期幸存下来的两种活塞引擎飞机型号，单引擎的 Bonanza 和双引擎

的 Baron，但从未恢复过 80 年代期间停产的任何飞机型号的生产。除了工作岗位的增加外，在 GARA 通过后的最初五年里，通用航空飞机的总产量翻了一番。全国商业航空协会（NBAA）总裁兼首席执行官埃德·博伦这样说："GARA 是一个简短的、只有三页的法案，它促进了研究、投资和就业。它是一个不折不扣的成功。"据 GAMA 统计，自 1994 年以来，美国通用航空飞机出货总量 77,632 架，价值达到 5,046 亿美元（不包括旋转翼飞机）。

✈ 2.4.2　小型飞机振兴法案 SARA

《小型飞机振兴法案》（Small Aircraft Regulatory Reform Act，SARA）是在 2013 年由美国国会批准、总统奥巴马签署的一项重大立法。该法案得到了通用航空制造商协会（General Aviation Manufacturers Association，GAMA）的推动。

2.4.2.1　法案的主要内容

在推进小型飞机的过程中，国会发现：一个健康的小型飞机产业对于经济增长和维护世界各地社区和国家的有效交通基础设施至关重要；小型飞机几乎占联邦航空管理局认证的通用航空飞机的 90%；通用航空培养了一支工程师、制造和维护专业人员以及飞行员的劳动力队伍，他们保障了美国的经济成功和国防安全；通用航空为美国制造业和技术部门的高薪工作作出了贡献，这些部门生产的产品大量出口；通用航空开发并证明的技术有助于所有航空部门和科学研究的成功与安全；美国的小型飞机现在平均已有 40 年历史，将新设计的飞机推向市场的监管障碍导致了小型飞机设计的创新和投资缺乏；自 2003 年以来，美国平均每年失去 10,000 名活跃的私人飞行员，部分原因是缺乏成本效益高的新型小型飞机；通过现代化和改革与小型飞机相关的法规，可以提高通用航空的安全性，为采用新技术和以成本效益的方式改造现有机队扫清道路。为此，国会通过法案要求对通用航空的安全性和监管改进（法案被称为《2013 年小型飞机复兴法案》）。

（1）总体而言。不迟于 2015 年 12 月 15 日，联邦航空管理局的局长应发布一项最终规则：通过重组第 23 部 ① 下小型飞机的认证要求，以简化

---

① FAA 的相关法规多以编号命名，如：23Part,135Part,91Part. 为方便国际交流，中国民用航空局发布的相关法规也采用这个办法，如与通用航空相关的 23 部，135 部，91 部等。

安全进步的批准流程，从而推进小型飞机的安全性和持续发展，以及实现本条（b）款所述的目标。

（2）描述的目标。本条所述目标基于第 23 部重组航空规则制定委员会的建议：建立一种针对小型飞机的监管体制，旨在提高安全性并减少联邦航空管理局和航空业的监管成本负担；建立广泛、以结果为导向的安全目标，以促进创新和技术适用；用基于性能的规章替代第 23 部当前的、指令性要求；使用联邦航空管理局接受的共同标准来明确如何利用特定设计和技术满足第 23 部的安全目标。

（3）基于共同的标准。在规定本条下的规章时，局长应在保持传统方法以满足第 23 部的同时，尽可能使用《国家技术转让与促进法》（1996 年）（美国法典第 15 编第 272 条附注）第 12 条 (d) 款中描述的共同标准。

（4）安全合作。局长应领导改善通用航空安全的力量，通过与领先的航空监管机构合作，协助他们为小型飞机采取互补的监管方法。

2.4.2.2 法案对美国通用航空的影响

法案实施后，美国通用航空运输战略发生了显著变化，并有了一些新的发展。以下是几个主要方面：

（1）基础设施建设与投资。根据 2024 年通用航空行业研究报告，美国政府出台了一系列旨在促进通用航空发展的政策和规划，包括对航空基础设施建设的投资。这表明在新法案下，美国将更加重视通用航空的基础设施建设，以支持其规模化运营，每年都有新建机场投入运营。

（2）先进空中交通（AAM）发展。FAA 发布了《先进空中交通实施方案 V1.0》，计划在 2028 年前实现 AAM 的规模化运营，并涵盖了运营、基础设施、电力网络、安全、环境及社区参与等多个方面的关键要素和措施步骤。这一方案展示了如何通过综合措施推动低空交通的发展。

（3）航空安全法规的完善。众议院推出的"确保美国航空发展和强有力的领导地位法案"中包含了联邦航空局改革和改善航空安全的内容。这意味着在新的法案下，通用航空的安全标准和监管体系将进一步得到加强和完善。

（4）税收优惠政策。为了支持通用航空产业的发展，新的法案还提供了税收优惠政策。这些政策有助于减轻企业的财务负担，鼓励其更多地投资和创新。

（5）气候变化应对措施。美国联邦航空局发布的《航空气候行动计划》强调了推广可持续航空燃料（SAF）、开发新的飞机和发动机技术以及提升机队效率等措施，以实现绿色发展的目标。这表明在新的法案下，通用航空业也将更加注重环境保护和可持续发展。

总体来看，在新法案的推动下，美国通用航空运输战略不仅在基础设施建设和投资上得到了加强，还在安全法规、税收优惠以及应对气候变化等方面取得了显著进展。

这段时间，美国共产出各类通用航空飞机超过 7 万架，产值超过 5,000 亿美元。

总结美国通用航空的发展历史，可以得出以下结论：

（1）政府的政策引导是低空飞行的源头，从最开始的 Air Service 到 SARA，都是政府用有形的手在推动。

（2）复员军人是低空飞行的生力军和忠实粉丝，两次世界大战后的退役飞机、未交付订单转民用，复员军人都起到了至关重要的作用，并深深影响其后代，形成一批忠实用户。

（3）航空管理和航线保障是航空业务发展的有力保障，从最初的航线图到可容纳 50 万架飞机的空管系统开发及现在运营的 NAS、正在开发的 NextGen，都是起到了支撑和保障作用，还有国有大地测量局、NORAND、海岸警卫队、国民卫队等也都发挥了重要作用。

这些发展经历和经验，非常值得后续发展低空飞行的国家借鉴。也是本书第 7—11 章设计的重要参考。

03

第3章

通用航空带给美国的巨大财富

3.1 通航机场是美国巨大的固定资产

据美国 FAA 每三年向国会提交一次的《国家综合机场系统（National Plan Of Integrated Airport System，NPIAS）》（2021—2025）显示：美国及其领土上共有超过 19,633 个机场、直升机停机坪、水上飞机基地以及其他着陆设施。其中，有 3,304 个机场被纳入联邦航空管理局（FAA）的国家综合机场系统（NPIAS），这些机场对公众开放，并具备通过机场改善计划（AIP）获取联邦资金的资格。当机场的所有者或赞助者接受 AIP 资金时，他们需承担并履行特定的义务（或给予相应保证）。

在这 3,304 个符合 AIP 资助条件的机场中，共有 2,952 个着陆设施（包括 2,903 个机场、10 个直升机停机坪及 39 个水上飞机基地）服务于空中医疗飞行、空中消防、执法行动、灾难救援等任务，并为偏远地区提供交通通道。这些着陆设施主要供通用航空器使用，因此常被称为通用航空机场。值得注意的是，其中 121 个机场还承担着有限的定期航空服务职能，每年接待的乘客数量介于 2,500 至 10,000 名之间。这些机场的功能广泛，涵盖紧急准备与响应、人员及货物的直接运输，以及农业喷洒、航空测绘、能源勘探等商业应用。

✈ 3.1.1 提供公共服务通用机场的功能

美国的通用航空机场体系纷繁复杂，其航空功能在历史长河中不断演进。回溯 20 世纪 20 到 40 年代，众多机场最初以私人起降跑道或军用机场的形式亮相，随后部分机场逐步成长为当代举足轻重的航空枢纽，如盐湖城国际机场（SLC），其前身可追溯至 1911 年的一条简易起降跑道，历经发展成为伍德沃德空邮机场，并最终演变为当前规模宏大的主要航空枢纽。

另一方面，如芝加哥行政机场（原 Gauthier's Flying Field），自 20 世纪 20 年代起由一条简陋的草地跑道起步，现已转型为一个充满活力的通用航空中心，拥有庞大的机队基数，年飞行起降次数近九万次。该机场不仅服务于芝加哥大都会区的公务与通用航空需求，还有效分流了部分原本可能涌向芝加哥奥黑尔国际机场的航班流量。

表 3-1　美国机场按州统计表

州	机场总数	私用	公用	列入NPIAS机场数	大型	中型	中型	非枢纽	NPIAS枢纽机场总数	国家级	区域级	本地级	基础级	未分类	NPIAS通航机场总数
阿拉巴马	315	227	88	73			2	3	5	1	16	24	24	3	68
阿拉斯加	765	371	394	256		1	1	26	28			71	138	19	228
亚利桑那	298	219	79	59	1		2	6	9	2	8	17	22	1	50
阿肯色	304	205	99	76			2	2	4	2	13	26	20	11	72
加利福尼亚	880	633	247	189	3	6	3	11	23	10	36	61	38	21	166
科罗拉多	447	372	75	49	1		1	8	10	2	7	20	10		39
康涅狄格	123	100	23	12		1		1	2	1	3	5		1	10
特拉华	41	29	12	4					0	1	1	1		1	4
哥伦比亚特区	13	8	5	0					0						0
佛罗里达	875	745	130	100	4	3	7	6	20	10	31	27	10	2	80
佐治亚	452	346	106	97	1		1	6	8	4	20	41	17	7	89
夏威夷	46	32	14	15	1		3	2	7		2	2		1	8
爱达荷	301	175	126	36			1	5	6		3	16	10	1	30
伊利诺伊	698	593	105	83	2			9	11	4	8	37	17	6	72
印第安纳	516	398	118	65			1	3	4	2	16	27	14	2	61
艾奥瓦	278	157	121	79			2	3	5		10	41	21	2	74
堪萨斯	371	233	138	80			1	4	5	1	10	34	25	5	75
肯塔基	263	205	58	55		1	2	2	5		6	22	18	4	50
路易斯安那	498	425	73	55		1		6	7	2	8	23	11	4	48
缅因	216	147	69	35			1	3	4		3	14	11	3	31
马里兰	221	186	35	18	1			2	3	2	5	6		2	15
马萨诸塞	225	185	40	28	1			6	7		10	7	1		21
密歇根	478	251	227	95	1		1	13	15	3	9	52	14		80
明尼苏达	469	320	149	97	1			7	8	3	9	51	23	3	89
密西西比	235	155	80	73			1	4	5		11	18	29	10	68
密苏里	508	383	125	75		2	1	2	5	2	10	34	21	3	70
蒙大拿	300	173	127	71			1	8	9			27	33	2	62
内布拉斯加	246	164	82	72		1		4	5		4	30	31	2	67
内华达	139	91	48	30			1	2	4	2	3	2	18		26
新罕布什尔	186	162	24	15			1	2	3		3	5	3	1	12
新泽西	320	278	42	24	1		1	1	3	2	6	5	2	6	21
新墨西哥	168	104	64	50		1		3	4		9	8	25		46
纽约	551	418	133	78	2	1	5	8	16	1	12	23	7	19	62
北卡罗来纳	485	373	112	72	1	1	3	5	10	2	19	30	11	1	62
北达科他	281	192	89	54				7	7			20	26	1	47

续表

州	机场总数	私用	公用	列入NPIAS机场数	大型	中型	小型	非枢纽	NPIAS枢纽机场总数	国家级	区域级	本地级	基础级	未分类	NPIAS通航机场总数
俄亥俄	659	501	158	99		2	1	3	6	4	17	51	18	3	93
俄克拉何马	448	312	136	100			2	2	4	2	11	34	26	23	96
俄勒冈	421	322	99	55	1		2	2	5	3	9	24	10	4	50
宾夕法尼亚	755	629	126	63	1	1	1	6	9	4	15	26	8	1	54
罗德岛	22	15	7	6			1	2	3		1	1	1		3
南卡罗来纳	193	127	66	53			4	2	6	1	11	17	11	7	47
南达科他	185	113	72	58			1	4	5		2	16	31	4	53
田纳西	338	259	79	69		1	3	1	5	2	15	36	10	1	64
得克萨斯	2028	1632	396	210	2	4	3	15	24	11	37	77	44	17	186
犹他	156	110	46	35	1			6	7	1	4	5	16	2	28
佛蒙特	87	71	16	12			1		1		2	5	2		11
弗吉尼亚	432	365	67	47	2		2	5	9	2	12	16	7		38
华盛顿	538	403	135	64	1		1	9	11	1	15	18	14	5	53
西弗吉尼亚	125	91	34	23				4	4		5	5	7		19
威斯康星	540	414	126	87		1	1	6	8	3	12	44	19	1	79
怀俄明	121	79	42	33				8	8		2	10	13		25
美属萨摩亚	3		3	3				1	1			2			2
关岛	4	3	1	1			1		1						0
北马里亚纳群	11	6	5	4			1	2	3				1		1
波多黎各	47	37	10	10			1	6	7	1	1	1			3
维尔京群岛	8	6	2	2				2	2						0
总计	19633	14550	5083	3304	30	31	69	266	396	92	482	1213	893	228	2908

National Plan of Integrated Airport Systems(2021—2025)

　　此外，众多小型通用航空机场、直升机停机坪及水上飞机基地亦应运而生，持续为偏远地区提供便捷的空运通道。部分大型军用机场亦经改造，转而服务于通用航空领域。通用航空机场在过去百年间，依据各自所在社区及国家航空系统的独特需求，以多样化的路径实现了发展。因此，美国得以拥有全球规模最大、种类最为丰富的通用航空机场网络。

　　近四十年来，随着经济结构、人口分布及通用航空利用方式的深刻变革，这些机场、直升机停机坪及水上飞机基地的功能与角色亦随之发生了显著变化。

　　美国接受 AIP 计划提供公共服务的通用机场，与我国通用航空管制条例中定义的通用航空业务范围基本一致。这 2,952 个通用航空机场共同编织成了一个覆盖广泛的网络，为社会经济发展作出了不可忽视的重要贡献。鉴于诸多航空功能在主要商业服务机场难以实现经济上的自给自足，且其他备选方案（诸如缺乏空中支援的森林火灾扑救）效果欠佳，甚至可能危及安全，通用航空机场的存在显得尤为重要。

提供公共服务的通航机场功能类型

紧急准备与响应	空中医疗飞行	
	执法/国家安全/边境安全	
	紧急响应	
	空中消防支持	
	紧急改道支持机场	
	灾难救援和搜救	
	关键联邦功能	
关键社区通道	偏远人口/岛屿通道	
	空中出租车/包机服务	
	基本定期航空货运服务	
其他特定航空功能	自驾商务航班	
	企业飞行	
	飞行指导	
	个人飞行	
	包机客运服务	
	飞机/航空电子设备制造/维护	
	飞机存放	
	航空航天工程/研究	
商业、工业和经济活动	农业支持	
	航空测绘和观测	
	低轨道太空发射与着陆	
	石油和矿产勘探/调查	
	公用事业/管道控制与检查	
	商务执行航班服务	
	制造与分销	
	快递服务	
	空中货运	
专项旅游与专业活动	旅游和特别活动	
	多模式交通联运（铁路/轮船）	
	特别航空活动（如跳伞、航展）	

图 3-1　美国提供公共服务机场的功能

NPIAS（国家综合机场系统）中的机场、直升机停机坪以及水上飞机基地，其设立初衷在于构建一个安全且资源充足的通用航空机场公共服务体系，以满足社区需求。美国的通用航空机场，其核心业务聚焦于那些定期航班服务难以覆盖的专业化服务领域。据统计，2009 年，这些机场的非航空公司运营商共投入超过 120 亿美元，完成了约 2,700 万次的飞行任务，涵盖了紧急医疗服务、空中灭火、执法与边境管控、农业作业、飞行培训、时间敏感型空运、商务出行以及定期服务等多元化领域。不同机场根据其自身条件与定位，提供着上述全部或部分服务功能。部分机场规模宏大，配备多条跑道及完备的设施；而另一些则规模较小，可能仅需一条简短的单跑道、直升机停机坪或水上通道，便足以在关键时刻发挥重要作用。

自 20 世纪初以来，联邦、州及地方政府与航空业用户携手合作，致力于构建一个平衡、安全且高效的通用航空机场系统。这一系统被视为一个整体概念，仅凭少数几个机场难以支撑起如此庞大的服务体系。正是这些被纳入 NPIAS 的机场、直升机停机坪及水上飞机基地，因其对联邦系统的重要性及向公众开放的特点，成为了连接更广阔航空系统与各自社区的重要桥梁。

在全国范围内，一个发达的通用航空机场系统不仅促进了商业活动的繁荣，还构建了一张安全网，以应对因机械故障、医疗紧急状况、恶劣天气或其他不可预见情况而可能发生的紧急飞机改道需求。联邦政府持续参与并支持这一系统的原因在于，这些通用航空机场为社区及其居民提供了那些在其他情况下可能过于昂贵或根本无法实现的服务，从而保障了社会的整体福祉与安全。

（1）紧急准备和响应功能医疗飞行。许多通用航空机场被用来提供运送需要专业医疗护理的患者的航班。通用航空机场操作这些挽救生命的服务更快、对患者更友好，而且成本远低于商业航班。左图显示了 2009 年在美国提供空中救护服务的通用航空机场。一个服务于马萨诸塞州西部的医疗中心依赖韦斯托弗都市机场来运输那些无法承受地面交通或商业航班压力和持续时间的患者。

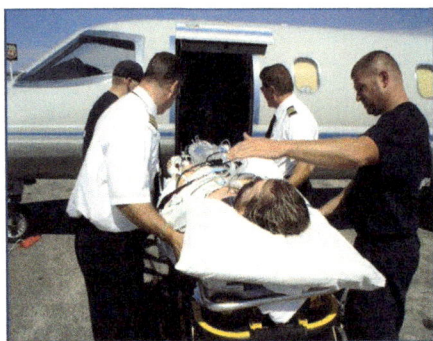

图 3-2　通航飞机提供紧急医疗救援服务　图 3-3　美国提供医疗飞行服务通用航空机场分布图

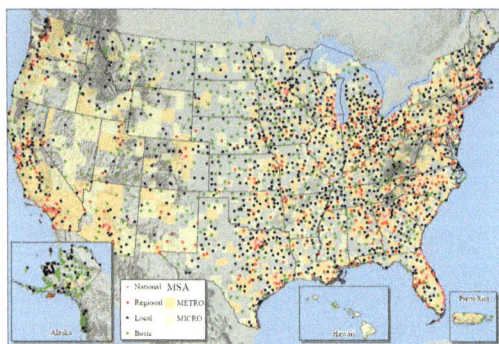

（2）执法/国家安全/边境安全。通用航空机场通常作为地方、州或国家执法活动的基地。例如，许多大城市地区的当地警察部门（如洛杉矶市）选择使用一个通用航空机场作为他们的直升机队的基地。对他们来说，从通用航空机场运营成本通常比从商业机场更便宜，后者有更多商业活动，而且较小的机场通常也更容易进入。

（3）紧急备降机场。一个广泛的机场系统为飞行员在遇到意外恶劣天气或飞行紧急情况时提供了立即可行的替代目的地。这个机场系统是一个安全网，通过其广泛性和可用性减少了事故。其中一个展示这种安全网的例子是最近授予了一名空中交通管制员 Archie League Award：他协助了一名飞行员，该飞行员在两个通用航空机场——马萨诸塞州的皮茨菲尔德市机场和佛蒙特州的 Caledonia 县机场之间飞行时发动机停止工作，这位管制员迅速将飞行员引导到附近的新罕布什尔州康科德通用航空机场。在恢复了部分动力后，飞行员成功着陆。

（4）灾难救援和搜索。广泛的通用航空机场系统提供了一个集结区，以支持在需要的地方进行救援努力。例如，2011 年 5 月，一场大龙卷风席卷该地区后，密苏里州乔普林的地区机场在恢复工作中发挥了至关重要的作用。像东塞拉地区机场这样的通用航空机场位于加利福尼亚州的国有森林附近，被用作全志愿民用空中巡逻队的集结区，其成员经常被召唤来定位并协助搜救失踪人员或其他需要帮助的人。这些努力在节省资源、时间和救助生命上对社会作出了重要贡献。

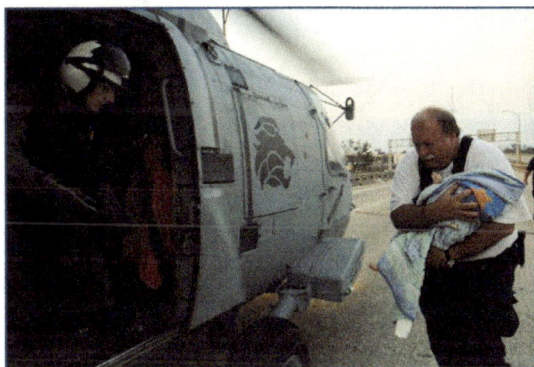

图 3-4　通航飞机在密苏里进行紧急灾难救援　　图 3-5　通航飞机在喷洒森林灭火剂

（5）政府机构支持的关键社会服务。超过 390 个通用航空机场被联邦政府指定提供关键服务，包括为美国海关与边境保护局、美国法警局、美国邮政局、美国森林服务局和灾难救援提供接入服务。例如，夏季月份的森林火灾是常见事件，尤其是在西部州。美国森林服务局指定某些通用航空机场作为扑灭火场的集结区。使用飞机来对抗覆盖广泛地理区域的大火往往是最具成本效益的解决方案，不仅减少了地面上人员直接接触火的危险，并且可以更快地控制火势，从而挽救了财产和生命。

（6）偏远通用航空机场。在美国某些地区，通用航空机场提供了唯一的交通方式。没有这些机场，居民将面临孤立无援，或者不得不花费大量时间、金钱和风险通过其他方式旅行。偏远机场通过减少将这些社区与国家经济连接所需的资源，为国家经济作出了贡献。

（7）空中出租车运营。当定期航空服务不可用或不方便时，企业和个体会从在通用航空机场运营的空中出租车处包机。这些航班节省了时间，使得直接飞往无法通过定期航班到达的地方成为可能。

（8）自驾商务航班。美国大约11%的私人飞行是由商务人士自行驾驶前往会议或其他活动完成的。这些飞行大多数使用活塞或涡轮螺旋桨飞机进行。这些飞行员中的大多数拥有或为相对小型的企业工作，并使用飞机完成那些否则会花费更多时间或不可行的任务。

（9）企业航班。美国大约12%的私人飞行是使用企业拥有的飞机并由专业飞行员驾驶完成的。这些航班大多数使用的是喷气机，并且航程较长，有些飞往洲际和国际目的地。企业选择进行这些飞行以节省时间和扩大其地理及组织控制范围。下图显示了从洛杉矶附近的范奈斯机场出发的长距离和国际航班。地图展示了直飞航班的目的地，并展示了通用航空机场为先进飞机运营商提供的全球接入能力。

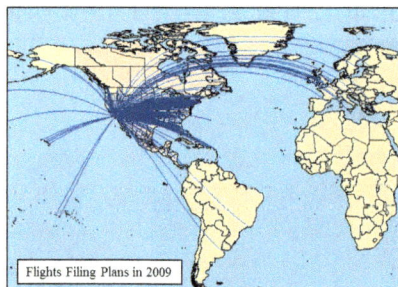

图 3-6　通用航空机场提供出行服务　图 3-7　来自加利福尼亚州范奈斯的长距离和国际航班

（10）飞行教学。在美国，几乎所有的私人飞行教学都发生在通用航空或私人使用机场。许多未来的航空公司飞行员在这些机场接受他们的首次训练。例如，勒马尔斯市机场是"年轻之鹰计划"的基地，该计划为年轻人提供了学习和体验飞行的机会。

（11）私人飞行。在美国，大约三分之一的私人飞行是出于个人原因，可能包括练习飞行技能、个人或家庭旅行、个人享受或个人业务。

（12）农业飞行。从1929年至今，美国的农业产出变得如此高效，以至于现在美国普通家庭在食物上的支出占其收入的比例大幅下降（目前为11%，而1929年为23%）。空中施肥、喷洒杀真菌剂和杀虫剂在提高生产力方面发挥了重要作用，特别是当需要在广阔的地理区域内快速施用物资时。任何替代技术的成本都更高，而且比空中施用慢得多。如勒马尔斯市机场，它为该地区农场的空中喷洒杀真菌剂和杀虫剂提供了一个高效的平台。

（13）空中勘测和观测。在广阔地理区域建设基础设施的公司需要一种快速准确的方式来规划、管理和维护这些设施。能源公司拥有并运营着数千英里的管道，而检查它们最快最彻底的方式就是驾驶携带专门设备的飞机，记录地面上的状况。天然气和电力公用事业公司出于同样的原因使用飞机。市政府则通过飞行空中观察航班来记录水务地图和规划基础设施。

图 3-8　通用航空飞机提供农业喷洒服务

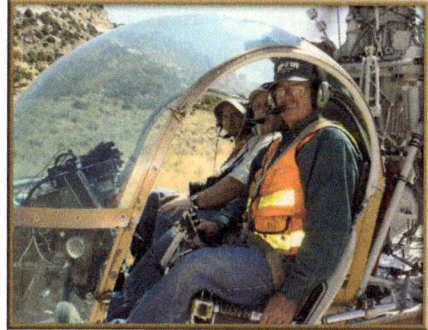

图 3-9　通用航空飞机提供空中勘测服务

（14）旅游和特殊活动飞行。通用航空机场通常能够通往其他方式无法到达的娱乐区域，包括偏远公园、山区和岛屿。此外，在特殊活动期间（例如超级碗①、大学锦标赛季后赛或碗赛、大型音乐会、NASCAR 赛车等），通用航空机场被包机运营商和私人运营商用来补充主要机场的设施和服务。

✈ 3.1.2　提供公共服务通用机场的分类和布局

美国的通用航空机场、直升机停机坪和水上飞机基地承担着广泛的航空功能，如前例所示。然而，用单一术语恰当地表达这些设施的需求，尤其是机场的需求，是困难的。随着时间的推移，已经出现了两个法定定义来分类通用航空机场：那些也支持有限商业服务的机场以及那些有助于疏解主要机场拥堵的机场（疏解机场）。然而，这些定义并未充分描述这些通用航空机场的角色以及一个大型多样化系统的好处。例如，一些通用航空机场的运营量比一些主要商业服务机场还要多，而且有些通用航空机场疏解了主要机场的拥堵。然而，目前被指定为疏解机场的大多数通用机场并非主要参与疏解另一个商业机场的拥堵，而是支持其他关键的航空功能。在 2010 年夏天，

---

① 美国国家橄榄球联盟（National Football League，简称为 NFL），是美国最大的美式橄榄球职业联盟，成立于 1920 年，NFL 冠军赛叫作超级碗（Super Bowl），举办时间通常在 1 月份或 2 月的一个周日进行，胜者得到象征总冠军的文森·隆巴迪奖杯（Vince Lombardi Trophy）。美式橄榄球在美国是最受欢迎的体育项目之一，始于 1869 年 11 月拉特格斯大学和普林斯顿大学之间的比赛，是一项充满激情与策略的比赛，不仅考验球员的身体素质和技术水平，还要求团队之间的默契配合和战术执行能力，因此逐渐从校园风靡全美，NFL（国家橄榄球联盟）是最高水平的职业联赛，吸引了全球的关注，每年的超级碗（Super Bowl）是全球观看人数最多的体育赛事之一。

联邦航空管理局组建了一个国家团队，以审查通用航空机场的活动及其提供的航空功能，以便更好地描述它们在全国机场系统中当前的角色。在整个过程中，联邦航空管理局与航空机构和主要行业协会密切合作，收集并整合有关这些机场的信息。一个重要的目标是开发一种新方法来分类通用航空机场、直升机停机坪和水上飞机基地，以使用现有联邦数据库中的活动和其他数据。此外，分析必须每几年重复一次。基于其他地方、全州或特定站点数据的分析将继续作为全州系统规划、都市系统规划和个别机场总体规划的一部分进行评估。这项研究回顾的数据显示，大多数机场信息，如跑道长度、控制塔的存在、燃料的可用性和其他特征，在 2,952 个通用航空机场之间差异很大，以至于无法将它们分组。例如，跑道的长度对使用特定机场的飞机类型和大小非常重要，但这并不意味着有一个共同的最小长度要求以满足特定的航空功能或功能组合。此外，其他因素（如风向的变化、气候、海拔和周围地形）通常决定跑道长度。关于控制塔也得出类似的结论。一个机场并不一定需要控制塔就能服务于特定的航空功能。一些机场可以被用于多种不同的功能，并由不同类型的飞机使用，即使它可能拥有短跑道、没有控制塔且不提供燃料服务。在对通用航空机场进行分类时有用的数据示例包括：驻场喷气机的数量、所有驻场飞机的数量（包括直升机和水上飞机）、仪表操作的次数、国际航班、州际航班和超过 500 英里的飞行。

美国联邦通用航空机场、直升机停机坪和水上飞机基地网络，根据现有活动水平和相关标准可以分为四个新类别：国家级、区域级、地方级和基础级。随着航空活动水平的变化，机场可能会从一个类别转移到另一个类别。

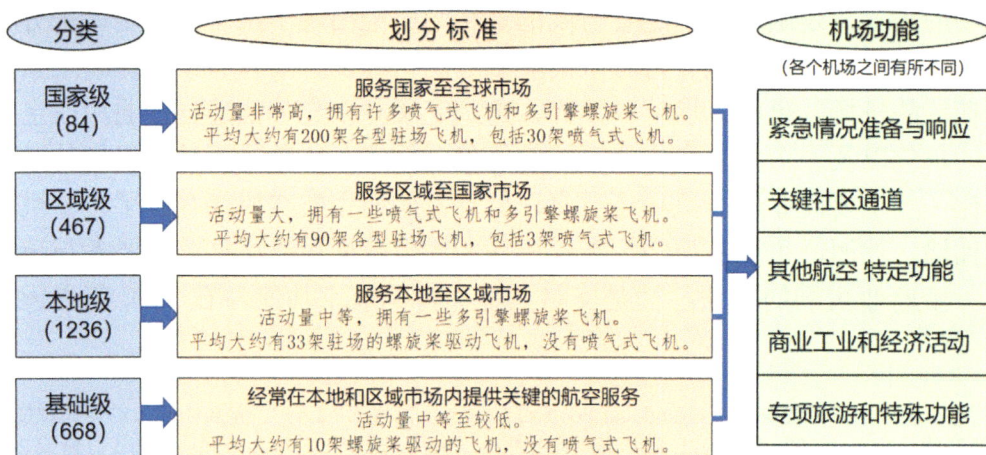

图 3-10　美国提供公共服务通用机场分类

FAA 根据现有的活动度量，如基地飞机（即存放在机场的飞机）的数量和类型，以及航班的数量和类型，将通用航空机场分为四个类别：国家级、区域级、地方级和基础级，如上图所示。在获得 AIP 支持的 2,952 个通用航空机场中，有 2,455 个被归入这四个新类别。剩余的 497 个机场，因具有不同类型的活动和特征，不能轻易地被描述为一个清晰的组或类别，目前未被分类。

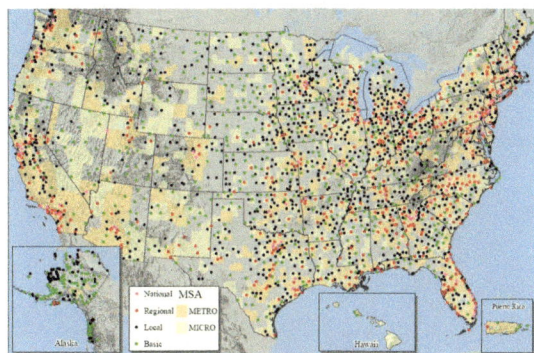

图 3-11　美国提供公共服务的机场分布图

图 3-12　美国提供公共服务的四类机场

3.1.2.1　国家级 (national)

国家机场（84 个）位于大都市地区，靠近主要商业中心，支持覆盖全国及全球的飞行。这些国家机场目前分布在 31 个州内，它们占所 NPIAS 通用航空机场总飞行量的 13%，以及这四个新类别机场中提交飞行计划的所有航班的 35%。[①] 这 84 个机场支持通用航空机队中最复杂飞机的运营。许多航班由喷气式飞机执行包括企业飞行和部分所有权运营以及空中出租车服务。这些机场还为飞行员提供了另一种选择，可避开繁忙的主要商业服务机场。此类机场中没有直升机停机坪或水上飞机基地。这类机场的标准为：5,000 次以上的仪表飞行起降，11 架以上的驻场喷气机，20 次以上的国际航班，或 500 次以上的洲际离场；或登机人数超过 10,000 人次，并且至少有 1 次由大型认证航空公司执行的包机登机；或降落货物重量超过 5 亿磅。

FAA 调研后发现：典型的国家级机场有直飞国际航班，包括飞往亚洲、欧洲、中美洲和南美洲的航班；所有 84 个机场在 2009 年都支持空中救护服务；其中 66 个被指定为备用机场；没有任何机场提供定期商业服

---

① 《General Aviation Airports: A National Asset》发布于 2012 年，文件没未完全列出各类机场的使用情况的细分数据。

务，但有 48 个机场被大型认证航空公司用于包机航班；45 个机场为执法部门、美国邮政服务、美国海关与边境保护局或美国森林服务部提供了重要通道；这些机场平均拥有超过 200 架驻场飞机和超过 30 架驻场喷气机；运营商每年平均在"国家级机场"的飞行花费超过 5,000 万美元。

在 2001－2009 年间，国家机场共投资了 12 亿美元 AIP（机场改善计划）资金。考虑到并非所有机场每年都能收到 AIP 资金，且简单平均值可能呈现偏颇现象，这 12 亿美元代表每个机场平均每年获得 1,610,297 美元，其中包括 89,734 美元的非主要权利（NPE）资金和 1,520,563 美元的自由裁量资金。当然，资本投资的规模和性质在该类别中的机场之间差异很大。

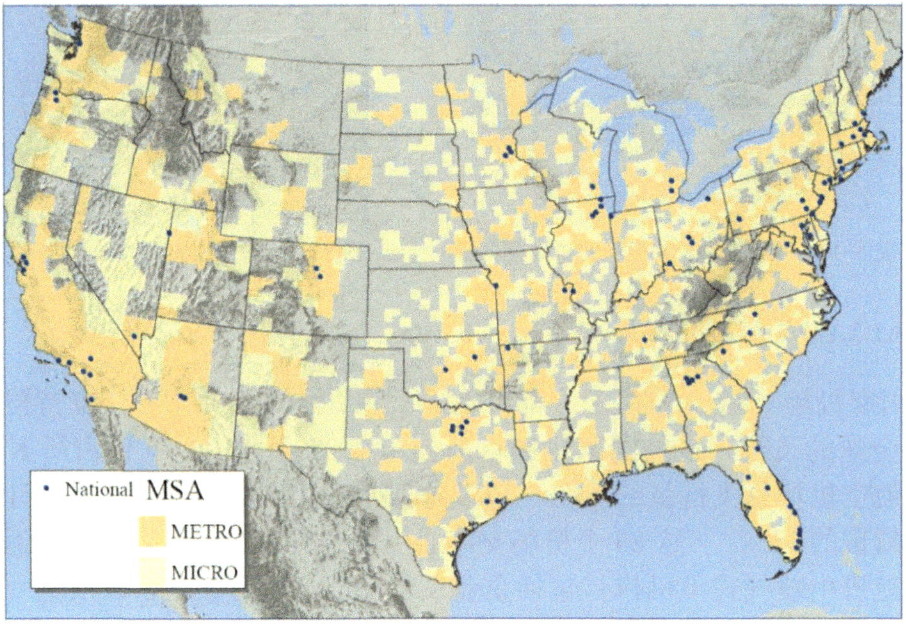

图 3-13　美国国家级通用机场分布图（84 个）

表 3-2　范奈斯机场 2009 年飞行业务成本占比

范奈斯特机场		2009 财政年度	
用户组		飞机运行成本	航班
分时（共享）所有权计划		4%	2%
非定期的第 135 部客运		14%	14%
通用航空－涡轮		26%	10%

范奈斯特机场		2009 财政年度	
用户组		飞机运行成本	航班
通用航空 – 活塞		10%	46%
通用航空 – 旋翼		25%	20%
空中救护		20%	8%
总计		99%	100%
未分类		1%	0%

典型的例子就是范奈斯机场（VNY），它是位于加利福尼亚州洛杉矶市界内圣费尔南多谷区的范奈斯的公共机场。VNY 是世界上第二繁忙的通用航空机场，也是世界上最繁忙的机场之一（就起飞和降落次数而言）。尽管只有两条平行跑道，VNY 在 2010 年处理了超过 350,000 次飞机活动，平均每天约 1,000 次起降。相比之下，拥有四条跑道和大量商业交通的洛杉矶国际机场（LAX）每天大约有 1,500 次起降。截至 2010 年，VNY 驻有超过 660 架飞机，其中近 200 架为涡轮喷气机，许多洛杉矶盆地的直升机也以 VNY 为基地。这些先进飞机执行州际和海外任务，支持包括许多来自娱乐和金融领域的知名人士在内的主要产业。VNY 的另一个作用指标是频繁使用仪器飞行规则（IFR），尽管它位于阳光明媚的南加州。2010 年，VNY 在全国所有通用航空机场中 IFR 航班数量排名第三，目的地遍布全国及全球。2009 年，飞行员在 VNY 的飞行上花费了大约 1.9 亿美元。表格显示，尽管通用航空活塞式飞机在 VNY 的飞行次数最多，但另外四个类型在机场的航空活动支出中占主导地位：涡轮、旋翼机、空中救护和包机客运占总支出的 85%。这些活动的突出表现表明，VNY 提供的服务不容易被 LAX（美国加利福尼亚州洛杉矶市的洛杉矶国际机场）复制。

3.1.2.2　地区型 (regional)

区域机场（467 个）位于大都市地区，服务相对较大的人口。这 467 个机场支持州际及一些长距离（横跨全美国）飞行，使用的是更复杂的飞机。目前有 49 个州拥有区域机场，除了夏威夷。它们占所研究的通用航空机场总飞行量的 37%，以及提交飞行计划飞行量的 42%。在区域机场，包机（空中出租车）、喷气式飞机飞行和旋翼机航班数量庞大。此类机场中没有直升机停机坪或水上飞机基地。 这类机场的共同特点是：位于大都市统计区（MSA，大城市或小城市），并有超过 500 英里的、10 次以上国内航班，超过 1,000 次的仪表起降，至少 1 架驻场喷气机或超过 100 架驻场飞机；或机场位于一个大都市或小城市统计区，且该机场满足商业服务的定义。

FAA 调研后发现：2009 年，459 个区域机场支持空中救护服务；108 个区域机场为执法部门、美国邮政局、美国海关与边境保护局、美国森林局或基本航空服务提供了重要通道；51 个机场在 2010 年提供有限的定期航空服务，登机人数超过 2,500 但少于 10,000 的乘客；137 个被指定为备用机场；90 个被大型认证航空公司用于包机航班；56 个通过基本航空服务项目接受定期航空服务；这些机场平均拥有超过 90 架驻场飞机，其中有几架是喷气机；运营商每年平均在"区域机场"的飞行花费超过 1,000 万美元。

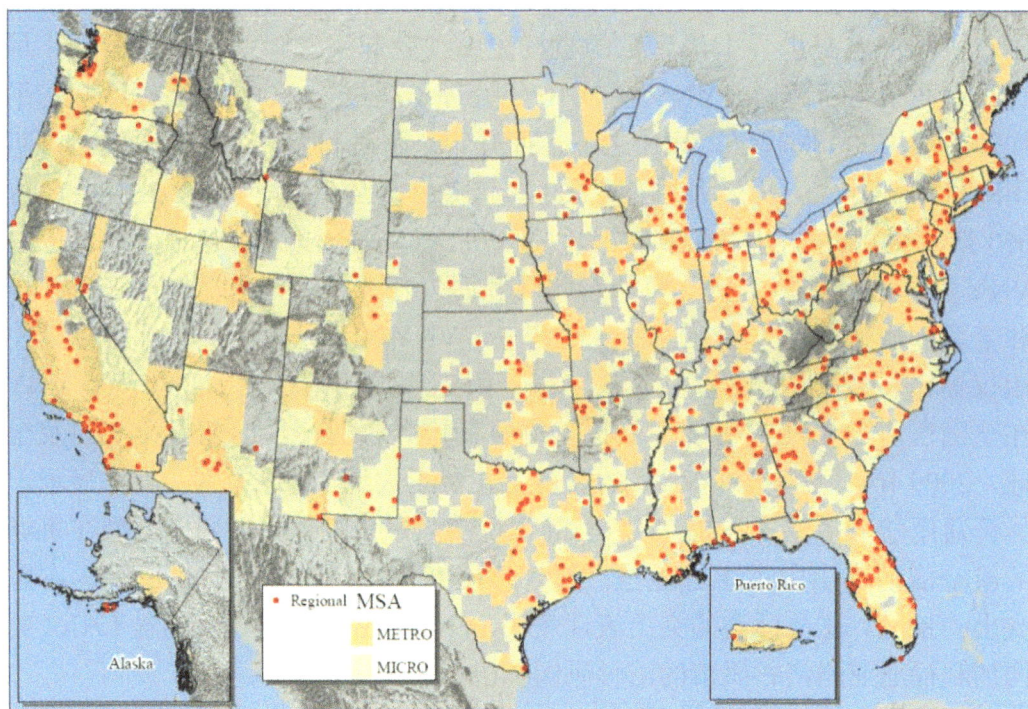

图 3-14　美国区域通航机场分布图（467 个）

2001—2009 年间，区域机场共投资了 24 亿美元 AIP（机场改善计划）资金。考虑到并非所有机场每年都能收到 AIP 资金，且简单平均值可能呈现偏颇现象，这 24 亿美元代表每个机场平均每年获得 575,016 美元，其中包括 90,520 美元的非主要权利（NPE）资金和 484,497 美元的自由裁量资金。当然，资本投资的规模和性质在该类别中的机场之间差异很大。

典型的例子就是安肯尼区域机场（IKV），它是一个公共机场，位于艾奥瓦州波尔克县城市安肯尼中央商务区东南 1 英里处。该机场拥有两条跑道，在截至 2010 年 9 月 30 日的 12 个月期间处理了超过 48,000 次飞机起降，平均每天 133 次起降。截至 2011 年 2 月，IKV 有 80 架驻场飞机，包括 77 架固定翼飞机和 3 架直升机，大多数固定翼驻场飞机是单引擎飞机。该机场为得梅因大都会区提供商业和通用航空服务，这些服务很难在主要机场得到支持，包括包机服务、飞行教学、空中摄影、飞机加油、系留以及机库 / 车库租赁。IKV 每年还举办活动，包括飞行聚会和航空展。许多企业和组织使用该机场及其设施，包括艾奥瓦州巡逻队、爱荷华国民警卫队和民用空中巡逻队。上图显示了 2009 财年从 IKV 飞往的区域航空公司货运目的地（按仪器飞行规则）。表格显示，2009 财年通用航空活动占航班总数的 88%，占飞机运营成本的 66%。在通用航空运营之后，下一项最高比例的航班来自空中救护起降和区域航空公司货运起降。

表 3-3　安肯尼机场 2009 年飞行业务成本占比

安肯尼地区机场		2009 财政年度	
用户组		飞机运行成本	航班
分时（共享）所有权计划		21%	1%
非定期的第 135 部客运		5%	2%
第 135 部客运 - 活塞		2%	4%
通用航空 - 涡轮		33%	14%
通用航空 - 活塞		31%	73%
通用航空 - 旋翼		2%	1%
政府 / 军队		3%	1%
空中救护		3%	3%
总计		100%	100%

3.1.2.3　本地型 (local)

本地机场，或称地方机场（1,236 个）是美国通用航空系统的骨干，几乎每个州都有至少一个地方机场。它们通常位于较大的人口中心附近，但不一定在大都市或小城市地区。地方机场占符合联邦资金资格的通用航空机场的 42%，它们还占所研究的通用航空机场总飞行量的大约 38%，以及提交飞行计划飞行量的 17%。大多数飞行是由活塞式飞机执行，以支持商业和个人需求。此外，这些机场通常还提供飞行训练、紧急服务和包机客运服务。飞行通常在州内或邻近区域进行。此类机场中有直升机停机坪，还有四个水上飞机基地。这些机场的共同点是：进行 10 次以上的仪表起降和拥有 15 架以上的驻场飞机；或乘客登机次数超过 2,500 次。

FAA 调研后发现：2009 年，980 个地方机场支持空中救护服务；121 个地方机场为执法部门、美国邮政局、美国海关与边境保护局、美国森林局或基本航空服务提供了重要通道；70 个机场在 2010 年提供定期航空服务，登机人数超过 2,500 但少于 10,000 的乘客，其中 68 个在阿拉斯加；42 个被指定为备用机场；30 个被大型认证航空公司用于包机航班；27 个通过基本航空服务项目接受定期航空服务；这些机场平均拥有 37 架驻场飞机；运营商每年在这些机场的平均飞行花费超过 220 万美元。

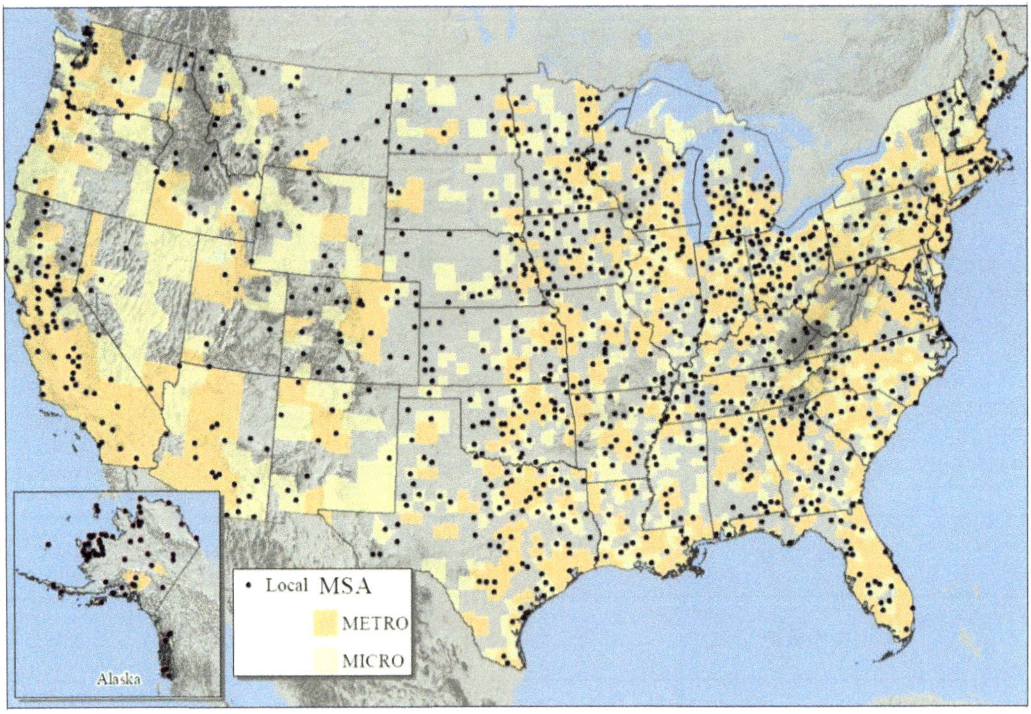

图 3-15　美国提供公共服务的本地机场分布图（1,236 个）

2001—2009 年间，地方机场共投资了 26 亿美元 AIP（机场改善计划）资金。考虑到并非所有机场每年都能收到 AIP 资金，且简单平均值可能呈现偏颇现象，这 2.6 亿美元代表每个机场平均每年获得 230,203 美元，其中包括 78,654 美元的非主要权利（NPE）资金和 151,549 美元的自由裁量资金。当然，资本投资的规模和性质在该类别中的机场之间差异很大。

表 3-4 东部塞拉区域机场 2009 年飞行业务成本占比

东部塞拉区域机场		2009 财政年度	
用户组		飞机运行成本	航班
非定期的第 135 部客运		7%	7%
通用航空 – 涡轮		41%	16%
通用航空 – 活塞		32%	73%
政府 / 军队		2%	0%
空中救护		16%	3%
其他		2%	1%%
总计		100%	100%

　　东部塞拉区域机场（Eastern Sierra Regional Airport，代码 BIH）是一个公共机场，位于加利福尼亚州因约县主教镇（Bishop inInyo County）中心商业区东侧约 2 英里处。该机场拥有三条跑道、两个直升机停机坪，每年处理大约 26,000 次起降，平均每天 71 次起降。大多数起降包括本地和巡回的通用航空飞行以及一些军事行动。机场有 54 架驻场飞机，其中大多数是单引擎飞机。BIH 提供许多重要服务。它为那些访问附近国家公园的人们提供搜索和救援服务，并为相对孤立的社区提供了必要的联系。一个空中救护公司在 BIH 运营，为当地医院提供服务。该机场还被用作森林局的油罐车基地，以应对该地区的野火，与军方签订合同作为加油地点，并定期为军用直升机加油。民用空中巡逻队使用 BIH 提供各种紧急服务，加利福尼亚州巡逻队和美国缉毒局将该机场作为行动基地。洛杉矶水电部、南加州爱迪生公司以及各种私人承包商在 BIH 设有直升机基地，执行水渠检查和安全以及电力线路维护任务。BIH 还被指定为地区灾难紧急设备集结区。上图显示了 2009 财年从 BIH 按照仪器飞行规则飞行的空中救护目的地，这些航班大多数飞往加利福尼亚的目的地，有些则飞往邻近州。正如表格所示，2009 财年通用航空起降占航班总数的 89%，占飞机运营成本的 73%，其中通用航空涡轮机、通用航空活塞式飞机和空中救护飞机发挥了突出作用。

3.1.2.4 基础型 (basic)

基础机场（668 个）通常只需一条跑道、直升机停机坪、水上飞机设施以及有限的基础设施即可满足其功能需求。43 个州设有基础机场。这668 个机场扮演着社区机场的角色，为私人通用航空飞行提供条件，并将社区与国家机场系统连接起来。基础机场的飞行量约占通用航空机场总飞行量的 7%，约占执行飞行计划的飞行量的 2%。大部分飞行是由飞行员自驾完成的，出于商务和个人原因，使用螺旋桨飞机。这些机场还提供相当数量的包机（出租）服务。此类别中还包括 3 个直升机场和 20 个水上飞机基地。它们的共同点是：拥有 10 架以上的驻场飞机；或拥有 4 架以上的驻场直升机，或机场位于距离最近的非优先服务机场（NPIAS）30 英里以上的地方；或机场被美国森林局、美国法警、美国海关与边境保护局（指定、国际或着陆权）、美国邮政局（空中停靠点）识别和使用，或拥有基本航空服务；或机场是 2001 年 1 月 1 日之后启用的新设施或替代设施；且机场为公共所有或私有，并被指定为具有至少 90 架驻场飞机的备用机场。

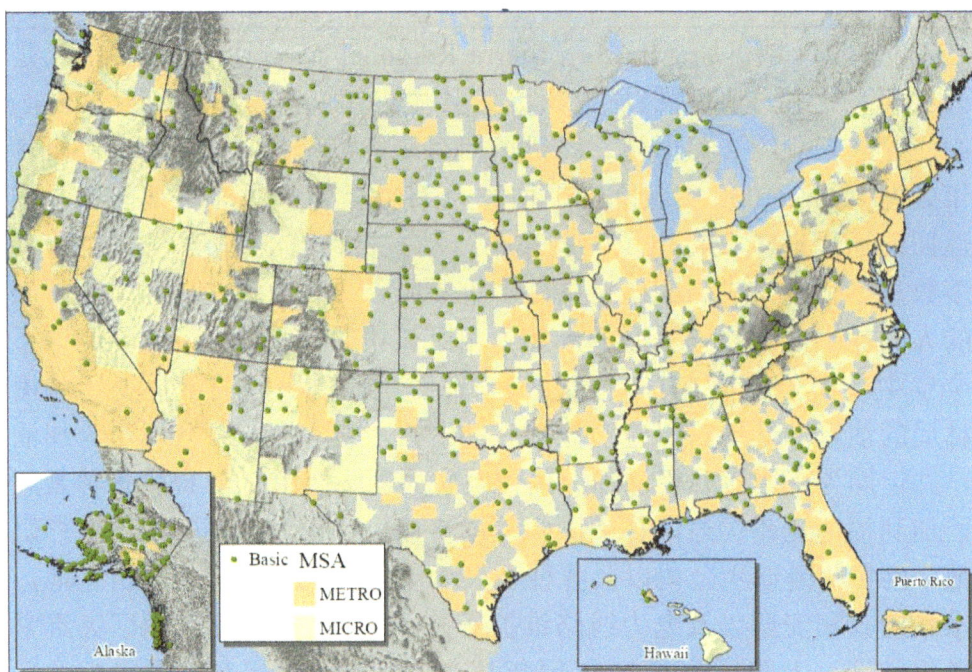

图 3-16 美国提供公共服务基础通用机场分布图（668 个）

FAA 调研后发现：2009 年，269 个基础机场支持空中救护服务；107 个基础机场为偏远地区的人口提供了重要通道；119 个为基础执法、美国邮政局、美国海关与边境保护、美国森林局或基本航空服务提供了重要通道；仅一个被指定为备用机场；19 个被大型认证航空公司用于包机飞行；29 个通过基本航空服务项目提供定期航空服务；这些机场平均拥有 10 架驻场飞机；飞机运营商每年在这些机场的平均飞行花费约为 540,000 美元。

在 2001—2009 年间，基础机场共投资了 11 亿美元的 AIP（机场改善计划）资金。这 11 亿美元代表每个机场平均每年 182,384 美元，其中包括 68,039 美元的 NPE（非主要权利）资金和 114,345 美元的自由裁量资金。自然地，该类别内各机场的资本投资规模和性质差异很大。

典型的例子就是泰勒县机场（MDZ），它是一个公共机场，位于威斯康星州泰勒县梅德福市中央商务区东南约 3 英里处。该机场有两条跑道，每年处理大约 7,000 次起降，平均每天约 19 次。机场共有 13 架飞机驻场，其中包括 12 架单引擎飞机和 1 架喷气机。由于 MDZ 没有商业航班服务，通用航空交通占据了主要活动。MDZ 是自驾飞行的有效服务者，将社区与区域经济连接起来。地图显示了 2009 财年从 MDZ 按照仪器飞行规则飞行的通用航空活塞式飞机的目的地，许多目的地都在州内或邻近州，有些航班甚至远至北卡罗来纳州和得克萨斯州。2009 财年通用航空活塞式飞机活动占航班总数的 94%，占飞机运营成本的 76%。第 135 部空中出租车/活塞式飞机活动占航班的 4%，而通用航空涡轮机和非定期的第 135 部活动各占航班的 1%。通用航空涡轮机活动占飞机运营成本的 16%，而第 135 部活塞式飞机和非定期的第 135 部各占 4%。

表 3-5　泰勒机场 2009 年飞行业务成本占比

泰勒县机场		2009 财政年度	
用户组		飞机运行成本	航班
非定期的第 135 部客运		4%	1%%
第 135 部客运 – 活塞		4%	4%
通用航空 – 涡轮		16%	1%
通用航空 – 活塞		76%	94%
总计		100%	100%

3.1.2.5　不分类机场

在 FAA 的 AIP 计划中，有 497 个机场（包括 475 个机场、7 个直升机场和 15 个水上飞机基地）不符合新的四大类别中的任何一类。这些机场大多数已在国家机场系统计划（NPIAS）中存在数十年，可能由于人口和经济变化或经济衰退，其驻场飞机和活动量有所减少，或者可能根本没有驻场飞机。其中 22 个机场为私人所有，最初作为商业服务机场的备降机场被纳入国家系统，但已不再符合入选标准。其他机场可能是季节性机场、最近转为通用航空用途的军用机场，或是用于通往具有重要国家利益的相关州机场的机场。我们发现，这些机场约占所研究通用航空机场总飞行量的 6%，占执行飞行计划的飞行量的 2%；它们中没有商业服务机场，也没有通过基本航空服务计划获得定期航空服务的机场。在 2001 年至 2009 年期间，这些 497 个机场共获得了 3.71 亿美元的机场改进计划（AIP）资金。考虑到并非所有机场每年都获得 AIP 资金，且简单平均值可能会存在歪曲，因此，3.71 亿美元代表每个机场的简单年平均投资为 82,889 美元，其中包括 48,757 美元的国家机场计划（NPE）资金和 34,132 美元的酌定资金。当然，此类别内各机场的资本投资规模和性质差异很大。联邦航空管理局将继续与航空界合作，评估并可能分类这些机场、直升机停机坪和水上飞机基地。

由于对 497 个未分类机场进行了 ASSET 2 审查，其处置情况如下：4 个机场已关闭或转为私人使用，将被移除；212 个机场被归入某一机场类别；281 个机场仍为未分类。

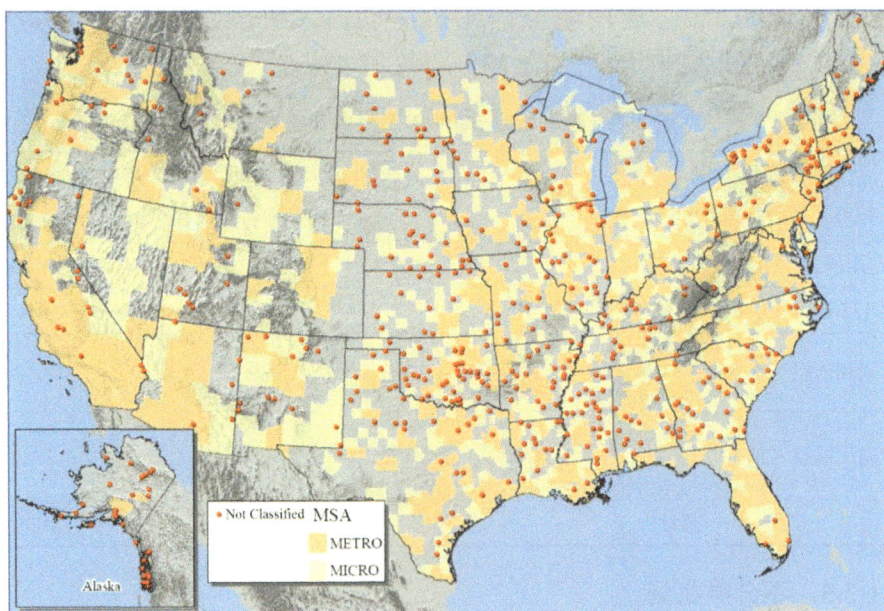

图 3-17　美国提供公共服务但未列入分级的机场分布图（497 个）[①]

①　图 3-1～图 3-18 的图片和数据来源：《FAA General Aviation Airports:A National Asset》。

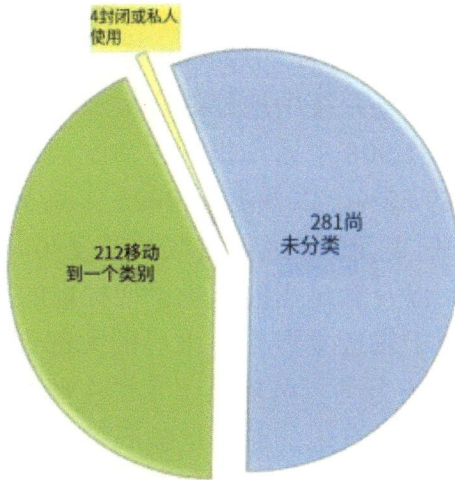

图 3-18　未分类机场比例

在转入 ASSET 类别的 212 个机场中：91 个机场现在符合标准，因为它们更新了基于飞机的数据或最近被归类为非主要商业服务机场；12 个机场要么由美国居民社区拥有，要么为该社区服务，并为社区提供关键链接；109 个因通过外展过程提供的信息而被分类，这包括自报的基于飞机数据，到另一个机场的距离或为孤立社区提供服务，地形挑战。

总共有 281 个机场将作为未分类留在 NPIAS 中。这些设施可分为三组：227 个公共拥有的机场，活动量极少；19 个私人拥有的设施，目前未达到所需的放行门槛；35 个私人拥有的通用航空机场，未达到所需的放行门槛。这些机场飞行的飞机主要有：颁发型号证书的武装部队的剩余飞机（军品尾单），认证的飞机。

3.1.2.6　最新 NPIAS 数据（2021 年）[①]

由于每两年 NPIAS 都有修订，列入的机场数据有所调整，但分级的标准并没有改变。

被 NIPIAS 选中的 2,908 个通用航空机场，包括 123 个非主要商业服务、250 个疏解机场和 2,535 个通用航空机场。非主要机场也根据现有活动（例如，基地飞机的数量和类型以及航班量和类型）、地理因素和公共利益功能分为五个类别，这些类别包括国家、区域、地方、基础和未分类。

在准备两年一度的 NPIAS 期间，FAA 在 2019 年 10 月至 2020 年 2 月期间重新审视了通航机场的作用，并与机场赞助者和州航空机构进行了

[①]　本小节数据来源：National Plan of Integrated Airport Systems(NPIAS)2021—2025，FAA 给美国国会的报告。

协调。下一次机场定位审查于 2021 年秋季开始，以准备下一次 NPIAS（2023—2027 年），截止日期为 2022 年 9 月 30 日。机场的未来开发将继续基于符合机场在全国机场系统中地位的合格和合理的需求及优先事项。

包含在 NPIAS 中的 2,908 个通用机场占活跃通用航空机队的 53%，飞机起降的 63%，跑道的 82%，以及截至 2025 年总 AIP 合格开发成本 436 亿美元中的 33%（146 亿美元）。通航机场的开发倾向于专注道面重建（跑道、滑行道和停机坪）以及满足当前机场设计标准的改进。

（1）国家级机场位于靠近主要商业中心的大都市区，支持全国乃至全球的飞行活动。这些机场为飞行员提供了繁忙主要机场之外的诱人备选方案。其中 5 个国家机场提供有限的航空运输服务，64 个被确定为大型、中型和小型枢纽机场的疏解机场[①]。国家机场的活动水平非常高，拥有众多喷气式飞机和多发螺旋桨飞机。菲尼克斯鹿谷机场、丹佛的百年机场和达拉斯的艾迪生机场这三个国家机场，每个机场的驻场飞机均超过 600 架。国家机场平均驻场飞机总数为 203 架，其中包括 39 架喷气式飞机。国家级机场系统计划（NPIAS）中确定的 92 个国家机场占发展项目的 5%。国家级机场已确定到 2025 年，有近 20 亿美元符合机场改进计划（AIP）资格的发展项目。它们正专注于机场跑道重建项目，使机场达到设计标准（例如，改善滑行道、跑道和停机坪），以及提高安全性（例如，改善跑道安全区域）。

（2）区域级机场（482 个）。区域机场也位于大都市区，服务于相对较大的人口。这些机场通过州际和一些长途飞行支持区域经济，并具有高度活跃性，包括一些喷气式飞机和多引擎螺旋桨飞机。其中 45 个机场提供有限的航空运输服务，130 个被确定为大、中、小枢纽的疏解机场。五个区域机场（亚利桑那州的梅萨猎鹰场、加利福尼亚州圣迭戈的蒙哥马利 – 吉布斯行政机场、佛罗里达州好莱坞的北佩里机场、加利福尼亚州利弗莫尔的利弗莫尔市政机场和亚利桑那州钱德勒的钱德勒市政机场）每个都有超过 400 架基地飞机。区域机场平均约有 86 架基地飞机，包括 3 架喷气式飞机。这 482 个区域机场占本次 NPIAS 中确定的开发的 10%，区域机场将专注于重建机场道面、使机场达到设计标准，以及提高容量（例如，新的滑行道和跑道延伸）和安全性（例如，障碍物移除和跑道安全区域改进）。

（3）地方机场（1,213 个）。地方机场是通用航空系统的关键组成部分，

---

① National Plan of Integrated Airport Systems(NPIAS)2021—2025，未列出全部 482 个机场的分类，下文中其他几个机场的类型也是如此。

为社区提供进入本地和区域市场的途径。通常地方机场位于较大的人口中心附近，但不一定在大都市区，它们还提供飞行训练和紧急服务。这些机场占所有 NPIAS 机场的 37%，飞机起降水平适中，有一些多引擎螺旋桨飞机，约 73 个这类机场有有限的航空运输服务。两个地方机场（爱达荷州的楠帕市政机场和阿拉斯加的伯奇伍德机场）有超过 200 架基地飞机。地方机场平均约有 32 架基于螺旋桨驱动的飞机，没有喷气式飞机。地方机场占机场总数的 37% 和本次 NPIAS 中确定的开发的 13%（56 亿美元），这些机场专注于使机场达到设计标准、重建机场道面，以及提高容量和安全性。

（4）基础机场（893 个）。基础机场主要承担社区机场的角色，为私人通用航空飞行提供服务，将社区与国家机场系统连接起来，并做出其他独特的贡献。在某些情况下，机场是进入社区的唯一途径，并提供紧急响应通道，如紧急医疗或消防以及邮件递送。这些机场起降水平适中，平均有 9 架螺旋桨驱动的飞机，没有喷气式飞机。许多这样的机场位于农村地区。基础机场占本次 NPIAS 中确定的开发的 7%（29 亿美元），基础机场正专注于重建机场道面并使机场达到设计标准。

（5）未分类机场（228 个）。这些机场的活动水平往往有限，包括182 个公有机场和 46 个私有机场。64% 的机场驻场飞机数量在 0 至 4 架之间（62 个机场驻场飞机为 0 架，84 个机场驻场飞机为 1 至 4 架）。自上一次国家机场系统计划（NPIAS）以来，32 个机场的活动水平或状况有所改善，从未分类升级为基本类（31 个）或地方类（1 个）。相反，31 个机场的活动水平有所下降，从地区类（2 个）或基本类（29 个）降级为未分类。有 46 个未分类的私有机场，22 个被指定为辅助机场的私有机场在20 多年来一直未达到辅助机场的标准。其中 17 个辅助机场的驻场飞机少于 50 架（而长期以来，被指定为辅助机场的门槛是驻场飞机 100 架）。其余 24 个私有通用航空机场不符合被指定为辅助机场的标准，且从未获得过机场改进计划（AIP）的发展补助金。这些机场已列入 NPIAS 超过 20年，且没有迹象表明它们将满足分类要求。作为私有通用航空机场，这 24个机场仍然不符合获得 AIP 资金的资格。与其在国家机场系统中的角色相一致，这 228 个未分类机场在 2025 年前没有确定的发展需求。

（6）新机场（6 个）。国家机场系统计划（NPIAS）确定了 6 个拟建机场，预计将在 2025 年前开放。其中包括一个拟建的主要机场，以服务芝加哥地区。该新机场仍处于规划阶段，机场赞助商正在评估开发、融资和运营拟建机场的方法。阿拉斯加拟建 4 个通航机场（安贡、纽托克、诺阿塔克和锡特卡），第 5 个新通用机场将位于肯塔基州的斯巴达。

3.1.2.7 政府引导资金的意义

对提供安全服务的通用航空机场而言，安全、高效是人们会使用它们的原因，并且会按照适当的标准开发和维护。开发维护的费用对用户和政府来说都是负担得起的，主要依靠自给自足，使地方、州和联邦政府一般收入的负担降到最低。它们灵活、可扩展，能够满足增长的需求，并适应新型飞机。永久性，确保它们将长期保持开放供航空使用，同时与周围社区兼容，保持航空需求、环境需求和居民需求之间的平衡，与空中交通控制系统的改进和技术发展保持同步。

对于国家运输系统而言，机场提供各种重要的公共服务，并将它们的社区与运输网络连接起来。国家运输系统本质上是一个需要开发和维护的政府（联邦、州、地方）功能，应该支持多种关键的国家目标（如国防、紧急准备、执法和邮政递送），它应该是广泛的，通过让大多数居民在 20 英里范围内有一个 NPIAS（国家系统）机场，为尽可能多的人提供便捷的空中运输通道。

这个自上而下的报告确认了美国拥有一个多样化的通用航空机场网络服务于公众利益，联邦对这些机场的投资使得许多航空功能能够更高效地完成。我们还得出结论：通用航空机场是基于州和地方的航空和社会需求随时间发展起来的，而不是来自一套国家指令；2,455 个（占 2,952 个的 83%）通用航空机场可以基于每个机场使用的飞机数量和类型以及活动水平和类型，轻松地归入四个不同的类别（国家、区域、地方和基础），许多被指定为备用机场的机场服务于自己的经济和运营角色，并不主要是为了减轻另一个机场的拥堵；除了少数可能的例外，驻场飞机、乘客登机和仪器飞行数据提供了准确分类通用航空机场的手段，改进每个机场的驻场飞机和总飞机起降的报告可能会改变只有少数机场的分类；不幸的是，一些机场拒绝参与 AIP 计划，并且研究中的 2,952 个机场只有 9% 有控制塔报告活动；在 2,952 个通用航空机场投资的联邦资金大部分（从 2002 年到 2009 年约 75%）用于机场改造，如跑道、滑行道和停机坪；通用航空用户在这些通用航空机场的飞行花费超过了联邦政府在这些机场的投资，例如，2009 年，非航空公司运营商在 2,952 个通用航空机场进行了估计 2,700 万次飞行，花费了 120 亿美元，而联邦政府投资了大约 11 亿美元帮助州和地方政府维护和改善这些机场。

3.1.3　其他私人机场

表 3-6　美国私人机场统计 [①]

美国机场分类统计数								
年度	2007	2008	2009	2010	2011	2014	2015	2016
民用公共使用机场总数	5,221	5,202	5,178	5,175	5,172	5,145	5,136	5,119
民用公共使用第 139 部机场	565	560	559	551	547	537	531	529
民用公共使用非第 139 部机场	4,556	4,642	4,619	4,624	4,625	4,608	4,605	4,590
民用公共使用废弃机场	18	16	18	14	20	15	14	20
新设立的公共使用机场	9	3	5	16	6	10	8	4
民用私人使用机场总数	14,839	14,451	14,298	14,353	14,339	13,863	14,096	14,168
民用私人使用废弃机场	297	461	360	121	183	307	112	222
新设立的私人使用机场	274	151	214	212	20	171	352	305
军用机场	261	277	274	274	271	286	287	283
按类型划分的机场总数	20,341	19,930	19,750	19,802	19,782	19,299	19,524	19,576
机场	13,822	13,589	13,494	13,473	13,450	13,089	13,156	13,154
直升机停机坪	5,708	5,568	5,571	5,650	5,686	5,553	5,709	5,763
水上飞机基地	527	503	497	496	497	488	493	497
滑翔机起降点	35	35	35	35	35	36	35	35
短距起降机场	87	82	n/a	n/a	n/a	n/a	n/a	n/a
气球港	15	14	14	13	13	13	13	13
超轻型飞行园地	147	139	139	135	131	120	118	114

　　由于美国 FAA 给国会的报告中没有公开未接受 NPIAS 计划的私人机场的相关信息，但从其公布的机场总数可以看出，私人机场还有 11,246 个未被列入 AIP 计划，占总数的 77％。1995 年的统计数据显示，其中有铺装跑道的数量 4,225，无铺装跑道的简易机场的数量 8,584，有照明跑道的数量 815，无照明跑道的数量 11,994。直升机停机坪 5,650 个，水上飞机场 496 个，超轻型飞行园地 135 个。

---

　　① 数据来源：FAA Airport Engineering Division. 由于美国私人机场不提供公共服务，不同部门的统计数据有差异。

3.2 通航飞机是美国的移动财富和战略储备

✈ 3.2.1 美国活动的低空飞机

根据美国 FAA 公布的数据，截至 2022 年底，美国执行美国联邦航空条例第 135 部（Federal Aviation Regulation FAR PART135）的通用航空飞机总数为 20 万架左右。其中固定翼飞机 16 万架左右，约占 78%。

各类型飞机的占比基本稳定，也为我们发展中国式低空交通提供了借鉴。

需要说明的是，根据 CFR Part21[1] 之规定，颁发给通用航空飞机的证书主要是以下三个方面：

（1）颁发型号证书：初级类别飞机 (CFR Part:21.24)。对于一架飞机，没有任何特性或特征使其对所申请认证的类别不安全。如果以下条件满足，申请人有权获得初级类别飞机的型号证书：

1）无动力飞机；

2）单发、自然吸气的飞机；

3）其根据本章第 23 部确定的失速速度 Vso 不超过 61 节；

4）旋翼机，其主旋翼盘载荷限制在海平面标准大气条件下不超过 6 磅 / 平方英尺；

5）飞机重量限制：飞机重量不超过 2,700 磅，对于水上飞机不超过 3,375 磅；

6）飞机座位容量：最大座位容量不超过 4 人，包括飞行员；

7）飞机客舱：客舱为非增压客舱。

（2）颁发型号证书：限制类别飞机（CFR Part:21.25）。按照美国武装部队的要求制造并被接受使用的类型，并且后来被修改用于"特殊用途操作"包括：农业（喷洒、撒粉、播种以及牲畜和捕食动物控制）；森林和野生动物保护；航空测量（摄影、绘图以及石油和矿产勘探）；巡逻（管道、电力线和运河）；天气控制（人工降雨）；空中广告（空中书写、横幅拖曳、机载标志和公共广播系统）；FAA 指定的任何其他操作。

（3）颁发型号证书：武装部队的剩余飞机（军品尾单 ,CFR Part:21.25）。按照美国武装部队的要求和接受使用的条件制造的类型，并

---

[1] FAA 的相关法规以数字序号命名，如 21Part、23Part、135Part。为方便国际交流，中国民用航空局发布的相关法规也称 21 部，23 部，135 部等。

且后来为特殊目的进行了修改，则申请人有权获得用于特殊目的运营的受限类别飞机的型号证书（"特殊目的运营"包含的内容同上）；FAA 指定的任何其他操作。

申请人有权获得型号证书，条件是该飞机属于正常、实用、特技、通勤或运输类别，在美国设计和建造，被美国武装部队接受用于运营使用，并被声明为剩余，且显示符合适用认证要求。

根据 CFR Part23 之规定认证的飞机[1]。正常类别的认证适用于乘客座位配置为 19 个或更少且最大认证起飞重量为 19,000 磅（8618k g) 或更少的飞机。飞机认证级别为：

1 级——适用于最大座位配置为 0 至 1 名乘客的飞机；

2 级——适用于最大座位配置为 2 至 6 名乘客的飞机；

3 级——适用于最大座位配置为 7 至 9 名乘客的飞机；

4 级——适用于最大座位配置为 10 至 19 名乘客的飞机。

飞机性能级别为：低速——适用于 VNO（不失速速度）和 VMO（最大操作速度）≤ 250 节校准空速（KCAS）以及 MMO（最大马赫数）≤ 0.6 的飞机；

高速——适用于 VNO 或 VMO>250KCAS 或 MMO>0.6 的飞机。

表 3-7　2012—2022 年美国 135 部按用途统计表[2]

2012-2022 年美国通用航空按主要用途划分活跃飞机数量											单位：千架
通用航空用途	2022	2021	2020	2019	2018	2017	2016	2015	2014	2013	2012
个人使用	141.6	140.3	139.9	141.8	143.2	139.7	142.1	139.7	135.7	133.9	141.3
无需付费飞行机组的商业使用	13.9	14.3	13.6	15.0	15.5	17.3	16.2	15.9	15.8	15.9	17.5
需付费飞行机组的商业使用	9.8	9.2	10.6	11.1	11.0	11.1	9.8	11.3	11.9	10.7	9.4
教学用途	18.0	18.3	16.2	18.0	17.0	16.1	15.8	15.7	13.2	13.4	12.8
农业空中喷洒	2.8	3.1	3.0	3.1	3.3	4.1	3.2	3.3	3.1	3.6	3.6
空中观察	4.2	4.1	4.3	4.1	4.8	4.4	6.1	5.5	6.0	4.8	5.3
其他空中喷洒作业	0.8	1.2	1.1	1.1	1.0	1.4	0.8	0.9	0.9	1.0	0.8
外挂载荷	0.3	0.3	0.3	0.3	0.2	0.3	0.3	0.3	0.3	0.3	0.4
其他工作	1.1	1.2	1.1	1.0	1.0	1.7	1.3	1.3	1.2	1.0	0.9
观光	1.1	1.1	0.8	1.0	1.0	1.3	1.1	1.2	1.7	1.1	1.1

---

[1]　摘自 CRF part23.2005 Certification of normal category airplanes.

[2]　数据来源：FAA 2022 GA survey.

续表

2012-2022 年美国通用航空按主要用途划分活跃飞机数量										单位：千架
空中医疗	0.3	0.3	0.5	0.3	0.3	0.4	0.4	0.5	0.6	0.4	0.3
其他	6.6	6.3	4.5	5.0	4.8	4.5	6.1	5.7	4.9	4.5	6.2
通用航空用途总计	200.6	199.7	195.8	201.9	203.0	202.3	203.3	201.1	195.2	190.5	199.7
按需 FAR 第 135 部用途										
空中出租车	6.5	7.1	6.3	6.6	6.3	6.5	5.8	6.5	6.9	7.3	7.1
空中游览	0.4	0.3	0.5	0.7	0.6	0.5	0.6	0.5	0.4	0.5	0.5
空中医疗	2.0	2.1	1.6	1.8	1.8	2.5	2.1	1.9	1.8	1.6	1.8
按需定制			8.3	9.1	8.8	9.5	8.5	8.9	9.2	9.4	9.4
总计	209.5	209.2	204.1	211.0	211.7	211.8	211.8	210.0	204.4	199.9	209.0

✈ 3.2.2 美国 FAA 注册的无人机

根据 FAA 网站数据，截至 2024 年 5 月 31 日，美国已注册无人机 782,203 架，已注册商业无人机 383,302 架，已注册娱乐用无人机 392,468 架，纸质注册 6,433 个，远程飞行员认证 392,468 个，发放的 TRUST 证书 789,974 个。

3.3 飞行队伍是不可忽视的国防动员力量

根据美国联邦航空管理局（FAA）航空政策和计划办公室（APO）公布的美国公民的飞行员统计，截至 2023 年 12 月 31 日，美国持有各类飞行驾照的飞行员共有 80 多万个。其中 45 岁以下 46.7 万个，占 56%，35 岁以下 34.4 万个。

美国空军预备役由军官、士兵和公务员组成，超过 835,300 人组成了准备、备用和退休储备。这包括近 70,300 名被选中的预备役人员，他们已经"准备好"参加每一个专业工作，并在全球日常军事行动的前线作战。美国空军预备役是一支战斗准备就绪的部队，驻扎在美国各地超过 66 个地区，并为全球空中、空间和网络空间的每个战斗司令部服务。美国空军手册同时宣传：如今以及近年来，预备役人员支持了美国空军的每一项核心职能和全球每一位作战指挥官。美国空军预备役人员保护核武器并引导全球定位卫星。预备役人员在半个地球外驾驶遥控飞机参与战斗，追踪海上的飓风，并将医疗用品和食物运入灾区以拯救生命。在过去的 65 年，其中 20 年持续作战，美国空军预备役已经实现了早期空中先驱者的遗愿，并超越了那些创建它的远见者所预见的潜力。空军预备役部队在行动中承担了多个关键任务。

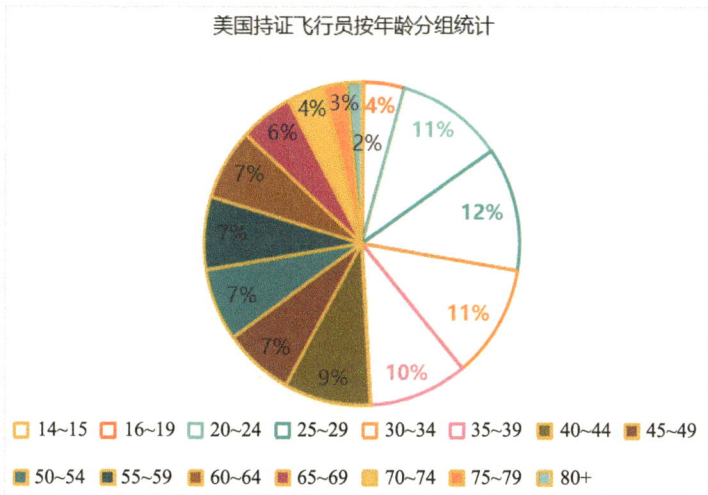

图 3-19　美国飞行员按年龄分组统计 [①]

1990 年 8 月 2 日海湾危机爆发后，美国于 8 月 7 日启动了沙漠盾牌行动。在此行动中，一类预备役分三次动员，共计 120 万人，于一周内转为现役。根据美国空军（USAF）向国会提交的《波斯湾战争战况报告》，美国空军共动用了约 6,600 名医疗人员。在波斯湾危机初期，美国空军动员了超过 10,500 名预备役志愿者，他们主要负责战略空中运输和空中加油任务。到了 1990 年夏天，预备役部队已达到高度作战准备状态，并且额外培训了 20 万名预备役人员。至 1991 年 1 月，约有 16,500 名预备役人员服役，其中包括 3,800 名军官和 12,700 名士兵。这些预备役人员在战争中承担了包括战略空中运输、空中加油、医疗支持以及其他支援任务。医疗人员被部署到前线，提供手术、实验室服务、血液储存等支援。空军现役和预备役共动员了 1,740 架飞机进行转场。预备役提供了战略空运机组人员（约占总数的 50%）、空中医疗疏散机组（约 33%）、战术空运机组（约 25%）、战术空中加油机（约 8%）以及少量的战略轰炸机和 KC-135 Stratotanker 同温层加油飞机。

3.4　飞行时间是财富积累的过程

正是因为有了大量的飞行时间，才造就了美国的机队、飞行队伍，也

---

① 数据来源：FAA 2022 GA survey 包括拥有飞机和 / 或直升机和 / 或滑翔机和 / 或旋翼飞机证书的飞行员，多评级的飞行员报告在最高评级。例如，一个拥有私人直升机和商用飞机证书的飞行员属于商业类别。

造就了美国通用航空的神话。从 FAA 公布的 2012—2022 年的统计数据可以看出一直维持在 2,200 万飞行小时以上。

表 3-8　2012—2022 年美国 135 部按机型飞行时间统计表 [①]

2011—2022 年美国通用航空按飞机类型划分的总飞行小时数（万小时数）　135 部											
飞机类型	2022	2021	2020	2019	2018	2017	2016	2015	2014	2013	2012
固定翼	2,252	2,189	1,862	2,098	2,111	2,027	2,010	1,920	1,846	1,843	1,936
活塞式	1,443	1,430	1,294	1,443	1,379	1,358	1,355	1,283	1,197	1,235	1,321
单引擎	1,300	1,281	1,160	1,270	1,209	1,205	1,187	1,122	1,039	1,071	1,144
双引擎	143	149	134	173	169	154	168	161	157	165	177
涡桨式	285	272	234	262	274	262	271	254	261	259	273
单引擎	163	154	131	144	140	145	138	124	128	131	137
双引擎	121	118	104	118	134	118	133	130	133	128	136
涡轮喷气	524	487	334	393	459	407	385	384	388	349	342
旋翼机	278	276	241	300	292	332	313	329	324	295	345
活塞式	54	58	54	63	60	78	78	80	82	64	73
涡轮式	224	218	187	237	232	254	235	250	242	231	272
单引擎	164	157	136	181	175	199	181	191	187	180	213
多引擎	59	61	51	56	57	55	54	58	55	52	59
其他飞机	15	16	9	13	13	17	19	16	16	14	18
滑翔机	8	9	5	7	7	9	9	9	8	7	9
飞艇	8	6	4	6	6	8	11	9	8	7	9
其他实验型	128	139	118	127	115	124	122	130	124	119	124
业余爱好	100	111	94	101	88	95	89	100	83	78	85
展览	7	9	6	8	8	9	9	8	8	8	9
实验轻型运动飞机	14	15	12	12	12	14	15	13	14	13	15
其他实验型	7	5	5	6	7	6	9	9	19	19	16
特别轻型运动飞机	23	25	20	19	19	21	19	19	17	17	17
所有飞机	2,695	2,644	2,249	2,557	2,551	2,521	2,483	2,414	2,327	2,288	2,440
固定翼	84%	83%	83%	82%	83%	80%	81%	80%	79%	81%	79%
旋转翼	10%	10%	11%	12%	11%	13%	13%	14%	14%	13%	14%

　　按飞机类型划分，可以看出固定翼占了总飞行时间 80% 以上。旋转翼飞机的飞行时间只占 10% 左右，可见在美国直升机也不是到处随便飞的。

3.5　通用航空的直接和间接产值

　　在美国，低空飞行器（通用航空飞机）被定义为制造和运营的任何类型

---

① 数据来源：FAA 2022 GA survey。

的飞机，这些飞机已获得联邦航空局（FAA）颁发的适航证书，但不包括用于定期商业航空服务或由军方操作的飞机。通用航空行业被定义为包括飞机和组件制造、飞行操作、维护以及其他活动。通用航空行业的经济影响以 2018 年为基准年份进行衡量，该年份有一整套完整且一致的国家和州级数据可用，衡量指标包括就业、劳动收入、产出和增值。

总产值考虑了四种类型的经济影响——直接、间接、诱导和促成——这些影响综合起来提供了通用航空总经济贡献的衡量：直接影响是通用航空行业内的经济活动，间接影响是与通用航空相关的整个供应链中发生的经济活动，诱导影响是由于家庭支出以及直接或间接从通用航空相关活动中赚取的劳动力和业主收入而产生的经济活动，促成影响是由于与通用航空航班相关的访客目的地支出而产生的经济活动。

✈ 3.5.1　通用航空产业链的总产值

2018 年，全国有 273,500 名全职和兼职工作人员直接受雇于通用航空（见下表）。包括间接、诱导和促成影响在内，通用航空总共支持了 120 万个工作岗位和 2,470 亿美元的产出。通用航空还产生了 770 亿美元的劳动收入（包括工资、薪水和福利以及所有者的收入），并为美国国内生产总值（GDP）贡献了 1,280 亿美元。总体而言，归因于通用航空的总 GDP 影响在 2018 年约为每人 393 美元。在国家层面，通用航空行业的每个直接工作岗位在经济中的其他地方支持了 3.3 个工作岗位。

表 3-9　2018 年通用航空对美国的总经济影响（金额以 10 亿美元计）

项目	直接收入	间接和关联收入	在就业	合计	GDP/%
就业人口数	273,500	791,300	114,400	1,179,20	0.59%
工资收入	25.5	46.3	4.9	76.7	0.61%
产值	90.1	142.1	14.6	246.8	0.73%
对 GDP 贡献	41.6	78.2	8.5	128.3	0.62%

通用航空的经济影响遍及美国 50 个州和哥伦比亚特区，加利福尼亚有 148,300 个工作岗位，是直接或间接归因于通用航空行业的工作数量最多的。2018 年按通用航空归因的工作总数排名前十的州是加利福尼亚、佛罗里达、得克萨斯、佐治亚、俄亥俄、纽约、伊利诺伊、亚利桑那、堪萨斯和宾夕法尼亚（见下表）。这些州合计占 2018 年美国通用航空归因总工作岗位的 53%。

表 3-10　2018 年美国通用航空就业前 10 州（金额以 10 亿美元计）

州	总就业人数	就业总工资	总产出	占 GDP/%
加利福尼亚	148,300	11.30	32.80	18.50
佛罗里达	94,900	6.40	20.80	10.80
得克萨斯	90,100	5.50	14.30	9.00
佐治亚	56,700	3.80	17.10	6.10
俄亥俄	43,700	3.00	9.10	5.00
纽约	43,200	3.40	9.50	5.40
伊利诺伊	41,800	2.20	8.30	4.30
亚利桑那	40,200	1.90	5.70	3.10
堪萨斯	37,800	2.60	8.90	3.70
宾夕法尼亚	32,900	2.90	8.60	3.80

通用航空对加州（直接、间接、诱导和启用）产出的总贡献最大，为328 亿美元。2018 年通用航空总产量排名前 10 位的州是加利福尼亚州、佛罗里达州、乔治亚州、得克萨斯州、纽约州、俄亥俄州、堪萨斯州、宾夕法尼亚州、伊利诺伊州和华盛顿州。这 10 个州占了 2018 年美国通用航空总产量的 55%。

通用航空飞机的定义是指制造和操作已由美国联邦航空局颁发适航证书的任何类型的飞机，但用于定期商业航空服务或由军方运营的飞机除外。包括个人使用的飞机、商用飞机、直升机、飞行学校运营的飞机，以及联邦航空法规规定的按需客运或货物运输。

通用航空工业的经济影响包括：飞机和零部件制造、飞行运营和维护，以及通用航空航班提供的目的地旅客支出。

✈ 3.5.2　通航飞机及零部件制造

从美国通用航空分用途飞行时间表可以看出，通用航空飞机可分为五类：活塞式飞机、涡轮螺旋桨飞机、喷气式飞机、旋翼飞机（包括直升机）、实验飞机和其他飞机。实验飞机可能有活塞或涡轮发动机，但通常是活塞动力，包括由航空爱好者驾驶的自制或成套飞机，主要为个人娱乐飞行的轻型运动飞机，以及某些为空中展览飞行的老式飞机和重建的军用飞机。其他飞机包括滑翔机和比空气还轻的飞机（即热气球）。

2023 年，新制造的美国通用航空飞机的总销售额达到了 283 亿美元。喷气动力飞机占新制造的美国通用航空飞机销售的大部分（近 70%），而按数量计算则占 17%。旋转翼飞机在 2023 年的销售额中排名第二（17%），其次是活塞动力固定翼飞机（11%）。

除了制造新飞机外，美国制造商还生产各种零部件，用于全球通用航空飞机的制造、维修和维护，包括飞机发动机及发动机部件、飞机组装件和子组装件、飞机零件（如螺旋桨、轮子、轮胎、刹车、飞机内饰和照明设备）以及航空电子设备和其他电气部件。飞机零部件制造商既为新飞机生产零部件，也为维修和翻新现有飞机提供零部件。2018 年美国制造的通用航空飞机零部件（包括新飞机和现有飞机所用）的总销售额约为 340 亿美元。

2018 年，美国有 31,900 名全职工人从事制造通用航空飞机，另外73,600 名工人从事通用航空飞机部件的制造，综合直接就业影响 105,500个工作岗位。2018 年，这些工人的劳动收入为 110 亿美元，平均每人的劳动收入为 104,389 美元。

✈ 3.5.3　国际贸易

国际贸易在美国民用航空制造业（包括商业和通用航空）中扮演着重要角色。2018 年，商业和通用航空飞机、引擎及零部件的出口额达到了1,300 亿美元。总的来说，美国民用飞机制造业（包括飞机组件）继续保持净出口国地位。根据美国人口普查局的数据，2018 年美国在民用飞机、引擎和零部件方面贸易顺差，出口额超过进口额 750 亿美元。

从美国自有通用航空飞机的总量和机龄可以看出，美国自身只拥有出货量的三分之一左右，三分之二出口。

此外，还有 16.8 万名工人从事与通用航空飞机的运营和维护直接相关的工作，包括飞行培训、非定期航空运输、风景和观光以及航空运输支持活动（如固定基地运营商和其他维修设施）。2018 年，这些工人的每份工作的平均劳动收入为 86,277 美元。

表 3-11　2018 年美国通用航空业进出口总额（金额以 10 亿美元计）[①]

年度	出口	进口	差额
2009	74.80	30.60	44.10
2010	71.90	31.30	40.60
2011	80.40	35.50	44.80
2012	94.30	40.10	54.20
2013	105.00	46.90	58.00

---

① 数据来源：美国 GAMA。

年度	出口	进口	差额
2014	113.10	53.30	59.90
2015	119.50	55.20	64.30
2016	120.90	50.00	71.00
2017	121.00	51.30	69.60
2018	130.70	55.40	75.30

从表中可以看出，每5年的贸易增长与经济形势非常贴近。

✈ 3.5.4　通航运营

通用航空包括制造和运营任何类型的飞机，这些飞机已获得联邦航空局（FAA）颁发的适航证书，但不包括用于定期商业航空服务或由军方操作的飞机，以及用于通用航空飞机的零部件制造。通用航空包括个人使用的飞机、商务飞机、直升机、飞行学校操作的飞机，以及根据联邦航空条例第135部提供的按需客运或货运服务。

联邦航空局根据飞机所有者报告的飞行信息，将通用航空飞行分为15个独立的使用类型。为了制定飞行成本概要，一般可归为四个主要类别：

（1）个人用途。出于个人/娱乐原因操作通用航空飞机。个人用途飞机的飞行员通常是飞机的所有者，并假设所有者将他们的飞机系留，而不是租用机库空间。

（2）无付费专业机组的商业用途。不带有付费专业飞行机组的通用航空飞机的商业运输操作。这类飞机通常由不赚取薪水的飞机所有者或操作员驾驶。假设所有者在共享机库中租用空间，并为飞机支付商业保险费用。

（3）有付费专业机组的商业用途。带有付费专业飞行机组的通用航空飞机的商业运输操作。这类飞机的所有者假设租用机库，支付较低的商业保险费，并雇用专业飞行员和飞行机组。空中出租车和空中医疗服务被认为具有这种成本概况。

（4）其他。出于所有其他目的操作通用航空飞机，包括飞行教学、农业和其他行业的空中应用、空中观察和观光。假设其他用途飞机由付费飞行员操作，但没有其他付费机组。

2023年，据FAA统计，活动的[①]通用航空飞机总数超过20.9万架，记录了2,695万飞行小时。通用航空机队范围从小型、业余建造的飞机到大型商务喷气机，包括固定翼活塞和涡轮螺旋桨飞机、喷气动力飞机、直升

---

① FAA 的统计要求是每年至少飞行一次的飞机。

机、滑翔机和热气球。通用航空器可以是全资拥有、共同拥有、租赁、包机或出租。通用航空覆盖了从休闲飞行员使用个人飞机到企业拥有的飞机用于运输人员和 / 或货物的商业用途的一切。通用航空运营包括空中游览和观光飞行，以及如空中医疗服务、农业、林业等专门活动，和其他行业的航空应用、飞行训练。

从飞机类型上看，活塞式飞机累计 1,143 万飞行小时，占比为 54%；涡轮喷气式飞机累计 524 万飞行小时，占比为 19%；涡桨式飞机累计 285 万飞行小时，占比为 11%，旋转翼飞机累计 278 万飞行小时，占比为 10%。

据估计，2018 年约有 1.2 亿乘客乘坐通用航空飞机在美国旅行。这些乘客在目的地城市购买商品和服务。例如，商务旅客在商务飞机上可能会产生酒店房间、当地餐饮和纪念品的开销。这些旅行开支为通用航空服务的社区提供了额外的经济效益。普华永道（PwC）估计，2018 年通用航空飞机上的过夜乘客在餐饮上花费了 19 亿美元，在住宿上花费了 42 亿美元。这些估计不包括通用航空旅客在纪念品、小吃和其他杂项上的支出。

04

第4章

国际上典型的国家空管体制

目前，尽管大部分管制区配备了二次或一、二次雷达，但管制方式还没有进行根本性的变革，除进近管制区实行了雷达管制外，绝大多数单位仍采用程序管制，或者雷达监视条件下缩小间隔的程序管制。

国际民用航空组织（简称ICAO）是根据1944年《国际民用航空公约》（简称《芝加哥公约》）建立的国际组织，是联合国负责处理国际民航事务的专门机构，是世界民用航空界唯一的官方权威机构。总部设在加拿大蒙特利尔，现有186个缔约国。

中国是国际民航组织创始国之一。国际民航组织的最高权力机构为大会，每三年召开一次，所有缔约国均可派代表参加，每国拥有一票表决权。大会由理事会负责召集。国际民用航空组织的宗旨和目的在于发展国际航行的原则和技术，并促进国际航空运输的规划和发展。

4.1 美 国

✈ 4.1.1 美国的空域划分

1993年9月16日之前，美国国家空域系统分为以下7类：主动管制空域（Positive Control Area）、航站楼管制空域（Terminal Control Area）、机场雷达服务空域（Airport Radar Service Area）、机场交通空域（Airport Traffic Area）、通用管制空域（General Controlled Airspace）、非管制空域（Uncontrolled Airspace）、特殊使用空域（Special Use Airspace）。

为了建立一个更为简单、有效的国家空域系统，使空域用户更加容易理解不同类型空域对飞行执照、航空器机载设备、空中交通管制服务的要求，从而使之更为接近国际标准，美国联邦航空管理局（FAA）根据美国的实际情况有选择地引入了国际民航组织（ICAO）空域分类标准，修改了部分空域类型的上下限并降低了航站楼管制空域对 VFR[①]（Visual Flight Rules）的运行要求。1996 年 9 月 16 日起，美国国家空域系统开始实施为期两年的过渡，以便每一个空域用户，包括飞行员、管制员、飞行 / 管制教员和其他有关人员充分理解和适应空域系统的新变化。

4.1.1.1　空域分类现状

进行分类后的美国国家空域系统包含 A、B、C、D、E、G6 类空域和特殊使用空域，其范围为美国大陆（包括阿拉斯加和夏威夷）及海岸线向外延伸 12 海里之上的空间，600,000 英尺以上的空间作为国家空域系统的一部分被划分为 E 类空域，但不属于空中交通管制系统。对 IFR[②] 飞行而言，前 5 类为管制空域，G 类为非管制空域；对 VFR 飞行而言，A 类空域禁止目视飞行，B 类空域为管制空域，C、D 类空域为有限管制空域，E、G 类空域为非管制空域。具体分类情况如下：

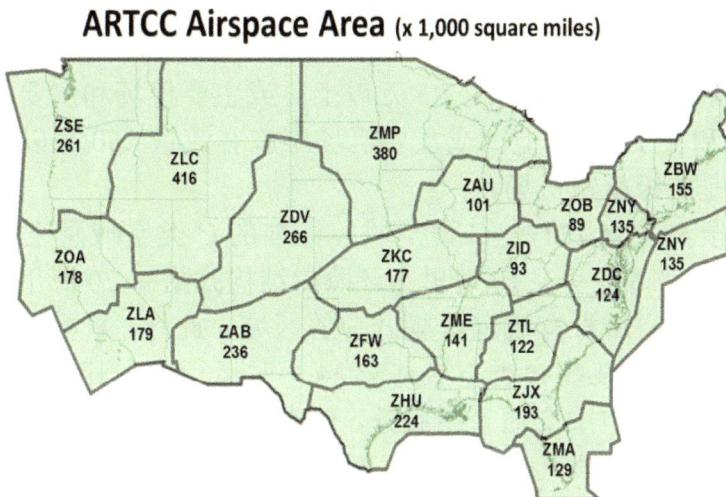

图 4-1　美国的空域划分及面积

---

①　VFR 是 Visual Flight Rules 的缩写，意为目视飞行规则。VFR 是指航空器在能见度良好的情况下，飞行员依靠目视观察地面情况、其他航空器和障碍物，按照目视飞行规则进行飞行的规则。这种飞行方式主要依赖于飞行员的视觉判断，因此要求天气条件必须良好，以确保飞行安全。能见度通常需要达到一定的距离（如 5km 或更远），云底高度也需要高于一定的限制（如 300m 或更高）。

②　IFR 是 Instrument Flight Rules 的缩写，意为仪表飞行规则。IFR 是指航空器在不能依赖目视观察进行导航的情况下，飞行员依靠飞行仪表和航空导航设施进行飞行的规则。IFR 飞行适用于低能见度或复杂天气条件，如大雾、雨雪、雷暴等，当目视飞行规则（VFR）无法满足安全飞行要求时，飞行员需要依据仪表飞行规则进行飞行。执行 IFR 飞行的航空器需要配备完整的飞行仪表和导航设备，如陀螺仪、高度表、空速表、航向指示器、无线电导航设备等，以确保飞行员能够准确地获取飞行信息和导航指引。执行 IFR 飞行的飞行员需要具备更高的资质和经验，需要熟练掌握仪表飞行技巧，并能够在仅依赖仪表指示的情况下进行飞行和导航。

（1）A类空域。为美国高空喷气航路划设的空域。18,000英尺～60,000英尺的垂直范围，仅限IFR飞行。

（2）B类空域。为加强主要繁忙机场航站楼区范围内的交通管制，减小空中相撞的危险划设的空域。主要繁忙机场是指年旅客流量350万以上或年飞行架次30万（50%以上的商业运输飞行）的机场，这些机场通常为一级枢纽机场。

目前，全美共有37个B类空域。标准的B类空域包含仪表进近程序的全部阶段，垂直范围通常为10,000英尺以下，呈10海里、20海里、30海里3环阶梯结构并具有30海里的C模式应答机区域。B类空域通常用VOR[①]径向线和DME[②]弧进行分割和描述，随着区域导航的应用，一些航站楼区也采用经纬度坐标描述不规则的多边形，如洛杉矶航站楼区的B类空域。B类空域内运行的飞机通常为大型飞机，其设计和运行原则也是将大型飞机和小型飞机区分开来。

（3）C类空域。为加强航站楼区范围内的交通管制，减小空中相撞的危险划设的空域。该航站楼区内的机场必须具有塔台和雷达进近管制单位，主要机场年仪表运行架次7.5万以上；或主要机场和次要机场年仪表运行架次之和在10万以上；或主要机场年旅客流量250万以上，这些主要机场通常是二级枢纽机场。

目前，全美共有121个C类空域。标准的C类空域垂直范围通常为4,000英尺以下，5海里、10海里2环阶梯结构并附有20海里的外围进近管制空域。C类空域没有规定C模式应答区域。此外，C类空域内通常划设D类空域，由于某些C类空域并非24小时运行，在其不运行期间，由D类空域取代提供空中交通管制服务。C类空域提供基本的雷达服务和进近排序服务，快速（喷气）和慢速（螺旋桨）飞机通常混合运行。

（4）D类空域。为机场区域范围内运行的IFR和VFR提供的管制空域，该机场通常是具有管制塔台的小机场。标准的D类空域垂直范围通常为2,500英尺以下，4.3海里的单环结构，包含地面至1,000英尺的仪表进近程序和地面至相邻管制空域下限的仪表离场程序。

（5）E类空域。E类空域是美国面积最大、应用最为广泛的一类空域。除美国西部洛基山脉外，大部分E类空域处于雷达和通信信号覆盖范围内。E类空域的具体运用如下：中低空区域，美国中低空航路的主要

---

① Very high frequency Omni-Range navigational，全向区域导航系统，详见第5小节。
② DME（Distance Measuring Equipment）测量设备，通常称为测距仪，是一种用于测量目标之间距离的机载无线电技术设备。

运行空间，在美国东部为 1,200 ～ 18,000 英尺（不含），在西部山区为 145,000 ～ 180,000 英尺（不含）；B、C、D 类空域与 A 类空域间的过渡区域；没有管制塔台的机场管制空域，地面以上，包含仪表进近程序的全部；没有管制塔台的机场管制空域，700 英尺以上，包含进近程序的仪表部分，此时需要配合 G 类空域使用。

（6）G 类空域。G 类空域为美国的非管制空域。允许 IFR 和 VFR 运行，但不提供管制服务，通常为 1,200 英尺以下。

4.1.1.2　空域分类与空中交通服务区域

空中交通服务区域是指提供区域管制服务、进近管制服务和机场管制服务的区域，在美国分别由航路管制中心、航站楼雷达进近管制中心和机场塔台提供空中交通服务。一个空中交通服务区域中可以包含单一或若干种类的空域，如华盛顿－巴尔迪摩地区的波托马克进近 服务空域就包含 B、E 两类空域。

4.1.1.3　与国际民航组织空域分类标准的差异

美国空域分类与国际民航组织空域分类标准在以下几个方面存在差异：

（1）空域种类差异：美国没有引入 ICAO 的 F 类空域。

（2）航空器速度要求差异：美国要求在 B、C 类空域中运行的航空器，其指示空速不大于 250 节。

（3）VFR 放行许可要求差异：美国对在 C、D 类空域中以 VFR 规则运行的航空器不要求其获取空中交通管制许可。

（4）能见度要求差异：美国 G 类空域要求的能见度标准为白天 1 海里，夜晚 3 海里；ICAO 要求的能见度标准为 3 海里。

表 4-1　美国空域分类一览表

空域特性	A 类空域	B 类空域	C 类空域	D 类空域	E 类空域	G 类空域
飞行种类	IFR	IFR/VFR	IFR/VFR	IFR/VER	IFR/VFR	IFR/VFR
进入要求	ATC 许可	ATC 许可	IFR 的 ATC 许可	IFR 的 ATC 许可	IFR 的 ATC 许可	不要求
无线电通信要求	持续双向	持续双向	持续双向	持续双向	IFR 持续双向	不要求
飞行员最低执照要求	仪表等级执照	私人或学生执照	学生执照	学生执照	学生执照	学生执照
VFR 最低能见度		3 英里	3 英里	3 英里	3 英里	1 英里

续表

空域特性	A 类空域	B 类空域	C 类空域	D 类空域	E 类空域	G 类空域
VFR 距云最小距离		云外飞行	云下 500 英尺；云上 1,000 英尺；水平 2,000 英尺	云下 500 英尺；云上 1,000 英尺；水平 2,000 英尺	云下 500 英尺；云上 1,000 英尺；水平 2,000 英尺	云外飞行
间隔服务	全部	全部	IFR,SVFR 和跑道运行	IFR,SVFR 和跑道运行	IFR 和 SVER	不提供
交通咨询服务			提供	管制员工作负荷允许时	管制员工作负荷允许时	管制员工作负荷允许时
安全咨询服务	提供	提供	提供	提供	提供	提供

✈ 4.1.2 美国空管的发展历程

为了提升安全性，美国引入了基于视觉信号的空中交通控制（ATC）的早期形式。早期的空中交通管制员站立在田野之中，挥舞旗帜以与飞行员进行沟通。这一系统的首位旗手阿奇·利格，自 20 世纪 20 年代末起，即在密苏里州圣路易斯市的机场开始了他的工作。

鉴于航空业领袖们的共识，即若无联邦政府的介入以改善并维护安全标准，飞机将无法充分展现其商业潜力，他们积极呼吁并采取行动。最终，在 1926 年，《航空商务法案》得以通过，这标志着航空监管领域的一个重要里程碑。该法案明确赋予商务部长多项关键职责，包括但不限于促进空中商务、制定并执行空中交通规则、飞行员许可、飞机认证、航线设立，以及空中导航辅助设施的运营与维护。为此，商务部内新设航空部门，并任命威廉·P·麦克拉肯为首任主任，以承担航空监督的主要职责。

随着航空业的发展，商务部于 1934 年将航空部门更名为航空商务局，以更准确地反映航空对于国家日益增长的战略意义。作为更名后的首批行动之一，该局积极推动并鼓励多家航空公司联合建立了首批空中交通控制中心，这些中心分别位于新泽西州的纽瓦克、俄亥俄州的克利夫兰以及伊利诺伊州的芝加哥，旨在为飞行途中的飞机提供空中交通控制服务。1936 年，航空商务局正式接管了这些空中交通控制中心。在此阶段，途中的空中交通控制器主要依赖地图、黑板以及被称为"小虾船"的小型重物来追踪飞机的位置。尽管他们并未与飞机建立直接的无线电联系，但通过电话与航空公司调度员、航线无线电操作员以及机场交通控制器保持紧密沟通。

尽管途中空中交通控制已成为联邦政府的职责范畴，但地方政府仍继续负责机场塔台的运营工作。然而，在商务部致力于提升航空安全的同时，一系列高空事故频发，导致公众对联邦政府在航空安全监督方面的能力产生了质疑。其中，1931 年的一起坠机事故尤为引人注目，该事故导致包括知名圣母大学足球教练努特·罗克尼在内的所有人员不幸遇难，这一事件进一步激发了公众对于加强联邦航空安全监督的强烈呼声。四年后，又一架 DC-2 型飞机坠毁，导致新墨西哥州的美国参议员布朗森·库廷丧生。为了确保联邦政府对航空安全的持续关注与投入，富兰克林·罗斯福总统于 1938 年签署了《民用航空法》。该法案的颁布标志着独立的民用航空管理局（CAA）的成立，并设立了一个由三名成员组成的空中安全委员会，该委员会负责进行事故调查并提出预防事故的措施。此外，该法案还扩大了政府在民用航空领域的角色，赋予 CAA 制定机票价格、确定承运人服务航线等权力。

1940 年，罗斯福总统对 CAA 进行了重组，将其拆分为两个机构：回归商务部的民用航空管理局以及新成立的民用航空委员会（CAB）。CAB 作为 CAA 的衍生机构，继承了空中交通控制、飞行员和飞机认证、安全执法以及航线发展等关键职责。CAB 的主要任务包括制定安全规则、进行事故调查以及对航空公司实施经济监管。

在美国即将步入第二次世界大战的紧要关头，出于国防安全的考虑，CAA 将其空中交通控制系统进行了扩展，将机场塔台的运营也纳入其中。战后时期，空中交通控制在大多数机场成为了一项永久性的联邦责任。[①]

然而，在航空业快速发展的同时，安全隐患也日益凸显。1956 年 6 月 30 日，环球航空公司的超级星座号与联合航空公司的 DC-7 在亚利桑那州大峡谷上空不幸相撞，导致两架飞机上的 128 名乘客全部遇难。这起事故发生在飞机根据视觉飞行规则在非拥挤空域飞行期间，它深刻地揭示了一个严峻的事实：尽管自二战结束以来美国的空中交通量已大幅增加一倍有余，但几乎未采取任何有效措施来降低空中相撞的风险[②]。

为了应对这一挑战并确保国家空域的安全与高效使用，参议员迈克·门

---

①　1949 年 3 月 30 日，杜鲁门总统批准了为美国建设一个永久性雷达防御网络的立法（美国联邦航空局年表 1926—1996）。最终，国会通过公共法案 30 号，授权在阿拉斯加和大陆半岛建造雷达网，这标志着永久性雷达防御网络的正式确立。这一立法的批准为后续的建设工作奠定了基础，包括在东北部、中西部和西部大都市地区以及华盛顿和新墨西哥的原子能委员会站点部署雷达。美国空军总部授权防空司令部（ADC）在紧急情况下使用战略空军司令部、战术空军司令部和空军国民警卫队的战斗机和雷达部队，国民警卫队构成了空中防御增援单位的主要来源，空军指示西北部的雷达站实行 24 小时全天候运作。（美国空军通史，1945—1960 年，美国空军和大陆防空系统的演变）

②　1955 年 12 月 21 日，民航管理局和空军宣布了一项协议，根据该协议，民航管理局将首次使用美国空军防空司令部的雷达进行民用空中交通控制。根据这一安排，民航管理局利用位于堪萨斯州奥拉西的海军航空站的防空司令部雷达信息，来维持附近机场的进近控制。（美国联邦航空局年表 1926-1996）

罗尼于 1958 年 5 月 21 日提出了一项重要法案。两个月后的 8 月 23 日，该法案获得通过并由总统签署成为《联邦航空法》。这部法律标志着民用航空管理局的职能被转移至一个新的独立机构——联邦航空局（FAA），该机构专门负责民用航空安全。尽管联邦航空局在法案通过时即已具备法律地位。

约翰逊总统对运输系统中协调性的不足给予了深切关注，他主张应设立一个独立的部门，专注于开发与执行一种综合性的运输政策与规划，此规划需全面覆盖各类运输模式。鉴于此，国会于 1966 年通过决议，批准成立一个新的内阁级机构，旨在将联邦层面的主要运输职责集中管理。这一新成立的交通部（Department of Transportation，DOT）自 1967 年 4 月 1 日起全面投入运作。当日，联邦航空局（Federal Aviation Administration，FAA）的前身机构正式并入 DOT，并更名为联邦航空管理局，成为 DOT 下辖的多个模式组织之一。与此同时，原民用航空委员会（Civil Aeronautics Board，CAB）所承担的事故调查职能亦被转移至新设立的国家运输安全委员会（National Transportation Safety Board）。

✈ 4.1.3 美国监管与导航技术的演进

4.1.3.1 起步阶段

美国民航航路监管与导航技术的演进经历了多个重要阶段，从早期的无线电导航设备到现代基于卫星的系统，逐步提高了飞行效率和安全性。

在 20 世纪 20 年代，美国率先引入了机场照明等导航辅助设备，帮助飞行员在恶劣天气或夜间降落。随后，精确进场路径指示器（Precision Approach Path Indicator）于 20 世纪 30 年代诞生，为飞行员指示进场角度。随着无线电技术的普及，各种基于无线电的导航辅助设备相继出现，并与仪器结合使用，如仪器进场系统（ILS），并在 1938 年成功应用于雷暴天气下的飞机着陆。

二战期间，雷达的发明促进了地面控制进场（GCA）系统、距离测量设备（DME）和机场监视雷达（ADS）等辅助设备的发展，用于空中交通管制。

1947 年，空军参谋长卡尔·斯帕茨将军批准了雷达屏障计划（SUPREMACY 计划），该计划要求建造一个复杂的空中防御雷达网络。空军指示西北部的雷达站实行 24 小时全天运行。

1950 年 8 月 8 日，经过现场测试后，民航局在美国大陆的 16 个较小的机场整合了机场交通控制塔和航路通信站。该机构随后扩大了该项目，到 1958 年达到了 84 个组合站点，并禁止或限制那些无法用现有设施有效识别、定位和控制的飞行。1950 年 10 月 15—21 日，在这七天的时间里，民航管理局投入运营了第一条全向信标（VOR）航线。[①] 尽管在美国不同地区已经启用了 271 个全向信标导航装置，但这条航线的开通，标志着首次将安装这些装备的可控范围指定为受控航线。

1952 年 1 月 7 日，民航管理局在华盛顿空中交通控制中心启动了雷达离场控制程序。1955 年 12 月 21 日民航管理局和空军宣布了一项协议，根据该协议，民航管理局将首次使用美国空军防空司令部的雷达进行民用空中交通控制。根据这一安排，民航管理局利用位于堪萨斯州奥拉西的海军航空站的防空司令部雷达信息，来维持附近机场的进近控制。

1958 年 9 月 2 日，民航管理局局长和空军防空司令部司令宣布建立一个项目，用于 31 个新的高功率、远程雷达设施的联合使用，并计划未来对更多此类设施进行联合使用。在这个广泛的联合使用项目中，每个机构都要为满足其特定需求的特殊设备或改造预算经费，由防空司令部提供安保人员，而民航管理局负责维护主要用于空中交通控制的主要雷达和其他设施。

美国联邦航空局（FAA）成立于 1958 年，负责管理和开发统一的空中交通控制和导航系统，为军用和民用飞机提供服务。

1959 年 9 月 21 日，联邦航空管理局宣布，其代表与国防部和空军的代表签署了一项协议，在空军的 SAGE[②] 超级战斗中心建立九个联邦航空管理局航线交通控制中心。这些超级战斗中心是 SAGE 系统的一部分，用于空中防御的雷达监视和识别空中交通。

---

① VHF Omnidirectional Range，简称 VOR，利用技术进行导航的航线。VOR 系统的工作原理是地面 VOR 站发射一个参考相位信号和一个可变相位信号，两者之间的相位差即为飞机相对于地面台的磁方位角，它可以在 360° 范围内提供飞机相对于地面台的磁方位信息。此外，VOR 系统通常与距离测量设备（DME）配合使用，以提供更精确的位置信息。这种导航方式具有成本低、航线多、精度高等优点，是许多民用机场常用的进近导航设备，尤其在恶劣天气条件下，飞行员可以利用 VOR 实现高效航线和安全通行。

② 全称 Semi-Automatic Ground Environment，即半自动地面防空系统，是美国为保卫北美免受苏联轰炸机袭击而开发的一套自动化追踪、拦截敌军飞行器的指挥系统。主要功能：信息收集与处理——警戒雷达将天空中的飞机目标的方位、距离和高度等信息通过雷达等设备自动录取下来，并转换成二进制的数字信号，然后通过数据通信设备传送到北美防空司令部的信息处理中心；目标识别与跟踪——大型计算机自动地接收这些信息，并经过加工处理计算出飞机的飞行航向、飞行速度和飞行的瞬时位置，还可以判别出是否为入侵的敌机；指挥与拦截——将处理后的信息迅速传到空军和高炮部队，使它们有足够的时间作战斗准备。同时，SAGE 系统可以自动地通过指挥机载自动驾驶仪引导飞机执行拦截任务。

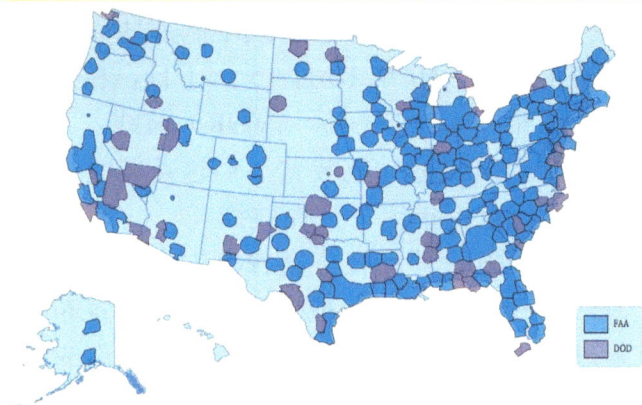

图 4-2　美国的空域管制和飞行密度 [1]

FAA 不断更新系统，提高安全性与可靠性，并应对当前挑战。例如，FAA 正在将传统的 En Route Host 计算机系统升级为 ERAM（En Route Automation Modernization），该系统能够实时检查航班的整个飞行过程，并能预测未来航班路径和潜在冲突，从而更有效地响应飞行员的要求。20 世纪 60 年代，甚高频全向信标（VOR）取代了非方向性信标（NDB），成为航路导航的首选工具。

4.1.3.2　空中交通控制系统指挥中心（ATCSCC）

自 1970 年起，空中交通管制系统指挥中心（Air Traffic Control System Command Center，ATCSCC）于华盛顿特区联邦航空管理局总部正式设立，其核心目标聚焦于提升国家空域系统（NAS）中的空中交通效率。随后，在 1994 年，该中心迁至弗吉尼亚州赫恩登，并于 2011 年永久性地安居于弗吉尼亚州沃伦顿的当前位置。这一独特设施的核心职能在于精准调控全国范围内的空中交通需求与系统容量，以维持二者的动态平衡。

联邦航空管理局（FAA）在美国每日协调的航班数量高达 50,000 架次，且全球超过四分之一的定期航班均抵达或自美国机场始发。在交通最为繁忙的时段，全国上空同时飞行的飞机数量可达 5,000 架。为确保系统的高效运作，政府机构与航空业专家紧密合作，通过协作决策机制共同管理当前及未来的系统限制。讨论议题广泛涵盖飞行计划、天气状况、跑道建设、政要出行及其对系统可能产生的各种影响。利益相关者包括：

---

① 图片来源：FAA。

空中航线交通控制中心（ARTCCs，Air Route Traffic Control Center）、航站楼雷达进近控制设施（TRACONs，Terminal Radar Approach Control Facilities）、空中交通控制塔（ATCTs，Air Traffic Control Tower）、航空业合作伙伴。

ATCSCC 团队使用流量管理举措（TMIs，Traffic Management Initiatives）来管理空中交通流量并最小化延误。TMIs 可能包括：空中计量，间隔距离，改道，地面延迟程序，地面停止，空域流动程序。TMIs 还用于减轻由以下原因引起的 NAS 事件的影响：天气、设备故障、跑道关闭、国家紧急状态等。

位于弗吉尼亚州沃伦顿的波托马克航站楼雷达进近控制（Terminal Radar Approach Control，TRACON）同样发挥着关键作用。其控制器负责监控进出华盛顿都会区的航班，包括罗纳德·里根华盛顿国家机场、华盛顿杜勒斯国际机场、巴尔的摩／华盛顿国际瑟古德·马歇尔机场[①]及安德鲁斯联合基地的航班。这些设施内约有 600 名高素质员工辛勤工作，以确保 NAS 的安全与高效运行。

空中运输安全专家（ATSS）团队，作为美国空中旅行安全之基石的系统与设备的守护者，其成员构成包括环境健康与安全专家、工程师、IT 专家、管理及项目分析师、预算分析师等多元化专业人才。该团队负责运营全国空管系统的雷达、数据自动化、通信、导航辅助系统、HVAC（暖通空调）、机场照明及电力系统等关键设施，为美国国家空域系统的顺利运行与安全保障提供了不可或缺的支持。这些服务使得空中交通管制员能够清晰地观测并与飞行人员保持沟通，从而助力飞行员实现从起飞至着陆的全程安全导航。

随着太空运营与无人驾驶飞机系统（Unmanned Aircraft System，UAS，无人机）等新进入者的加入，NAS 面临着除常规系统约束外的独特挑战。ATCSCC 团队通过实施如 PERTI（Plan，Execute，Review，Train，Improve，计划、执行、审查、培训和改进）等新策略，保持高度警惕与灵活性，以适应 NAS 的不断发展变化。PERTI 作为先进规划团队，专注于评估次日天气与潜在问题，从而确定所需 TMIs（Transportation Management Information System）以缓解限制并实现需求与容量的平衡。

---

① 马歇尔机场，英文：Baltimore/Washington International Thurgood Marshall Airport（IATA 代码：BWI，ICAO 代码：KBWI，FAA 代码：BWI）是美国巴尔的摩地区最主要的国际机场，也负责首都华盛顿哥伦比亚特区的部分航线，是美国的第 24 个繁忙机场。

4.1.3.3 NAS 防御计划

为确保国家空域系统（National Airspace System，简称 NAS）的安全与高效运作，NAS 运营指挥部应运而生。该指挥部通过 ATCSCC 对全国空中交通进行持续、全面的监控与指导，确保日常空中交通流动的顺畅无阻。NAS 运营指挥部是一个规模庞大、结构复杂且地理分布广泛的组织体系，其职责在于保障国家空域系统的高效、稳定运行。

在 NAS 运营指挥部内部，ATCSCC 扮演着至关重要的角色，负责规划、指导、实施及监控所有国家交通管理计划（TMIs）。此外，该指挥部还承担着其他多项 NAS 功能，包括但不限于空间运营与协作决策（CDM）等关键任务。

（1）ATCSCC 的使命。该组织致力于践行交通部的庄严承诺，通过大幅度降低国家空域系统（NAS）在犯罪或恐怖主义威胁下的易受损害、破坏或被利用的风险，为国防部、国土安全部及联邦执法机构提供高度敏感与机密的飞行数据、监视及通信服务，以坚实支撑军事行动、国土安全维护、总统行动执行及国家安全事件的妥善应对。

（2）ATCSCC 的策略。该组织充分依托外部资金、既有的联邦基础设施及人力资源，积极拓展语音通信、飞行数据管理及监视服务的覆盖范围，以满足不断增长的外部需求。同时还将对当前及未来规划的联邦资产、计划、政策及程序进行全面评估，以指导国家空中安全能力的开发与维护工作。

（3）ATCSCC 的角色与责任。迅速响应国家安全需求及灾害援助请求，确保及时有效的行动支持；与运营控制中心（OCCs）紧密协作，开展国家层面的协调行动，处理操作难题并推动恢复活动的顺利进行；作为 NAS 防御政策与程序的核心机构，负责相关政策的制定、整合及推广；推动跨机构及国际协议的制定与实施，促进信息共享与合作；将新型外部服务及设备无缝融入 NAS 的运营与支持架构中，确保系统的高效运行；支持 FAA 内部组织及跨机构间的国家安全活动协调，强化整体防御能力；实施 NAS 防御服务与设备的全生命周期管理，确保其持续可靠运行；依托 ATO 技术团队，对 NAS 防御设备进行预防性及纠正性维护，保障设备性能；通过 FAA 后勤中心为所有 NAS 防御设备提供全面的后勤支持服务；调配专用的 FAA 项目人员与资源，全力支持内部及外部客户的多样化需求；鼓励并促进外部客户的持续反馈收集工作，以不断优化产品与服务品质；严格执行 FAA 指令 6000.198 关于"FAA 维护 NAS 防御设施和服务"

的各项规定与要求。

（4）NAS 运营架构与职责。NAS 运营总监领导着一支由系统运营副总监（DDSOs）组成的精英团队，他们战略性地分布在全国各地，专注于提升系统整体效率。该团队正引领着通过部署创新能力与优化程序来强化安全与效率的新一轮变革浪潮，同时积极应对技术进步与商业企业活动所带来的空间运作节奏加快的挑战。

NAS 运营团队致力于不断完善从登机口到登机口的战略交通管理流程。在制定空中交通控制程序与标准时，NAS 运营总监发挥着至关重要的领导、方向指引及决策支持作用，特别是在推动协作决策（CDM）过程方面更是不遗余力。CDM 作为一项由政府、行业、航空协会及学术界共同参与的计划，旨在通过加强信息交换来优化空中交通流管理（ATFM）效率。

作为 NAS 运营指挥部的核心组成部分，ATCSCC 无疑是国家空域系统的中枢所在。它通过精准调控系统需求与容量，确保整个网络能够持续实现最佳性能。在遭遇天气变化、跑道关闭、设备故障、安全问题或其他可能影响 NAS 正常运行的因素时，ATCSCC 的流量管理人员能够迅速响应，提供战略与战术层面的 NAS 监督，并实时调整空中交通流量，以恢复并维持系统的稳定与高效。

此外，ATCSCC 还构建了一个网络中心平台，为 FAA 在应对大规模灾难事件及基础设施中断等紧急情况时提供了强有力的管理与恢复支持。NAS 的庞大网络由 521 个机场塔（包括 263 个联邦塔与 262 个合同塔）、146 个航站楼雷达控制（TRACON）设施（其中 25 个为独立塔、121 个为联合 ATCT）以及 25 个控制中心（涵盖 21 个航线交通控制中心 ARTCC 与 4 个综合控制设施 CCF）共同构成。TRACONs 主要负责处理来自中心或空中交通管制塔的上升或下降航班业务。在 NAS 的 146 个 TRACON 中，有 121 个实现了与 ATC 塔的合并运营，迈阿密、夏洛特及埃尔帕索等地的飞机指挥塔便是典型代表。

航线交通管制中心（ARTCC）或途中运管则专注于管理 IFR（仪表飞行规则）与 VFR（目视飞行规则）下的航班流动业务，这些业务涵盖了从一个 TRACON 到另一个中心、或从一个中心到另一个中心、再或从一个中心到一个 TRACON 的全程。ARTCC 负责处理所有遵循 IFR 飞行计划执行的航班途中运行阶段事务，并在此阶段内接收来自或移交给其他中心的航班信息。当航班进入或离开途中运行阶段时，ARTCC 还将与 TRACON 进行航班信息的交接工作。而 TRACON 的业务范围则广泛涵盖了往返地区机场、其他 TRACON 或中心的 IFR 与 VFR 流动业务以及穿越

TRACON 领空的飞行活动。

以芝加哥奥黑尔国际机场—纽约市拉瓜迪亚机场为例。

（a）在出发登机口，飞行员与芝加哥奥黑尔塔台的管制员确认飞行高度、速度、路线和预计飞行时间。获得飞行许可后，飞行员联系芝加哥地面控制以获取滑行指令，并前往跑道。当准备起飞时，飞行员再次联系芝加哥塔台的管制员，后者使用雷达和从塔台自己的视角，为飞机清出起飞。

（b）离起飞点一英里处，芝加哥塔台的管制员将航班的管制权（导航责任）移交给在奥黑尔机场的出发管制员，后者指导飞行员飞往首段航程的正确航线。再飞行 30 英里，出发管制员通过指示飞行员联系位于伊利诺伊州奥罗拉的芝加哥中心的特定管制员，从而移交管制权。

（c）芝加哥中心的管制员跟踪飞机爬升到大约 23,000 英尺的高度，然后将航班交给中心内处理该高度以上飞行的另一个管制员。飞机在芝加哥东部约 100 英里处达到 33,000 英尺的巡航高度。

（d）下一次交接发生时，芝加哥中心将管制权（导航责任）移交给位于俄亥俄州欧柏林的途中克利夫兰中心。一名管制员跟踪飞机并将责任转交给同事，随着航班从一个区域转移到另一个区域。克利夫兰中心指示飞行员在飞机飞越宾夕法尼亚西部时开始下降程序。

（e）下一次交接，即转交给位于纽约罗克兰科玛的途中纽约中心，发生在飞机距离纽约拉瓜迪亚机场东侧约 75 英里处。飞机继续下降，纽约中心将航班的责任移交给位于纽约州花园城的当地纽约进近控制设施，那里的管制员为飞机最终降落至拉瓜迪亚机场做准备。

（f）距离跑道约 6 英里时，责任移交给拉瓜迪亚的塔台，那里的管制员监控飞机的仪表着陆。飞行的最后一次交接是从塔台到地面控制，后者将飞机引导到指定的登机口。

空中交通管制设施体系庞大且高效，涵盖了超过 400 个机场交通控制塔，以及数量众多的雷达和通信设施。此外，还构建了一个高度复杂的网络，该网络由数千个站点和超过 71,000 件精密设备组成，这些设备共同为飞行员提供了导航支持，让他们能够实时掌握天气变化，并与地面空中交通管制员保持不间断的通信联系。

每天，联邦航空管理局为超过 45,000 架次航班及约 290 万名通过美国国家空域系统（NAS）出行的航空乘客提供空中交通服务。NAS 作为一个由受控与非受控空域交织而成的网络，广泛覆盖美国国内及海洋区域。技术运营领域的工程师与技术人员致力于安装、操作、维护、监控及修复分布于美国及其周边领土的逾 74,000 件航空安全设备。管理中心则执行着全天候不间断的运作，确保美国各州及所有领土的航空旅行安全无虞。

在 2023 年 7 月 20 日，国家空域系统（NAS）的高峰运营时段内，交通流管理系统（TFMS）发挥了关键作用。据统计，当天 NAS 每分钟内记录了超过 5400 次的仪表飞行规则（IFR）飞行。

4.1.3.4　空中交通组织（ATO）的创建

在 2006 年 6 月，一项重大的组织变革得以实施，标志着一个新的 ATO 服务中心结构的建立。此次调整显著地简化了原有的服务架构，通过三个综合服务中心取代了原先分布于航线、航站楼及技术操作领域的九个服务区域办公室。每个服务中心均被精心划分为五个核心功能组，分别负责行政服务、商业服务、安全保障、系统支持以及规划与需求的全面管理。值得注意的是，工程服务作为一个关键的共享资源，被继续保留，以确保资源的优化配置与高效利用。

空中交通组织（Air Traffic Organization，简称 ATO）是 FAA 的运营部门，为超过 2,940 万平方英里的空域提供航空导航服务，覆盖全球 17% 的空域，利益相关者包括商业、私人航空和军事部门。ATO 拥有 35,000 名员工，确保飞机安全飞行。美国空中交通系统正经历最安全时期，这归功于 ATO 的安全文化，通过主动安全管理系统集成，ATO 能提前识别风险前兆。

随着 ATO 新结构的稳固确立，FAA 于 2007 年 2 月 23 日经历了其历史上的一次重要人事变动，首位 COO 选择离任。面对这一变动，FAA 局长 Marion Blakey 迅速采取行动，将 COO 的职责暂时委托给副局长 Robert Sturgell，以确保过渡期间的稳定与连续。直至 2007 年 10 月 1 日，FAA 迎来了新任 COO Hank Krakowski 的正式上任，为组织注入了新的活力与领导力。

美国 FAA 的空管设备运行保障工作，这一关乎国家空域系统（NAS）安全与效率的重大任务，由 ATO 旗下的技术运行部全权承担。作为 ATO 七个核心部门之一，技术运行部采用全系统垂直管理的先进模式，拥有超过 9,000 名专业员工，共同致力于保障全国空域系统设施设备的稳定运行。其管理架构层次分明，从国家级中心到东部、中部、西部三大地区级中心，再到遍布全国的 29 个关键的航路与航站楼管制中心，形成了三级运行管理体系。此外，为了进一步提升设备故障的快速响应与修复能力，ATO 还在全美范围内设立了超过 300 个日常设备运行保障部门，这些部门覆盖了设施设备密集、类型多样且作用关键的航路管制中心（ARTCC）

和航站楼管制中心（TRACON），确保全天候、不间断地运行保障服务。

除了 ATO 内部的各级设备运行保障单位外，FAA 还依托威廉休斯技术中心、后勤支持中心及 MITRE 公司等重要合作伙伴，共同构建了一个完善的设备运行保障体系。威廉休斯技术中心专注于 FAA 通信导航监视设备的测试评估以及核心系统（如空管自动化系统、流量管理系统、场面监视航站楼处理系统等）的软件版本管理与技术支持；后勤支持中心则负责零备件、应急设备的管理、维修与技术支援；而 MITRE 公司则在空管新系统的前期研发、原型设计、测试评估、试用定型、实施规划及工程项目实施等方面为 ATO 提供了全方位的支持。

空中交通组织（ATO）作为联邦航空管理局（FAA）的核心运营部门，肩负着为广袤无垠的 2,940 万平方英里空域提供安全高效航空导航服务的重大使命。其庞大的团队由 35,000 名管制员、技术人员、工程师及支持人员组成，他们日复一日地辛勤工作，确保了每一架飞机都能在全国的天空中安全翱翔。

航空业作为现代社会不可或缺的一部分，不仅深刻地影响着我们的生活方式，更是经济发展的重要驱动力。整个行业的繁荣与发展，高度依赖于国家空域系统的稳定与高效运行。据统计，航空业直接创造了超过 1,100 万个工作岗位，并为美国经济贡献了超过 5% 的国内生产总值。

系统运营服务（SysOps），作为 ATO 的关键组成部分，承担着提供广泛运营服务的重要职责。从国家空中交通流量管理计划的制定与实施，到新型机场地面流量管理程序的政策与概念开发；从作为利益相关者协作决策平台的焦点，到担任 FAA 客户代言人的角色；从提供全面的国家飞行服务功能，到对 NAS 安全问题的严格运营监督，SysOps 无不在发挥着至关重要的作用。此外，SysOps 还负责系统性能分析、趋势预测与预报等工作，并管理着 FAA 的数据政策与命令体系。因此，在面对 NAS 计划内或计划外的各种影响时，SysOps 能够迅速响应并提供关键运营支持，确保 NAS 能够持续高效、安全地运行。

在飞行服务方面，FAA 通过遍布阿拉斯加、美国本土、夏威夷及波多黎各（Puerto Rico）的认证管制员网络，为飞行员提供全方位的飞行支持服务。这些服务包括但不限于预飞天气简报、飞行计划制定、飞行中咨询服务、搜索与救援（SAR）以及航空任务通知（NOTAMs）的处理等。此外，FAA 还通过在线网络门户为飞行员提供自我简报及其他自动化服务，这些服务利用交互式图形功能展示广泛的天气与航空信息、飞行计划状态等关键数据。飞行员还可以通过自动语音服务获取特定机场的当前与预测天气条件以及恶劣天气更新信息（包括临时飞行限制区 TFRs）。同时，FAA 的飞行服务还涵盖了天气摄像头项目，该项目在阿拉斯加、科罗拉多及蒙大拿州等地建立了超过 400 个摄像头站点。

需要说明的是，美国空中交通组织（ATO）与空中交通控制系统指挥中心（ATCSCC）均为联邦航空局（FAA）下辖的独立机构，两者在空中交通管理领域内均占据举足轻重的地位。综上所述，ATO 侧重于整体的空中交通服务管理与运营策略的制定与执行，而 ATCSCC 则聚焦于具体的技术支持与应急响应机制的完善与实施。两者相辅相成，共同确保了美国空中交通系统的高效、安全与顺畅运行。

4.1.3.5　目视飞行计划管理——Victor 航线

1948 年，无线电技术委员会为航空推荐了一个共同的军民导航系统，包括甚高频全向范围导航器（Very high frequency Omni-Range navigational aids，VORs）和距离测量设备（Distance Measuring Equipment，DMEs），以及机载应答器、基于地面的机场监视雷达（Airport Surveillance Radar，ASR）和精密进近雷达（Precision Approach Radar，PAR），以及仪表着陆系统（Instrument landing System，ILS）。

1950 年，第一批甚高频全向范围导航（VOR）航线，被称为 Victor 航线，开始运行，这是当前美国目视飞行导航的支撑系统。[①]

（1）飞行计划管理。FAA 强制要求在管制空域内所有按仪表飞行规则运行的航空器提交飞行计划，并建议所有按目视飞行规则运行的航空器提交飞行计划。飞行员或航空公司将飞行计划提交给飞行服务站，IFR 计划将自动转给相关管制单位，VFR 计划将保留在飞行服务站的系统之内，为可能发生的搜救提供参考。

VFR 飞行计划提交没有时间限制，飞行员可以在空中提交计划。由于不接受空中交通管制服务，飞行员提交计划后必须在起飞时通知飞行服务站激活计划，并在预达时间 30 分钟内及时通知飞行服务站关闭计划，以避免不必要的搜救程序。尽管 FAA 建议飞行员提交 VFR 飞行计划，却没有引起飞行员的足够重视，实际提交的比例很小。很多通用目视飞行的计划被其所属通用航空团体、协会、俱乐部或家人掌握，在必要的时候这些

---

① 1950 年 10 月 15—21 日，在这七天的时间里，民航管理局投入运营了第一条全向范围（VOR）航线。尽管在美国不同地区已经启用了 271 个 VOR，但这标志着首次将这些范围指定为受控航线。新路线长约 4,380 英里，连接了如堪萨斯城、丹佛、阿尔伯克基、埃尔帕索、奥马哈和俄克拉荷马城等主要终端。在 1951 财年期间，民航管理局开始用距离测量设备（DME）增强 VOR 航线，以协助低能见度进近。(美国联邦航空局年表 1926—1996)

组织或个人可以通知有关单位进行搜救，因此，飞行员认为在大多数情况下没有必要提交 VFR 飞行计划。

（2）通用航空的空中交通服务。美国空中交通服务的提供是根据飞行计划的种类（VFR/IFR）和航空器所使用的空域类型确定的。对于管制空域中的 IFR 飞行和 B 类空域中的 VFR 飞行，由航路管制中心、航站楼雷达进近管制中心等单位提供 ATC 服务；对于非管制空域中的 IFR 飞行和除 A、B 类空域以外的 VFR 飞行，管制员仅在飞行员请求和管制员工作负荷许可的情况下提供飞行情报服务，通常情况下飞行情报由飞行服务站提供；管制单位为接受 ATC 服务的航空器提供告警服务，飞行服务站主要为 VFR 飞行提供告警服务。

飞行服务站为所有的飞行提供飞行情报服务和告警服务，除了民航飞行外，军航飞行也使用飞行服务站。美国现有 72 个飞行服务站，其中 61 个为自动飞行服务站。这些飞行服务站的服务范围覆盖全美所有空域。在过去的 30 年里，飞行服务站的数量曾一度达到 324 个之多。从 1999 年开始，美国联邦航空局对飞行服务站进行了整合，建立了大型自动化飞行服务站，实现了飞行计划、气象等数据的自动处理和传输。飞行服务站的主要功能如下：

（a）受理飞行计划。飞行员可以通过 Internet、公用电话、设在机场的专用电话提交飞行计划，也可以直接到飞行服务站进行提交，对于 VFR 飞行甚至可以在空中通过飞行服务站的专有频率进行提交，飞行服务站负责转发 IFR 飞行计划，记录、激活和关闭 VFR 飞行计划。

（b）提供气象咨询服务。在全美统一的频率上提供航路气象咨询服务，范围通常为 5,000 ~ 18,000 英尺，飞行员可以通过该频率联系飞行服务站的气象咨询服务席位获取自己关心的区域的气象信息。

（c）提供气象通播服务。提供飞行中危险天气咨询 HIWAS（Hazardous Inflight Weather Advisory Service）和转录气象通播 TWEB（Transcribed Weather Broadcast）服务，在 VOR 频率上循环播放强对流、雷暴等危险天气信息和一般气象信息，每小时进行更新。在 VOR 导航信号覆盖范围内均可收到。机场附近的气象条件可以通过 ATIS/AWOS/ASOS 通播获取，飞行服务站不负责这些通播的更新。

（d）提供通用咨询服务。飞行服务站管辖的范围内划设若干扇区，每一扇区指定专用频率，根据飞行员要求提供 NOTAM、气象和其他服务。

（e）提供告警服务。监听应急频率在收到应急定位发射机信号或是在 VFR 飞行预达时间 30 分钟后，启动有关检查和搜救程序。

4.1.3.6　无人机管理系统

鉴于安全及管理的多方面考量，美国对无人机实施了严格的监管措施。具体举措包括：

（1）法律框架的完善。引入了 14CFR 第 107 部及美国法典第 49 编第 44809 节，为美国联邦航空管理局（FAA）在无人机管理领域赋予了明确的法律授权。

（2）操作规范的明确。无人机需以不妨碍且礼让有人驾驶飞机的原则进行飞行。在 B 类、C 类或 D 类空域，或在为机场指定的 E 类空域的表面区域横向边界内，操作者须事先获得局长或指定人的授权，并严格遵守所有空域限制和禁令。在 G 类空域，无人机从地面起飞至不超过地面以上 400 英尺的高度，同样需遵守所有空域限制和禁令。无人机需根据第 441 章进行注册和标识，并在局长、局长的指定人或执法机构要求时提供注册证明。对于固定地点操作，还需将固定地点的位置告知管理局，并与空中交通控制设施建立双方同意的操作程序。

（3）交通管理的创新。在地面以上 400 英尺以下的空域，无人机系统（UAS）通过共享情境意识进行合作分离，以支持如作物监测、消防和包裹递送等运营。这些运营将在未来由基于社区的交通管理系统——UAS 交通管理（UTM）进行统一管理。UTM 系统中，操作员和提供运营支持服务的实体将负责根据既定的 FAA 规则协调、执行和管理运营。

（4）信息平台的构建。FAA DroneZone 作为基于云的信息技术平台，旨在提升用户体验及内部业务流程效率。该平台不仅整合了小型 UAS 注册服务，还发布了 beta 网络应用程序，以支持空域授权和豁免、操作豁免及事故报告的收集和处理。FAA 正计划将 DroneZone 平台迁移至 FAA 云服务迁移系统，以符合 NAS 数据模型标准。

（5）技术与服务的提升。增强了低空授权和通知能力（LAANC），自动化了 FAA 授予小型 UAS 在受控空域操作授权的过程；启动了 UTM 身份管理服务，以满足国际航空信任框架对 UTM 的要求、政策和管理；开发了全面的数据管理系统，确保 UAS 数据的安全存储、处理和分析，符合所有数据保护法规和标准；为飞行员和操作员创建了用户友好的界面，提供实时跟踪、飞行日志、性能指标等功能及故障排除和维护工具；实施了强大的安全框架，包括加密算法、安全的认证方法和入侵检测系统，以防止未经授权的访问、黑客攻击等潜在威胁；面向飞行员、操作员及负责管理 UAS 操作的人员，制订了全面的培训计划，涵盖安全协议、飞行规划和紧急程序等主题。

（6）合作与测试。与行业领导者和专家建立合作伙伴关系，以掌握 UAS 技术和最佳实践的最新进展；对 UTM 平台进行了广泛的测试和验证，包括各种场景的模拟及与多样化用户群体的真实世界测试，以确保其可靠性和有效性。

（7）高空及特殊空域的监管。UAS 操作环境包括地面 400 英尺以下的 UTM，60,000 英尺以下控制空域的 ATM，60,000 英尺以上的 ETM。在高达 60,000 英尺的空中交通管理（ATM）控制空域内，UAS 需经过认证并按需接受传统空中交通服务；在 18,000 英尺以下，操作员需遵循视觉和仪表飞行规则的混合，而在 18,000 英尺及以上，如大型货物递送和边境巡逻等 UAS 操作则仅在仪表飞行规则下进行；在高空 E 级交通管理（ETM）环境中，操作高度在 60,000 英尺及以上的 UAS 需经过认证，并通过共享的情境意识进行合作分离。这些飞行与空中导航服务提供者的协调有限，可能涉及支持互联网服务或研究的长时间续航操作。

4.1.3.7　下一代航空运输系统（NextGen）

2004 年 12 月 15 日，交通部正式揭晓了下一代航空运输系统（NextGen）的宏伟蓝图 [①]，此计划旨在重塑美国国家空域系统（NAS）——这一全球最为繁忙且复杂的空中交通网络。通过深入研究、不懈创新及广泛合作，NextGen 不仅确立了新标准，更巩固了美国联邦航空局（FAA）在全球航空领域的领导地位。

值得注意的是，NextGen 并非单指某一项技术、产品或具体目标，而是涵盖了一系列紧密相连的项目、投资组合、系统、政策及程序，这些要素共同促进了航空通信、导航与监视领域的根本性变革。其范畴广泛，涉及机场基础设施的升级，空中交通管理技术的革新，以及环境、安全、安保等多方面的增强措施。

NextGen 的实施，极大地增强了航空基础设施的灵活性与韧性，使之能够灵活应对未来需求的增长，并有力支撑政府既定的战略目标。在提升飞行路径安全性的同时，该计划也为商业航天、无人机及先进空中交通等新兴领域的安全融入提供了坚实保障。此外，新技术的引入与程序的优化，有效减轻了过度噪声及有害排放对社区造成的健康威胁。

面对航空需求的持续增长与空域管理效率提升的迫切需求，FAA 正全力推进 NextGen 项目的实施，并自 2008 年起，持续发布年度报告以记录

---

① 详细资料可查阅 FAA's Implementation Plan NextGen Overview 2008。

进展。在技术层面，NextGen 的核心在于一系列关键技术的升级，包括但不限于自动相关监视广播（ADS-B）、数据通信（DataComm）、航路自动化系统现代化（ERAM）、航站楼自动化系统现代化更新（STARS）以及系统广域信息管理（SWIM）等。这些技术的融合应用，将显著提升 NAS 的运行效率与安全性，有效减少航班延误，并扩大空域容量。

安全始终是 FAA 工作的重中之重。自 2001 年至 2007 年间，全球航空业经历了其历史上最为安全的一段时期。在此期间，致命航空事故的发生率降至极低水平，每 10 万飞行小时仅发生 0.01 起事故，或每 10 万次起飞中仅有 0.018 起事故。这一成就的取得，离不开 FAA 在自动化系统领域的持续投入与创新。ERAM 与 STARS 等先进系统的引入，使得空中交通管制员能够更加高效地处理日益增长的空中交通流量，确保飞行安全万无一失。

展望未来，FAA 将继续致力于 ERAM 与 STARS 等系统的维护与升级工作。通过实施 ERAM 维持计划及 STARS 技术刷新项目等措施，FAA 将确保这些关键系统能够持续保持其卓越性能与可靠水平，以应对不断变化的航空安全挑战并推动现代科技在航空领域的广泛应用。[①]

✈ 4.1.4　辅助空管体系

4.1.4.1　国家大地测量局

国家大地测量局（National Geodetic Survey，NGS）遵循与联邦航空管理局（FAA）签订的一系列机构间协议，负责提供对国家空域系统运作至关重要的数据，包括机场大地控制、跑道、导航辅助、障碍物及其他航空相关数据。这些数据大多源自实地测量和摄影测量。

联邦航空管理局（FAA）依赖这些数据来制定仪器进近与离场程序，明确最大起飞重量，更新航空数据库与出版物，并规划机场建设与工程研究。为了支持这些活动，NGS 制定了详尽的调查标准、指南、模型及工具，旨在为执行航空测量的测量师提供有力支持。

鉴于当前需求的变化，NGS 的航空测量计划（ASP）已逐步转型，从直接实施测量工作转变为向机场赞助者委托的机场测量项目提供质量保证与指导服务，以强化 FAA 机场测绘 GIS（Geographic Information System）计划的实施效果。尽管 NGS 直接参与的航空测量活动有所减少，但其专业知识与技术实力得到了更加高效的利用。通过融合内部摄影测量

---

① 　摘自《NextGen Annual Report Fiscal Year 2020,A Report on the History,Current Status,and Future of National Airspace System Modernization》。

分析与实地测量的双重手段，NGS 确保所有机场安全关键数据均严格遵循 FAA 咨询通告的标准与要求。

4.1.4.2　民间空中巡逻队

民间空中巡逻队（Civil Air Patrol，CAP），系依据美国法律构建的非营利性组织，其法律基础源自美国法典第 36 编第 40301 节。当 CAP 的服务获联邦政府任一部门或机构采纳时，其亦被视作美国空军的志愿性民用辅助力量。在获得美国空军的批准及指派下，CAP 作为国家空管总体力量的紧密伙伴，执行既定任务，其成员以美国空军辅助队空中人员身份，隶属于空中作战司令部，接受财政、作战层面的监督与调度。CAP 汇聚了超过 55,000 名资深成员与学员志愿者，维护着规模庞大的机队，涵盖 550 余架飞机及 1,000 余辆车辆，同时该组织亦管理着覆盖全国范围的多种通信能力，并配备了先进的手机取证设备。

CAP 运作聚焦于三大核心项目：紧急服务与民事支持、航空教育以及学员计划。在紧急服务与民事支持领域，CAP 紧密贴合美国空军需求，助力联邦、州、地方及非政府组织在常规及紧急情境下，有效执行国土安全任务、后果管理行动及搜救工作。航空教育项目则为资深成员、学员及广大公众提供以航空为主题的丰富教育资源。而学员计划，则旨在通过一系列以航空为核心的活动，激发美国青年的责任感与公民意识。

CAP 的组织架构分为八个地理区域，各区域由区域指挥官统率，下辖 52 个州级组织（含哥伦比亚特区、波多黎各 / 美属维尔京群岛）。在此基础上，约 1,400 个独立单位构成了州级组织内部的基层网络。值得注意的是，美国武装力量体系内，尚包含其他三支民用辅助队伍，分别为海岸警卫队辅助队、商船队及美国海军军事辅助无线电系统。

4.1.4.3　航空安全报告系统

NASA 的航空安全报告系统（ASRS），是一个由美国联邦航空管理局（FAA）与美国国家航空航天局（NASA）携手建立并维护的自愿参与、信息保密且免于处罚的安全报告机制。该系统自 1976 年起运作，核心使命在于汇集来自飞行员、空中交通管制员及其他航空领域专业人士提交的航空安全相关报告，进而识别并解决危及国家航空系统（NAS）安全的问题。

ASRS 的主要职能涵盖两大方面：

（1）数据收集与分析。该系统鼓励并接收来自航空业界的自愿性报告，以汇聚与航空安全紧密相关的各类事件或情境数据，包括但不限于飞行操作失误、设备功能失效、人为因素等。举例来说，自 1995 年至 2001 年间，ASRS 已记录了共计 125 起关于便携式电子设备（PED）干扰航空电子设备的事件报告。

（2）警报消息发布。基于所收集的数据，ASRS 会进行深入分析，并以"警报消息"的形式，迅速向相关机构传递分析结果，确保能够及时采取有效措施加以纠正。截至目前，ASRS 已成功发布近 5,000 条警报消息，并贡献了超过 60 篇具有深远影响的研究论文。

4.1.4.4　海岸警卫队

海岸警卫队的防空任务并非始于华盛顿，而是起源于佐治亚州南部。2004 年，G-8 峰会将世界领导人聚集在萨凡纳以南 60 英里的一座小岛上，特勤局对领空安全感到担忧。空军战斗机可以防御另一架被劫持的客机，但通用航空飞机则不同。通用航空飞机在低空飞行，且飞行速度低于战斗机的失速速度，F-16 战斗机很难保持与小塞斯纳飞机或直升机驾驶舱的视觉联系、建立通信并确定飞行员的意图。由于无法判断入侵飞机是否是真的恐怖袭击，特勤局可能不得不在全球峰会期间疏散世界上最强大国家的高层领导。更糟糕的是，北美防空司令部（NORAD）可能不得不在没有乘客确认的情况下，做出是否拦截入侵飞机的艰难决定。因此，在面临低空入境飞机的复杂决策时，必须培育新的能力以应对挑战。鉴于特勤局缺乏空中资源，其经常依赖海岸警卫队提供空中支援。为了提升军队的安全性，应强化前向侦查措施，而海岸警卫队的灵活性、合作精神和快速反应，完全符合这一需求。

4 月，时任特勤局长的拉尔夫·巴沙姆正式向海岸警卫队上将汤姆·柯林斯提出请求，要求海岸警卫队不仅为 G-8 峰会提供保护，还要为所有未来的国家特殊安全事件提供保护。海岸警卫队总部指示其航空训练中心着手开发旋转翼空中拦截（RWAI）计划。此计划虽概念简明，但其执行过程却颇为复杂，需涉及拦截、识别并与飞行员建立联系等一系列操作。其核心目标在于评估潜在威胁，并引导飞机改变航向。

在 RWAI 计划的实施过程中，海岸警卫队采用了 MH-65 海豚直升机，并为其机组人员提供了专项训练，以确保他们能在最短时间内完成拦截任务。海岸警卫队 RWAI 机组人员经过专门训练，能够迅速起飞并直接飞向入侵飞机，同时接收来自 NORAD 雷达控制员的拦截矢量。发现目标轨迹（TOI）后，直升机执行具有挑战性的拦截机动动作，以靠近可疑飞机，引起飞行员的注意，并确定出现了什么问题。他们配备了闪烁的蓝灯和电子告示板，可以显示紧急信息，指示入侵者转向特定航向或调至特定无线电频率。尽管在 2004 年的 G8 峰会上，新程序并未得到实际测试，但罗纳德·里根总统恰好在几天前去世。应特勤局的要求，海岸警卫队迅速将团队重新部署到加利福尼亚州，为 6 月 11 日的追悼会提供保护。在那里，一架新闻直升机试图侵犯限制空域，并成为第一架被海岸警卫队 RWAI 部队成功拦截并转移的目标轨迹。

2005 年的塞斯纳飞机事件 [①] 却引发了广泛的混乱，促使美国国土安全部（DHS）和国防部（DoD）重新评估了防空态势。鉴于 NORAD 的领空控制任务和海岸警卫队作为武装部队和执法机构的双重角色，时任国土安全部部长的迈克尔·切尔托夫决定将军事拦截任务转移给该机构的唯一军事部门。海岸警卫队于 2006 年 9 月 25 日开始从 7 号机库执行警戒任务以应对潜在的空中威胁。新指定的国家首都地区防空分队由大西洋城空航站支持和指挥，这是最近的作战单位，因此新的呼号不言而喻——BLACKJACK。

在执行搜救任务时，相关部门通常会进行精心的计划安排，但对于恐怖主义等紧急任务，则需要具备快速反应的能力。华盛顿周围只有 30 英里的缓冲区，整个行动可能只有不到 15 分钟的时间来拦截并阻止真正的威胁，或者更可能的是，识别并转移可能根本没有意识到自己已陷入危险境地的飞行员。在海岸警卫队空中拦截机组人员等待紧急出动警报的待命室里，扬声器电话始终接入国内突发事件信息网络，这是一个由联邦航空管理局（FAA）主持的、不间断的会议电话，旨在实时向全国的空中安全参与者通报事态发展情况。该网络上收到的大多数呼叫都是例行的，如雷达因维护而中断或客机因医疗情况而改道。

但一旦有人听到"首都警戒……"的魔法词汇，对话就会停止，人们会从口袋里掏出耳塞。机组人员会仔细倾听 FAA、空军和其他部门的交流信息，并试图确定雷达上的这个光点是一群鸟还是威胁。一旦紧急出动警报响起，一切都不再重要；椅子四处飞散，门被猛地推开，机组人员全速冲向飞机。他们使用特殊的紧急出动程序和简化的检查清单，启动直升机并以物理学允许的最快速度飞向可疑轨迹。机组人员以在极短的起飞窗口内完成任务为荣，并有机会进行实践。在过去五年中，BLACKJACK 机组

---

① 2005 年 5 月 11 日，一名迷航的飞行员驾驶的塞斯纳（Cessna Citation）喷气式飞机飞至白宫 3 英里范围内，引发了混乱的疏散。美军 F-16 战斗机紧急起飞拦截，引起了在整个地区回荡的音爆。涉事的私人飞机最终在弗吉尼亚州西南部坠毁，驾驶员杰夫·赫夫纳（Jeff Hefner）和机上搭载的机主约翰·伦佩尔（John Rumpel）的女儿、孙女和保姆全部死亡。

人员已响应 765 次警报事件，即每天至少两次。由于低空、低速飞机频繁误入限制空域，国家首都地区防空设施（NCRADF）一直是 NORAD 航空航天控制警报（ACA）系统中最繁忙的警报站点，并在 2014 年被评为年度最佳单位，超越了所有国防部同僚。截至 2019 年，他们从未错过起飞窗口，充分展示了其高效、专业的应对能力。

为了提升防空能力，NCRADF 还配备了 MH-65E Dolphin 直升机。这款直升机具备现代化的航空电子系统、增强的搜索与救援能力以及数字技术升级。相关部门计划将所有 98 架 MH-65 直升机转换为 MH-65E 配置，并计划于 2024 年完成这一转换工作。MH-65E Dolphin 直升机由 Eurocopter 制造，是法国 AS365 Dauphin 的美国版本，特别适用于短程任务。

此外，NCRADF 于 2019 年迁移到位于华盛顿特区的联合基地安德鲁斯的 14 号机库内，其地理位置优越，能够迅速响应并保护国会大厦的安全。为了进一步增强反应能力，相关部门计划在该设施内建立全职 RWAI 团队。

4.1.4.5　美国国防部全域异常解决办公室

美国国防部全域异常解决办公室（All-Domain Anomaly Resolution Office，AARO）系一专业机构，专注于调查并应对不明飞行物（UFO）及一切未识别异常现象（Unidentified Anomalous Phenomena，简称 UAP）。该办公室于 2022 年 7 月正式组建，随后于同年 9 月发布其官方在线平台。

AARO 的核心职责在于协调与标准化 UAP 信息的收集、报告及分析流程，旨在促进各部门及情报社区成员之间对于此类事件的及时、统一报告。同时，AARO 亦致力于整合国防部内部及跨联邦部门与机构的努力，旨在检测、辨识并明确归属那些出现于军事设施、训练区域及邻近地点的物体之性质与来源。

4.1.4.6　北美防空司令部（NORAD）

北美防空司令部（NORAD），作为美加两国政府共同设立的权威双边指挥机构，其核心使命明确且关键，即专注于北美洲地区的航空与海上安全预警及控制工作。其历史根基可追溯至 1958 年成立的美国大陆防空司令部（CONAD），初衷在于坚定地保护美加两国领空免受空中威胁的侵扰。

依据美加两国的正式协议，NORAD 被赋予了两项核心使命：一是为北美洲区域提供全方位、多层次的航空航天预警服务；二是确保该地区的航空航天控制活动能够高效、有序地执行。具体而言，"航空航天预警"

职能不仅涉及对太空中人造物体的严密监视，还涵盖了针对北美地区可能遭遇的来自飞机、导弹或航天器等空中袭击的侦测、验证及预警工作，此过程需紧密依托与其他军事指挥部的协同合作。NORAD 分三个区域，有 26 个警戒站点，NORAD 在阿拉斯加防空识别区（ADIZ）内频繁展现出高效的拦截能力。

美国联邦航空管理局（FAA）和北美防空司令部（NORAD）已经制定了在劫持事件发生时共同工作的协议。

FAA 给控制员的劫持程序指南假设飞机驾驶员会通过无线电或"发送"一个应答机代码"7,500"来通知控制员——7,500 是正在进行的劫持事件的通用代码。控制员会通知他们的上级，上级会逐级通知管理层，直至位于华盛顿的 FAA 总部。FAA 总部设有一名劫持协调员，由民航安全办公室主任或其指定人员担任。如果确认发生劫持事件，程序要求当值的劫持协调员联系五角大楼的国家军事指挥中心（NMCC），并请求一架军事护航飞机跟随该航班，报告任何异常情况，并在紧急情况下协助搜救。NMCC 随后会寻求国防部长办公室的批准以提供军事援助。如果获得批准，命令将通过 NORAD 的指挥链传达下去。NMCC 会向 FAA 劫持协调员提供最新信息，并帮助 FAA 中心直接与军方协调。NORAD 会从共用雷达或相关 FAA 空中交通管制设施接收被劫持飞机的跟踪信息，并会尽一切努力让被劫持飞机发送 7500 代码，以帮助 NORAD 追踪它。

以美国"9·11"事件为例，时间 8：37：52，波士顿中心紧急联系北美防空司令部（NEADS）[①]，这是军方首次接到关于美国 11 号航班被劫持的正式通报。在确认情况属实后，NEADS 迅速命令马萨诸塞州法尔茅斯奥蒂斯空军基地的两架 F-15 战斗机进入战斗状态，准备执行拦截任务，8：46，F-15 战斗机从奥蒂斯空军基地起飞，这一行动标志着美国空中防御体系的紧急启动。遗憾的是，美国 11 号航班在 8：46 撞上了世界贸易中心的北塔楼，而战斗机在此时仍未能确定其具体位置。总结而言，NEADS 在接到报告到拦截飞机升空，只有 9 分钟，证明与 FAA 的协作是紧密的。

4.2 欧 洲

在飞机半个小时内就可飞越几个国家的欧洲，如果各国的空管法规

[①] 9·11 所有被劫持的飞机都处于 NORAD 的东北防空区（也称为 NEADS），其总部位于纽约州奥奈达县的罗马市。当天上午，NEADS 可以调动两个警戒站点，每个站点有一对随时待命的战斗机：分别是马萨诸塞州科德角的奥蒂斯空军国民警卫队基地和弗吉尼亚州汉普顿的兰利空军基地。

千差万别，通信、导航、监视及空中交通管理设施设备五花八门且互不相容，国际航空就不可能得到安全、快速的发展。因此欧洲民航会议（ECAC）着意在欧洲建立"欧洲单一天空"，即以空中交通管理为目的的空域应该是连续的、不受国家边界限制的。这是欧洲安全航行组织（EUROCONTROL）的任务，也是 ICAO 所希望的。

✈ 4.2.1　欧洲航行安全组织的主要任务

EUROCONTROL（欧洲航行安全组织）是一个泛欧洲的、军民结合的机构，致力于支持欧洲航空业的发展。该组织由其成员国（包括民用和军事当局）共同推动，并在决策过程中代表所有航空利益相关者的利益。

EUROCONTROL 的主要任务，是实施并支持欧盟的单一欧洲天空愿景，以满足 21 世纪及以后所需的空中交通管理（ATM）性能。为了实现这一目标，EUROCONTROL 不仅关注日常的航空运营和管理，还涉及概念开发、研究、欧洲范围内的项目实施以及性能改进等多方面的工作。

此外，EUROCONTROL 还积极参与应对航空业面临的可持续性挑战，如噪声、二氧化碳和其他排放物的影响，并通过环境研究和创新计划来减少这些影响。例如，他们发布了《欧洲航空概览》，详细分析了整个 2022 年欧洲航空交通恢复的情况。

✈ 4.2.2　机构和协作、决策机制

EUROCONTROL 的内部结构包括多个部门和办公室，如网络管理部、欧洲绿色天空部、中央路线收费办公室和财务部等。其管理层由总干事领导，享有广泛的管理独立性。EUROCONTROL 通过与各方利益相关者合作，提供一个国际化的、多元文化的工作环境，并为员工提供具有竞争力的薪酬和福利。他们还定期发布网络运营报告，以展示欧洲航空网络的最新趋势和表现。为确保决策过程中的代表性，特别是在涉及民用和军事当局时，其决策主要通过以下几个方面完成：

（1）军民协调机制。EUROCONTROL 作为一个独特的军民政府间组织，通过其民用—军事合作部门（Civil-Military Cooperation Division）提供民用—军事协调与合作。这一机制旨在为成员国、利益相关者以及相关的欧洲和国际组织服务，以确保并提升飞行效率和空域容量。

（2）历史背景与合作。EUROCONTROL 自 20 世纪 60 年代成立以

来，就一直致力于建立军民协调机制。这种机制在当时是通过技术工作组的形式实现的，包含民用和军事代表。这种长期的合作基础为今天 EUROCONTROL 在军民融合方面的决策提供了坚实的历史背景。

（3）与北约的合作。EUROCONTROL 还与北约加强了合作，以应对当前和未来的挑战。这种合作不仅涉及提高飞行效率和空域容量，还包括军事方面的内容。通过这种多层次的合作，EUROCONTROL 能够更好地整合民用和军事资源，从而确保其决策过程的全面性和代表性。

（4）信息共享与协同决策。EUROCONTROL 采用 A-CDM（Airport Collaborative Decision Making，机场协同决策）运营概念，这一概念包括信息共享、里程碑管理、可变滑行时间、离港航班排序以及异常状况下的协同决策流程。这些核心元素确保了在复杂的空域环境中，无论是民用还是军事活动都能高效、安全地进行。

（5）多国合作与协议。EUROCONTROL 与多个国家或地区签署了合作协议，例如荷兰。这些协议通常涉及空中交通数据服务的共享，以确保在日益增长的空中交通环境下，能够保持安全和高效地运行。这种跨国界的协作进一步增强了 EUROCONTROL 在决策过程中对不同利益相关方的代表性。

✈ 4.2.3 政策和技术措施

EUROCONTROL 在实现单一欧洲天空（Single European Sky，SES）愿景方面采取了多项具体措施，这些措施涵盖了从技术创新到政策支持的多个领域。

EUROCONTROL 通过其"Raising the Bar"计划中的飞行绿色项目（Flying Green），致力于推动航空可持续性。这个项目是 EUROCONTROL 战略优先事项之一，旨在为 ECAC 成员国提供决策所需的信息，以促进绿色航空服务。EUROCONTROL 还与 240 个来自航空行业的代表合作，共同推进这一项目，这表明了其在行业内部的广泛影响力和合作精神。

此外，EUROCONTROL 还负责领导创新中心的工作，该中心位于布雷蒂尼，专注于无人机、城市空中交通、航空可持续性和人工智能在航空领域的应用。该中心也是欧洲单一天空空中交通管理研究（SESAR）计划的主要贡献者，并且拥有独特的专业知识和设施，能够模拟和验证空域，重新设计空域使用策略。

为了应对日益增长的航班量和复杂的空域需求，EUROCONTROL 与欧盟委员会一起定义了实现欧洲天空一体化空管研究（SESAR）的目标。这一目标旨在确保欧洲区域内约 40 多个国家或地区的最繁忙、最复杂的空域的安全有效管理。

EUROCONTROL 还通过实施空域重新配置和颁布相应的法规来支持空域改革，以实现军民航空域融合，从而提高空域使用的质量和效率。

4.3　葡萄牙

葡萄牙的航空交通管理则由国家监管机构葡萄牙国家民航局（ANAC）负责，其职责包括安全、空域和经济监管。

葡萄牙的空中交通管理系统由多个机构共同负责监管。空中导航服务由完全国有化的 NAV Portugal,E.P.E. 公司承担，该公司自 1998 年 12 月起作为公共实体运作，其主要职责包括提供飞行计划、飞行情报、通信导航监视等空中导航服务。葡萄牙空管系统的监管和运营机构 NAV Portugal 的职能由第 404/98 号法令授权，并受到《基本法规》（2018/1139）等法律的规范。Aireon 公司提供的基于卫星的 ADS-B 服务覆盖了葡萄牙的空域，该服务是国际民航组织（ICAO）协议的一部分，旨在提升飞行的安全性和效率。

在军事领域，葡萄牙空军（PRTAF）作为国家军事航空行动的代表机构，负责国防空域的管理，并被指定为空中导航服务的提供者。

葡萄牙设有里斯本和圣玛丽亚两个主要飞行情报区（FIR），其中里斯本 FIR 是葡萄牙的主要空中交通管制区域，而圣玛丽亚 FIR 则由美国和葡萄牙共同管理。葡萄牙还与邻国如西班牙合作，通过区域空管协议优化空域使用。

此外，葡萄牙的空管系统还涉及多个监管机构，包括欧洲航空安全局（EASA）、法国民航局空管服务提供商等。

4.4　澳大利亚

1995 年，澳大利亚设立了由国家运输与通信部长直接负责的四个实体单位，即澳大利亚航空服务、民航安全局（CASA）、交通与地区服务部和航空安全调查局（ATSB）。他们主要的职责是：澳大利亚航空服务负责空域管理、航空情报、通信、无线电导航服务、机场救援和消防服务；CASA 负责航空安全标准制定、飞行员和航空工程师的执照颁发以及飞机与运营者的认证；交通与地区服务部负责为政府在航空政策、调整国家航路及航空安全方面提供建议；航空安全调查局负责独立调查飞机事故和严重的空难事件。

与国际民航组织的相关标准一致，澳大利亚的空域也分为管制空域和非管制空域两大类。对管制空域等级的划分，参照 ICAO 的"空域等级"划分标准，分为 A、C、D、E、G 五级。

澳大利亚在全球空中交通管理（ATM）领域占有独特的地位，其空中导航服务提供商——澳大利亚空管公司管理着全球 11% 以上的空域，居全球之首。其目标是希望在总面积达 5,300 万 km² 的空域内，实现民用和军用空管系统间的无缝融合，这一面积相当于北美洲、中美洲、南美洲和中国面积的总和。

据中国民航网报道，澳大利亚空管公司和澳大利亚国防部已签署了一份总价达 12 亿澳元（约合 7.77 亿欧元）的合同，开发部署 OneSKY 项目。OneSKY 是全球最先进的军民空域融合项目，将推动澳大利亚和相关海洋空域的现代化进展。OneSKY 的目标是为乘客、航空公司和经济发展带来益处，并维护澳大利亚的领空主权和公民安全。同时，OneSKY 也是支持澳大利亚未来经济繁荣所必需的国家基础设施的重要组成部分。

未来 20 年，随着空中旅行量的迅速增加，空域管理将变得日益复杂。OneSKY 项目的远大目标是希望帮助澳大利亚实现安全管理，并从快速增长的空中交通中获得裨益。OneSKY 项目可以利用泰雷兹[①]在空管系统的可靠业绩、军民航系统间的可互操作性以及在互联、大数据和人工智能领域的先进数字技术，来加强飞行协调、安全提升空域使用率、优化空中交通流量并改善飞机进近方式。泰雷兹还将发挥其在网络安全领域的专长，确保互联的完整性，提升互操作性。对乘客而言，OneSKY 将减少旅行时间和航班延误。对航空公司而言，OneSKY 致力于在提高运量的同时维持安全水平，以帮助航空公司增加可用航路并降低油耗和二氧化碳排放量。此外，澳大利亚空军也能够从与民航活动的安全协调中获益，从而帮助其更高效地实现保护澳大利亚及其公民的使命。

OneSKY 项目的开发和交付将创造 500 多个高技能、高科技工作岗位，其中 450 个位于墨尔本，其余 50 多个类似岗位则位于法国。此外，

---

① Thales Group，是全球排名第一的空管系统供应商，为世界上 40% 的空域提供空管服务。它源于 1879 年的法国汤姆逊（THOMSON）集团，自 1968 年成立以来，该集团一直被称为汤姆逊－CSF，直到 2000 年更名为泰雷兹（以希腊哲学家泰勒斯 [talēs] 的名字命名，发音与法语相同），以更好地体现其全球扩张的形象。专注于航空航天、国防、地面交通运输、安全和制造电气系统等领域，为构建更安全、更环保、更包容的世界开发产品及解决方案。

OneSKY 项目还将为澳大利亚的整个供应链带来 200 多个工作岗位。泰雷兹已为该项目开展了长期投资，并通过全面的技术转让将世界领先的空管系统研发经验带到了墨尔本。

总体而言，空管模式大致可以分为三类：

第一类是政府化模式，即空中交通管制是政府的一项重要职能，空管部门是政府的组成部分，通过国家税收维持其运营，政府化模式的典型代表是美国。

第二类是民营化模式，即空中交通管制只是空管公司向航空运输企业、机场以及飞行员等提供的一项通讯、导航和其他信息服务，它并不具有政府管制的色彩，因而无需占用国家税收，而是通过"使用者付费"的形式，利用提供的服务来获得收入。目前，至少有 29 个国家的空管系统采用民营化的模式，其管制业务量占到了全世界的 40%，典型代表有英国、德国、加拿大、澳大利亚、新西兰、瑞士等。

第三类是混合模式，即把空中交通管制的领域进行划分，凡是涉及航空安全管制的均由政府负责，而仅涉及空中交通服务的，则交由空管公司实施，如葡萄牙。

05

第5章

中国低空交通的发展历程和现状

2024年3月的《政府工作报告》中提出："积极打造生物制造、商业航天、低空经济等新增长引擎"。2024年以来，多数地方政府都聚焦于发展无人机或电动垂直起降飞行器。2024年7月21日，党的二十届三中全会审议通过的《中共中央关于进一步全面深化改革、推进中国式现代化的决定》，提出"健全现代化基础设施建设体制机制；发展通用航空和低空经济"。为研究方便，我们将通用航空和低空经济合称为"低空综合交通体系"，简称"低空交通"。这个概念也更能体现飞机作为交通工具的本质。

5.1 发展历程

中国低空交通的发展历程分为三个阶段，一是积累阶段，二是快速发展阶段，三是腾飞阶段。2023年之前，中国低空交通的表现形式就是通用航空。

第一阶段1978—2016年为拓展提升阶段，因为国民经营发展的实际情况，通用航空还是阳春白雪，只是限于在行业圈子内。2016年国务院38号文件，让它以全新产业形态方式走入大众视野。到2023年，通航飞机数、颁证通航机场数和飞行小时都有了大幅度的提升。2024年，《政府工作报告》以"低空经济"的形态，把它全面推到社会经济舞台中心，使其成为一个闪亮的新星。我们把2024年之后的低空业态归纳为"低空交通"。

✈ 5.1.1 积累阶段：2016年以前

1986年国务院发布《关于通用航空管理的暂行规定》后，正式将"专业飞行"改为"通用航空"，与国际通行称谓一致。

国务院、中央军委令第371号《通用航空飞行管制条例》（2003年版）中第三条提出："本条例所称通用航空，是指除军事、警务、海关缉私飞行和公共航空运输飞行以外的航空活动，包括从事工业、农业、林业、渔业、矿业、建筑业的作业飞行和医疗卫生、抢险救灾、气象探测、海洋监测、科学实验、遥感测绘、教育训练、文化体育、旅游观光等方面的飞行活动。从产业角度看，它应包括通用航空器研发与制造、通用航空机场建设与运营、通用航空人才培养与培训、通用航空服务与综合保障等庞大的产业体系，它和公共航空运输构成国家整个民用航空产业的两翼。"这在法律上明确了通用航空的内涵和外延。

到 2015 年底，经过 30 年的发展，中国通用航空已经有了积累和探索。《中国民航业统计公报》显示，截至 2015 年底，通用航空业发展已经有了很好的基础。

（1）飞行小时。2015 年，全行业完成通用航空飞行 77.93 万小时，比上年增长 15.5%。其中工业航空作业完成 8.55 万小时，比上年增长 1.4%；农林业航空作业完成 4.21 万小时，比上年增长 10.1%；其他通用航空飞行 65.18 万小时，比上年增长 18.0%。

（2）通用航空企业。截至 2015 年底，获得通用航空经营许可证的通用航空企业 281 家。其中，华北地区 72 家，中南地区 55 家，华东地区 56 家，东北地区 30 家，西南地区 37 家，西北地区 25 家，新疆地区 6 家。

（3）机队规模。2015 年底，通用航空企业在册航空器总数达到 1,904 架，其中教学训练用飞机 508 架。

✈ 5.1.2　快速发展阶段：2016—2023 年

《国务院办公厅关于促进通用航空发展的指导意见》发布后，通用航空产业得到了快速的发展。然而，市场准入政策的放宽并不意味着无序竞争。相反，政府通过制定严格的监管措施和行业标准，确保了市场的有序运行。例如，对于通用航空器的适航管理、飞行员的资质认证等方面，政府都制定了严格的规范和标准，确保了飞行安全和服务质量。此外，政府还加强了对通用航空市场的监管力度，打击了违法违规行为，维护了市场秩序。

在政策环境与市场准入的共同作用下，中国通用航空产业取得了显著的发展成果。未来，随着政策的进一步放宽和市场的不断扩大，中国通用航空产业将迎来更加广阔的发展前景。同时，企业也需要不断适应市场变化和政策调整，加强技术创新和品牌建设，提高服务质量和市场竞争力。

5.1.2.1　法律法规不断调整完善

政策法规是行业发展的保障和基础，自 2016 年《国务院办公厅关于促进通用航空发展的指导意见》以及后续发布的 100 多项政策文件，推动了低空产业的发展。这包括政策性指导意见、建设规划、发展规划等多个方面，具体如下：

2016 年 5 月，国务院办公厅发布《关于促进通用航空业发展的指导意见》，明确了未来五年我国通用航空业发展的总体思路和主要任务，旨在加快提升服务保障能力，促进产业转型升级，释放消费潜力，实现通用航空业持续健康发展；交通运输部发布《通用航空经营许可管理规定》（修订版），取消了筹建认可环节，降低了企业自有航空器条件和企业准入条件，进一步简化了经营许可程序，支持通用航空业的发展；国家发展改革委、工业和信息化部发布《关于实施制造业升级改造重大工程包的通知》，涉及先进通用航空飞机能力建设工程，旨在推动通用航空飞机重点型号及发动机和综合航电、机电系统研制，提升我国通用航空产品的设计和制造水平；民航局发布《关于进一步深化民航改革工作的意见》，提出了以持续安全为前提，推进民航供给侧结构性改革，围绕推动"两翼齐飞"、完善"三张网络"、补齐"四个短板"，努力实现在行业发展动力、发展结构和发展方式等方面取得新突破。

2017 年 1 月，国家发改委发布《关于建设通用航空产业综合示范区的实施意见》，首批综合示范区选择在 26 个城市先期开展试点示范，旨在推动通用航空产业的集聚发展；交通运输部发布《民用航空器驾驶员学校合格审定规则》，规范了民用航空器驾驶员学校的合格审定标准，自 2017 年 4 月 1 日起施行；民航局航空器适航审定司发布《关于自制航空器特许飞行证和限用类特殊适航证颁发和管理程序征求意见的通知》，旨在鼓励航空爱好者出于娱乐目的自己制作航空器，并提供了自制航空器获取特许飞行证和限用类特殊适航证的程序要求；民航局机场司发布《水上机场技术要求 (试行)》咨询通告，明确了水上机场的选址、设施、目视助航设施、消防救援设施等方面的技术要求。同年 5 月，民航局发布《民用无人驾驶航空器实名制登记管理规定》，要求民用无人机的拥有者进行实名登记，以加强民用无人驾驶航空器的管理。11 月，民航局又发布了《通用航空安全保卫规则》，指出通用航空安全保卫工作以"放管结合，促进发展"为原则，对通用航空飞行活动实施分类分级管理。

2018 年 1 月，民航局飞行标准司发布《关于调整 CCAR-135 部运行驾驶员体检合格证管理政策的通知》，简化了 CCAR-135 部运行驾驶员体检合格证管理政策，提高了审批效率；发布的《关于简化通航运营人装机器材适航挂签偏离申请程序的通知》，便利了通航企业运行，简化了通航装机的使用器材的适航挂签偏离申请程序。交通运输部发布《国内投资民用航空业规定》，明确了国内投资主体投资民用航空业的适用条件和规定。同年 2 月，民航局发布《关于进一步提高通用航空行政审批事项办事效率的通知》，旨在通过简化审批流程、优化审批方式等措施，提高通航行政审批效率。5 月，又发布《关于 91 部和 135 部运营人审定监管有关问题的说明》，明确了 91 部运营人的运行合格审定和持续监督检查工作应严格按照 FSOP 系统的工作流程和内容实施线上审定。11 月，交通运输部发布《关于修改〈通用航空经营许可管理规定〉的决定》，简化了通航企业经营许可流程，降低了制度性成本，激发了市场活力。

2019 年 1 月，民航局发布《关于促进通用航空和运输航空"两翼齐飞"的若干政策措施》，提出了促进通用航空和运输航空协调发展的政策措施，包括优化通用航空发展环境、拓展通用航空服务领域、提升通用航空保障能力等。同年 2 月，交通运输部发布《关于修改〈民用机场管理条例〉的决定》，对《民用机场管理条例》进行了修改，增加了对通用机场的规划、建设和管理等方面的规定，以更好地适应通用航空发展的需要。5 月，民航局空管办发布《关于加快通用航空发展的政策措施》，提出了加快通用航空发展的政策措施，包括优化空域管理、简化飞行审批程序、加强通用航空基础设施建设等。11 月，国家发展改革委发布《关于推动先进制造业和现代服务业深度融合发展的实施意见》，提出了推动先进制造业和现代服务业深度融合发展的意见，其中包括促进通用航空与旅游、文化等产业的融合发展。

2020 年 2 月，民航局发布《关于疫情防控期间支持通用航空企业发展的若干意见》，针对疫情防控期间通用航空企业面临的经营困难，提出了一系列支持措施，包括减免相关费用、优化飞行审批流程等，以助力企业渡过难关。5 月，发布《通用航空经营许可与运行管理规定》，对通用航空经营许可与运行管理进行了全面规范，明确了许可条件、运行要求、监督检查等内容，以提高通用航空运营的安全性和规范性。8 月，发布了《通用航空短途运输管理暂行办法》，为规范通用航空短途运输市场秩序，保障短途运输安全、有序、高效运行，制定了该暂行办法，明确了短途运输的定义、运营要求、市场准入等。11 月，又发布《通用航空包机飞行管理暂行办法》，规定了通用航空包机飞行的申请、审批、运营管理等要求，旨在加强通用航空包机飞行的管理，确保飞行安全和服务质量。

2021 年 1 月，民航局发布《关于促进通用航空和运输航空"两翼齐飞"的若干意见》，提出了促进通用航空和运输航空协调发展的政策措施，包括优化通用航空发展环境、拓展通用航空服务领域、提升通用航空保障能力等。同年 3 月，发布《通用航空空管运行规定》，明确了通用航空空管运行的基本要求、空中交通服务、应急救援、运行评估等方面的规定，旨在提升通用航空空管运行的安全性和效率。6月，发布《关于进一步推进空域精细化管理的通知》，要求进一步推进空域精细化管理，优化空域资源配置，提高空域使用效率，为通用航空发展创造更好的空域环境。12月，又发布《"十四五"民用航空发展规划》，提出了"十四五"期间民用航空发展的总体目标、重点任务和保障措施，构建完善"干支通，全网联"航空运输网络体系等。

2022年2月，民航局发布《"十四五"通用航空发展专项规划》，阐明了通用航空"十四五"期间的发展思路、主要目标、重点任务和保障措施，旨在指导我国通用航空安全、智慧、高质量发展。5月，发布《关于进一步简化通用航空飞行任务审批备案程序的通知》，为提高通用航空飞行任务审批效率，进一步简化了审批备案程序，为通用航空企业提供了更加便捷的服务。6月，发布《民航局关于创新"干支通，全网联"服务模式实施意见的通知》，提出了创新"干支通，全网联"服务模式的实施意见，旨在推动通用航空短途运输更好融入航空运输网络，满足偏远和其他交通不便地区人民群众航空出行需要。

2023年1月，民航局发布《2023年民航工作要点》，明确了2023年民航工作的总体思路、主要业务目标和工作重点，包括推动通用航空高质量发展，加强通用航空基础设施建设，提升通用航空服务品质等。3月，发布《通用航空短途运输运营服务管理办法》，规定了通用航空短途运输的运营服务管理要求，包括市场准入、运营规范、服务质量、消费者权益保护等方面的内容，以促进通用航空短途运输的规范化和高质量发展。5月，发布《关于促进通用航空业发展的指导意见》，提出了进一步促进通用航空业发展的指导意见，包括优化通用航空发展环境、拓展通用航空服务领域、加强通用航空基础设施建设等，以推动通用航空业持续健康发展。12月，又发布了《通用航空短途运输运营服务管理办法（修订版）》，对原有的《通用航空短途运输运营服务管理办法》进行了修订，进一步完善了短途运输的运营服务管理要求，以适应通用航空发展的新需求。

5.1.2.2 基础设施建设与产业布局不断提升

在中国通用航空产业的发展历程中，基础设施建设与产业布局起到了至关重要的作用。自2016年以来，随着政策环境的逐步放宽和市场需求的不断增长，中国通用航空产业的基础设施建设取得了显著进展。据统计，截至2023年，全国已建成通用航空机场449个，覆盖了大部分省份和地区，为通用航空的快速发展提供了有力支撑。

仅 2019 年，全国各省市陆续发布的有关通用航空发展的政策措施和产业的布局政策规划就有 35 条之多，摘录如下。

山东省发展和改革委员会印发《山东省通用航空飞机产业发展规划》，指出：到 2022 年，全省通用航空飞机产业综合产值达到 1,000 亿元左右。到 2028 年，全省通用航空飞机产业综合产值达到 3,000 亿元左右。同年，山东省发改委批复同意山东华枫航空装备有限公司建设年产 260 架通用航空飞机及直升机项目。项目总投资 3.6 亿元，建设地点为滨州市北海经济开发区，计划于 2020 年建成。

山东省人民政府办公厅印发《山东省装备制造业转型升级实施方案》，方案指出：重点发展直升机、无人机、多用途飞机、高端液压油车、飞机牵引车及地面服务装备、航空液压件、发动机配件、航空航天电子设备等，创造条件合资合作或引进发展干支线飞机。

山东省人民政府印发《山东省精品旅游发展专项规划（2018—2022年）》，指出：通用航空与旅游融合互动，发展低空飞行旅游。合理布局旅游航线，完善政策措施，推动通用航空机场的审批建设，对标通用航空旅游服务标准，建设一批国内领先的精品低空旅游基地。依托通用航空机场，加强与民用机场的衔接，构建便捷、高端、专业的低空旅游交通体系。大力发展城市、著名景区和自然奇观的空中观光旅游，推出多种飞行器体验项目，丰富低空旅游产品。丰富精品旅游业态，建设航空运动主题公园和航空小镇等。提高主要航空节事活动的吸引力，举办特色飞行器表演与赛事等。

深圳市市政府常务会议审议并原则通过了《深圳市民用微轻型无人机管理暂行办法》等事项。会议强调，要结合国家低空空域改革和深圳地区无人机试点管理的要求，确立针对微轻型无人机飞行和管理的规则，加强民用无人机安全管理，维护公共安全和飞行安全，促进无人机产业发展。《深圳市民用微轻型无人机管理暂行办法》划定了民用微轻型无人机禁飞区域，违反者由公安机关处以 1,000 元罚款。《暂行办法》所称无人机，包括微型无人机和轻型无人机。

广州市人民政府印发《广州综合交通枢纽总体规划（2018—2035年）》，明确广州作为全国三大综合交通枢纽之一，到 2020 年基本建成国际性综合交通枢纽，到 2035 年建成全球交通枢纽。空港方面统筹构建机场体系，支持外围新城发展。依托广州白云国际机场，建设国际航空枢纽港，大力发展临空经济，建设成为国际领先的空港经济示范区。同时，结合珠三角军民航机场布局调整规划研究广州第二机场，结合周边空域研究规划广州通用机场。

吉林省人民政府办公厅印发《支持通用航空产业发展的若干政策》，为加快通用航空产业发展，促进军民深度融合，推动全省经济高质量发展，提出四十条政策。之后，吉林省发展和改革委员会印发了《吉林省通用航空产业发展规划》。《规划》提出了主要目标，近期目标（到 2020 年）：初步构建通用航空研发制造、市场运营、综合保障及延伸服务协调发展的产业体系；远期目标（到 2025 年）：努力打造北方通航产业大省；远景目标（到 2030 年）：力争进入全国通航产业大省行列。吉林省教育厅印发《吉林省通用航空产业人才培养专项规划（2019—2030 年）》，提出到 2025 年，吉林将建设 8 个左右通用航空人才培养培训基地（院校、二级学院），10 个左右通用航空特色学科专业，2 个通用航空教育协作体（职教集团）。

辽宁省发展和改革委员会发布关于印发《辽宁省通用机场布局规划（2018—2025 年）》的通知。截至 2018 年底，全省拥有各类通用机场 13 个，其中沈阳法库、沈阳于洪、鞍山新开河、锦州黑山、盘锦陈家 5 个机场持有通用机场使用许可证，其余均为农林生产用通用机场；省内开展通用航空运营并拥有企业经营许可证的企业共计 18 家，拥有各类通用航空飞机 126 架，完成各类飞行约 2 万架次，作业飞行 1.13 万小时。《规划》指出，到 2025 年，全省新规划布局通用机场 28 个，通用机场总数达到 41 个。实现每个市至少拥有 1 个通用机场，通用航空服务功能逐步完善，初步形成集短途运输、公共服务、航空消费、飞行培训等功能于一体的通用机场网络，总体可有效支撑全省通用航空产业的发展，满足应急救援体系建设对通用机场布局的要求。

贵州省发展改革委出台《关于支持安顺市通用航空产业综合示范区加快发展的意见》，进一步加快推进安顺市通用航空产业综合示范区建设，推动贵州省通用航空产业全面发展。根据规划，到 2020 年，贵州省将形成覆盖安顺及黔中经济圈的通用机场网络和低空航线网络，建设安顺黄果树机场通用航空基地、平坝乐平 A1 级通用机场及一批 A2、A3 级通用机场，基本建成通用航空器研发与制造、军民融合、全域旅游、应急抢险、教育培训、运行保障等通用航空特色产业链，实现通用航空产业规模 500 亿元。预计 2030 年基本实现通用航空县县通，构建以贵阳为中心的全省 1 小时空中交通圈、以各市（州）首府为中心的全市（州）半小时空中交通圈、以县城为中心至县域重点乡镇 15 分钟空中交通圈。

甘肃省政府办公厅印发《关于贯彻国务院部署保持基础设施领域补短板力度的实施方案》，提出：机场领域加快推进一批重点机场和支线机场建设，重点推进兰州中川国际机场三期扩建工程、天水机场迁建工程前期工作，争取国家尽快批复实施。加快嘉峪关机场扩建工程、新建平凉机场、临夏机场前期研究，争取尽快开展机场选址认定、空域协调等工作。争取榆中夏官营机场改扩建工程、定西民用机场项目纳入民航专项规划。加快甘南玛曲、武威民勤、庆阳华池等通用机场前期工作，积极培育通用航空消费市场。

中共江西省委人才办、江西省人社厅等 9 部门印发了《关于加强全省航空产业人才队伍建设的若干措施》，从人才引进、培养、子女入学、教育、住房和税收等 15 个方面推动江西航空产业高质量跨越式发展。

江西省发改委发布《2019 年江西省重点招商引资项目册》，共推出涉及重大基础设施、产业、国企改革发展等三大领域的 1,387 个项目，总投资 14,058 亿元。其中，不少通用航空项目在列，包括庐山西海通用航空小镇建设项目（20 亿元）、萍乡芦溪通用机场项目（5 亿元）、萍乡市湘东区通用机场建设项目（5 亿元）、崇义通用机场项目（3 亿元）、安远县航空小镇建设项目（10 亿元）、龙南市通勤机场建设项目（5 亿元）、宁都通用机场项目（2 亿元）、兴国县红色之旅通用航空项目（1.8 亿元）、上高通用航空产业园项目（60 亿元）、抚州市东乡区通用航空机场建设项目（50 亿元）、遂川砂了岭机场建设项目（50 亿元）、空中游览基地项目（3 亿元）等等，累计 214.8 亿元。

内蒙古发布《关于促进通用机场有序发展的实施意见》，提出到 2020 年，全区初步形成以海拉尔机场为中心的东北部、以锡林浩特和赤峰机场为中心的东南部、以鄂尔多斯机场为中心的西南部、以阿拉善左旗机场为中心的西部 4 个通用机场群，通用机场逐步由点状分布向连通成网发展。内蒙古自治区人民政府印发的《〈呼包鄂榆城市群发展规划〉内蒙古实施方案》指出，加快航空运输网建设，推进呼和浩特新机场建设，推动包头机场、鄂尔多斯机场改扩建，积极推进清水河县、石拐区、固阳县、鄂托克前旗、杭锦旗等区域内通用机场建设，推动呼包鄂榆干线、支线、通用机场间的互通协作。

江苏省财政厅公布了《关于下达 2018 年省级航空机场发展专项资金预算指标的通知（苏财建〔2018〕87 号）》。《通知》称，2018 年江苏省级航空机场发展专项补助资金共 3,000 万元涉及 15 个项目，其中 9 个通用航空项目共获得补助资金 1,780 万元。

江苏省交通运输厅发布《2019 年省级交通发展专项补助资金（航空发展方向）项目公示》。涉及 11 个项目，其中 8 个通用航空项目共获得专项资金支持 3,420 万。江苏省交通运输工作会议提出，2019 年全省综合交通建设计划完成投资 1,370 亿元。机场方面，全面开工建设连云港新机场，加快建设淮安金湖、徐州新沂、常州溧阳、无锡宜兴通用机场和镇江大路通用机场水上起降区工程，续建南京禄口机场 T1 航站楼改扩建工程等，建成南通兴东国际机场航站区扩建工程、无锡硕放机场改造工程。全力推动南通新机场和无锡硕放机场二跑道前期工作。

陕西监管局召开 2019 年工作会议，监管局领导班子成员及全体工作人员参加了会议。会议指出：2018 年，陕西地区通航发展势头良好，完成飞行 9.9 万架次、1.8 万小时，同比分别增长 165.1%、157.5%。

西安国家民用航天产业基地发布《加快通用航空产业发展的扶持办法》，文件开宗明义：为贯彻落实《国务院办公厅关于促进通用航空业发展的指导意见》（国办发〔2016〕38 号）文件精神，加快培育和推进西安国家民用航天产业基地通用航空产业发展，全面推动西安航天基地通航产业及空天小镇项目又快又好发展，结合基地实际，制定本办法。

河南省商务厅公布了《2019 年河南省招商引资项目（第一批）》，包含 1,000 个项目，涉及通用航空、金融业、智能制造、高技术产业等多个行业，总投资额超 1.86 万亿元。其中有 13 个通航项目，投资超过 92.7 亿元，包括通用机场、通航制造、无人机等。

"今日建德"公布了浙江省建德市政府工作报告，将加快低空旅游直升机起降点布局，逐步开通千岛湖—普陀山—黄山—横店—上海金山的短途运输固定航线。开发区（航空小镇）以打造通航产业"浙江样板"为目标，进一步打响"60·06"航空小镇品牌。加快省机场集团通航总部、恒大温泉小镇、置信集团小微创业园等项目建设，完成产业投资 9 亿元。大力引进通航服务、通航旅游和通航制造产业项目，招引亿元以上项目 10 个、20 亿元以上项目 1 个；加快省级低空飞行服务中心站、航空创业产业孵化楼、机场二期改扩建、全省航空应急救援保障中心等项目建设，着力打造国内一流的标杆性通航机场。

四川日报发布了《2019 年四川省政府工作报告（全文）》，指出：推动军民融合创新发展，抓好国家知识产权军民融合试点示范，创建国家军民融合创新示范区。巩固低空空域协同管理试点成果，扩大协同空域试点范围，推动通航产业加快发展，办好四川国际航空航天展览会。

四川省政府办公厅印发《四川省通用航空产业发展规划（2019—2025

年）》规划提出，要加快实施"一干多支"发展战略打造"一核两翼、多点 N 网"的通用航空产业发展布局，做优成都"主干"，做强环成都经济圈和川南经济区，带动全省通用航空产业发展。"一核"是指强化成都通用航空产业发展核心，重点发展大中型通用航空飞机、工业级无人机和航空发动机研发制造等。"两翼"是指以自贡、泸州、宜宾等为重点的川南地区为南翼，重点发展通用航空零部件、航空运动飞行器、航空新材料等；以德阳、绵阳为重点的环成都地区为北翼，重点发展通用航空零部件研发制造、教育培训、航展赛事等。"多点"是指建设多个通用航空小镇（产业园区）及飞行营地。"N 网"是指布局建设 N 个通用航空网络，加快推动建设通用航空研发制造、无人机试飞和航空教育培训三大重点基地，布局建设应急救援、低空旅游、短途运输和工农作业四大重点网络体系。力争通过 5 ～ 6 年时间，在全省范围内培育壮大一批全国知名的通用航空骨干企业，着力打造国家通用航空产业综合示范区，建成全国领先的通用航空研发制造基地，形成具有四川特色的通用航空运营服务、服务保障等全产业链服务集成高地，实现通用航空产业集聚集群发展，加快建成具有全国影响力的通用航空产业强省。

为加快安徽省民航业发展，根据省政府专题会议纪要 2019 年第 105 号要求，省发展改革委组织编制了《安徽省民航业发展战略规划（2019—2035 年）》（征求意见稿）。《规划》指出，近期目标（2025 年）：全省年通用航空飞行量达 5 万小时，通用航空业经济规模超过 300 亿元；中期目标（2035 年）：全省年通用航空飞行量达 15 万小时，通用航空业经济规模接近千亿元市场；远期展望（2050 年）：全省年通用航空飞行量达 20 万小时，通用航空业全面发展，建成全国通用航空产业基地。安徽省发展改革委印发的《安徽省通用机场布局规划（2019—2035 年）》提出，到 2025 年，全省 A2 级及以上通用机场达 30 个，密度达到每万 km22.1 个；按需建设一批 A3 和 B 类通用机场，初步形成集短途运输、公共服务、通用航空消费、工林农生产作业等功能于一体的通用机场体系。实现所有地级城市拥有通用机场或兼顾通用航空服务功能的运输机场，通用航空服务覆盖 65% 的县级行政单元，以及通用航空研发制造集聚区、农产品主产区、主要林区和 5A 级旅游景区，基本适应全省经济社会发展和航空应急救援的需要。

《芜湖市航空产业集聚发展政策规定》出台，对以往的航空产业政策进一步优化，以加快建设芜湖国家通用航空产业综合示范区和安徽通用航空产业集聚发展试验基地，培育发展通用航空、临空产业、空港保税物流为主导的空港经济。该规定扩大了对取得合格证的航空项目享受奖励的范围，奖励支持涵盖通航飞机整机、发动机、螺旋桨、航电、模拟器等。对在芜湖市注册的航空企业通过自主研发、项目引进等方式，取得中国民用航空局 23 部通用航空器整机、33 部航空发动机型号合格证和生产许可证，并在芜生产交付后，每个型号给予奖励支持。

中共中央、国务院印发了《粤港澳大湾区发展规划纲要》，并发出通知要求各地区各部门结合实际认真贯彻落实。在加快基础设施互联互通方面，纲要指出：将建设世界级机场群，巩固提升香港国际航空枢纽地位，强化航空管理培训中心功能，提升广州和深圳机场国际枢纽竞争力，增强澳门、珠海等机场功能，推进大湾区机场错位发展和良性互动。支持香港机场第三跑道建设和澳门机场改扩建，实施广州、深圳等机场改扩建，开展广州新机场前期研究工作，研究建设一批支线机场和通用机场。进一步扩大大湾区的境内外航空网络，积极推动开展多式联运代码共享。依托香港金融和物流优势，发展高增值货运、飞机租赁和航空融资业务等。支持澳门机场发展区域公务机业务。加强空域协调和空管协作，优化调整空域结构，提高空域资源使用效率，提升空管保障能力。深化低空空域管理改革，加快通用航空发展，稳步发展跨境直升机服务，建设深圳、珠海通用航空产业综合示范区，推进广州、深圳临空经济区发展。

中共中央、国务院印发《长江三角洲区域一体化发展规划纲要》，全文包含 12 大章 44 个小节，涵盖发展背景、总体要求、推动形成区域协调发展新格局、加强协同创新产业体系建设、提升基础设施互联互通水平、强化生态环境共保联治、加快公共服务便利共享、推进更高水平协同开放、创新一体化发展体制机制、高水平建设长三角生态绿色一体化发展示范区、高标准建设上海自由贸易试验区新片区、推进规划实施等多项内容。《纲要》指出，统筹空域资源利用，促进民航、通用航空融合发展。深化低空空域管理改革，加快通用航空发展。此外，《纲要》还提出，共同推动制造业高质量发展，聚焦大飞机等十大重点领域，降低飞机、新材料、新能源等行业进入门槛。积极招引全球 500 强和行业龙头企业，共同开拓建立全球创新链、产业链、供应链。

尽管通用航空产业在基础设施建设与产业布局方面取得了一定进展，但仍面临一些挑战，如部分地区通用航空机场建设进度缓慢，配套设施不完善等，影响了通用航空的运营效率和安全性。同时，一些地区的通用航空产业布局不够合理，存在重复建设和资源浪费的问题。因此，未来中国通用航空产业需要进一步加强基础设施建设，优化产业布局，提高产业的整体竞争力和可持续发展能力。

5.1.2.3　市场需求与产业规模不断壮大

在中国通用航空产业的发展历程中，市场需求与产业规模的增长是分不开的。近年来，随着国民经济的快速发展和人民生活水平的提高，通用航空的市场需求呈现出爆发式增长。据《中国民用航空业统计公报》，从2016 年至 2023 年，通用航空企业数由最初的 320 家增加到 690 家，增长率 116%，通用航空机场数由 40 个（颁证机场）增加到 449 个，增长率为1,023%，机队规模从 2,096 架增加到 3,303 架，增长率为 58%。具体来说：

（1）通用航空企业数量。获得通用航空经营许可证的传统通用航空企业 690 家，比上年底净增 29 家。其中，华北地区 133 家，东北地区 49 家，华东地区 187 家，中南地区 157 家，西南地区 107 家，西北地区 32 家，新疆地区 25 家。

（2）机队规模。通用航空在册航空器总数达到 3,303 架，其中，教学训练用飞机 1,398 架。

（3）通用机场。全国在册管理的通用机场数量达到 449 个，其中 A 类通用机场 163 个。

（4）飞行小时。2023 年，全国通用航空共完成飞行 137.1 万小时，比上年增长 12.4%。其中，载客类完成 2.8 万小时，比上年增长 55.1%；载人类完成 14.5 万小时，比上年增长 34.7%；其他类完成 69.6 万小时，比上年增长 8.3%；非经营性作业完成 50.1 万小时，比上年增长 11.2%。

5.1.2.4　无人机产业异军突起

截至 2023 年底，获得通用航空经营许可证且使用民用无人机的通用航空企业 19,825 家，比上年底净增 4,695 家。其中，华北地区 2,752 家，东北地区 1,723 家，华东地区 7,001 家，中南地区 3,839 家，西南地区 2,317家，西北地区 1,531 家，新疆地区 662 家：截至 2023 年底，全行业无人机拥有者注册用户 92.9 万个，其中个人用户 84.9 万个，企业、事业、机关法人单位用户 8 万个。截至 2023 年底，全行业注册无人机共 126.7 万架，比 2022 年底增长 32.2%。截至 2023 年底，全行业有效无人机操控员执照共 19.44 万本，比 2022 年底增长 27.2%。2023 年，全年无人机累计飞行 2,311 万小时，同比增长 11.8%。这一显著增长不仅反映了市场需求的旺盛，也体现了产业规模的迅速扩大。

在低空产业的发展浪潮中，无人机技术的创新与突破无疑是其核心驱动力之一。近年来，随着人工智能、物联网等前沿技术的融合，无人机技术正迎来前所未有的发展机遇。以农业领域为例，智能无人机通过搭载高精度传感器和先进的图像识别技术，能够实现对农田的精准监测和数据分析，为农民提供科学的种植建议，大大提高了农业生产的效率和质量。据统计，采用智能无人机进行农田管理的地区，作物产量平均提高了 15%。据中国驻巴西使馆官方网站消息，2020 年 10 月 16 日，驻巴西大使杨万明应邀同巴中企业家委员会及巴西中资企业协会在线交流时表示，华为公司正同巴西戈亚斯州、巴拉纳州探讨开展试点合作，将运用无人机巡航收集农产区高清图像并监控农作物健康情况。仅这项技术就可推动区域年产量提升 6%~15%，节约成本 30% 以上。

在物流领域，无人机技术的突破更是带来了革命性的变革。亚马逊、京东等电商巨头纷纷推出无人机配送服务，通过优化飞行路径和配送算法，实现了快速、高效的货物配送。据亚马逊公布的数据，其无人机配送服务在试点地区已经成功完成了数万次配送任务，平均配送时间较传统方式缩短了近一半。这一创新不仅提升了用户体验，也为物流行业带来了新的增长点。

此外，无人机技术在应急救援领域也展现出了巨大的潜力。在自然灾害发生时，无人机能够迅速到达灾区进行灾情侦察和物资投送，为救援工作提供有力支持。例如，在 2023 年某次地震救援中，救援队伍利用无人机成功将急需的药品和食品投送到被困区域，为受灾群众提供了及时的帮助。这一案例充分展示了无人机技术在应急救援中的重要作用。

无人机技术的创新与突破不仅推动了低空产业的快速发展，也为社会带来了诸多便利和效益。著名科技评论家凯文·凯利（Kevin Kelly）对无人机未来十分看好，当今世界地面交通非常拥堵，在天空会有更多空间给无人机施展，而除了航拍，从亚马逊送包裹到其他农业电力的无人机应用，甚至是空中交通，在未来都将被无人机影响和改变，为人们带来生活的新方式。

✈ 5.1.3　腾飞阶段 2024

2023 年，中央经济工作会议提出"打造生物制造、商业航天、低空经济等若干战略性新兴产业"之后，低空产业已经成为各地竞相追逐的新质生产力的代表、新经济的发动机，低空经济也成为产业资本追逐的风口。

表 5-1 "十四五"通用航空发展目标 [①]

"十四五"期间通用航空发展目标						
维度	指标		2019 年	2020 年	2022 年	2025 年	属性
安全	通用航空 [1] 死亡事故万时率 五年滚动值		0.058			0.08	约束性
规模	企业数量 / 家	通用航空（有人机）企业	478	523	630	750	预期性
		通用航空（无人机）企业	7,192	10,725	14,000	18,000	预期性
	飞行小时 / 万小时	飞行量（含无人机）	106.5	281.1	350	450	预期性
		其中：无人驾驶航空器综 合管理平台飞行量 [2]	125	183	210	250	预期性
	通用航空器期末在册数 / 架		2,707	2,892	3,000	3,500	预期性
	经营性无人驾驶航空器数 / 万架		8	13	17	25	预期性
	私用、运动驾驶员执照持有数 / 人		4,736	4,950	5,700	8,200	预期性
	民用无人机驾驶员执照持有数 / 万人		6.7	8.9	12	22	预期性
	在册通用机场数 (A、B 类合计)/ 个		246	339	390	500	预期性
服务	应急救援	开展航空应急救援的 省份数量 / 个	19	19	≥ 22	≥ 25	预期性
	航空消费	空中游览、航空运动等 参与人数 / 万人次	28.5	39.4	48	68	预期性
服务	通航运输	通航运输开通省份 / 个	17	19	≥ 22	≥ 25	预期性
		旅客运输量 / 万人	6.4	5.6	6	9	预期性
	传统作业	农业作业面积(含无人机)/ 亿亩	8.3	13.1	18.8	25.1	预期性
		电力巡线里程(含无人机) / 万 km	—	—	85	100	预期性

1 统计范围不含非法飞行和私用飞行；2 因无人驾驶航空器综合管理平台尚未上线，2019 年、2020 年无人驾驶航空器数据采自无人驾驶航空器云系统平台

在全球经济快速发展的背景下，低空产业正以其独特的魅力和巨大的潜力，成为推动经济增长的新动力。近年来，随着无人机技术的飞速进步和低空通信、导航定位技术的不断完善，低空产业在全球范围内呈现出蓬勃发展的态势。同时，随着 5G 技术的普及和应用，低空通信能力得到了显著提升，为无人机等低空飞行器的广泛应用提供了有力支持。5G 技术的高速率、低时延特性，使得无人机在数据传输、远程控制等方面具备了

———————

① 数据来源：《"十四五"通用航空发展专项规划》。

更强的能力，进一步拓宽了低空产业的应用场景。

《"十四五"通用航空发展专项规划》的发展目标这样描述：展望 2035 年，通用航空有力支撑多领域民航强国建设。通用航空市场充满活力，基础保障体系健全完善，全体系产业链自主创新能力显著增强，无人机产业生态圈基本建成，战略性新兴产业作用日益突出，成为民航行业服务构建新发展格局的新动能。

"十四五"期间，我国聚焦五大领域，夯实两大保障体系，力争实现五个新变化。安全水平达到新平衡，通用航空死亡事故万时率低于 0.08；发展规模实现新跃升，通用航空（含无人机）企业、飞行总量、航空器、执照等数量显著增加；保障能力取得新突破，力争低空空域改革取得实质性进展，推动低空空域分类划设，航路航线大幅拓展，在册通用机场布局合理；行业治理开创新局面，实现分类精准监管，监管资源聚焦高效协同；服务质量达到新水平，公益服务广泛覆盖，新兴消费蓬勃发展，短途运输网络内联外拓，无人机应用加快拓展，传统工农业作业质量提升。

5.2 新质生产力的重要代表——低空产业

展望未来，低空产业将继续保持快速发展的态势。随着技术的不断进步和应用场景的拓宽，低空产业将在更多领域发挥重要作用。同时，随着全球经济的复苏和增长，低空产业也将迎来更加广阔的市场空间和发展机遇。

✈ 5.2.1 产业政策推动力加强

2024 年，国务院在《政府工作报告》中提出，"积极打造低空经济新增长引擎"。据不完全统计，全国 29 个省市区发布了自己的低空经济发展规划。现摘录部分如下：

（1）国家性政策文件。

2023 年 5 月，国家市场监管总局标准委发布《民用无人驾驶航空器系统安全要求（强制性国家标准）》，该标准是我国民用无人机领域首项强制性国家标准，适用于除航模之外的微型、轻型和小型民用无人机，提出了电子围栏、远程识别、应急处置、结构强度、机体结构、整机跌落、动力能源系统、可控性、防差错、感知和避让、数据链保护、电磁兼容性、抗风性、噪声、灯光、标识、使用说明书等 17 个方面的强制性技术要求及相应的试验方法。

2023 年 6 月，国务院、中央军委联合发布《无人驾驶航空器飞行管理暂行条例》，提出从事中型、大型民用无人驾驶航空器系统的设计、生产、进口、飞行和维修活动，应当依法向国务院民用航空主管部门申请取得适航许可。民用无人驾驶航空器系统生产者应当按照国务院工业和信息化主管部门的规定为其生产的无人驾驶航空器设置唯一产品识别码。真高 120 米以上空域，空中禁区、空中限制区以及周边空域，军用航空超低空飞行空域，以及下列区域上方的空域应当划设为管制空域：国家空中交通管理领导机构统筹建设无人驾驶航空器一体化综合监管服务平台，对全国无人驾驶航空器实施动态监管与服务。

2023 年 10 月，工信部、科技部、财政部、民航局联合发布《绿色航空制造业发展纲要 (2023—2035 年)》，提出到 2025 年，使用可持续航空燃料的国产民用飞机实现示范应用，电动通航飞机投入商业应用，电动垂直起降航空器（eVTOL）实现试点运行，氢能源飞机关键技术完成可行性验证，绿色航空基础设施不断夯实，形成一批标准规范和技术公共服务平台，有效支撑绿色航空生产体系、运营体系建设。到 2035 年，建成具有完整性、先进性、安全性的绿色航空制造体系，新能源航空器成为发展主流，国产民用大飞机安全性、环保性、经济性、舒适性达到世界一流水平，以无人化、电动化、智能化为技术特征的新型通用航空装备实现商业化、规模化应用。

2023 年 11 月，中央空管委发布《中华人民共和国空域管理条例 (征求意见稿)》，明确提出空域用户定义并提出空域用户的权利、义务、规范，标志着我国空域放开有实质性的突破。

2023 年 12 月，国家发改委、商务部联合发布《关于支持横琴粤澳深度合作区放宽市场准入特别措施的意见》，提出支持合作区按市场化原则举办全球智能无人体系展会暨无人系统装备大赛。进一步推动合作区无人驾驶空域开放，优化飞行活动申请审批流程，缩短申请办理时限，研究试点开通合作区与澳门及周边海岛等地无人机、无人船跨境跨域物流运输航线。支持设立在澳门注册、在合作区运营的相关国际性产业标准组织及认证机构。支持保险机构探索制定针对无人体系的保险产品和提供相关服务。支持依托国际先进技术应用推进中心加快智能无人体系经验海外推广。民航局发布《国家空域基础分类方法》，依据航空器飞行规则和性能要求、空域环境、空管服务内容等要素，将空域划分为 A、B、C、D、E、G、W 等 7 类，其中，A、B、C、D、E 类为管制空域，G、W 类为非管制空域。工信部发布《民用无人驾驶航空器生产管理若干规定》，提出民用无人驾驶航空器生产者应当为其生产的民用无人驾驶航空器设置唯一产品识别码，识别码应当包含民用无人驾驶航空器生产者名称代码、产品型号代码和序列号，在首次飞行前将唯一产品识别码信息报工业和信息化部备案。民用无人驾驶航空器无线电发射设备应当依法取得无线电发射设备型号核准，民用无人驾驶航空器装载的接入公用电信网的电信设备应当依法取得电信设备进网许可。国家鼓励民用无人驾驶航空器生产者依法使用商用密码等技术手段保护网络与信息安全。

2024 年 1 月，交通运输部发布《民用无人驾驶航空器运行安全管理现则》，提出规范民用无人驾驶航空器的运行安全管理工作，明确无人驾驶航空器操控员和安全操控要求、登记，适航、空中交通、运行与经营等管理要求。

2024 年 3 月，国务院发布 2024 年《政府工作报告》，提出积极打造生物制造、商业航天、低空经济等新增长引擎。工信部、科技部、财政部、民航局联合发布《通用航空装备创新应用实施方案 (2024—2030 年)》，提出到 2027 年，航空应急救援、物流配送实现规模化应用，城市空中交通实现商业运行，形成 20 个以上可复制、可推广的典型应用示范，打造一批低空经济应用示范基地，形成一批品牌产品。打造 10 家以上具有生态主导力的通用航空产业链龙头企业，培育一批专精特新"小巨人"和制造业单项冠军企业。到 2030 年，以高端化、智能化、绿色化为特征的通用航空产业发展新模式基本建立，支撑和保障"短途运输＋电动垂直起降"客运网络、"干－支－末"无人机配送网络、满足工农作业需求的低空生产作业网络安全高效运行，通用航空装备全面融入人民生产生活各领域，成为低空经济增长的强大推动力，形成万亿级市场规模。

2024 年 7 月，中共中央发布《中共中央关于进一步全面深化改革、推进中国式现代化的决定》，提出："深化综合交通运输体系改革，发展通用航空和低空经济。"

（2）地方性政策文件。

北京：《促进低空经济产业高质量发展行动方案（2024—2027 年）》。力争通过三年时间，低空经济相关企业数量突破 5000 家，产业规模达到 1000 亿元。到 2027 年，建设一批低空经济领域国家级、市级创新平台，攻克一批关键"卡脖子"技术、低空安全技术，国际、国家标准参与度明显提升。基本构建起支撑无人航空器（端）—网联空域及立体基建（网）—数字空管及安防（云）—智慧飞服（服）—多元应用（用）的技术创新体系。建立起覆盖各类无人机及"低慢小"航空器、多种技术搭配、高中低空高效协同的安防反制能力，形成单区域低空防御＋社会面低空安全管控综合解决方案及安防模式，确保首都低空安全，打造全国标杆。在无人机及电动垂直起降航空器（eVTOL）、通用飞机等低空装备制造、低空智联网、垂直起降场、低空安全等领域培育一批龙头企业和专精特新企业，形成一批具有国际竞争力和品牌影响力的低空产品及服务。突破一批数字化低空飞行及监管服务技术，建立空天地协同的监管运行技术支撑体系，推动在京津冀地区协同布局、资源共享、共同发展。建设一批无人机、eVTOL等第三方检测验证技术研发和服务机构，打造服务低空经济全生命周期的产业生态。统筹考虑基础条件和发展需求，科学谋划、适度超前、新旧融合建设低空基础设施。加大既有通用机场设备设施综合利用，推动建成飞行管控服务平台、检测实验室、中试基地、起降场等设施，构建形成便捷高效、智慧精准的低空飞行服务保障体系。围绕应急管理、物流配送、空中摆渡、城际通勤、生态安全、特色文旅等，形成 10 个以上可复制可推广典型应用场景，基本建成网络化的基础设施体系、空域航路资源及低空应用生态。

天津：天津市宁河区《低空经济高质量发展行动方案 (2024—2026 年)》，到 2024 年底，落地低空经济产业链相关企业突破 20 家，设立宁河低空经济专项基金，依托中国民航大学宁河二期项目，启动通用航空机场及低空综合测试场建设项目、科普研学宁河基地项目，实施七里海巡检项目，打造宁河低空经济应用场景示范。到 2025 年底，落地低空经济产业链相关企业突破 40 家，基本建成现代产业区低空经济试验片区，承接北方地区无人机企业试飞测试市场需求，推进中国民航大学科技园项目。到 2026 年底，落地低空经济产业链相关企业突破 60 家，引培 2 家以上专业平台载体，加快发展成为京津冀地区低空经济发展先行区、北方地区低空飞行产业示范区。《天津港保税区推进低空经济高质量发展行动方案》，到 2027 年，低空经济发展要素和基础条件基本完备，培育出一批具有核心竞争力、带动作用强的骨干企业，形成具有较强竞争力的特色产业集群；到 2030 年，基本建成较为完善的低空经济体系，培育形成创新引领、要素富集、空间集约的低空经济产业集群，成为推动高质量持续发展的重要力量。

河北：《关于加快推动河北省低空制造业高质量发展的若干措施》。在整机装备方面，支持通用飞机、自旋翼飞机、系留无人机、复合翼无人机等整机产品创新。在通导设备方面，支持卫星、雷达、5G 等导航装备和通信装备在通用飞机和无人机领域研发应用。在新材料方面，支持航空发动机高温合金、碳纤维、石墨烯改性涂层等研发应用。在关键零部件方面，推动高精度无人机天线、无人机起降平台、航空轻质高强度模具等产品研发创新。在软件方面，推动飞机寿命监控系统、无人机测控系统、无人机任务云控平台等研发验证。支持建设实验验证和中试平台，对晋级国家级重点实验室、技术创新中心等科技创新平台，给予 300～500 万元奖励性补助支持；认定为省级制造业创新中心的，给予 300 万元奖励；对符合条件新认定的省级工业设计研究院，按不超过建设总投入 50% 给予支持，最高不超过 300 万元，对升级认定为国家工业设计研究院的，按不超过升级建设总投入的 50%，最高不超过 500 万元支持。

山西：《山西省加快低空经济发展和通航示范省建设若干措施的通知》。鼓励市、县政府和省有关主管部门将购买通用航空公共服务 (含无人机) 纳入本级政府购买目录范围，列入各单位财政预算，扩大购买规模，年度购买飞行服务小时数原则上只增不减。鼓励省有关单位建立航空应急救援、航空医疗救护、警务航空等机队。对短途运输、低空旅游等通航业务给予补贴，支持常态化开展。支持和引导厂矿企业采购航空应急救援、医疗救护服务，对于距离三甲医院超过 30 km 的厂矿企业采购航空应急救援服务的，按采购额予以一定补贴。对纳入全省低空飞行 (含无人机) 服务保障体系的工程建设项目，按照工程费不超过 50% 给予补助。鼓励引进国际级、国家级航空体育运动赛事、无人机竞技比赛等具有航空特性的活动，对引进的赛事、活动给予专项办会补贴。

河南：《促进全省低空经济高质量发展实施方案 (2024—2027 年)》。到 2025 年，完成低空基础设施布局，初步建立低空空域管理机制，建成 10 个左右通用机场和一批直升机、无人机起降场地、起降点；产业规模大幅提升，低空经济规模达到 300 亿元，规模以上企业达到 50 家左右，省级以上科技创新和公共服务平台力争超过 20 个，全省通用飞机飞行时长力争达到 8 万小时，无人机飞行时长力争达到 100 万小时；产业生态逐步完善，打造 20 个低空标杆应用场景。到 2027 年，建成 20 个左右通用机场及兼具通用航空服务功能的运输机场，低空经济规模达到 500 亿元，规模以上企业达到 60 家左右，省级以上科技创新和公共服务平台超过 25 个，通用飞机飞行时长力争达到 10 万小时，无人机飞行时长力争达到 200 万小时。低空经济标杆应用场景进一步扩容升级。

湖北：《湖北省加快低空经济高质量发展行动方案 (2024—2027 年)》。至 2027 年，全省低空基础设施基本完备，力争产业规模突破 1,000 亿元，低空经济成为全省经济高质量发展的重要增长极。力争全省建成 30 个以上通用机场和 600 个以上起降场地、150 个以上地面基站、1～2 个 A 类飞行服务站。力争全省培育 50 家具备整机生产能力的企业，其中 10 亿元以上规模企业 2～5 家；开发 1～2 套具有完全自主知识产权的低空关键系统；培育 500 家零部件企业和 100 家新型材料企业。重点打造应急救援、物流配送、城市交通、时尚文旅等 6 个"低空 +"新业态示范应用场景，力争全省低空应急救援起降点覆盖率达 100%，建成 10 个以上物流和文体消费标杆场景，开通 30 条以上城市低空交通航线，80% 以上高标准农田实现无人机植保，省内低空飞行器北斗导航覆盖率达 100%。

上海：《低空经济产业高质量发展行动方案 (2024—2027 年)》。到 2027 年，建立低空新型航空器研发设计、总装制造、适航检测、商业应用的完整产业体系，核心产业规模达到 500 亿元以上。联合长三角城市建设全国首批低空省际通航城市，建成全国低空经济产业综合示范引领区。支持 10 家以上电动垂直起降航空器、工业级无人机和新能源通航飞机研发制造领军企业落地发展，培育 20 家左右低空运营服务领军企业、3～5 家行业领先的适航取证技术服务机构，集聚 100 家以上关键配套企业。打造 30 个以上标志性产品，形成年产 200 架以上工业级无人机和吨级载物电动垂直起降航空器、100 架以上吨级载人电动垂直起降航空器批量化制造能力。实现物流运输、应急救援、低空文旅、智慧城市、载人交通等商业场景的"100+"低空飞行服务应用，初步建成"海 – 岸 – 城"智慧物流商业体系，积极申请城市空中交通管理试点，加快发展商业载人城市空中交通。建成无人驾驶航空器综合监督管理服务一体化平台、低空新型航空器适航审定及检验检测中心等，强化低空飞行安全监管，提升低空飞行服务综合保障效能。

江苏：南京市《促进低空经济高质量发展实施方案 (2024—2026 年)》。到 2026 年，南京低空经济产业规模超 500 亿元；建成 240 个以上低空航空器起降场及配套的信息化基础设施，建成 3 个以上试飞测试场和操控员培训点；规划建设 1～2 个通用机场；开通 120 条以上低空航线；全市低空经济领域高新技术企业超 120 家；建成 15 个省级以上创新平台；培育 30 个以上具备示范效应的创新应用场景。聚焦有效保障低空飞行活动、提升低空产业集聚水平、拓展培育低空应用场景、打造低空科创策源中心和完善低空经济配套措施 5 个方面，共提出了 20 项重点任务。

浙江：《浙江省人民政府关于高水平建设民航强省打造低空经济发展高地的若干意见》。到 2027 年，基本建成航空服务全省覆盖、航线网络全球通达、空港枢纽多式便捷、航空产业高能集聚、低空经济先行引领、行业治理顺畅高效的高水平民航强省和低空经济发展高地；到 2035 年，全面建成高水平民航强省和低空经济发展高地。布设低空新基建"三张网"（低空基础设施网、低空航路航线网、低空飞行服务网），全省建设 A 类通用机场达 20 个、实现"市市通"，公共无人机起降场达 150 个，四大都市圈核心区低空新基建实现全覆盖。推动无人机电商物流规模化发展，打造无人机电商物流品牌；通过政府购买服务等方式，拓展"低空+公共服务"场景应用；完善航空应急救援体系，推进"1+10"通用航空应急救援基地建设；培育"低空 + 旅游""低空 + 体育"等新兴消费业态；积极争创国家低空经济相关试点，以县域为单元，开展省级低空经济试点。加快建立低空法规政策体系，出台低空运行规则与标准，提升无人机公共安全管理能力，积极举办低空经济相关论坛、特色活动，营造浓厚发展氛围。

安徽：《安徽省加快培育发展低空经济实施方案（2024—2027 年）及若干措施的通知》。到 2025 年，建设 10 个左右通用机场和 150 个左右临时起降场地、起降点，部分区域低空智联基础设施网初步形成。低空经济规模力争达到 600 亿元，规模以上企业达到 180 家左右，其中培育生态主导型企业 1～2 家。省级以上科技创新和公共服务平台力争超过 100 个。全省通用飞机飞行力争达到 1 万小时，无人机飞行力争达到 160 万小时。到 2027 年，建设 20 个左右通用机场和 500 个左右临时起降场地、起降点，全省低空智联基础设施网基本完备。低空经济规模力争达到 800 亿元，规模以上企业力争达到 240 家左右，其中生态主导型企业 3～5 家。省级以上科技创新和公共服务平台超过 120 个。通用飞机飞行力争达到 1.5 万小时，无人机飞行力争达到 200 万小时。

福建：《福州市关于加快推动低空产业发展行动方案（2024—2026 年）》。2024 年底，在全省率先开展低空空域管理改革试点，经军方同意，由地方政府发布无人机适飞空域，建立军、地、民低空空域协同管理机制，打造低空经济产业链。2025 年底，布局无人机飞行服务站、临时起降点，建设低空产业创新平台，全市低空产业链能级跃升，技术创新能力明显增强，形成低空产业战略性新兴产业集群，争创民用无人驾驶航空器试验基地。2026 年底，围绕打造高能级无人机产业体系，飞行服务更加优质。低空经济相关企业数量突破 400 家，组织筛选低空经济 10 大创新场景，争创国家低空经济示范区。

江西：《江西省关于促进低空经济高质量发展的意见（征求意见稿）》。到 2026 年，全省低空制造能力、应用水平、产业生态全面提升，带动全省经济增长超 2000 亿元，低空经济规模和竞争力处于全国领先水平，把江西打造成为全国具有重要影响力的低空经济发展高地。研制一批具有自主知识产权的固定翼飞机、直升机、无人机、电动垂直起降飞行器 (eVTOL) 等低空飞行器，构建以低空制造为核心、以低空保障为支撑、以低空服务为特色的产业体系，培育一批低空经济领军企业、独角兽企业，力争聚集低空制造及相关配套企业 300 家，争创国家级新型通航装备制造业集群。

湖南：《关于支持全省低空经济高质量发展的若干政策措施》。鼓励开展低空飞行，对于主运行基地设在湖南的通航企业年飞行小时达到 100 小时，按照最大起飞重量 1 t(含) 以下的航空器予以 500 元 / 小时、最大起飞重量 1(不含) ～ 5 t(不含) 的航空器予以 2,000 元 / 小时、最大起飞重量 5 t(含) 以上的航空器予以 3,000 元 / 小时的运行补助，单个企业每年补助最高不超过 100 万元。对于滑翔伞、动力伞等轻型运动航空器和热气球、飞艇等轻于空气航空器的运营企业，年飞行超过 2,500 架次给予运营补贴，超出部分按照 35 元 / 架次给予补贴，单个企业每年补助最高不超过 50 万元。对于利用电动垂直起降航空器 (eVTOL)、飞行汽车等新型飞行器开展商业化飞行的企业，每开通一条固定飞行航线且年飞行小时达到 100 小时，按照 1,000 元 / 小时给予运营补贴，单个企业每年补贴最高不超过 300 万元。鼓励无人驾驶航空器 (无人机) 开展低空物流和配送业务，企业每开通一条固定无人机物流航线或配送航线且常态化运营一年以上，年飞行达到 1,000 架次的 (往返为一架次)，一次性给予 10 万元航线补贴，超出 1,000 架次的部分按照小型、中大型民用无人机分别按照 35 元 / 架次、50 元 / 架次给予运营补贴，单个企业每年补贴最高不超过 100 万元。鼓励企业投资低空经济领域科技创新平台，对新获批的国家重点实验室、技术创新中心、制造业创新中心、产业创新中心，每年支持 500 万元，连续支持三年。对重大低空经济类先进制造业项目，根据其对经济社会实际贡献情况给予奖励，最高奖励 2,000 万元。

云南：《昆明市促进低空经济发展的实施意见》。通过三年时间，全市低空经济规模达到 300 亿元，培育低空经济产业链市场主体 500 家以上，培育专精特新中小企业 5 家以上，开展"低空 +"应用场景试点 50 个以上，引进至少 5 家行业代表性企业。重点打造滇中新区、盘龙区、呈贡区 3 个低空经济试点区域，在磨憨开展"智慧边防"无人机试点建设工作，在数据融合共享、智能高效管控、体制机制配套等方面形成集聚化产业生态圈，有效衔接基础设施使用、飞行申请响应、飞行过程监管等功能，保障低空交通安全。

海南：《海南省低空经济发展三年行动计划（2024—2026 年）》。到 2026 年，出台 3 项政策制度；建设 2 个保障服务平台；建成通用机场 9 个，低空飞行器起降场超过 500 个；划设低空航线数量超 300 条；重点拓展建设 8 个低空应用场景；推动一批重点项目建设，实现全省低空经济总产值超过 300 亿元。

广东：《广东省推动低空经济高质量发展行动方案 (2024—2026 年)》。到 2026 年，低空管理机制运转顺畅、基础设施基本完备、应用场景加快拓展、创新能力国际领先、产业规模不断突破，推动形成低空制造和服务融合、应用和产业互促的发展格局，打造世界领先的低空经济产业高地。"军地民"三方协同管理机制基本建立，在基础设施建设运营、低空飞行服务保障等方面构建起各方分工明确、协同高效的工作机制。建设一批通用机场和起降场、起降点，基本建成安全高效、互联互通的地面基础设施网络，核心区域低空智联基础设施建设完成。低空经济规模超过 3,000 亿元，基本形成广州、深圳、珠海三核联动、多点支撑、成片发展的低空经济产业格局，培育一批龙头企业和专精特新企业。布局一批省级创新平台，争创国家级创新平台 1 ～ 2 家。攻克一批低空领域关键"卡脖子"技术，基本实现低空产业链自主可控。全省通用飞机飞行达到 15 万小时，无人机飞行达到 350 万小时。在城市空中交通、低空物流、全空间无人体系等试点示范取得积极进展。

广西：《广西低空经济高质量发展行动方案（2024—2026 年）》。到 2026 年底，低空飞行基础设施不断完善，应用场景规模化运营，低空装备产业链基本形成，低空经济规模不断增长，我区成为面向东盟的低空场景服务方案供给地和低空装备研发制造基地。培育低空经济产业链链上企业 200 家以上，其中力争民营企业数量不少于 100 家，力争低空经济规模达到 500 亿元以上。

重庆：《重庆市支持低空经济高质量发展十条激励措施》。组建 10 亿元低空经济产业基金，锚定建设西部一流、具有全国影响力的低空之城。聚焦航空制造重大项目，对有先导性、引领性的龙头企业，按照"一事一议"的方式给予更多奖励，比如对新落户整机以及相关零部件制造加工的重大项目按照厂房装修和生产设备、固定资产投资的 20% 给予奖励，单个企业可达 3,000 万元；聚焦航空应用重点场景，对航拍测绘、农林植保、航空文旅等重点应用场景项目，企业年度营收在 500 万元以上的，按实际收入的 2% 给予奖补，最高可达 100 万元；聚焦科技创新重要功能，对被认定为低空领域民航重点实验室、工程实验室、技术创新中心等服务平台或创新载体，按照研发设备等投入的 30%，给予一次性奖励，最高可达 1,000 万元。

四川：《关于促进低空经济发展的指导意见》。到 2027 年，建成 20 个通用机场和 100 个以上垂直起降点，实现支线机场通航全覆盖，试点城市低空监管、服务、应用一体化信息平台建成投用，低空空域分类划设和协同管理取得突破性进展，在通航装备制造、低空飞行运营等领域各培育形成 3 ～ 5 家行业领军企业。到 2030 年，全面建成布局合理、功能完善、覆盖广泛的飞行起降基础设施网络，空域管理和服务水平更好适应飞行活动需求，通航装备制造能力、产业配套协作水平国内领先，形成一批具有全球影响力的品牌产品。

西藏：《西藏自治区支持低空经济高质量发展的若干政策（征求意见稿）》。设立低空经济发展专项资金，用于支持建设通用机场、开展通用航空业务、促进低空旅游消费、开通短途运输航线、开展通用机场运营、建设飞行服务保障体系、完善通用航空设施设备、支持无人机发展，以及建设无人机试验基地、通航小镇、培养低空经济人才、开展培训教育、举办低空经济会议及活动、开展低空经济研究。

黑龙江：《黑龙江省加快推动低空经济发展实施方案（2024—2027年）》。到 2027 年，全省低空经济规模培育壮大，低空空域改革实现突破，场景应用形成龙江特色，低空经济全产业链活力倍增，加快构建研发制造和市场运营双轮驱动、综合保障与延伸服务协同提升的低空经济产业新格局，打造低空经济特色示范区。产业规模逐步壮大，通用航空及无人机产业持续加快发展，低空经济产业规模力争达到 800 亿元以上，培育 3 ～ 4 家百亿级低空制造企业、10 家以上十亿级低空制造企业，推动 2 ～ 3 个型号民用飞机适航取证。对年度单品销售收入 200 万元以上的省重点新产品，按年度实际成交额的 5% 给予开发企业奖励，单品奖励上限 50 万元；有多个产品的，每户企业每年奖励合计最高 300 万元。

辽宁：《沈阳市低空经济高质量发展行动计划 (2024—2026 年)》。到 2026 年，低空飞行基础保障体系基本完善，初步形成研发制造、低空飞行、综合服务融合发展产业生态。低空飞行器在城市空运、物流配送、应急救援和智慧城市管理等领域综合服务高效运行，打造 10 个以上低空经济应用示范场景，培育低空经济相关企业突破 100 家，产业规模达到 30亿元。

内蒙古：《内蒙古自治区低空经济高质量发展实施方案 (2024—2027年)》。到 2027 年，基本构建自治区低空空管和运行服务保障体系，培育

1～2个低空空域管理改革试点。通用机场建成数量达到50个、建设标准化临时起降场（点）100个，建成2个以上低空飞行综合服务站。打造8～10个低空经济应用场景，形成一批可复制、可推广的典型应用模式。引育3～5家低空经济头部企业和30家研发制造企业，聚集产业链上下游配套企业100家以上。培育呼包鄂低空经济发展圈，建设呼和浩特临空产业、鄂尔多斯低空经济2个示范区，打造包头低空经济制造、赤通锡低空综合应用、"乌阿海满"低空旅游3个集聚区。

山东：《山东省低空经济高质量发展三年行动方案(2024—2026年)》。到2026年，全省低空经济服务保障水平全国领先，成为全国低空经济创新发展重要策源地，低空经济产业成为全省经济高质量发展的重要增长极。全面建成覆盖无人机、eVTOL(电动垂直起降航空器)、直升机、固定翼飞机等各类低空航空器的智能化管理服务平台，创建2个城市低空融合飞行示范基地，打造4个飞行服务站，建成40个通用机场、400个数字化低空航空器起降平台。建成1家以上国家级创新平台，10家以上的省级创新平台。形成10个以上可复制、可推广的典型应用示范，开通50条以上市内无人机航线、20条以上区域无人机物流航线、20条以上景区旅游航线、10条以上短途运输航线，载货无人机实现常态化飞行，电动垂直起降航空器(eVTOL)实现商业化飞行。全省以工业级、eVTOL等各类无人机研发制造为核心的低空经济产业快速壮大，培育亿元级龙头企业20家以上，专精特新企业50家以上，链上企业300家以上，构建形成济南、青岛两核引领，烟台、东营、日照、滨州四点支撑的低空经济产业发展格局。

这些规划和第二阶段的政策、产业布局可以概括为：

（1）深化低空示范项目建设。通过建立示范项目和一系列政策措施，推动低空产业在全省范围内的均衡发展和示范引领。

（2）拓展低空应用场景。推动航空应急救援、医疗救护、警务航空等应用场景的常态化开展，提高通航服务的覆盖面和普及率，鼓励和支持市、县政府及有关部门将通用航空服务纳入政府购买目录。

（3）加快低空基础设施建设。加大对通用机场、低空飞行营地等基础设施项目的支持力度，优化建设用地、林草地等资源配置，提升运营服务保障能力，为低空交通的快速发展提供有力支撑。

（4）提高低空研发制造水平。支持先进军用技术向低空领域转移转化，推动低空整机制造、动力系统、机载系统、地面保障设备等领域的创新和发展，提升低空产业的自主可控能力和核心竞争力。

（5）推动低空产业创新发展。鼓励和支持新技术、新业态、新模式的发展和应用，促进低空交通产业链的强链、补链、延链，推动低空产业向更高层次、更宽领域、更深层次发展。

✈ 5.2.2　技术进步对低空产业的推动

创新是经济增长的源泉。在低空产业的发展过程中，市场需求与产业规模的增长离不开创新的推动。只有不断创新产品和服务模式，满足市场需求的多样化和个性化需求，才能推动产业规模的持续扩大和市场竞争力的不断提升。

随着科技的飞速发展，人工智能（AI）和物联网（IoT）技术正逐步渗透到低空产业的各个领域，为这一新兴产业带来了前所未有的发展机遇。AI 技术的引入，使得无人机等低空设备具备了更高的自主性和智能化水平。例如，通过深度学习算法，无人机能够自主识别目标、规划飞行路径，甚至进行自主避障，大大提高了作业效率和安全性。据预测，到 2025年，全球智能无人机市场规模将达到数百亿美元，其中 AI 技术的应用将占据重要地位。

物联网技术则为低空产业提供了强大的数据支撑和互联互通能力。通过将无人机、传感器、地面控制站等设备连接成一个庞大的网络，物联网技术实现了低空设备之间的实时数据交换和共享。这不仅使得低空作业更加精准高效，还为低空产业带来了全新的商业模式和服务模式。例如，在农业领域，通过物联网技术，无人机可以实时监测农田的生长情况，为农民提供精准的施肥、灌溉等建议，从而提高农作物的产量和质量。

此外，AI 和物联网技术的结合还为低空产业带来了更多的创新应用。例如，在智慧城市建设中，无人机可以搭载高清摄像头和传感器，通过 AI算法对城市进行实时监控和数据分析，为城市管理提供有力支持。同时，物联网技术还可以将无人机与其他城市基础设施进行连接，实现城市资源的优化配置和高效利用。这种创新应用不仅提升了低空产业的技术水平和服务能力，也为城市的发展带来了更多可能性。我们有理由相信，在不久的将来，低空产业将成为推动社会进步和经济发展的重要力量。

✈ 5.2.3　技术进步对生产效率的提升

技术进步在低空产业中扮演着至关重要的角色，它不仅推动了无人机技术的飞速发展，还极大地提升了低空产业的生产效率。以无人机技术为例，随着人工智能、物联网等前沿技术的不断融合，无人机在自主飞行、智能避障、高精度定位等方面取得了显著突破。这些技术进步使得无人机在农业、物流等领域的应用更加广泛，生产效率得到了极大提升。

在农业领域，无人机通过搭载高清摄像头和传感器，能够实现对农田的精准监测和数据分析。通过 AI 算法，无人机可以自动识别病虫害、土壤湿度等关键信息，为农民提供科学的种植建议。据统计，使用无人机进行农田监测相比传统的人工巡查，效率提高了近 80%，同时降低了成本约 30%。这一变革不仅提高了农业生产效率，还有助于实现农业的可持续发展。

在物流领域，无人机技术的应用同样带来了革命性的变化。通过智能调度和路径规划，无人机可以实现快速、准确的货物配送。特别是在偏远地区或交通不便的地方，无人机配送能够大幅缩短物流时间，提高物流效率。

此外，技术进步还推动了低空产业在应急救援、智慧城市等领域的创新应用。例如，无人机在应急救援中可以迅速到达现场，为救援人员提供实时信息和支援；在智慧城市中，无人机可以用于巡逻、监控等任务，提高城市管理的智能化水平。这些创新应用不仅拓展了低空产业的市场空间，也进一步提升了其生产效率和社会价值。

✈ 5.2.4　消费者特征与需求发生变化

在中国低空交通产业的发展过程中，消费者特征与需求变化起到了至关重要的推动作用。近年来，随着国民收入水平的提升和消费观念的转变，越来越多的消费者开始关注低空飞行服务，并呈现出多样化的需求特点。中国低空飞行市场的消费者群体已逐渐从传统的商务出行扩展到休闲旅游、私人飞行等多个领域。消费者对于通用航空服务的需求变化主要体现在以下几个方面：

首先，个性化需求日益凸显。消费者不再满足于传统的航空服务模式，而是追求更加个性化、定制化的服务体验。例如，在休闲旅游领域，消费者更倾向于选择直升机、热气球等通用航空工具，以获得独特的空中观光体验。

其次，安全性成为消费者关注的重点。随着航空安全事故的频发，消费者对通用航空服务的安全性要求越来越高。因此，低空飞行企业需要不断提升服务质量，加强安全管理，确保消费者的飞行安全。

最后，消费者对低空飞行服务的便捷性、舒适性等方面也提出了更高的要求。例如，在私人飞行领域，消费者希望能够在短时间内完成飞行计划，同时享受高品质的飞行体验。为了满足这些需求，低空飞行企业需要不断创新服务模式，提升服务品质。

有企业通过深入了解消费者需求，推出了一系列个性化、定制化的服务产品。例如，针对休闲旅游市场，有企业推出了"空中婚礼""空中摄影"等特色服务项目，吸引了大量消费者前来体验。同时，该企业还加强了安全管理，引入了先进的飞行管理系统和飞行教练团队，确保消费者的飞行安全。这些举措不仅提升了企业的市场竞争力，也满足了消费者的多样化需求。

消费者特征与需求变化是推动中国通用航空产业发展的重要因素之一。通用航空企业需要密切关注市场动态和消费者需求变化，不断创新服务模式、提升服务品质，以满足消费者的多样化需求。

✈ 5.2.5　市场细分与竞争格局

在中国低空交通产业中，市场细分与竞争格局的演变是产业发展的重要驱动力。随着市场的不断成熟和消费者需求的多样化，通用航空市场逐渐细分为多个子市场，如私人飞行、商务飞行、空中游览、应急救援等。这些子市场各具特色，对通用航空产品和服务的需求也各不相同。

在私人飞行市场，高端消费者对于个性化、定制化的服务需求日益增长。例如，一些富豪和企业家选择购买私人飞机，以满足其商务出行和休闲旅游的需求。这一市场的竞争主要集中在提供高品质服务、先进机型和个性化定制方案的供应商之间。同时，随着技术的进步和成本的降低，私人飞行市场的门槛逐渐降低，吸引了更多潜在消费者的关注。

在商务飞行市场，企业对于高效、便捷的出行方式有着迫切需求。通用航空企业通过与航空公司、酒店等合作伙伴建立紧密的合作关系，提供一站式商务出行解决方案。这一市场的竞争主要体现在服务网络覆盖、航班频次和价格策略等方面。一些领先的通用航空企业通过优化航线网络、提高航班频次和降低运营成本，成功占据了市场份额。

空中游览市场则以其独特的旅游体验吸引了大量消费者。随着旅游业的快速发展和消费者对于新奇体验的追求，空中游览市场呈现出快速增长的态势。低空飞行服务企业通过开发多样化的空中游览产品、提升服务质量和加强市场推广，成功吸引了大量游客。在这一市场中，竞争主要体现在产品创新、服务质量和市场推广能力等方面。

此外，应急救援市场也是低空交通产业的重要组成部分。在自然灾害、事故等紧急情况下，低空交通企业能够迅速响应并提供必要的救援支持。这一市场的竞争主要体现在响应速度、救援能力和服务质量等方面。一些具有丰富经验和专业技术的通用航空企业在这一市场中占据了重要地位。

总体来看，中国低空交通产业的市场细分与竞争格局呈现出多元化和差异化的特点。不同子市场之间的竞争和合作共同推动了产业的快速发展。未来，随着技术的不断进步和市场的不断成熟，通用航空产业的市场细分将更加精细化，竞争格局也将更加激烈和复杂。

低空产业是中国改革开放以来唯一没有完全开放和发掘的蓝海市场，低空飞行由于具有自由灵活、四通八达的特点，赋予了人们在出行时间和空间上更多的主动权和选择权，提升了出行效率。空管是低空交通安全、高效、可靠运营的根本保证。

6.1　空中管制是低空安全的基本保障

空管是依法行政最典型的行业之一，是法律授权管制。

✈ 6.1.1　《航空法》是管制的基本依据

根据 2021 年 4 月 29 日第十三届全国人民代表大会常务委员会第二十八次会议《关于修改（中华人民共和国道路交通安全法）等八部法律的决定》（第六次修正），有关空域管理的条文如下：

第七十条，国家对空域实行统一管理。

第七十二条，空域管理的具体办法，由国务院、中央军事委员会制定。

第七十六条，在中华人民共和国境内飞行的航空器，必须遵守统一的飞行规则，进行目视飞行的民用航空器，应当遵守目视飞行规则，并与其他航空器、地面障碍物体保持安全距离。进行仪表飞行的民用航空器，应当遵守仪表飞行规则。飞行规则由国务院、中央军事委员会制定。

第八十四条，航路上应当设置必要的导航通信、气象和地面监视设备。

✈ 6.1.2　《飞行基本规则》是管制具体措施

根据 2001 年 7 月 27 日国务院、中央军事委员会第 312 号公布的《国务院、中央军委关于修改〈中华人民共和国飞行基本规则 >的决定》，有关空域管理的条文如下：

第二条，凡辖有航空器的单位、个人和与飞行有关的人员及其飞行活动，必须遵守本规则。

第三条，国家对境内所有飞行实行统一的飞行管制。

第十二条，空域的划设应当考虑国家安全、飞行需要、飞行管制能力和通信、导航、雷达设施建设以及机场分布、环境保护等因素。空域通常划分为机场飞行空域、航路、航线、空中禁区、空中限制区和空中危险区等。空域管理和飞行任务需要的，可以划设空中走廊、空中放油区和临时飞行空域。

第十四条，机场飞行空域应当划设在航路和空中走廊以外。仪表（云中）飞行空域的边界距离航路、空中走廊以及其他空域的边界，均不得小于 10 km。机场飞行空域通常包括驾驶术（特技、编队、仪表）飞行空域、科研试飞飞行空域、射击飞行空域、低空飞行空域、超低空飞行空域、海上飞行空域、夜间飞行空域和等待空域等。等待空域通常划设在导航台上空；飞行活动频繁的机场，可以在机场附近上空划设。等待空域的最低高度层，距离地面最高障碍物的真实高度不得小于 600 m。8,400 m 以下，每隔 300 m 为一个等待高度层；8,400 m 以上，每隔 600 m 为一个等待高度层。机场飞行空域的划设，由驻机场航空单位提出方案，报所在地区的中国人民解放军军级航空单位或者军区空军批准。相邻机场之间飞行空域可以相互调整使用。

第十五条，航路分为国际航路和国内航路。航路的宽度为 20 km，其中心线两侧各 10 km；航路的某一段受到条件限制的，可以减少宽度，但不得小于 8 km。航路还应当确定上限和下限。

第十六条，航线分为固定航线和临时航线。临时航线通常不得与航路、固定航线交叉或者通过飞行频繁的机场上空。

第二十一条，空中走廊通常划设在机场密集的大、中城市附近地区上空。空中走廊的划设应当明确走向、宽度和飞行高度，并兼顾航空器进离场的便利。空中走廊的宽度通常为 10 km，其中心线两侧各 5 km。受条件限制的，其宽度不得小于 8 km。

第二十三条，临时飞行空域的划设，由申请使用空域的航空单位提出方案，经有关飞行管制部门划定，并通报有关单位。国（边）境线至我方一侧 10km 之间地带上空禁止划设临时飞行空域。通用航空飞行特殊需要时，经所在地大军区批准后由有关飞行管制部门划设。

第二十八条，中华人民共和国境内的飞行管制，由中国人民解放军空军统组织实施，各有关飞行管制部门按照各自的职责分工提供空中交通管制服务。

第二十九条，飞行管制的基本任务是：监督航空器严格按照批准的计划飞行，维护飞行秩序，禁止未经批准的航空器擅自飞行；禁止未经批准的航空器飞入空中禁区、临时空中禁区或者飞出、飞入国（边）境；防止航空器与航空器、航空器与地面障碍物相撞：防止地面对空兵器或者对空装置误射航空器。

第三十条，在中华人民共和国境内，按照飞行管制责任划分为飞行管制区、飞行管制分区、机场飞行管制区。航路、航线地带和民用机场区域设置高空管制区、中低空管制区、航站楼（进近）管制区、机场塔台管制区。在中华人民共和国境内、毗连区、经济区及其毗连的公海的上空划分若干飞行情报区。

第九十二条，在飞行期间，所有参加飞行和保障飞行的人员，必须服从飞行指挥员的指挥。

✈ 6.1.3　《通用航空飞行管制条例》是低空管理措施

第六条，从事通用航空飞行活动的单位、个人使用机场飞行空域、航路、航线，应当按照国家有关规定向飞行管制部门提出申请，经批准后方可实施。

第七条，从事通用航空飞行活动的单位、个人，根据飞行活动要求，需要划设临时飞行空域的，应当向有关飞行管制部门提出划设临时飞行空域的申请。划设临时飞行空域的申请应当包括下列内容：临时飞行空域的水平范围、高度；飞入和飞出临时飞行空域的方法；使用临时飞行空域的时间；飞行活动性质；其他有关事项。

✈ 6.1.4　《无人驾驶航空器飞行管理暂行条例》是专项管制

2023年5月31日，国务院中央军委第761号令公布《无人驾驶航空器飞行管理暂行条例》，第十九条规定国家根据需要划设无人驾驶航空器管制空域（以下简称管制空域）。

真高120 m以上空域，空中禁区、空中限制区以及周边空域，军用航空超低空飞行空域，以及下列区域上方的空域应当划设为管制空域：机场以及周边一定范围的区域；国界线、实际控制线、边境线向我方一侧一定范围的区域；军事禁区、军事管理区、监管场所等涉密单位以及周边一定范围的区域；重要军工设施保护区域、核设施控制区域、易燃易爆等危险品的生产和仓储区域，以及可燃重要物资的大型仓储区域；发电厂、变电站、加油（气）站、供水厂、公共交通枢纽、航电枢纽、重大水利设施、港口、高速公路、铁路电气化线路等公共基础设施以及周边一定范围的区域和饮用水水源保护区；射电天文台、卫星测控（导航）站、航空无线电导航台、雷达站等需要电磁环境特殊保护的设施以及周边一定范围的区域；重要革命纪念地、重要不可移动文物以及周边一定范围的区域；国家空中交通管理领导机构规定的其他区域。

管制空域的具体范围由各级空中交通管理机构按照国家空中交通管理领导机构的规定确定，由设区的市级以上人民政府公布，民用航空管理部门和承担相应职责的单位发布航行情报。未经空中交通管理机构批准，不得在管制空域内实施无人驾驶航空器飞行活动。

管制空域范围以外的空域为微型、轻型、小型无人驾驶航空器的适飞空域（以下简称适飞空域）。

✈ 6.1.5　中华人民共和国空域管理条例

《中华人民共和国空域管理条例(征求意见稿)》是最新的空域管理规定，也是空载改革的具体体现，与低空飞行相关的条款如下：

第十二条，空域等级综合考虑飞行规则、空域环境、航空器性能、空中交通服务等因素，空域分为管制空域（A、B、C、D、E类）和非管制空域（G、W类）。

A类空域通常为标准气压高度6,000 m（含）以上至标准气压高度20,000 m（含）的空间。

B类空域通常划设在民用运输机场上空。C类空域通常划设在建有塔台的民用通用机场上空。

G类空域通常为B、C类空域以外真高300 m以下空域（W类空域除外），以及平均海平面高度低于6,000 m、对军事飞行和民航公共运输飞行无影响的空域。W类空域通常为G类空域内真高120 m以下部分空域。D类或者E类空域是除A、B、C、G、W类空域外的空间，可以根据运行和安全需求选择划设。其中，标准气压高度20,000 m以上统一划设为D类空域。

上述法条核心内容可以概括为：航空法授权国务院、中央军委负责全国空域管理；境内飞行的航空器，必须遵守统一的飞行规则，飞行规则由国务院、中央军事委员会制定，国务院、中央军委授权；飞行管制，由中国人民解放军空军统一组织实施；在飞行期间，所有参加飞行和保障飞行的人员，必须服从飞行指挥员的指挥；航路上应当设置必要的导航通信、气象和地面监视设备。以上法条是保证空域安全，飞行安全和国家空中安全的重要保障，也是不可动摇的空中管制规则。

6.2　空中交通管制体制和机制

根据《航空法》第三条规定，国务院民用航空主管部门对全国民用航空活动实施统一监督管理。

《飞行规则》第二十八条规定：中华人民共和国境内的飞行管制，由中国人民解放军空军统一组织实施，各有关飞行管制部门按照各自的职责分工提供空中交通管制服务。可以理解为：民用航空的飞行管制和指挥，是由空军与国家空中管理局共同执行的。

就全国来说，实行"统一管制、分别指挥"的体制，即在国务院、中央军委空中交通管制委员会的领导下，由空军负责实施全国的飞行管制，军用飞机由空军和海军航空兵实施指挥，民用飞行和外航飞行由民航实施指挥。就民航内部来说，空管系统实行"分级管理"的体制，即各级空管部门分别隶属于中国民航局、地区管理局、省（市、区）局以及航站。总局空管局对民航空管系统实行业务领导，其余工作包括人事、财务、行政管理及基本建设等均由各地区管理局、省（市、区）局以及航站负责。

✈ 6.2.1　管制体制

（1）空域管理。全国划设飞行情报区 9 个，即北京、上海、广州、武汉、兰州、沈阳、昆明、乌鲁木齐以及台北飞行情报区。大陆上空划设高空管制区 28 个，其中东北地区 4 个，华北地区 3 个，华东地区 6 个，中南地区 8 个，西南地区 4 个，西北地区 2 个，新疆地区 1 个；中低空管制区 37 个；绝大多数民用机场（含军民合用机场）均设置了塔台管制区域。

（2）空管设施。经过不断地建设，基本形成了比较完善的通信、导航、情报、气象保障系统。通信保障方面，在全国绝大多数民用机场配置了卫星语音地面站和卫星数据地面站，每个管制单位装备了 2 套以上的甚高频对空通信台，部分对空通信薄弱地区配备了甚高频转播台，在我国东部地区实现了 7,000 m 以上甚高频对空通信的覆盖。导航保障方面，绝大多数民用机场配备了仪表着陆系统、全向信标和测距仪，大部分高空、中低空管制区配备了二次或一、二次雷达，在我国东部地区基本达到 7,000 m 以上雷达覆盖。航行情报保障方面，正在建设航行情报自动化系统，航行通告及航行资料制作技术有了明显改进。气象保障方面，各机场配备了气象观测、预报设备，部分机场配备了气象雷达、自动观测系统、气象卫星云图接收设备，为航班飞行及时提供了所需的气象资料。

（3）人员素质。截至 2023 年底，空管行业四类专业技术人员共 38,921 名，其中，空中交通管制人员 18,078 名。大部分人员受过高等教育，其余人员受过中等专业教育。特别是管制员培训，各级一直比较重视，有专门培训管制员的高等院校，有较为完整的管制员训练大纲，有良好的现代化教学设施，有严格的管制员考核制度。管制员的训练拟分三步进行，即养成训练、资格训练和提高训练。养成训练主要由中国民航学院、民航飞行学院以及南京航空航天大学担任，每年毕业 200 人左右。资格训练、提高训练由各级空管部门组织，通过跟班见习、执照考核、送国外培训、专题研讨等形式进行。一名管制学员通常经过 1 ～ 2 年时间的培养，才能正式担负管制岗位的值班。

（4）管制方式。目前，尽管大部分管制区配备了二次或一、二次雷达，但管制方式还没有进行根本性的变革，除北京航站楼区、深圳进近管制区实行了雷达管制以外，绝大多数单位仍采用程序管制，或者雷达监视条件下缩小间隔的程序管制。

✈ 6.2.2　低空开放的政策

2010 年 11 月，国务院、中央军委正式对外发布《关于深化我国低空空域管理改革的意见》之后，中国人民解放军总参谋部、中国民用航空局发布的《通用航空飞行任务审批与管理规定》2013 第五条规定：除以下九种情况外，通用航空飞行任务不需要办理任务申请和审批手续，但在飞行实施前，须按照国家飞行管制规定提出飞行计划申请，并说明任务性质：

（1）航空器进出我国陆地国界线、边境争议地区我方实际控制线或者外籍航空器飞入我国领空的（不含民用航空器沿国际航路飞行），由民用航空局商总参谋部、外交部审批。

（2）航空器越过台湾海峡两岸飞行情报区分界线的（不含民用航空器沿国际航路飞行），由民用航空局商总参谋部、国务院台湾事务办公室审批；飞入香港、澳门地区的，须先通过相关渠道征得香港、澳门特别行政区政府有关部门同意。

（3）航空器进入陆地国界线、边境争议地区实际控制线我方一侧 10 km 的（不含民用航空器沿国际航路飞行），由民航地区管理局商所在军区审批；越过我国海上飞行情报区的（不含台湾海峡地区和沿国际航路飞行），由民航地区管理局商所在军区空军审批，报相关军区备案。进入上述地区或越过海上飞行情报区执行森林灭火、紧急救援等突发性任务的，由所在飞行管制分区指挥机构（航管中心）审批并报军区空军备案。

（4）航空器进入空中禁区执行通用航空飞行任务，由民用航空局商总参谋部审批；进入空中危险区、空中限制区执行通用航空飞行任务，由民航地区管理局商军区空军或者海军舰队审批。

（5）凡在我国从事涉及军事设施的航空摄影或者遥感物探飞行，其作业范围由民航地区管理局商相关军区审批；从事涉及重要政治、经济目标和地理信息资源的航空摄影或者遥感物探飞行，其作业范围由民航地区管理局商相关省、自治区、直辖市政府主管部门审批。

（6）我国与相邻国家联合组织跨越两国边境的航空摄影、遥感物探等通用航空飞行，由自然资源部商外交部、民用航空局、总参谋部提出意见，报国务院审批。

（7）外籍航空器或者由外籍人员驾驶的我国航空器使用未对外开放的机场、空域、航线从事通用航空飞行，由民用航空局商总参谋部审批。

（8）中央国家机关有关部门、地方人民政府和企业事业单位使用军用航空器进行航空摄影（测量）、遥感物探，以及使用总参谋部直属部队航空器或者使用军区所属航空器跨区从事通用航空飞行的，由总参谋部审批。使用军区所属航空器在辖区内进行其他通用航空飞行的，由相关军区审批；使用海军、空军所属航空器进行其他通用航空飞行的，由海军、空军或者海军舰队、军区空军审批。

（9）国家组织重大活动等特殊情况下的通用航空飞行，按照国家和军队的有关规定要求审批。

可以看出，在不涉及边防和重要目标的情况下，空军是放行的。

《国务院中央军委关于深化我国低空空域管理改革的意见》国发〔2010〕25 号，文件规定：各类低空空域垂直范围原则为真高 1,000 m 以下，可根据不同地区特点和实际需要，具体划设低空空域高度范围，报批后严格掌握执行。民航局会同空军研究论证在现行航路内、高度 4,000 m（含）以下，按监视空域管理办法为通用航空飞行提供空中交通服务。

国务院办公厅《关于促进通用航空业发展的指导意见》（国办发〔2016〕38 号）提出：及时总结推广低空空域管理改革试点经验，实现真高 3,000 m 以下监视空域和报告空域无缝衔接，划设低空目视飞行航线，方便通用航空器快捷机动飞行。

在上一章我们介绍过，民航局为推动低空开放，近 10 年来先后发布 100 多个政策、法规或文件，为低空飞行松绑、探路。

6.3　全面监管是低空开放的根本前提

低空开放涉及国家安全、航空安全、机场安全、航线安全、用户安全等多个方面，保障国家空域安全是一切经济活动的前提。所以要实现低空开放，或者说是推进低空交通的发展，就必须有一个安全可靠的低空环境。

传统的低空管理，目前是划分一定的空域，在空域内实行相对自由的飞行，如在培训机场的教练机，在 300 m 以下飞行的多旋翼无人机。但这些飞行，显然没有实现飞机的基本功能，交通工具的运载功能，即把乘客或物流从一个地点送到目标地，尤其是城际之间的移动。即使在美国，对飞行管理的技术也是在不断提升，管理越来越细。因此我们既不能完全照搬美国过去的低空管理模式，也不能为全面放飞而放松管理，而是根据中国自身的特点，找出一条全新的低空管理之路。

✈ 6.3.1　中国是周边形势最复杂的大国

美国的直接邻国只有加拿大和墨西哥，且都处于北美防空司令部的势力之内，反观中国则要复杂得多，国防大学金一楠教授总结为：

（1）周边国家数量众多，是联合国 5 个常任理事国中，邻国最多的。包括朝鲜、蒙古、俄罗斯、哈萨克斯坦、吉尔吉斯斯坦、塔吉克斯坦、阿富汗、巴基斯坦、印度、尼泊尔、不丹、缅甸、老挝、越南 14 个直接陆地接壤地和海上近邻的日本、韩国、马来西亚、菲律宾、印度尼西亚等。

（2）周边地区人口稠密。朝鲜：具体人口数据因保密原因难以精确，但估计在数千万级别。蒙古：根据参考信息，蒙古国人口约 345.8 万（2023年）。俄罗斯：作为世界上面积最大的国家，其人口超过 1.4 亿。哈萨克斯坦：人口约为 1,983.3 万（2023 年）。吉尔吉斯斯坦：人口约 703.76 万（2023 年）。塔吉克斯坦：人口约 975 万（2022 年，最新数据可能有所变化）。阿富汗：由于战乱和人口流动，具体数字难以精确，但估计在数千万级别。巴基斯坦：人口超过 2 亿。印度：人口超过 14 亿，是世界上人口最多的国家之一。尼泊尔：人口约 3,000 万左右。不丹：人口相对较少，具体数字不详，但远小于上述国家。缅甸：人口约 5,753 万（2022 年，最新数据可能有所增长）。老挝：人口约 700 万。越南：人口超过 9,700 万。

海上近邻的国家，如日本总人口约为 1.24352 亿人（截至 2023 年 10月 1 日，包括在日外国人）。韩国总人口约为 5,176 万（根据 2024 年估计数据）。

马来西亚：总人口超过 3,300 万，其中华人约 690 万（2024 年数据，占总人口的 22.6%）。菲律宾人口约 1.13 亿（2024 年数据）。印度尼西亚作为世界上人口第四多的国家，总人口约 2.7 亿。

加上中国自身人口，这一区域的总人口约占世界总人口的 50% 以上。

（3）国家之间差异性大。历史背景与民族特性方面，每个国家都有其独特的历史背景和民族特性，中国的文化深受儒家思想影响；而日本则融合了古代中国文化和自身独特的岛国文化，形成了独特的"和"文化。朝鲜半岛的文化深受中国影响，但又有其自身的发展轨迹，如传统的盘索里、农乐和散调等艺术形式。蒙古国则以其独特的游牧文化和马背上的民族特性而闻名，其传统艺术如长调、马头琴等也体现了这一特点。这些国家的宗教信仰多样，涵盖了佛教、基督教、伊斯兰教、东正教、印度教等多种宗教。这些不同宗教在这些国家的社会生活中扮演着重要角色，影响着人们的信仰体系、道德规范和行为准则，也渗透到艺术、文学、建筑等各个领域。

（4）历史现实矛盾突出、领土领海纠纷不断。我国与周边这些国家的历史现实矛盾突出，主要体现在领土争端、民族问题、历史遗留问题以及地缘政治竞争等多个方面。

（a）中印边界问题：中印边界问题历史悠久，尚未划定边界。藏南地区自古即属中国领土，但印度方面一直声称对该地区拥有主权。这种领土争端导致了中印边境地区的紧张局势，并多次引发边境对峙和军事冲突。

（b）南海问题：南海问题涉及多个周边国家，包括菲律宾、越南、马来西亚等。这些国家对中国在南海的领土主权和海洋权益提出挑战，加剧了南海地区的紧张局势。菲律宾甚至宣布成立"国家海事委员会"，并计划组织武装渔船编队挑战中国控制的岛礁。（c）朝鲜半岛问题：虽然朝鲜半岛的领土争端主要集中在朝韩两国之间，但周边国家的态度和立场也对半岛局势产生重要影响。此外，朝鲜的核与导弹计划也引发了周边国家的担忧和反应。（d）民族问题：一些周边国家存在复杂的民族问题，这些问题往往与领土争端交织在一起，加剧了地区的不稳定性。例如，在缅甸、尼泊尔等国家，不同民族之间的冲突和矛盾时有发生，影响了这些国家的内部稳定和与周边国家的关系。（e）历史遗留问题：许多周边国家与中国之间存在历史遗留问题，这些问题往往涉及领土、战争赔偿、侨民待遇等方面。这些历史遗留问题如果得不到妥善解决，很容易成为引发地区冲突和矛盾的导火索。（f）地缘政治竞争：随着国际形势的变化和地区力量的重组，周边国家之间的地缘政治竞争日益激烈。美国等外部势力也积极介入地区事务，试图通过拉拢盟友、制造矛盾等手段遏制中国的崛起。这种地缘政治竞争不仅加剧了地区紧张局势，也对中国的国家安全和发展利益构成了威胁。

这些客观环境决定了我国不适合盲目地开放低空。

✈ 6.3.2　无人机和对航线安全的挑战

近年来，无人机入侵机场空域的事件在全球范围内频繁发生，对航空安全和运营造成了严重影响。以下是一些典型的无人机入侵机场空域事件：

（1）成都双流国际机场：

2015年7月至2016年9月期间，成都双流国际机场共发生6起无人机入侵事件，导致机场临时关闭、航班延误和备降。

2017年4月14日至21日，成都双流国际机场连续发生五次无人机空中接近民航客机的事件，导致大量航班备降。

（2）迪拜国际机场：

2016年1月23日，迪拜国际机场遭遇无人机入侵，导致机场关闭近一小时，部分航班改道。

2016年6月11日，迪拜国际机场因一架未经授权的无人机闯入空域，导致机场空域关闭69分钟，22架飞机不得不备降他处。

（3）英国伦敦盖特威克机场：

2018年12月19日，盖特威克机场因无人机闯入空域而暂停所有航班，导致800多个航班停飞，十多万名旅客滞留。此次事件被认为是蓄意的无人机干扰行为，英国军方出动特殊装备协助处理。

（4）日本关西机场：

日本关西机场在2018年10月和11月分别发生了无人机干扰事件，导致部分跑道被迫关闭。

（5）法国戴高乐机场：

法国戴高乐机场在2015年收到多起无人机非法入侵报警。

（6）天津滨海国际机场：

2024年9月11日夜间，天津滨海国际机场遭遇一起无人机非法侵入机场空域的严重公共安全事件。该事件导致天津滨海国际机场不得不暂时关闭，众多航班因此延误或取消，数千名旅客滞留在机场，造成了严重的经济损失和社会影响。

　　这些事件表明①，无人机技术的普及和滥用对民航安全构成了严重威胁。

✈ 6.3.3　严格监管才是对人民负责

　　全心全意为人民服务是中国共产党的唯一宗旨，也决定了其领导的各级政府对人民的责任是无限的（负责到底的）。无论是国家安全、空域安全、生产安全，还是人民的生命安全、国家和人民的财产安全，政府都需要全面负责。因此对低空的每一个飞行器，都必须做到"看得见""连得上""管得住"。才能保证行业的健康发展。2019 年 1 月 21 日，民航局发布《关于推进通用航空法规体系重构工作的通知》，明确"两个框架"，民航局研究制定了通用航空法规体系重构路线图，形成了通航业务框架和通航法规框架（以下简称"两个框架"）。"两个框架"是开展中国民航通航政策法规体系重构的总体性文件，明确了未来一段时间中国通用航空整体政策走向、立法思路和制度设计需要遵循的基本原则和具体要求。《通知》明确提出："按照"两个框架"要求，规范行业监管工作按照精准监管的要求，坚持分类监管的总体原则，开展不同方式、不同频率、不同强度的监管。一是根据活动的不同风险类型，采用"双随机"监管与重点监管相结合的方式，对于通航短途运输、通航包机飞行进行重点监管，对于从事其他活动的通航公司双随机监管，确保监管对象全覆盖。二是根据安全类事项和经济类事项的不同特点，在通航领域尤其是经济类事项的监管中，减少事前管理方式，以企业自我管理为主，行政机关依托法定自查、信用手段实施事中事后管理。"

　　详细业务模块划分见表 6-1。

✈ 6.3.4　完善技术体制是实现全面监管的重要保障

　　空中交通管理包括向用户提供空中交通服务所需的所有服务，它涵盖了确保飞行操作安全所需的所有操作方面。这包括空中交通控制飞机间隔服务、空中交通控制咨询、空中交通流量管理服务，以有效规划确保资源的安全分配，以及空域管理。空中交通管理服务组包括为商业和低空交通运营提供服务，这些服务既包括正向控制下的飞行计划服务，也包括提供

---

　　①　以上机场空域入侵事件均来自网络新闻报道。

表 6-1 通航业务框架

飞机 经营分类指标/运行分级指标	经营性 载客 定期运输 A1	经营性 载客 不定期运输 A2	经营性 载人 面向社会公众 B1	经营性 载人 面向非社会公众 B2	经营性 载人 训练飞行 B3	经营性 非载人 货运（含无人机）C1	经营性 非载人 其他非载人活动（含无人机）C2	非经营性 载人 D1	非经营性 非载人 D2
1级 载人、载客飞行的：60座以上（不含机组）	暂不开放	暂不开放	暂不开放	暂不开放	模块：B3-1 实例：型别等级训练	不适用	不适用	模块：D1-1 实例：自用公务飞行 自用载人飞行 个人娱乐飞行	不适用
1级 非载人飞行的：商载3.4 t以上	不适用	不适用	不适用	不适用	不适用	模块：C1-1 实例：无人机通航货运（商载XX吨以上，有人机不适用）	模块：C2-1 实例：有人机喷洒类作业 无人机喷洒类作业 ／ 模块：C2-2 实例：其他有人机非载人作业 其他无人机非载人作业	不适用	模块：D2-1 实例：自用作业 个人娱乐飞行
2级 载人、载客飞行的：30-59座（不含机组）	暂不开放	暂不开放	暂不开放	暂不开放	模块：B3-2 实例：型别等级训练	模块：C1-1	不适用	模块：D1-2 实例：自用公务飞行 自用载人飞行 个人娱乐飞行	不适用
2级 非载人飞行的：商载3.4 t以上	不适用	不适用	不适用	不适用	不适用	模块：C1-1	模块：C2-1 ／ 模块：C2-2	不适用	模块：D2-2 实例：自用作业 个人娱乐飞行
3级 载人、载客飞行的 分级标准：20-29座（不含机组）商载3.4 t以上 商载3.4 t以下	模块：A1-3 实例：在特定地区有条件开放短途运输	模块：A2-3 实例：包机飞行	模块：B1-3 实例：空中游览 医疗救护 跳伞服务	模块：B2-3	模块：B3-3 实例：型别等级训练	模块：C1-2 实例：有人机短途货运（商载3.4 t以下）无人机通航货运（商载XX t以下）	模块：C2-1 ／ 模块：C2-2	模块：D1-3 实例：自用公务飞行 自用载人飞行 个人娱乐飞行	不适用
3级 非载人飞行的：商载3.4 t以下	不适用	不适用	不适用	不适用	不适用	模块：C1-2	模块：C2-1 ／ 模块：C2-2	不适用	模块：D2-3 实例：自用作业 个人娱乐飞行

188

下表为航空器（飞机、直升机）分级及模块对照表：

类别	飞机 4级	飞机 5级	直升机 6级（30座以上）	直升机 6级（20~29座）	直升机 6级（10~19座）	直升机 6级（9座以下）
分级标准	载人、载客飞行的：10~19座（不含机组）商载3.4t以上／商载3.4t以下；非载人飞行的：商载3.4t以下	载人、载客飞行的：9座以下（不含机组）；非载人飞行的：商载3.4t以下	载人载客分级标准：30座以上（不含机组）非载人暂不区分机型	载人载客分级标准：20~29座（不含机组）非载客人暂不区分机型	载人载客分级标准：10~19座（不含机组）非载人暂不区分机型	载人载客分级标准：9座以下（不含机组）非载人暂不区分机型
A1	模块：A1-4 实例：短途运输	模块：A1-5 实例：短途运输	模块：A1-6 实例：直升机短途运输	模块：A1-6-1 实例：直升机短途运输	模块：A1-6-2 实例：直升机短途运输	模块：A1-6-3 实例：直升机短途运输
A2	模块：A2-4 实例：包机飞行	模块：A2-5 实例：包机飞行	模块：A2-6 实例：直升机包机飞行		模块：A2-6-1 实例：直升机包机飞行	
B1	模块：B1-4 实例：空中游览 医疗救护 跳伞服务	模块：B1-5 实例：空中游览 医疗救护 跳伞服务	模块：B1-6 实例：空中游览 医疗救护 跳伞服务			
B2	模块：B2-4	模块：B2-5	模块：B2-6 实例：外挂载人飞行			
B3	模块：B3-4 实例：型别等级训练	模块：B3-5 实例：私用以上或等级训练；模块：B3-5-1 实例：运动照或照私照训练	模块：B3-6 实例：型别等级训练；模块：B3-6-1 实例：训练（私用以上或等级训练）			
C1	模块：C1-2	模块：C1-2	模块：C1-6 实例：直升机货运			
C2	模块：C2-2	模块：C2-1	模块：C2-6 实例：非载人普通作业中的特殊作业类型：直升机外挂；模块：C2-6-1 实例：非载人普通作业			
D1	模块：D1-4 实例：自用公务飞行 自用载人作业 个人娱乐飞行	模块：D1-5 实例：自用公务飞行 自用载人作业 个人娱乐飞行	模块：D1-6 实例：私用飞行 个人娱乐飞行			
D2	模块：D2-4 实例：自用载人作业 个人娱乐飞行	模块：D2-5 实例：自用载人作业飞行 个人娱乐飞行	模块：D2-6 实例：自用非载人作业飞行 个人娱乐飞行			

（表中部分单元格为"不适用"。）

给那些按视觉飞行规则飞行的飞行员的服务。它还包含了为所有飞机提供的导航服务，以及对其他政府主体的空中交通支持。

从美国的低空飞行发展历程我们可以看出，美国也是在最初通过建立低空航线网络，从而实现安全飞行的，且安全监管的技术手段和系统不断更新，即使现在允许的视觉飞行，也不是完全不管的任意飞行，而是要提交飞行申请，提交飞行起飞点、目的地、航线相关信息，并按导航系统的引导飞行，机场导航台只是不提供相关导航服务，但可以提供飞机提出的咨询服务。

所以我们的低空飞行，首先也要建立自己的安全导航、监管网络，实现对飞行全过程的管制，既要保证合法飞行的安全可靠，也决不允许随意"黑飞"，更不能让打着合法的旗号去干不合法事情的人钻管理的空子。美国发展历史上的监管手段、技术、系统都是值得我们借鉴的。

第7章

新时代低空交通的财富之路述

前面几章，我们花了大量的篇幅，详细介绍了美国的低空飞行的起源、崛起、发展和现状，分析了美国的空管体制、监管平台，就是为找出中国式低空交通之路做借鉴。以下几章，我们重点探讨中国低空交通的应用场景、发展目标、发展模式、行动路径和施工图，期望能给读者以启发。

7.1 新时代低空交通应用场景

为了达成上述目标，我们必须明确我们的发展方向，并坚定地朝着新的目标迈进。在深入分析了美国低空交通的财富之路以及中国低空综合交通体系目前的发展现状之后，我们提出了一个优先发展低空综合交通体系的战略思路。这一思路不仅考虑到了当前的市场需求和技术发展趋势，还充分借鉴了国际上的成功经验，旨在通过科技创新和政策支持，推动我国低空交通体系的快速发展，从而为经济的持续增长和社会的全面进步提供有力支撑。

✈ 7.1.1 城际低空交通出行

网上有一个九年级的考试题：在 20 世纪被称为"装在轮子上的国家"是谁？标准答案是美国，如果说 21 世纪"装在轮子上的国家"，那就得是中国了。未来，我们是否会被称为"装上翅膀的国家"呢？

以汽车工业为例，中国汽车工业从 1990 年算起，经过 30 年的发展，无论是生产规模和汽车保有量还是私人拥有汽车的数量，都已经远超美国。它也为我们指明了低空综合交通体系之路——优先发展私人飞机，是中国低空综合交通体系发展的快速路。

据国家统计局信息，2022 年末全国民用汽车保有量 31,903 万辆（包括三轮汽车和低速货车 719 万辆），比上年末增加 1,752 万辆，其中私人汽车保有量 27,873 万辆，增加 1,627 万辆。民用轿车保有量 17,740 万辆，增加 1,003 万辆，其中私人轿车保有量 16,685 万辆，增加 954 万辆。[①] 全

---

① 数据来源 https://www.stats.gov.cn/sj/zxfb/202302/t20230228_1919011.html.

年全国居民人均可支配收入 36,883 元，城镇居民人均可支配收入中位数 45,123 元，增长 3.7%。

中国最早出现这种堵车的画面是 2015 年，最近几年，每当重大节假日，全国各大型城市出城的高速路口就像停车场。

1990 年 8 月 20 日，沈阳至大连高速公路即沈大高速公路全线试通车。这是我国第一条开工建设的高速公路，因此被称为"神州第一路"，路况是这样的空旷。

图 7-1　1990 年沈大高速通车时的路况[1]（左）2015 年某高速公路节日实况图[2]（右）

1990 年，在中国汽车工业起步时，中国的汽车保有量是这样的：

据抽样调查，1990 年城镇居民平均每人可用于生活费的货币收入为 1,387 元，比上年增长 10%，扣除物价上涨因素，实际增长 8.6%。农民人均纯收入为 630 元，比上年增长 4.7%，扣除商品性支出价格上涨因素，实际增长 1.8%。据国家统计局统计，1990 年全国民用汽车保有量仅有 554 万辆，其中私车保有量为 82 万辆。截至 2005 年底，全国民用汽车保有量为 3,160 万辆，其中私人汽车达到 1,852 万辆。[3]

美国交通运输部发布的《交通高速公路统计年报》显示，1990 年注册机动车为 1.9 亿辆，其中私家车 1.43 亿辆。2022 年为 2.83 亿辆，其中私家车是 2.79 亿辆。[4]

经过 30 年的发展，中国汽车保有量已经超过了美国，如果低空综合交通体系得到发展，中国的飞机数量也会超过美国，而且由于经济总量和社会基础不同，追赶的时间会更短。

---

① 图来自澎湃新闻客户端。1990 年，沈大高速的车流量为 142 万台次，到 2000 年时已增加至 5,714 万台次。

② 图片来源：https：//www.sohu.com/a/34420669_114954.

③ 数据来源：https：//www.stats.gov.cn/sj/tjgb/ndtjgb/qgndtjgb/202302/t20230206_1901933.html.

④ 数据来源：美国交通运输部官网。

图 7-2　政府网站关于 1990 年汽车保有量的报道 [①]

据招商银行《2023 中国私人财富报告》显示：2022 年，可投资资产在 1,000 万元人民币以上的中国高净值人群数量达 316 万人，人均持有可投资资产约 3,183 万元人民币，共持有可投资资产 101 万亿人民币，2020—2022 年年均复合增速为 10%；预计未来两年，中国高净值人群数量和持有的可投资资产规模将以约 11% 和 12% 的复合增速继续增长。这为中国私人飞行提供了用户基础。

[①]　图片截自：https://www.gov.cn/jrzg/2007-02/27/content_536194.htm.

1906 年 10 月，威尔伯·赖特写信给同为航空先驱的奥克塔夫·沙努特："我们不相信任何人在 5 年内会拥有至少具有实用价值的飞机。"在这个判断上，他错了；事实上，仅 3 年后，欧洲的航空业就赶上并超过了美国。当欧洲国家在 1914 年开战时，分别按国家计算，俄罗斯有飞机 244 架、德国有 232 架、法国有 162 架、英国有 113 架。美国只有 23 架（《空军科学部 1939》第 8—9 页）。

克服欧洲的领先优势需要相当长的时间，并要求对美国航空基础进行改造和重建，美国在接下来的大约 15 年里完成了这一任务。几项显著的发展使得美国航空业的复苏成为可能：建立了国家航空咨询委员会（NACA），并开始了一个严格的实验室研究本土计划；创建了丹尼尔·古根海姆航空促进基金，该基金扩大了美国的航空工程教育，承担了盲飞和安全飞机设计问题的基础研究，并进行了航空公司运营的演示，包括建立西海岸"模范航线"，配备了实时天气和无线电通信以及最先进的福克三引擎运输机；美国设计师采纳了最先进的欧洲全金属设计和流线型思维，这成为了后续美国飞机设计的出发点；关键立法产生的监管和行政基础措施，特别是 1925 年的凯利法案、1926 年的商业航空法，以及同一时期的陆军和海军五年计划；在一般美国公民特别是儿童中兴起的"航空意识"，以及在小学和中学中开展和实施航空课程，加上模型飞机制造作为青少年活动的广泛普及；开发了强大的新型航空发动机，包括液体冷却和空气冷却，以及发动机增压、燃料和可变螺距螺旋桨及发动机短舱／整流罩设计的进展；在 20 世纪 20 年代使用政府赞助（较小程度上私人赞助）的竞赛飞机作为技术展示者，融合了前沿的空气动力学、结构、推进和控制进展，几乎所有 20 世纪 20 年代和 30 年代的重要技术发展都出现在各种空中赛车上；一批俄罗斯、欧洲航空人才（出于各种原因）前往美国，他们中有些人是欧洲航空和相关领域最优秀、最有能力的个体。

美国这些成功的做法，就是我们今天低空综合交通体系发展时最应借鉴的经验。

✈ 7.1.2 传统作业飞行

低空作业飞行在农业、工业、交通、服务等多个传统领域发挥重要作用。包括拓展农业植保，提升森林草原覆盖率，加强渔业资源空中巡查，助力现代海洋产业，强化服务国家能源战略，支持石油、电力、航空探矿、地图绘制等行业，保障能源安全，高效开发资源，拓展服务应用，以及支持人工影响天气、科学试验、空中广告等业务，可以满足多样化需求。

7.1.2.1　农业植保飞行服务

农业植保，即植物保护，是指采取一系列措施预防和控制农作物病虫害的活动。这些措施对于保障粮食安全、提高作物产量和质量具有重要意义。传统的植保方法包括人工喷洒农药、使用地面机械等，但这些方法往往劳动强度大、效率低下，且对环境和人体健康有一定影响。

低空飞行技术，飞机能够搭载喷雾设备，在低空对农田进行精准喷洒农药或营养液。这种应用方式不仅提高了喷洒的均匀性和精确性，还大幅降低了农药的使用量和劳动力成本。例如，在中国的一些水稻种植区，无人机已经被广泛用于防治稻飞虱等害虫，有效提升了防治效率和作物产量。

7.1.2.2　地质勘探飞行服务

地质勘探是一项复杂的科学调查活动，旨在发现和评估地下资源，如矿物、石油和天然气等。这一过程需要收集大量的地表和地下数据，包括地形、岩性、地球物理特征等。传统的地质勘探方法往往耗时耗力，且难以覆盖广阔或难以到达的地区。此外，数据的准确性和实时性对于勘探结果至关重要，但传统方法在这方面存在局限性。

低空飞行技术，为地质勘探带来了革命性的改变。低空飞机能够搭载多种传感器，如高分辨率相机、多光谱成像设备和磁力计等，进行高效的数据采集。例如，无人机可以在不接触地面的情况下，对地形进行高精度的三维建模，为勘探团队提供详尽的地形图和地质结构信息。在矿产资源勘查中，无人机搭载的多光谱传感器可以识别出地表的矿物异常，这对于指导进一步的钻探工作具有重要意义。

以某矿业公司在非洲的铜矿勘探项目为例，该公司利用无人机进行了为期两周的航空勘查。无人机搭载的磁力计成功绘制出了矿区的磁异常图，这些数据经过处理后，揭示了几个潜在的矿体位置。与传统勘探方法相比，无人机的使用减少了约 40% 的时间成本和 30% 的经济成本，同时提高了数据的分辨率和覆盖范围。

随着技术和数据处理能力的不断提升，低空飞行在地质勘探领域的应用将更加广泛和深入。预计未来无人机将能够携带更先进的传感器，如激光雷达（LiDAR）和高光谱成像设备，以实现更高分辨率和更深层次的地质信息获取。此外，人工智能和机器学习算法的集成将进一步提高数据处理的速度和准确性，使地质勘探更加高效和精确。这些技术进步不仅能够降低勘探风险，还将极大地推动偏远地区和难以到达地区的资源开发。

7.1.2.3　地图绘制飞行服务

地图绘制是记录和展示地理信息的基础工作，对于城市规划、土地管理、环境保护等多个领域都至关重要，精确的地图能够帮助决策者进行有效的空间分析和资源管理。然而，传统的地图绘制方法往往受限于地形条件和技术手段，难以实现大范围、高效率的数据更新和维护。

低空飞行技术，特别是无人机系统，在地图绘制领域展现出显著优势。无人机能够搭载高分辨率相机和其他传感器，快速覆盖大面积地区，收集高质量的影像数据。这些数据通过后期处理，可以生成精确的正射影像图和数字表面模型（DSM），为地图绘制提供新的数据源和方法。在一个城市更新项目中，无人机在一天内完成了 10 km^2 区域的航拍任务，拍摄了超过 5,000 张高分辨率照片。这些照片经过拼接和处理后，形成了一幅详细的城市地图，其中包括了建筑物、道路、绿地等信息。

7.1.2.4　海上油气平台飞行服务

我国海上油气开采主要集中于中国海洋石油集团有限公司及其下属公司，根据中国海油 2022 年度业绩发布会，2022 年度中国海油共有 9 个新项目顺利投产，40 余个产能项目在建。渤海油田稳居中国第一大原油生产基地，南海东部油出提前达到以上产能目标，而渤海油田、南海油田主要为直升机作业区域。根据《中国海洋石油集团有限公司发展规划》，中国海洋石油将持续加大国内勘探开发力度，力争 2025 年油气产量超过 8,000万 t。随着我国海洋油气产量及勘探力度的不断加大，钻井平台作业时间也随之增长。根据中海油田服务股份有限公司《2022 年年度报告》，随着全球海上平台需求稳步上升，中海油服 2022 年度钻井平台作业 16,727天，同比增加 2,645 天，增幅达 18.8%。海上油气开采、勘探开发活动的日益活跃，将推动海洋油气直升机服务需求的持续攀升。

7.1.2.5　海上风电飞行服务

根据《2021 年中国海洋经济统计公报》所载，2021 年海上风电新增并网容量达到 1,690 万 kW，相较于前一年增长了 5.5 倍，累计装机容量跃升至全球首位。《2022 年中国海洋经济统计公报》进一步揭示，全年增加值达到 395 亿元，同比增长 20.9%。截至 2022 年末，海上风电累计并网容量较去年同期增长了 19.9%，显示出海上风电产业持续快速增长的趋势。同时，潮流能与波浪能的应用和研发仍在稳步推进之中。随着海上风电平台建设及运维工作的不断推进，海上风电飞行服务领域预计将面临更广阔的发展机遇。

7.1.2.6　电力巡线飞行服务

《中国电力发展报告 2024》显示，截至 2023 年底，我国 220 kV 及以上输电线路长度约 92 万 km，较 2013 年增长约 69.1%。随着中国电力基础设施的不断完善和新能源的推广应用，电力巡检与维护市场将持续扩大，预计 2025 年低空交通的电力巡线里程将达到 100 万 km。

✈ 7.1.3　应急救援

为健全国家治理体系并提升治理能力，增强突发公共事件应急能力，提升自然灾害防御水平，要求迅速提升航空应急救援服务能力，拓展服务领域，固化服务范式，充分发挥低空交通服务多元化公益场景效能。同时，急救医疗航空在中国已经显示出巨大的发展潜力，随着人口老龄化和医疗服务需求的增长，以及政府对医疗资源优化配置的重视，急救医疗航空市场有望在未来取得突破性发展。此外，低空交通的应急救援服务范围也包括警务巡逻、搜救救援、环境监测等多个领域。因此，国家需要明确支持应急主管部门，地方政府也要将低空交通纳入政府购买服务指导性目录，利用民航财政资金政策，支持应急服务能力提升，支持保险机构积极开发航空应急、医疗救护等领域的保险新产品，鼓励公益组织提供资金支持，组织拓展低空交通应急服务。

✈ 7.1.4　低空飞行培训

随着中国低空飞行市场的快速发展，对飞行员、维修员等专业人才的需求迅速增加。因此，低空飞行培训市场将迎来广阔的发展空间。我国政府出台了一系列政策来推动低空交通培训事业的发展，支持应急主管部门、地方政府建立低空交通应急救援联合训练机制，加大上机专业人员、万能操作手的培训力度，优化驾驶员执照培养体系，推动飞行培训能力快速布局、高效扩容。

✈ 7.1.5　旅游观光航空

旅游观光航空在中国市场同样具有较大的发展潜力。我国不断推动低空旅游发展，支持文旅主管部门扩大空中游览、高空跳伞等对景区的覆盖，建立连接景区、度假区、主题公园等旅游目的地的低空旅游网。居民收入的增长和旅游观光需求的提升，都将会使越来越多的消费者尝试空中观光体验，预计其市场规模将逐年扩大。

✈ 7.1.6　民用无人机应用

近年来，无人机在中国市场的应用呈现出多元化趋势，涵盖了航拍摄影、物流配送、农业植保、安防巡查等领域。在国家政策的支持下，无人机行业将继续保持高速增长，市场空间庞大。无人机执照的培训增长迅猛，无人机驾照从 2018 年的 4.46 万本，猛增到 2023 年的 19.44 万本。

✈ 7.1.7　开着飞机去旅行的新生活

有了低空飞行的需要，就会需要集中飞行的环境。低空社区，也称为住宅机场或航空社区或者航空小镇（国内称通航小镇），它最主要的特点是飞行员可以沿跑道将飞机直接滑入他们的私人机库，这个机库就像车库一样与他们的房子相连。据飞行生活网站目录统计，截至 2023 年全球大约有 699 个带有航空属性的小镇，在这 699 个被称为航空花园的小镇中：11 个机场有 3 条以上跑道；14 个机场海拔在 3 m 或更低；27 个机场海拔在 1,524 m 或更高；55 个机场位于或者毗邻公有机场；77 个机场有 2 条以上的跑道；146 个航空公园（航空小镇或者飞行社区）为私人所有，但对公众开放的 147 个机场可以提供燃料。

我们简单介绍几个不同风格的低空社区（小镇）：

（1）美国 Sierra Sky Park。在加利福尼亚中央谷地的起伏农田中，坐落着世界上第一个航空社区——Sierra Sky Park。在这个社区，人们车库里停放的是飞机而不是汽车。它位于加利福尼亚州弗雷斯诺，该机场占地 137,593 m²，其中包含一条 12/30 的跑道，跑道为（890 m×15 m）沥青路面。它是美国 NPIAS 计划支持的机场。

该社区成立于 1946 年，为二战归来的飞行员提供了一个靠近家的地方来驾驶他们的飞机。现在它为航空爱好者和社区成员提供了一套独特的便利设施：这个住宅型飞行公园（社区）拥有一个维护良好的跑道，可供居民和访客使用，还提供储存飞机的机库和加油服务。围绕机场的社区是为航空爱好者设计的，提供可直接通往跑道或私人机库的住宅。此外，机场还设有飞行员休息室供人们放松和进行飞行前准备，提供活动或聚会的会议空间，以及美丽的风景视图，使进出飞行成为一种非凡的体验。另外，这里还实施了安全和安保措施，以确保居民及其飞机的环境安全。

截至 2007 年，该机场有 12,500 架通用航空飞机运营，平均每天 34 架。当时这个机场有 40 架飞机，其中 98% 是单引擎，2% 是多引擎。

图 7-3 美国 Sierra Sky Park 通航小镇 ①

图 7-4 美国 Spruce Creek 通航小镇 ②

（2）美国 Spruce Creek。Spruce Creek 又名云杉溪机场，位于美国佛罗里达州，是美国规模最大的、最典型的航空小镇。Spruce Creek 建于 1970 年，占地面积约 5,463,256 m²，以机场为核心结合地貌就势而建，与自然环境浑然天成，体现了美国开放实用、简约自然的设计风格。机场目前拥有一条 1,214 m 跑道、2 家 FBO、600 余栋带有机库并与机场跑道相连的别墅，机库泳池齐备，还有一个锦标赛级高尔夫球场及多家高级餐厅和俱乐部。社区内主要居住着处于社会上层的富豪及明星，每天就有约 68 架次飞机起降。围绕机场布置的通航小镇人口约 3,000 人，共有 1,598 家住户，但住宅中只有 440 户拥有飞机机库。

（3）澳大利亚 Aquila。Aquila 是澳大利亚昆士兰州的一个新住宅机场，拥有两条跑道：05/23 号跑道是设计精美的全天候沥青铺装面，长 800 m；09/27 号跑道则提供了草地表面。Aquila 与玛丽伯勒和赫维湾机场共享 CTAF 126.55 频道，机场信息可以在 OzRunways 和 AvPlan 上找到（申请降落）。

Aquila 也是一个非常好的休闲度假之地，这里的休闲活动丰富多彩：在附近可享受咸水或淡水钓鱼的乐趣，包括弗雷泽岛著名的 75 英里海滩；赫维湾提供令人难以置信的、世界闻名的观鲸机会；弗雷泽岛是四轮驱动爱好者的终极冒险之地；无论是根据地点、距离还是难度等级来选择，你都能找到适合的骑行路线；原始的海滩提供了散步、风筝、冲浪、游泳或沐浴阳光的机会；驾驶皮划艇，体验全家共游的乐趣，探索赫维湾及周边的安全水域；短途飞行即可抵达拥有令人屏息美景和美酒的葡萄园；对于户外爱好者来说，有各种水上冒险运动可供享受，从桨板、喷射滑水、划船到冲浪；在当地众多咖啡馆中放松身心，从休闲小酒馆到精致餐厅应有

---

① 图片来源：livingwithyourplane.com（发布飞行社区信息的网站）。
② 图片来源：livingwithyourplane.com.

尽有；漫步自然步道，沉浸在大自然中，可探索森林、水晶湖、金色沙丘以及重要的历史和文化遗址；无论是与海龟一起浮潜，还是观看幼龟从陆地冲向水面的场景，都是不容错过的体验；还可以体验难忘的潜水经历，既可水肺潜水也可浮潜。

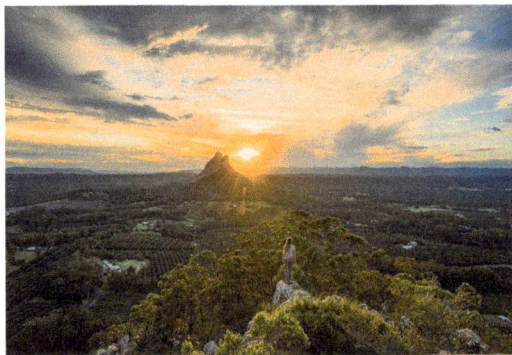

图 7-5　澳大利亚 Aquila 通航小镇的风景[1]　　图 7-6　通航机场的婚礼[2]

7.2　新时代城际低空交通的总体构想

以低空交通构建为载体，以低空飞行起降点建设和高速公路服务区功能拓展为契机，实现公路、航空交通和空域资源共建共享；以设施设备及服务规划和技术标准衔接为保障，以信息资源整合共享为支撑，由政府推动、试点带动向全面推进、向全民共建转变。着眼于守住安全底线，加快构建低空交通行业标准、综合管理科技手段和数据可视化指挥管理平台等三大体系，助力交通强国建设，支持交通运输服务军民融合战略和生态发展战略。

✈ 7.2.1　规划的目的和意义

"低空综合交通走廊"是按照军用民用融合、平时战时衔接、应急应战一体、市场战场兼顾的原则，以现有的通用航空机场、直升机直降点、低空飞行起降点建设和可改造的高速公路服务区功能拓展为切入点，以低空天网技术为依托，通过监视、导航系统建设，构建沿高速公路常态飞行，具备空域联动、战术投送、应急救援、游运结合、低空物流等综合效益的新经济走廊。其实质就是依托地面交通设施建设的空中之路。其目的

---

[1]　图片来源：Aquila 官网。
[2]　图片来源：livingwithyourplane.com. 新郎驾着他家那架光鲜亮丽的 Cessna170 飞机风风光光地抵达。他的伴郎们紧随其后，分别驾驶着 Stinson108、Cessna185、Aeronca Champ 和 Cessna172。

和意义有：

（1）推进综合立体交通网建设，实现交通强国的战略选择。开展低空交通建设，各类低空飞行起降点将使高速公路服务区成为综合立体交通走廊的重要节点，使城际交通运输由平面走向立体，从二维拓展到三维，推进"推动陆上、海上、天上、网上四位一体的联通"，打造以高速公路网为依托的综合立体交通运输网。

（2）服务军民融合战略，做好军事斗争准备的基础建设。开展低空交通建设可提升国防建设和应急管理的效能，大幅提高军队战略投送能力，实施精准高效后勤支援保障，促进完善未来战争战场建设，并增强军事防御能力，形成覆盖全国的"低空天网"，可以为军方在防御低空探测巡航弹和低空入侵飞行器方面做补漏增密。

（3）实现交通与相关产业融合，培育交通新产业拓展新动能的有效载体。开展低空综合交通走廊建设，是重新评估高速公路网络的宏观经济价值、释放高速公路服务区枢纽功能、升级路网经济"带宽"、放大路网投资效应、实现军民深度融合发展的重大工程。通过推进低空综合交通走廊建设，打造通航物流、低空旅游、通航维护保障等产业集群，促进低空产业链发展，经济社会效益将十分可观。

（4）推动行业转型升级发展，深化综合交通领域供给侧结构性改革的重要切入点。"低空综合交通走廊"一定程度上实现了低空起降点、通用机场、高速公路服务区军民共用，将有利于通过军民共建方式，推动低空空域的军民共同治理。同时，低空综合交通走廊是统筹综合交通运输各方式，也是深化供给侧结构性改革，为无人机物流、飞行汽车和小型飞机等交通新供给提供飞行的城际空中之路。

✈ 7.2.2　规划设计的依据

民航局印发的《"十四五"通用航空发展专项规划》明确提出了三个要求，这三个要求就是低空综合交通体系建设的依据。

（1）织密短途运输网。在偏远和地面交通不便地区，支持构建以支线机场为核心、通用机场为节点的次级区域枢纽航线网，推进"干支通"衔接互联，满足基本航空出行需求。在京津冀、长三角、珠三角、成渝等城镇密集区，支持地方政府构建城市之间的航线网，充实立体交通网络，满足便捷出行需求。

（2）拓展包机服务网。鼓励企业创新服务模式，支持地方政府构建多个机场间的航线网，打通商务区、产业园、机场间的低空摆渡通道，丰富交通出行选择，满足灵活多元出行需求。支持有条件的地区发展公务航空，满足个性高效的出行需求。支持粤港澳大湾区开展直升机跨境运输业务。

（3）培育通航货运网。构建以支线、通用机场为支点的低空交通货运航线网，加强与其他交通方式衔接，实现低空交通物流网络省际互通、市县互达、城乡兼顾。

根据这个指导意见，本书提出了一个全新的规划方案，供读者参考。

7.3　低空交通发展的目标

自改革开放以来，低空领域作为唯一尚未完全开放的领域，持续展现出其作为崭新蓝海市场的巨大潜力。其蕴含的飞行技术，预示着新质生产力的孕育及新经济动力的蓬勃发展，预示着庞大的市场机遇与广阔的发展前景。

✈ 7.3.1　总体目标

我国低空综合交通体系的发展目标应设定为：2030 年实现县县通，低空飞机达到每万人 0.5 架的全球平均标准，机场和飞机的固定资产总产值超过 4 万亿。远期目标则是追赶美国，使注册飞机和机场数量相匹配，预计总产值将超过 20 万亿。目标可分解为：

每个省有 1 个小型飞机生产线，每市（地区）有一个低空交通社区（通航小镇），每个县有一个通航机场，并形成以飞机制造为主体的产业链布局。建设适合短跑道机场 3,000 个以上，低空载人飞行器 7 万架，年飞行时间达到 1,000 万飞行小时，飞行队伍 20 万人，带动就业 100 万人，形成飞行可控、管理规范、市场响应迅速、经济效益明显的新经济。

表 7-1　全球 1994—2023 年通航飞机的产值表

机型分类	出产数量 / 架	总价 / 百万美元	均价 / 百万美元	统计时间
固定翼	77,632	504,636	6.50	1994—2023
旋转翼	14,920	56,006	3.75	2012—2023
合计	92,552	560,642		

当前，中国在低空综合交通体系的四项主要指标上，尚不足美国的10%。因此，达到美国当前的规模，已成为中国低空综合交通体系发展的明确目标。

根据美国通用航空制造商协会（GAMA）的统计数据，自美国通航振兴法案实施以来，全球固定翼飞机产量累计达到 77,632 架，其中喷气式产量 20,705 架，自 2012 年起旋转翼飞机产量已达 12,188 架，这一系列数据共同构筑了高达 5,606 亿美元的总产值，凸显了低空综合交通体系领域的繁荣景象与深厚潜力。

具体而言，固定翼飞机的平均价格约为 650 万美元，旋转翼飞机均价约为 375 万美元，而喷气式飞机的均价则高达 725 万美元。此外，据美国联邦航空局（FAA）的调查显示，美国注册的通用航空飞机总数为 267,658 架，其中每年有飞行记录的活跃飞机约为 209,540 架。同时，美国还拥有各类机场 19,633 个，其中被纳入国家综合机场系统计划（NPIAS）并提供公共服务的机场达到 2,908 个。飞行员总数达到 80 万人，创造就业岗位 120 万个。

✈ 7.3.2　建设目标

力争在 2030 年前，实现全国低空交通网整体体系的综合保障能力、行业服务能力与质量明显提升，建成功能齐全、服务规范、类型广泛的路空服务管理体系，培育一批示范性军民融合骨干企业，实现发展规模、质量、效益全面提升，较好适应国民经济社会、国防建设的发展需要。

（1）安全水平持续提升。逐步充实低空交通化发展的政策与法规，探索不同机型的运营停放管理模式；不断完善低空交通设施、装备、信息化、运营组织等方面的技术标准和服务规范。

（2）效率效益明显提升。充分发挥低空交通在交通战备、医疗救护、抢险救灾、货运物流、旅游观光、低空交通服务、静态交通等方面的优势，提升国防建设、国家交通、低空交通产业等领域的效益。

（3）保障能力显著增强。增强陆空情报资源、机场设施等保障能力，建成安全可靠、布局合理、功能相对完善的低空交通综合保障体系，推进军民融合深度发展。

（4）发展综合交通新格局。逐步建立低空交通持续、有序发展的体制机制；横向拓展低空交通的经济港、生态圈和产业链，最终形成与人民生产、生活相协调的立体交通产业新格局。

7.3.2.1　近期目标

依托国家高速公路主干网，在 2027 年底初步建成布局科学、集约高效的"三纵四横"低空交通主干立体运输体系。"十四五"规划提出"实现干支通便捷出行"的目标，进一步畅通服务渠道，推动低空交通城际短途运输接入公共航空运输销售系统、离港系统，统一规范信息标准和数据结构，畅通干支通航线分销渠道，实现系统融合、数据互联。推动便捷中转，优化资源配置，搭建公共服务平台，实施以"通程航班"为代表的中转便利化服务，为低空交通企业、运输航空公司、机场、地面服务、客票销售、信息系统服务商提供全方位业务连接。

表 7-2　三纵四横主干线相关数据 [①]

编号	起点	终点	区/县	服务区	规划机场	民航机场（含在建）	军民两用	备注
纵1	威海	海口	120	65	41	21	2	
纵2	哈尔滨	珠海	111	101	65	18		京哈+京广
纵3	南宁	呼和浩特	77	61	48	14		
横1	连云港	霍尔果斯	70	88	24	14		
横2	上海	成都	36	54	73	12	5	
横3	威海	银川	66	31	41	9		
横4	福州	瑞丽	66	85	24	9		
汇总			546	485	316	97	7	

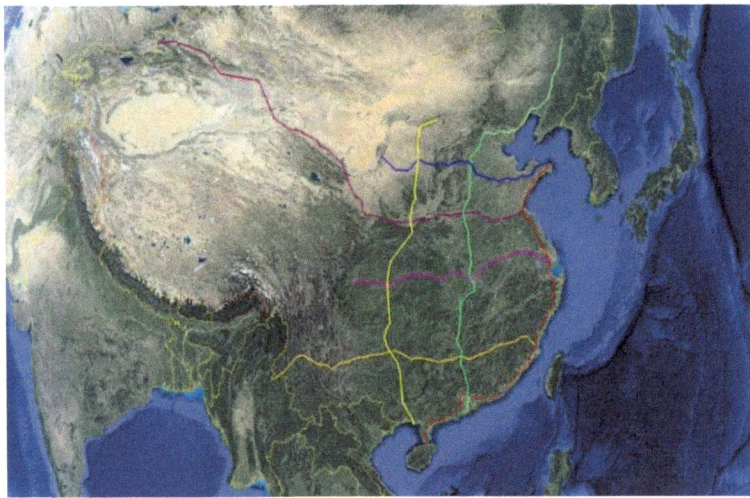

图 7-7　三纵四横主干线路规划图

7.3.2.2　中期目标

　　按"十四五"规划完善机场网络，支持支线机场完善低空交通保障设施，打造"次枢纽"，支持地方政府规划建设通用机场，加快建成"支—

---

① 此数据为依托交通图和网络资料搜集整理。

通"协同的短途运输机场群，依托国家高速公路主干网，围绕国家城市群规划，在 2030 年前低空交通全域建设取得显著进展，进一步形成网格化的路空协同体系。结合现有的高速公路服务区和各地低空交通机场规划，可规划的低空起降场规划如下：

表 7-3　中期规划主干线路相关数据统计[①]

编号	起点	终点	高速	区/县	服务区	规划机场	民航机场（含在建）	军民两用
京 1	北京	哈尔滨	京哈 G1	23	29	23	7	1
京 2	北京	上海	京沪 G2	29	27	39	9	1
京 3	北京	福州	京台 G3	27	33	36	7	1
京 4	北京	广州	京港澳 G4	88	66	47	14	1
京 5	北京	昆明	京昆 G5	75	66	50	15	1
京 6	北京	拉萨	京藏 G6	42	37	57	10	2
京 7	北京	乌鲁木齐	京新 G7	31	41	60	8	1
纵 1	鹤岗	大连	鹤大 G11	25	22	4	2	
纵 2	沈阳	海口	沈海 G15	134	69	38	25	
纵 3	长春	深圳	长深 G25	53	47	33	6	
纵 4	济南	广州	济广 G35	63	50	26	14	
纵 5	大庆	广州	大广 G45	95	68	34	7	
纵 6	二连浩特	广州	二广 G55	78	61	52	8	
纵 7	包头	茂名	包茂 G65	65	64	33	7	
纵 8	兰州	海口	兰海 G75	52	52	20	5	
纵 9	银川	昆明	银昆 G85	40	68	14	3	
横 1	绥芬河	满洲里	绥满 G10	15	28	49	7	
横 2	珲春	乌兰浩特	珲乌 G12	14	18	3	5	
横 3	丹东	锡林浩特	丹锡 G16	17	13	34	5	1
横 4	荣成	乌海	荣乌 G18	39	34	50	5	
横 5	青岛	银川	青银 G20	39	28	45	7	
横 6	青岛	兰州	青兰 G22	27	26	21	2	
横 7	连云港	霍尔果斯	连霍 G30	70	88	31	14	
横 8	南京	洛阳	宁洛 G36	20	17	16	2	
横 9	上海	西安	沪陕 G40	29	25	28	4	1

[①]　数据依托交通图和网络资料搜集整理。

续表

编号	起点	终点	高速	区/县	服务区	规划机场	民航机场（含在建）	军民两用
横10	上海	成都	沪蓉 G42	28	29	17	6	
横11	上海	重庆	沪渝 G50	40	45	34	12	
横12	杭州	瑞丽	杭瑞 G56	59	76	32	17	1
横13	上海	昆明	沪昆 G60	76	59	43	14	4
横14	福州	银川	福银 G70	65	49	33	13	
横15	泉州	南宁	泉南 G72	34	40	19	9	
横16	厦门	成都	厦蓉 G76	56	54	22	22	9
横17	汕头	昆明	汕昆 G78	37	34	14	11	
横18	广州	昆明	广昆 G80	27	41	14	8	1
汇总				1612	1504	1071	310	25

7.3.2.3　远期目标

到 2035 年，以市场为主导，全面拓展低空走廊建设，争取提前实现低空交通"县县通达"的总体目标，基本形成覆盖全国的低空交通。

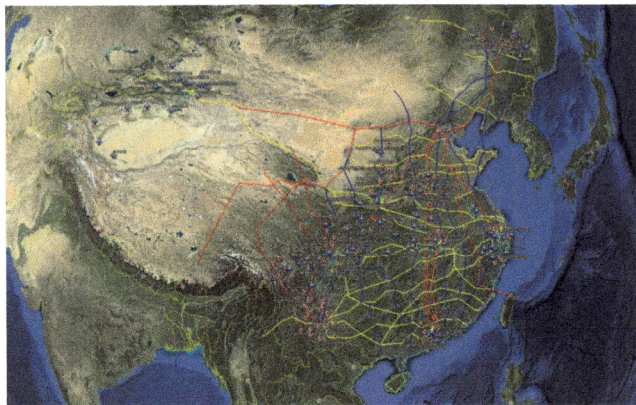

图 7-8　低空综合交通体系全国网络规划图

✈ 7.3.3　实施原则

（1）政策引领，激励创新。发挥政府对市场的引导作用，加快低空交通设施和装备建设，健全政策法规和标准规范，营造良好发展环境。充分发挥市场配置资源的决定性作用，鼓励企业自主创新，探索低空交通运营模式。

（2）军民融合，强化协作。按照军用民用融合、平时战时结合、应急应战一体、市场战场兼顾的思路，实现军地联动、跨区域组织协调和高效协作。建立公路业务与民航业务工作协同机制，优化空域结构，推进空域分类管理和低空空域管理改革，建立空域动态管理、灵活使用机制，充分调动各有关部门和单位的积极性、主动性，加强沟通协调，形成强大工作合力。

（3）示范推进，重点突破。根据不同地域军地融合需求、基础设施条件和企业各自优势，探索差别化和多样化的试点模式。坚持抓重点、补短板，针对制约低空交通发展的重点领域的突出问题，集中发力，打好攻坚战。在具备基础和条件的地区，优先选择紧急救援、无人物流、低空旅游等模式进行重点突破。

（4）技术驱动，服务支撑。加大关键技术研发和推广力度，提高自主知识产权的核心技术应用，在优化基础设施衔接、提升设施装备水平的同时，注重政策和机制创新，以制度化、规范化为重点大力提升立体交通服务能力。

（5）助力改革，提升发展。以全新的思路，深化低空空域管理改革，着力推动"放管服"，打破低空交通现有结构性过剩和结构性短缺并存的局面。全面提升监管服务能力，实现精准监管、透明监管，降低低空交通企业运营和个人（企业）自用飞行成本，并同步带动路空大产业链的发展。

✈ 7.3.4　规划内容

《低空飞行服务保障系统建设方案》明确提出：建设形成功能层次清晰、体系布局合理、资源数据共享的低空飞行服务保障体系，实现与国家空域管理体制改革目标趋同相向而行、与通用航空业发展需求匹配相互适应、与运输飞行服务保障体系协调发展相互支撑，推动航空市场充分发展，促进经济社会发展，增进民生福祉。

到 2027 年，初步建成由全国低空飞行服务国家信息管理系统、区域低空飞行服务区域信息处理系统和飞行服务站组成的低空飞行服务保障体系，为低空飞行活动提供有效的飞行计划、航空情报、航空气象、飞行情报、告警和协助救援等服务。

到 2035 年，低空飞行服务保障体系全面覆盖低空报告、监视空域和通用机场，各项功能完备、服务产品齐全。根据通用航空用户需求，飞行服务保障体系各组成单位和其他飞行服务相关机构，依据基础服务和产品，发展多样化、个性化服务。

中国式的低空空域管理就是以空域划分为主，与低空综合交通体系相连接的低空飞行网络。

7.3.4.1　构建军民融合国家低空交通体系

构建"三纵四横"低空交通基础网络体系，包含以下要素资源：陆空节点网、基础通信网、低空交通产业规划、低空交通标准体系规划、低空空域网规划、陆空情报资源网规划、陆空管理平台体系规划。

在 2027 年底初步建成布局科学、集约高效的立体交通运输体系，依托国家高速公路建成"三纵四横"低空交通的主干体系，带动沿线城市群相关产业发展。"三纵"指从威海至海口的沿海高速公路（在沿海、沿边地区建立低空交通、低空天网，补充低空情报的不足，实现军民深度融合）；从哈尔滨经北京至广州高速公路；从呼和浩特经延安、西安、安康、重庆、贵阳至北海的高速公路。"四横"指从威海经济南、石家庄、太原至银川高速公路；从连云港至霍尔果斯高速公路；从上海经南京、长沙、重庆、成都到色达的高速公路；从福州经古田、瑞金、桂林、贵阳、昆明至瑞丽的高速公路。

（1）低空交通节点网规划：紧紧围绕国家高速公路网的建设，结合经济发展区域，重点在长江中游城市群、哈长城市群、成渝城市群、长江三角洲城市群、中原城市群、北部湾城市群、关中平原城市群、呼包鄂榆城市群之间和城乡之间建立飞行节点，形成陆空联运的新格局。

（2）基础通信网规划：主要是依托现有高速公路网已经预埋的光缆，结合低空天网节点规划和国家交通战略需求，建立独立的低空交通通信基础网，保证低空交通的雷达数据、通信数据和调度数据等各类数据的独立性和安全性。

（3）低空交通产业规划：主要是在原有低空交通产业体系的基础上，选择适合低空交通特点的产业，如小型飞机、重型无人机、飞行汽车、飞行集装箱等实体产业和智慧物流、智能配送、智能仓储、机车联运、无人机物流等新型服务业进行有重点的规划、扶持和投资建设，快速形成新业态、新产业、新经济，打造全新经济生态圈和产业链。

（4）低空交通标准规划：主要是在国家现有的各类军民通用标准基础上，针对低空交通的实际需要，在实践中总结和完善基础设施建设标准、相关产品标准、低空交通管理平台建设标准、通信标准、运行管理标准、安全运营标准、军民通用管理和技术接口标准等一系列相关标准和规范。

（5）低空空域网规划：在高速公路网上空，避开限制区、禁飞区、危险区，利用空域规划、空域调配、运行监视等全过程的空域管理体系及技术，提供申报审批自动化手段、空域冲突探测与解脱辅助决策工具等，能

低空经济产业链

- 运营产业
  - 运行保障资源
    - 市场服务资源
      - 机场
        - 直升机场
        - 通用机场（一二三类）
        - 临时起降点
      - 人员
        - 经营管理人员
        - 专业技术人员
          - 维修人员
          - 飞行人员
            - 私照
            - 商照
            - 仪表
          - 运营人员
      - 油料（能源）
        - 航空汽油
        - 航空煤油
        - 氢能源
    - 非市场服务资源
      - 空域
      - 政府监管
      - 低空天网
  - 通用航空运营业
    - 商业运输
      - 公务航空 - 公务机公司
      - 通勤飞行 - 公务机公司
      - 短途货运
    - 特种飞行
      - 训练飞行 - 航校
      - 数据警航
      - 特种作业
    - 作业飞行
      - 第一产业
        - 农林牧渔
        - 动物保护
      - 第二产业
        - 电力
        - 工程建筑
        - 矿产石油
    - 非特种作业
      - 定制航空服务
      - 飞行体验 - 俱乐部
      - 观光游览 - 俱乐部
    - 非商业飞行
      - 私人飞行 - 俱乐部
      - 娱乐飞行 - 俱乐部
      - 自有公务机
- 实体产业
  - 基础产业
    - 航空领域创新
      - 设计研发
      - 航空材料
      - 空管通信
      - 自动控制
    - 高新技术创新
      - 石油化工
      - 通信技术
    - 制造业高端化
      - 建筑业
      - 机械制造
      - 零部件
      - 钢铁冶金
  - 通用航空器制造业
    - 航空器制造
      - 固定翼
        - 4人座以下
        - 9座以下
        - 19座以下
        - 无人驾驶载人航空器
      - 旋转翼
        - 直升机
        - 多旋翼
        - 悬翼机
    - 动力系统和机载设备制造
      - 电动
      - 燃油
        - 活塞发动机
        - 涡轮发动机
        - 喷气发动机
      - 氢能源
        - 燃料电池
        - 直燃
      - 航空电子
      - 零部件制造
- 第三产业
  - 金融服务
  - 教育培训
  - 中介广告
  - 娱乐休闲
  - 金融地产
  - 商贸投资

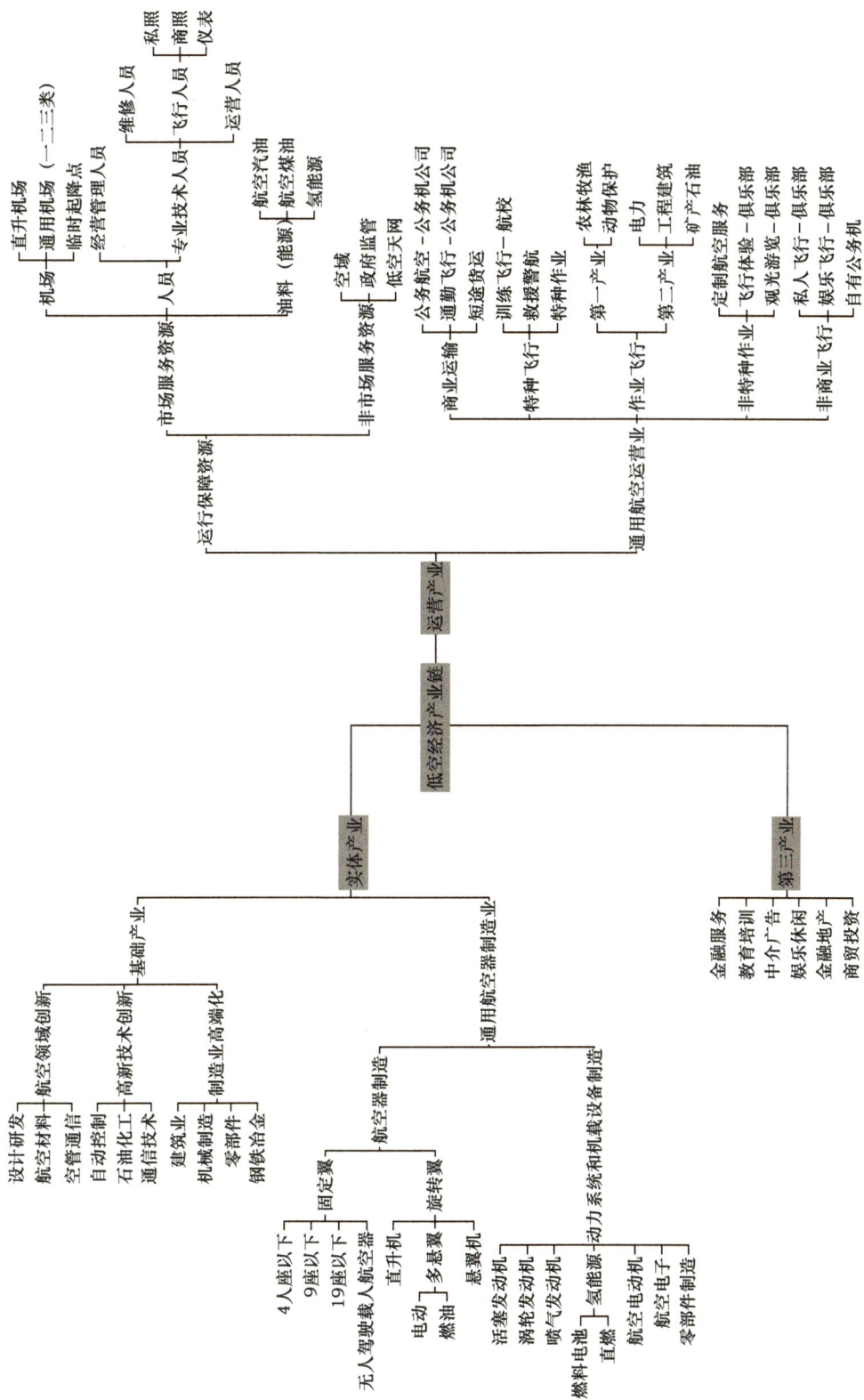

图 7-9 低空交通产业链示意图

够合理简化低空交通飞行任务和空域使用审批手续，提高空域管理自动化程度，尽可能地形成覆盖全国的低空交通航线网络，纳入国家空域管理范畴，最大限度地利用好空域资源。

（6）低空情报资源网规划：基于陆空基础通信保障网络，规划用于承载监视、航行、气象、油料、航材、仓储、物流、停机等信息资源的专用网络。利用陆空情报资源网络连通各个网络节点，实现网络中传感设施、管理系统间的信息传输与交互。建成为低空交通相关用户提供便捷、快速、优质、安全的信息服务平台，有效提升综合运行保障能力。

（7）低空管理平台体系规划：以"1+5+32+X"①的架构为基础，运用云计算、大数据等先进理念和技术，构建一个囊括军民融合陆空飞行管制服务、无人机管理、地面交通指挥、陆空情报资源管理、地面车辆诱导、联合投送指挥等服务于一体的全国低空统一平台，作为国家低空飞行服务保障体系的组成部分。低空飞行管制服务平时用于低空交通飞行服务保障，战时用于协调、管制低空空域用户。无人机管理主要针对陆空网络中的商用无人机管控，同时也对"黑飞"的情况进行监视、告警与反制。

7.3.4.2　建设"1+5+32+X"的组织和技术体系

低空交通是跨省界的立体交通体系，必须在顶层设计上统一标准、统一规划、统一建设、统一管理，由部、试点省政府共同推动，科研院所、产业部门共同发起成立低空交通实验室。随着国家对低空空域管理改革的不断推进，低空交通成为全球竞逐的战略性新兴产业，是培育和发展新质生产力的重要方向。为了支持这一发展需求，中国制定了《通用航空飞行服务保障体系建设总体方案》，于 2018 年 9 月 28 日由民航局正式发布。该方案旨在加快构建行业社会共建、军民融合发展、服务高效便捷的低空飞行服务保障体系，是低空管理体系的基本依据。

按照《总体方案》的要求，低空飞行服务保障体系的建设分为国家级、区域级和服务站三级结构。这一体系将为低空飞行活动提供有效的飞行计划、航空情报、航空气象、飞行情报、告警和协助救援等服务，到 2030年，低空飞行服务保障体系将全面覆盖低空报告、监视空域和通用机场，

① "1+5+32+X"指的是 1 个服务全国的数据可视化管理指挥平台，五大战区指挥调度中心，32 个省级运营管理中心（不含香港、澳门 2 个特别行政区），X 个通航机场节点。平台具备超过 50万架飞行器的服务能力，可以打破通航发展的瓶颈，解决制约低空开放"看得见、联得上、管得住"的三个关键核心技术问题，是探索低空空域管理新模式的综合解决方案。

实现各项功能完备、服务产品齐全。

"1+5+32+X"的架构模型是三级结构的具体体现。建设的思路是依托高速公路光纤基础设施和 5G 技术独立组网，建设全国统一的低空交通管理平台。要采用企业化运作、网络化保障、延伸化服务的方式，打造综合服务平台，构建面向全国的专业化低空交通综合服务体系；建设低空交通专业化飞行服务申请平台，形成多业务办理、多层级联动、多部门并举、多渠道服务的一体化服务窗口；为确保系统运行和数据的安全可靠，要有独立的信息传输通道和加密手段来传输低空天网数据和 5G 机载通讯网关数据。"1+5+32+X"的平台架构如下图所示：

图 7-10　"1+5+32+X"的平台技术架构图

图 7-11　低空交通系统的功能架构

平台在此组织构架的基础上，结合低空交通的飞行特点和低空管理的有关要求，实现飞行任务申请、任务调度、任务管理、航空情报服务、气象服务等，确保对低空飞行走廊的安全管理。

✈ 7.3.5　低空交通重点建设区域

　　陆空节点网紧紧围绕着国家高速公路网进行建设，结合经济发展区域，重点在长江中游城市群、哈长城市群、成渝城市群、长江三角洲城市群、中原城市群、北部湾城市群、关中平原城市群、呼包鄂榆城市群之间和城乡之间建立飞行节点网，形成若干陆空联运的节点网络。①

---

① 根据有关规划，中国的城市群可划分为长江经济带城市群、哈长城市群、成渝城市群、中原城市群、北部湾城市群、关中平原城市群、呼包鄂榆城市群、海西城市群等。

第8章

低空交通（长三角）总体规划

低空交通（长三角）建设总体规划，是根据《"十四五"通用航空发展专项规划》和《长三角地区一体化发展三年行动计划（2018—2020年）》，结合低空经济和通航航空发展趋势，作出的综合规划。

8.1 规划依据、总目标及建设内容

（1）低空交通（长三角）建设总体规划依据：根据民航局印发的《"十四五"通用航空发展专项规划》在京津冀、长三角、珠三角、成渝等城镇密集区，支持地方政府构建城市之间的航线网，充实立体交通网络，满足便捷出行需求。《长三角地区一体化发展三年行动计划（2018—2020年）》明确，到2020年，长三角地区要基本形成世界级城市群框架。规划包括：上海市，江苏省的南京、无锡、常州、苏州、南通、盐城、扬州、镇江、泰州，浙江省的杭州、宁波、嘉兴、湖州、绍兴、金华、舟山、台州，安徽省的合肥、芜湖、马鞍山、铜陵、安庆、滁州、池州、宣城等26个城市。结合长三角一体化建设方案，以上海为龙头，以江苏、浙江为两翼，通过南京、滁州、杭州、黄山、合肥、马鞍山等地形成多点支撑，促进长三角地区全域基本均衡发展，积极推动低空交通产业在示范区落地并形成产能。

（2）低空交通（长三角）建设规划的总目标：致力于构建长三角立体交通一体化、全域旅游一体化、应急救援一体化。

（3）低空交通（长三角）建设规划内容：一个指挥中心、一张区域低空天网、多个低空交通产业聚集区和产业带。一个指挥中心就是构建长三角低空交通指挥调度中心，搭建可视化管理指挥服务平台；一张区域低空天网就是对低空起降点、高速公路服务区功能进行拓展，以救援、旅游和物流为业务突破点，打造长三角沿高速公路的低空飞行走廊，率先建设一张跨上海、浙江、江苏、安徽三省一市的低空交通网，形成新经济立体走廊。该项目可带动各省低空交通运营管理中心、大数据中心、FBO运营中心、培训中心建设，推动与低空交通相关的低空雷达、小型飞机、飞行汽车、商用无人机等装备制造、零配件生产、航空金融、跨境贸易等产业落

地，形成多个低空交通产业聚集区和产业带。通过促进同城化发展，打造以上海、南京、杭州、合肥、苏锡常、宁波等六个都市圈为中心的 1 小时交通圈和 1 小时物流圈。实现上海市内 18 个区县（青浦、松江、金山、嘉定、奉贤、宝山、浦东、崇明等有条件的区域先行入网）、江苏省内 109 个区县、浙江省内 100 个区县、安徽省内 121 个区县，县县通飞机；长三角区域内 53 个 5A 级景区、503 个 4A 级景区，区区有航线。

8.2 低空交通航线规划

✈ 8.2.1 低空交通飞行线路分期建设规划

依据低空交通体系建设的相关指导原则，结合深入的现场勘查和航线线路分析与研究，低空交通（长三角）航线规划建设主要分为三期：

（1）一期建设规划。在长三角沪宁合杭甬发展带、沿江发展带、沿海发展带、沪杭金发展带等四条发展带的高速公路服务区进行功能拓展，将全国 7,918 条高速公路骨干网在长三角区域内部分：G15 沿海高速（江苏连云港—浙江苍南段）、G60（上海松江—浙江衢州段）和 G42 沿长江高速（上海青浦—安徽段）等具备条件的服务区进行飞行起降场、旅游集散点和物流园区建设，连通沿线的通用机场，建设通导监一体化管理体系，形成沿海低空飞行走廊、沪宁合杭甬低空飞行走廊、沿江低空飞行走廊、沪杭金低空飞行走廊。

（2）二期建设规划。在长三角区域内将支干高速公路的服务区进行升级改造，并沿支干高速公路布设低空雷达，将附近 100 km 以内已建成的通航机场接入低空天网组成支线飞行走廊。

（3）三期建设规划。在长三角区域内将所有县的通航机场接入低空飞行走廊，实现"县县通达"低空飞机，形成以上海为区域中心的低空飞机网络、经济联动网络。

✈ 8.2.2 低空交通（上海）节点规划

拟以 A30 郊环与 G40、G2、G50、G60、G15、临港等高速公路交界附近为主选择建设低空交通起降节点；由于上海在长三角的龙头地位，具体规划如下：

（1）青浦区规划。拟在朱家角镇、金泽镇、练塘三个镇选址建设 1 个 A 级低空交通起降场，在其余 8 个镇建设直升机、无人机起降点和物流园区。

（2）松江区规划。拟在叶榭镇、新浜镇、佘山镇选址建设 1 个 A 级低空交通起降场，在其余 16 个镇建设直升机、无人机起降点和物流园区。

（3）浦东新区规划。拟在高桥镇、川沙镇、惠南镇、临港选址建设 1 个 A 级低空交通起降场，在其余 24 个镇和小洋山岛建设直升机、无人机起降点和物流园区。

（4）宝山区规划。拟在罗泾镇、松南镇选址建设 1 个 A 级低空交通起降场，在其余 8 个镇建设直升机、无人机起降点和物流园区。

（5）嘉定区规划。拟在安亭镇、徐行镇选址建设 1 个 A 级低空交通起降场，在其余 6 个镇建设直升机、无人机起降点和物流园区。

（6）金山区规划。拟在金山卫镇、新镇选址建设 1 个 A 级低空交通起降场，在其余 10 个镇建设直升机、无人机起降点和物流园区。

（7）奉贤区规划。拟在金汇镇、海湾镇分别选址建设 1 个 A 级低空交通起降场，在其余 10 个镇建设直升机、无人机起降点和物流园区。

（8）崇明区规划。拟在港西镇、陈家镇、长兴镇、横沙乡选址建设 1 个 A 级低空交通起降场，在其余 15 个乡镇建设直升机、无人机起降点和物流园区。

（9）市区内规划。拟在其他区域选建若干直升机起降点和紧急救援起降点。

8.3　示范线路与服务区飞行起降场选点

✈ 8.3.1　沿海高速示范线

根据第七次全国人口普查，截至 2020 年 11 月 1 日浙江省舟山市共有 87 个岛屿拥有常住人口，其中，有 60 个岛屿的人口超过百人。第一批可开发的无人岛 31 个。

初步设计，在述 100 多个岛屿中①，选择适合的建立低空起降场（800 跑道或垂直起降场），与苍南、瑞安、乐清、温岭、台州、玉环、三门、临海、宁海、象山、宁波、舟山、岱山、嵊泗、慈溪、嘉兴、上海金山、

————————

① 有人岛主要有：舟山本岛定海片区有 44.86 万人，普陀片区有 24.69 万人，岱山岛有 11.14 万人，六横岛有 5.29 万人，衢山岛有 4.18 万人，金塘岛有 3.94 万人，泗礁山岛有 3.73 万人，大鱼山岛（浙石化基地）有 3.09 万人，朱家尖岛有 2.99 万人，鲁家峙岛有 1.80 万人，秀山岛有 1.00 万人，桃花岛有 0.83 万人。嵊泗县常住人口为 6.60 万人。

上海青浦的沿海航线形成沿海低空天网。主要考虑是：一是这一地区经济发达，低空经济基础好；二是可快速融入长三角一体化，为长三角一体化"路空一体"立体 交通体系建设作贡献；三是可直接利用台州、宁海、金山三个通用机场为基点进行调试，并同步开展岛屿温州瑞安通用航空机场和上海青浦通用航空机场（长三角示范区）建设。该条线路集中经济旅游资源及国家级群岛新区经济带。可打造环杭州湾经济、旅游、文化为核心要素的低空交通走廊。视政府规划，开发建设有人岛低空交通和无人岛旅游等拉动新消费的项目。

可视情况向北延伸，连接南通、启东、如东、射阳、连云港、日照、青岛。

为实现试点飞行走廊内飞行器的有效监管，综合考虑地形对雷达架设遮蔽的影响，在深入实地勘察的基础上，结合高速公路服务区低空天网功能拓展相关原则，按照"飞机起降场＋高速公路服务区"的原则，选点建设中按照雷达覆盖面广，有利于后续航线网络扩展的原则，通过雷达架设站点的选择，形成区域飞行走廊，实现试点机场固有空域内飞行器的有效监管，以及试点飞行走廊上飞行器飞行状态的有效监管。

通过低空管理指挥服务平台的专业化管理，对低空飞行走廊内飞行器进行监视、管理、调度和指挥，从而确保通用航空低空飞行航线的安全。

基于低空雷达网对空域覆盖形成的低空飞行走廊，可以通过对低空飞行走廊的分层管理，规划不同高度层，不同速度飞行器的飞行路径，形成立体化的空中飞行航线航路。

表 8-1　浙江沿海无人岛

用途	无人岛名称	所在地区	面积 /km²
公共服务用岛	马岛	宁海县	0.0571
	团鸡山岛	定海区	0.2299
旅游娱乐用岛	大羊屿	象山县	0.2528
	牛栏基岛	象山县	0.8304
	大竹峙岛	洞头县	0.4532
	小瞿岛	洞头县	0.1532
	前屿山屿	苍南县	0.0266
	担峙岛	定海区	0.1672
	盐仓枕头屿	定海区	0.0419
	茶山岛	定海区	0.1208
	外马廊山岛	嵊泗县	0.1755

用途	无人岛名称	所在地区	面积 /km²
旅游娱乐用岛	里马廊山屿	嵊泗县	0.0249
	二蒜岛	温岭市	0.24
	南排岛	玉环市	0.5439
渔业用岛	内长屿	瑞安市	0.0314
	外长屿	瑞安市	0.0211
	小门南礁	瑞安市	0.0044
	外长南屿	瑞安市	0.0165
	黄门岛	玉环市	0.6357
工业用岛	癞头园山屿	普陀区	0.0036
	西猪腰岛	椒江区	0.0597
	东猪腰岛	椒江区	0.0559
	缸爿岛	椒江区	0.0126
	西笼岛	路桥区	0.1865
	鹁鸪嘴屿	路桥区	0.0212
	双鼓一礁	临海市	0.002
	双鼓二礁	临海市	0.0012
交通运输用岛	小癞头礁	普陀区	< 0.0005
	大瓦窑门屿	岱山县	0.0119
	明礁	岱山县	< 0.0005
仓储用岛	小龟屿	温岭市	0.0042

✈ 8.3.2 上海 - 黄山旅游示范线

打通上海青浦—浙江德清—浙江桐庐—浙江淳安—安徽黄山的飞行旅游线路，对 G50 高速淀山湖服务区、G25 高速青山服务区、G25 高速桐庐服务区、S31 高速建德服务区、G3 高速呈坎服务区等 5 个服务区进行功能拓展，建设飞行起降场。沿途可接入朱家角古镇风景区、莫干山风景区、富春桃源景区、千岛湖景区和黄山风景区等数十个 4A 级以上风景名胜区，进一步拓宽旅游资源开发渠道，通过旅游开发带动相关产业发展。

通过深入实地现场勘查，结合勘查地实际的近地地形等诸多因素，在高速公路沿线上选择 9 个点作为雷达架设地点，按照雷达覆盖空域 45 km 半径计算，通过雷达间空域覆盖及衔接，构建低空雷达网，形成一条全覆盖的低空飞行走廊，节点建设位置见表 8-2 所示。

表 8-2　试点航线节点表

序号	选点位置	经　度	纬　度	备　注
1	G50 淀山湖服务区	东经 E120°56′7″	北纬 N31°03′51″	起降场＋雷达站
2	G50 湖州服务区	东经 E120°13′1″	北纬 N30°53′36″	雷达站
3	G25 青山服务区	东经 E120°03′0″	北纬 N30°39′59″	起降场＋雷达站
4	G56 临安服务区	东经 E119°31′49″	北纬 N30°12′27″	雷达站
5	G25 桐庐服务区	东经 E119°47′59″	北纬 N29°50′37″	起降场＋雷达站
6	S31 建德服务区	东经 E119°22′53″	北纬 N29°32′36″	起降场＋雷达站
7	G60 常山服务区	东经 E118°27′29″	北纬 N28°54′55″	雷达站
8	G3 开化服务区	东经 E118°24′3″	北纬 N29°17′15″	雷达站
9	G3 呈坎服务区	东经 E118°16′49″	北纬 N29°56′13″	起降场＋雷达站

新时代低空交通产业新城规划

低空综合交通体系推动航空发动机、航空材料、航空电子等多领域发展，引领新技术革命，促进新质生产力变革。其发展依赖技术创新，包括航空发动机、航空材料、航空电子、北斗导航等领域。低空综合交通体系通过电动化、长续航和智能化等技术提升空中交通安全、效率和环保性。AI 与机器人自动化技术提升维修效率，大数据和 AR 技术提升维修智能化。北斗导航将在低空综合交通体系中广泛应用，优化航空器运行管理，提升安全保障能力。低空综合交通体系引领技术创新，推动新能源、AI、大数据和 5G 通讯等新技术应用，催生新经济增长点。其中，航空发动机、航空电子技术、复合材料制备技术、新能源航空器和 eVTOL 技术、先进航电飞控技术是关键创新点。

目前，我国城乡基本完成了通水、通电、通路、通宽带、有液化气的五通工程，符合一般工业产业园的基本要求，在此基础上可由地方政府牵头，与低空交通的金融资本和产业资本合作，共同规划临空产业及衍生产业园的建设。

一块土地由阡陌桑田变成现代城市通常需要花费五十年的时间，低空交通产业新城以"人口 + 产业 + 地域定位"组合做出 50 年前瞻性规划，按现代工业、建筑业极度发达的水平推测在 2035 年左右可以初步完成该区域的城镇化进程，再通过供给侧结构性改革，实现产业升级、拉动高端消费，吸引科技人才就业，形成科教、产业、城市的融合发展，最终实现城市化进程。根据基础设施较完善、高校密布等特点，可以在长三角示范区或大湾区选址建设低空交通产业新城。

低空交通产业新城主要以落地低空产业项目为主，项目按照"一机场、三基地、五中心"布局，建成后主要开展飞机制造、飞机组装、飞机试飞、飞机检测、飞机交易、飞行训练、机务维修、应急救援、森林防火、空中游览、航拍航摄、物流运输等业务，将全方位提高政府公共服务水平。

一机场：就是在产业新城内按照 A 类标准建设一个通用机场，飞行区指标为 2B，规划跑道为 800 m×30 m，场内配建综合办公楼、机库、通信、气象、动力中心等设施。

图 9-1　低空交通社区示意图

三基地：包括低空飞行器制造基地、新机试飞检测基地、低空飞行器风洞试验基地。

五中心：包括国际平行进口低空交通飞行器交易中心、区域低空交通公共服务中心、低空交通智慧物流中心、航空文化展示中心（低空交通博物馆）、私人飞行体验中心。

9.1　建立低空交通产业基金

美国的《凯利航空邮件法案》和《航空商务法案》鼓励了对航空的私人投资，对美国通用航空产业起到了非常重要的产业推动和引领作用，正如 1926 年建立的丹尼尔·古根海姆航空促进基金所做的那样。[①] 因此建设单位可同期发起成立低空交通建设基金，用以支持试点建设和拓展。产业基金应以省级政府的产业投资基金＋市区县政府的产业投资基金＋央国企的产业资本＋社会资本＋金融机构资金的构成，共同促进低空产业链的全面发展。

9.2　低空交通运营类落地项目

✈ 9.2.1　低空交通机场建设与运营

低空交通机场（通用航空机场）不仅是低空交通的重要组成，也是推

---

① 古根海姆基金通过赞助美国大学（包括加州理工学院、麻省理工学院和斯坦福大学）的航空项目来促进航空发展。

动地区经济发展、科技创新和服务业升级的关键动力。在社会经济日益发展和科技革新的推动下，随着技术进步和政策支持，预计未来低空飞行将更加普及，成为日常生活和商业活动中不可或缺的一部分。低空机场项目具体业务包括：地勘、规划、设计、建设业务；低空机场建设的投资与控股、参股业务；通用机场的管理与运营业务；低空物流配送业务；低空旅游、低空俱乐部等实现体验经济与共享经济共同发展的业务。通过深入研究和不断优化各业务环节，通用航空机场项目有望实现更广泛的社会和经济效益。

（1）地勘：建设通用航空机场项目的第一步是地质勘察，这一阶段主要评估建设地点的地质条件、环境影响及建设可行性。地勘的准确性直接影响到项目的安全、功能布局及长期运营。

（2）规划：规划阶段涉及综合考量地区交通需求、环境保护、城镇规划等多方面因素，制定出符合地方经济发展且切实可行的建设蓝图。

（3）设计：设计业务基于地勘与规划的数据和建议，进行航站楼、跑道、机库等具体构造的设计，同时考虑到运行效率、实用性和安全性，尤其不能攀比商业机场的大而全、高大上，但要有一定的设计前瞻性和灵活性。

（4）建设：建设阶段是将地勘、规划、设计转化为具体建筑和设施的过程。此阶段需要精密的工程管理以确保项目按质按量完成，包括选择合适的建筑材料、施工技术及质量控制标准。

（5）低空交通机场建设的投资与控股、参股业务。通航机场项目的融资与投资结构多样，包括但不限于私人投资、政府资助、企业合作等。投资策略的选择关键在于评估项目的经济效益及其对社会、地区发展的推动作用。

（6）低空交通机场的管理与运营业务。管理包括机场的日常管理和维护，确保设施安全和服务质量，这通常涉及人员管理、设施维护、安全监控等方面。运营指机场的营运活动，包括飞机起降管理、乘客服务、货运处理等，优化运营流程能够提升机场的效率和服务质量。

（7）低空交通物流配送业务。随着技术的发展，低空物流配送显示出独特的优势，如速度快、不受地面交通影响等。该业务需要解决的关键问题包括飞行路径规划、安全管理以及与地面物流系统的衔接。

（8）低空交通旅游、低空俱乐部等实现体验经济与共享经济的业务。低空旅游和低空俱乐部为通用航空带来了新的商业模式，这些活动不仅扩大了飞行体验的普及度，还通过共享经济模式降低了个人参与的成本。

✈ 9.2.2　低空交通产业园区建设

（1）选址与布局。选择交通便利、基础设施完善的区域。规划清晰的功能分区，包括研发基地、制造工厂、试验飞行区、企业孵化器、商务配套区等。

（2）基础设施建设。建设专用的起降点和试飞区域，配备必要的飞行支持系统。搭建高速网络和数据中心，支撑大数据和人工智能应用。提供完善的水电供应、交通、物流和安全系统。

（3）研发与创新。设立航空科技研究院，聚焦低空飞行器的核心技术研究。引入国家重点实验室、工程研究中心，进行前沿技术开发。建立企业孵化器和加速器，支持创新创业项目。

（4）产业链整合。吸引无人机制造商、零部件供应商、软件开发商等入驻。促进企业间的合作，形成完整的产业链条。提供一站式服务，包括融资、营销、培训等。

（5）人才与培训。与高校合作，建立人才培养基地，提供实习和就业机会。举办行业论坛、研讨会和技术交流活动。为企业提供定制化的职业技能培训。

（6）政策与环境。制定优惠政策，吸引国内外企业和投资。营造良好的商业环境，保护知识产权。实施绿色建筑和运营标准，确保可持续发展。

✈ 9.2.3　低空交通产业总部

（1）产业总部类项目。包括低空产业联盟、低空交通总部基地、华东地区低空交通指挥管理中心、多院士联合工作站、低空产业研究院、低空技术创新中心、氢能产业总部、国际低空交通大学、低空 AI 技术实验室筹备处。

（2）金融总部类项目。包括长三角军民融合基金总部、低空交通产业基金总部、低空飞行器融资租赁总部等，形成以低空交通产业带动的上下游企业总部基地、低空交通产业金融企业总部基地。

✈ 9.2.4　低空交通实体类产业布局

根据美国的经验数据，最具市场潜力的就是固定翼活塞飞机，约占市场总额的 65%，主要原因是成本低且安全性好，容易操控。这也将是我们重点发展的项目之一，拟重点发展国内已经获得原厂适航证的型号，对其进行迅速开发生产和市场推广。

9.3 低空交通产业引进机型和生产线

低空交通适合的机型有很多，我们以欧洲的沃肯艾尔飞机公司为例，该公司同时拥有多个适合低空飞行的机型。

沃肯艾尔飞机公司（Vulcanair）[①] 成立于 1996 年，拥有 Partenavia 和 SF600 系列项目的所有资产、类型设计、商标和权利，包括来自 Siai Marchetti 的类型证书、工具和权利。Partenavia 成立于 1957 年，被认为是意大利通用航空卓越性的结构支柱之一，其飞机在全球通用航空市场中具有广泛的渗透力，其业务涵盖飞机设计、飞机制造、飞机维护、培训等。

公司主要客户包括政府与行业运营商（P68 系列）、意大利国家警察、智利海军陆战队、英国国家警务航空服务（UKNPAS）、德国警察（黑森州）、欧洲和美国的消防合同商、美国多个州执法及野生动物保护机构、美国内政部、国际私人和政府运营商、石油公司（用于管道巡逻）、空中勘测公司（用于高级数字地图制作）等。公司产品线有 V1（单活塞）、P.68C（双活塞）、P.68CTC（双活塞 – 涡轮增压）、P.68R "Vr"（双活塞 – 可收放起落架）、P.68Observer2（双活塞）、P.68TC Observer（双活塞 – 涡轮增压）、AP.68TP–300 "斯巴达克斯"（双固定底盘 – 涡轮螺旋桨）、AP.68TP–600 "A–Viator"（双涡轮螺旋桨）等，以下简单介绍几款代表性的产品。

✈ 9.3.1 单发活塞固定翼

V1 是一种高翼飞机，由 180 马力的莱康明 IO–360–M1A 发动机提供动力，能够使用 AvGas 或替代燃料运行。为了满足所有者的需求，该飞机配备了恒速螺旋桨，或作为选项配备固定螺距螺旋桨。飞机机舱设有 4 个座位和 3 个门，以及一个单独的专用隔间，含 40 kg（88 磅）的行李容量。飞机驾驶舱的设计保持了所有命令、开关和断路器在对飞行员而言符合人体工程学的位置，并且其形状被设计为最小化视差错误。

---

① 该公司的产品线比较有代表性，美国和欧洲都有类似的产品，如第二章多次提到的 Cessna 等。本章介绍的小型飞机产品的技术规格数据仅供参考，产品出厂时会有型号改变（进），性能参数也会有变化。

图 9-2　V1 单活塞飞机 [1]

其主要技术规格：

（1）发动机：莱康明 IO-360-M1A，单活塞；

（2）额定功率 180 马力，转速 2,700 r/min；

（3）最大起飞重量 1,155 kg；

（4）典型装备空重 763 kg；

（5）最大有效载荷 392 kg；

（6）可用燃油容量 190 L；

（7）最大座位数 4；

（8）最大行李重量 40 kg；

（9）巡航速度 @75%，ISA，MTOW 237 km/h，128 节；

（10）航程：3 人每人 77 kg，45 分钟备用油量，60% 功率，1,065 km；

（11）爬升率 MTOW，ISA 条件，海平面 222 m/min；

（12）飞行上限 4,500 m；

（13）起飞距离 427 m；

（14）着陆距离 427 m；

（15）替代燃料 Mogas（EN228）；

（16）翼展 10.00 m；

（17）总长度 7.23 m；

（18）总高度 2.77 m。

V1 机身前部采用高强度钢管焊接，由一系列三角形结构形成开放式桁架结构，为机身提供强度和刚度。钢管覆盖有铆接的外壳，而后部则采用半硬壳式构造，由框架和四个主梁构成，并带有铆接的外壳。机翼由两个

---

① 图片来源：Vulcanair 官网。

支撑的半翼组成，全部采用金属应力蒙皮，全悬臂设计，带有金属前缘和复合材料翼尖。V1 的尾翼全部采用金属应力蒙皮，全悬臂设计，包括垂直尾翼、方向舵和稳定器。

✈ 9.3.2　双发活塞固定翼

VulcanairP.68C 系列是一种六座、双引擎、高翼、固定起落架的飞机。全新设计的驾驶舱配备了全新的航空电子套件，包括新的 Garmin G-1000 NXI 以及带有偏航阻尼器的新型 Garmin GFC700 数字自动驾驶仪、可调节座椅、标准飞行员门、更坚固的主起落架和刹车，以及更高的最大零燃油重量，同时拥有令人惊叹的 21,550 小时的机翼寿命限制。

图 9-3　Vulcanair P.68C 双活塞飞机 [①]

其主要技术规格：

（1）发动机功率 400 马力；

（2）最大起飞重量 2,084 kg；

（3）最大有效载荷 680 kg；

（4）座位数 6；

（5）行李舱行李容量 0.66 m³；

（6）最大行李重量 181 kg；

（7）巡航速度 @75%，301 km/h；

（8）起飞距离 400 m；

（9）着陆距离 600 m；

（10）起飞地面滑行 240 m。

外观：

[①]　图片来源：Vulcanair 官网。

（1）新款 P.68C 凭借其飞行员门、更长的机鼻（为航空电子设备和气象雷达提供更多空间）以及上翘的翼尖，易于识别；

（2）翼展 12.00 m；

（3）翼面积 18.60 m^2；

（4）总长度 9.455 m；

（5）总高度 3.40 m。

内部：

（1）驾驶舱区域长度 1.451 m，宽度 1.160 m，平均高度 1.150 m；

（2）乘客舱长度 1.780 m，宽度 1.160 m，平均高度 1.200 m，总体积 2.478 m^3；

（3）乘座配置：长度 0.816 m，宽度 1.010 m，平均高度 1.000 m，总体积 0.824 m^3；

（4）货舱长度 2.596 m，宽度 1.100 m，平均高度 1.120 m，总体积 3.198 m^3。

Vulcanair 的 1+5 座位布局，包括驾驶舱、客舱和行李舱，以及前右侧飞行员门、后部右侧货舱门和左侧乘客入口门。后排长椅可容纳三人，飞机可认证为 1+6 人配置。新款 P.68C 配备两台 200 马力的 Lycoming IO-360-A1B6 发动机，驱动 Hartzell 恒速全羽化螺旋桨。P.68C 经过风洞测试，具有出色的流线型外观，提供最优的飞行性能。作为一款空中 SUV，P68C 配备两台强大可靠的发动机，提供三排可移动座椅，超过 65 立方英尺的内部体积，包括 20 立方英尺的货物空间，货舱最大载重 400 磅。P68C 的操作特性出色且温和，飞行员位置提供良好的后向能见度，安装了可选的除冰设备后，可在各种天气条件下安全运行。P68 系列飞机经济性高，运营和维护成本低，得益于其简单的构造、低燃油消耗和低更换成本的动力装置。高翼配置保护发动机和螺旋桨免受损害，延长使用寿命。Vulcanair 偏好铝制结构，使其具有重量轻和易于维修的优势。

✈ 9.3.3　双活塞＋涡轮增压固定翼

双活塞＋涡轮增压固定翼是全球公认的最具成本效益的双引擎飞机，适用于观察和巡逻任务，旨在为直升机至今仍占据主导地位的领域提供一种替代且更经济的解决方案。

其主要技术规格：

（1）2 台发动机：Lycoming TIO-360-C1A6D，额定功率 210 马力；

（2）最大起飞重量 2,084 kg；

（3）最大着陆重量 1,980 kg；

（4）最大有效载荷 650 kg；

（5）座位数 6；

（6）行李舱容量 0.66 m³；

（7）巡航速度 @75%，306 km/h；

（8）最大飞行高度 6,096 m；

（9）起飞距离 415 m；

（10）着陆距离 MLW600 m；

（11）最大续航 2 人（每人 90 kg）和 100 kg 任务载荷；

（12）长距离巡航 55% 功率 30 分钟储备 7.8 小时。

图 9-4　P.68TC 双活塞 + 涡轮增压飞机[①]

外观：

新款 P.68TC 观察机拥有独特的飞机设计。事实上，飞机配备了完整的 Plexiglas 机鼻，提供无阻碍的前向视野。

（1）翼展 12.00 m；

（2）翼面积 18.60 m²；

（3）总长度 9.15 m；

（4）整体高度 3.40 m。

内部：

（1）驾驶舱区域长度 1.451 m，宽度 1.160 m，平均高度 1.150 m；

（2）乘客舱长度 1.780 m，宽度 1.160 m，平均高度 1.200 m，总体积 2.478 m³；

（3）乘座配置：长度 0.816 m，宽度 1.010 m，平均高度 1.000 m，总体积 0.824 m³；

（4）货舱长度 2.596 m，宽度 1.100 m，平均高 1.120 m，总体积 3.198 m³。

---

① 图片来源：Vulcanair 官网。

P.68TC OBSERVER 飞机提供 1+5 或 1+6 座位配置，具备驾驶舱、客舱和行李舱布局，以及右侧货门和左侧乘客门。新特性包括重新设计的驾驶舱和航电系统，如 Garmin G1000 NXI 和 GFC700 自动驾驶仪。飞机有专用相机舱口，可安装多种摄影设备。配备两台 210 马力的 Lycoming TIO-360-C1A6D 发动机和 Hartzell 螺旋桨，性能优异。作为一款空中 SUV，P.68TC OBSERVER 拥有双引擎、三排座椅和宽敞的内部空间，最大载荷 400 磅，适合多种任务需求。

✈ 9.3.4 双活塞 – 可收放起落架

图 9-5　P.68R（Vr）飞机 [1]

P.68R（Vr）是轻型双发飞机，主要特点为：采用金属结构，并已进行防腐蚀处理；搭载了来自 Textron-Lycoming 的经过验证的经济型四缸燃油喷射动力系统；拥有经过验证的长期使用寿命（1,960 kg 最大起飞重量版本的 23,900 小时），并积累了全球超过 500 架飞机的运营经验，遍及世界各地；在提升航空电子设备套件、整体舒适性人体工程学以及机舱设计方面，该飞行器投入了特别的关注；配备了 Garmin G-1000 NXI 航空电子套件，并与配备偏航阻尼器的 Garmin GFC700 数字自动驾驶仪相结合；新款 P.68R（Vr）型配备了两台 200 马力的 Lycoming IO-360-A1B6 标准吸气式发动机，这些发动机驱动 Hartzell 恒速、全羽化螺旋桨；发动机总功率为 400 马力，最大巡航速度为 172 节，最大航程为 1,820 海里；机舱可容纳 5 名乘客及 1 名飞行员。

其主要技术规格：

（1）2 台发动机：Lycoming IO-360-A1B6，额定功率 200 马力，转速

---

① 图片来源：Vulcanair 官网。

2,700 r/min；

（2）最大起飞重量 2,063 kg；

（3）最大着陆重量 1,960 kg；

（4）座位数 6；

（5）最大行李重量 181 kg；

（6）巡航速度 @75%，MCP，ISA，MTOW 311 km/h；

（7）远程巡航 55% 功率 30 分钟储备 1,647 km；

（8）起飞距离 431 m；

（9）着陆距离 475 m；

（10）最大续航时间 4 人（每人 77 kg）5.8 小时。

外观：

新款 Vr 由于其可收放的起落架而易于识别，这使得已经很吸引人的意大利外观更加流线型。其行李舱缺少窗户，使得整体飞机外观更加紧凑和运动化。

（1）翼展 12.00 m，翼面积 18.60 m^2；

（2）总长度 9.455 m，总高度 3.40 m。

内部：

（1）驾驶舱区域长度 1.451 m，宽度 1.160 m，平均高度 1.150 m；

（2）乘客舱长度 1.780 m，宽度 1.160 m，平均高度 1.200 m，总体积 2.478 m^3；

（3）货舱长度 0.816 m，宽度 1.010 m，平均高度 0.835 m，总体积 0.688 m^3。

Vr 在意大利设计和制造，其简洁流线型的外观通过可收放的起落架得到了强调，Vr 特别注重提高飞行员和乘客的舒适度以及整体内饰质量。

✈ 9.3.5　双引擎涡轮螺旋桨飞机

在持续加速发展的全球环境中，商务航空的重要性日益凸显。商务飞机的引入显著提升了工作效率，消除了不必要的等待时间，使得出行更为迅捷，同时在飞行期间也能够保持高效的工作状态和更为舒适的体验。

Piaggio Aerospace，一家意大利的航空航天制造商，其历史可追溯至 1884 年成立的 Rinaldo Piaggio S.p.A. 公司。该公司专注于设计、研发及生产多种类型的航空器，涵盖商务航空、特种任务以及无人飞行器（UAV）领域。其产品系列中，P.180 Avanti 2 双涡轮螺旋桨飞机尤为引人注目，该机型在商业航空领域展现出了卓越的性能。

Avanti EVO 飞机则是一款融合了双引擎涡轮螺旋桨的经济性与喷气式飞机速度的先进机型。其名称"Avanti"在意大利语中意为"领先"，这一名称恰如其分地体现了其创新性。该机型采用了创新的五叶螺旋桨设计和历史性的三升力面配置，赋予了 Avanti EVO 在同类机型中独树一帜的气动性能。其流线型、易于辨识的外观下隐藏着一个宽敞且低噪声的客舱，为乘客提供了超越市场上任何其他同类型飞机的舒适体验。

图 9-6　Avanti EVO 飞机 [①]

　　作为一款双涡轮螺旋桨飞机，Avanti EVO 在不增加运营成本的前提下实现了更高的飞行速度，其运行成本较同尺寸的喷气式飞机低 30%。该机型配备了宽带和卫星连接，可容纳 7+2 名乘员，并拥有高达 1,729 海里（3,185 km）的最大航程。Avanti EVO 还具备在短跑道甚至半准备跑道上起降的能力，使其能够抵达那些未被定期航班服务覆盖的偏远机场和小型机场。Avanti EVO 飞机适用于多种用户，包括武装部队、政府机构、空中救护单位以及各类私人运营商。

　　PIAGGIO AEROSPACE AVANTI EVO 的规格：

　　（1）外部尺寸：翼展 14.345 m，长度 14.408 m，高度 3.980 m；

　　（2）机舱尺寸：高度 1.75 m，宽度 1.85 m，长度 4.55 m，最大座位容量 8+2 机组人员，典型的行政负载 6+1 机组人员；

　　（3）行李舱容积 1.00 m³，长度 1.70 m，最大重量 159 kg；

　　（4）增压差压 0.62 Pa，海平面机舱最高到 7,315 m；

　　（5）最大起飞重量 5,489 kg，最大着陆重量 5,216 kg；

　　（6）动力装置：2x 加拿大普惠 PT6A–66B 发动机，每台 850 马力 / 634 kW（ISA，海平面），额定功率从 1,630 马力开始；2x Hartzell 5 叶 Scimitar 螺旋桨；

---

　　① 图片来源：Piaggio Aerospac 官网。

（7）性能：最大速度 745 km/h，402 海里 / 小时，MMO，0.70 马赫；最大航程（NBAA IFR，渡运配置 LRC）2,813 km，最大航程（NBAA IFR，增加的渡运配置 LRC）3,350 km，服务上限 12,497 m；爬升率（MTOW，12,100 磅）844 m/min，起飞距离（SL，ISA，MTOW，清除50英尺）974 m，着陆距离（SL，ISA，50英尺，MLW，无反推力）1,000 m。

✈ 9.3.6　教练机 PC-21

皮拉图斯公司于 1939 年 12 月 16 日在瑞士尼德瓦登州成立了一个小型维修操作基地，旨在为瑞士空军提供服务。1940 年，该公司研发了专为山区（如瑞士阿尔卑斯山脉）使用而设计的 SB-2 鹈鹕。1959 年，随着皮拉图斯搬运工 PC-6 的推出，这款多用途飞机因其坚固的结构和卓越的短距离起降性能——能够在短跑道上起飞和降落的能力——而广受欢迎。PC-6 为全球客户生产了整整六十年，如此长的生产周期鲜有飞机能与之匹敌。

为了培养新一代军事飞行员，皮拉图斯开发了下一代训练机：PC-21，这是专门为学生飞行员设计和制造的。在空军预算持续承压的背景下，PC-21 提供了一个性价比高且高效的训练解决方案。使用 PC-21 的飞行员，与那些驾驶传统训练机的飞行员相比，在最后阶段才需要转换到喷气式飞机上，从而减少了成本和训练时间。为了实现这一点，皮拉图斯大幅扩展了设计和性能范围，使这款单引擎涡轮螺旋桨飞机进入了一个直到现在还专属于喷气式训练机的领域。

从基础到高级训练，PC-21 对初学者来说既友好又易于飞行，同时对于准备前往前线的飞行员来说充满挑战且有回报。PC-21 的能力使其非常适合广泛的训练范围。它可以让飞行员从第一天开始使用，消除了需要初级飞行训练队的需求，并且还弥补了传统涡轮螺旋桨教练机和昂贵的入门级战斗机之间的性能差距。在这方面，PC-21 相比传统的涡轮螺旋桨和喷气式教练机提供了显著的优势。

PC-21 的设计确保了可预测的运营成本。创新的概念、现代材料以及通过全尺寸疲劳测试的验证，造就了一款非常适合常规和基于性能操作的飞机。现有 PC-21 客户的经验表明，有可能将学生完成飞行训练的费用减少 50% 以上。

✈ 9.3.7　旋翼机

AutoGyro 公司，总部设于德国希尔德斯海姆，是全球旋翼机领域创新、制造与分销的领军企业。自 2003 年投入生产以来，该公司已向全球交付超过 3,100 架飞机。在国际旋翼机市场中，AutoGyro 占据着最高的市场份额。所有型号均由公司内部研发，且超过九成的飞机部件均为自主制造。这些卓越的德国制造飞机已获得多个国家航空管理局的全面认证。AutoGyro 是全球唯一一家获得旋翼机商业飞行操作认证的制造商。

2024 年 8 月 20 日，AutoGyro GmbH，一家来自德国的全球顶尖旋翼机制造商，向西非共和国贝宁的政府代表交付了首批特制的 Rotax 916 iS 动力卡瓦隆哨兵旋翼机。

卡瓦隆哨兵是 AutoGyro 旗下的一款高级并列座位型号，其动力源自新型高效节能的 Rotax 916 iS 发动机。AutoGyro 哨兵飞机的作战半径可达四小时或大约 600 km，最高速度可达 225 km/h，相当于 120 海里或 140 英里。其先进的航电设备能够同时管理三个独立的无线电系统。

图 9-7　PC-12AutoGyro 哨兵飞机 [1]

旋翼机既不是直升机也不是传统有翼飞机，它提供了一个与两者互补的飞行器平台。它们本质上是安全的飞机，具有非常广泛的速度范围。它们可以飞得非常慢，甚至达到 0 km/h，这使它们成为完美的观察平台，非常适合边境或高速公路巡逻或发现野火。与直升机相比，旋翼机具有更低的碳足迹，并且通常为商业航空任务提供一个经济高效和环境友好的选择。[2]

9.4　低空交通科研教育类项目

根据低空交通产业新城的总体推进情况，以下项目可以同步落地。

---

[1]　图片来源：AutoGyro 官网。
[2]　各型号的飞机图片和相关参数均摘自其公司官网。

✈ 9.4.1　国际联合航空大学

随着"推进高水平教育开放，鼓励国外高水平理工类大学来华合作办学"政策的逐步落地，以及低空产业的快速发展和产业结构的不断升级，高等教育与产业之间的融合已成为提升国家创新能力和竞争力的重要途径。通过深化国际合作、促进教育资源与产业资源的优化配置，可以培养适应产业发展需求的高素质人才，推动产业升级和经济高质量发展。

9.4.1.1　建设目标

国际航空大学旨在成为全球领先的航空教育机构，专注于低空飞机制造及相关航空学科。通过提供高质量的教育和先进的研究设施，培养下一代航空工程师、科学家和行业领导者。学校将致力于创新、技术发展以及与航空工业的紧密合作，以满足全球航空领域日益增长的人才需求。

9.4.1.2　相关课程设计

（1）基础课程：包括航空学概论、空气动力学、材料科学、飞行器结构分析等。

（2）技术课程：涉及飞机设计、制造工艺、航空电子系统、无人机技术、航空器系统集成等。

（3）实验与实习课程：建立现代化实验室和模拟中心，进行飞机装配实践、飞行测试和低空飞行模拟。

（4）研究项目：鼓励学生参与教授领导的研究项目，包括新型飞行器设计、环保航空技术、航空安全系统等。

（5）行业实习：与航空制造公司和研究机构合作，为学生提供实习机会，增强实践经验和行业理解。

9.4.1.3　学校建设规划

（1）校园设计：打造绿色可持续的校园，包括教学楼、实验室、研究中心、学生宿舍、运动设施等。

（2）航空设施：建设风洞实验室、结构测试实验室、飞行模拟中心等专业设施。

（3）图书馆资源：建立含有丰富航空专业书籍、期刊和电子资源的图书馆。

（4）交通和网络：保证校园内外交通便利，同时构建高速网络环境，支持科研和学习需求。

9.4.1.4　师资规划

（1）招聘标准：聘请具有深厚学术背景和实际行业经验的教授和讲师。

（2）国际化团队：组建由多国籍教师组成的团队，促进学术交流和多元文化融合。

（3）教师发展：提供定期的培训和交流机会，保持教师在航空领域的领先水平。

（4）行业合作：邀请航空工业界的专家担任客座教授或顾问，分享最新的行业动态和经验。

9.4.1.5　学科重点

（1）低空飞机制造工程：关注小型飞机、无人机和其他低空飞行器的设计、制造和维护。

（2）航空技术创新：推动航空领域的技术革新，如电动飞行器、智能导航系统等。

（3）航空管理与法规：提供航空法规、机场管理和航空运营等课程，培养管理和决策人才。

（4）环境与可持续发展：强调在飞机设计和操作中采用可持续方法，减少环境影响。

✈ 9.4.2　AI 控制技术实验室

美国的国防分析研究所（The Institute for Defense Analyses）在《加速政府实验室向航空工业的技术转移》报告中指出：在 1915 年，美国复制了欧洲的机制建立 NACA，引进了欧洲的实验室结构，设立了古根海姆基金以促进航空业发展，引进了一些最优秀的欧洲人才，并开始使用航空比赛作为技术示范。

建设国际 AI 技术实验室，为低空交通服务，是推动低空交通发展的重要战略举措。这一举措不仅能促进低空飞行活动的智能化和高效化，还能为低空交通的多个领域提供技术支持和创新动力。以下是建设国际 AI 技术实验室对低空交通的具体贡献。

9.4.2.1　前沿技术研发

（1）理论研究：利用 AI 技术实验室进行空域可计算性的理论研究，探索如何将低空空域数字化成可计算空域，从而提升飞行器的协同飞行能力。

（2）仿真平台：开发航路规划与设计仿真平台，通过高精度地图、气象监测设备等，实现低空飞行环境的实时模拟和优化。

（3）SILAS 系统：建设智能融合低空系统（SILAS），通过集成雷达、通信和导航系统，提高低空飞行的安全性和监管能力。

（4）多场景应用：开展多场景产业化应用试点，如无人机配送、医疗救助、应急救援等，确保这些应用场景在安全和效率上得到显著提升。

9.4.2.2　数据共享

（1）信息管理系统：建立全国低空飞行服务国家信息管理系统，实现跨省、跨部门的数据共享和飞行管理。

（2）监管与服务：构建智能融合基础设施网，包括起降站、空联网、航路网和服务网，确保低空交通的规范运行。

9.4.2.3　质量认证体系

（1）安全验证体系：建立低空交通适航技术服务与符合性验证体系，确保低空飞行器的质量和安全性。

（2）质量认证：推动低空交通领域的质量认证，从整机及部件的软硬件应用系统到大数据存储与共享云平台，进行全面的安全认证评估。

9.4.2.4　人才培养

（1）专业培训：设立联合博士培养项目，加速低空飞行服务专业人才培养，健全培训体系。

（2）科研合作：与高校和科研机构合作，开展科研项目，促进 AI 技术在低空交通中的应用研究。

9.4.2.5　产业联动

（1）政策支持：借助政府的政策推动，促进低空交通产业链条的延伸和高新技术支撑能力的提升。

（2）行业协同：与头部物流企业的低空核心运营企业合作，共同推进低空交通的发展。

9.4.2.6 市场应用

（1）商业模式创新：探索新的商业模式，如无人机商业应用市场的规模化发展，推动低空交通的市场化进程。

（2）绿色低碳发展：推动绿色航空产业的发展，进行碳足迹、碳核查及碳交易等活动，促进低空交通的可持续发展。

综上所述，建设国际 AI 技术实验室对低空交通的服务具有多方面的重要意义。通过前沿技术研发、智能融合系统建设、数据共享、质量认证体系完善、人才培养、产业联动以及市场应用等方面的努力，可以极大地推动低空交通的高质量发展。未来，随着技术的不断进步和政策的持续推动，建设国际 AI 技术实验室将在低空交通的发展中发挥更加关键的作用。

✈ 9.4.3 国际飞行营地项目

国际飞行营地项目是近年来全球范围内兴起的一类综合性航空运动和旅游项目，主要提供低空飞行体验、飞行培训、通航服务等。这些项目不仅丰富了人们的娱乐生活，还推动了当地经济的发展，提升了区域的国际知名度。可与俄罗斯的阿泰克营地、远东海洋营地、小鹰营地合作联合打造长三角国际飞行营地、国际研学营地、国际青少年教育营地、国际房车展示露营地、自驾车露营地。目标是打造中国最大的综合性教育营地，成为国内外学生与游客旅行、冬夏令营等活动的主要目的地，为长三角旅游一体化做出应有的支持。

图 9-8 飞行社区剪影 [1]

---

① 图片来源：lifewithyourplane。

国际飞行营地项目在全球范围内逐渐兴起，成为推动低空交通发展的重要力量。这些项目通过提供多样化的飞行体验和培训服务，不仅满足了人们对低空飞行的兴趣和需求，还促进了当地经济的繁荣和通航产业的发展。未来，随着技术的不断进步和市场的日益成熟，国际飞行营地项目将在低空交通中发挥更加重要的作用。

9.5　低空交通飞行社区其他配套规划

有飞行爱好者、飞机制造、飞机维修、飞行培训、飞行表演及其它飞行活动，自然会形成一个聚集社区，即专业小镇。在低空交通小镇，除产业聚集外，另一个特点就是人们可以把飞机沿跑道及滑行道或街道开回家。

可由政府建设配套的医院、幼儿园、中小学校等服务产业新城的项目，以及产业新城内的道路、绿化、消防、公交等配套项目。

建设特色小镇作为落实供给侧结构性改革的重要抓手。从工业地产到产城融合必须产业先行，先产后城。特色小镇发展最重要的是要以人为本，吸引产业入驻和人才资源的前提是为园区提供产业配套基础建设，完善员工工作生活的各种服务配套，弥补企业在园区建设方面经验的不足。园区内除了生产、物流、商务等功能外，还应同时配备有超市、农贸市场、电影院、中央食堂、员工公寓等，企业在家门口就可享受城市生活。积极联合政府制定产业招商政策，针对性打造新兴平台，包括科技创新平台、人才引进平台等，吸引企业和人才集聚，从而打造宜居、宜业、宜学、宜游、宜创的产城融合环境。

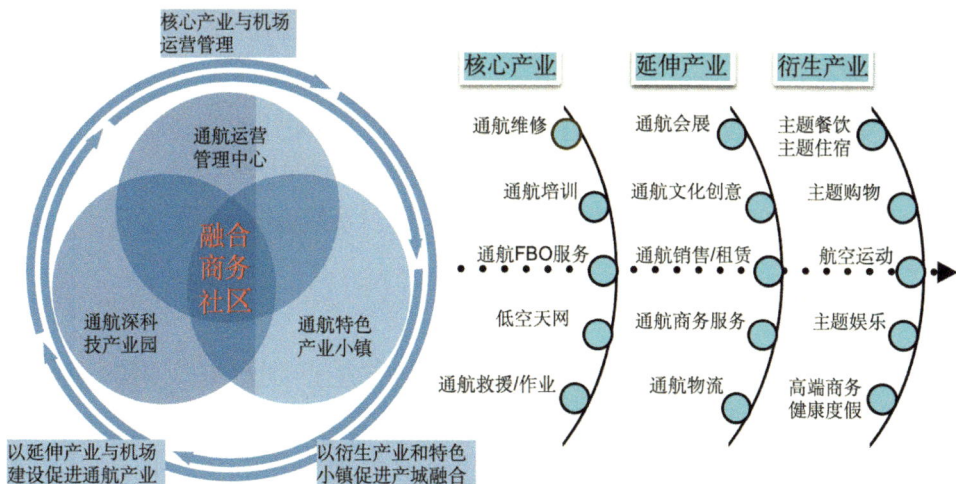

图 9-9　低空交通的核心产业

　　长三角低空产业规划的实体投资需 880 亿元左右。其中，长三角企业总部及产业新城直接投资需 474 亿，预计五年产值达 1,508 亿元。在长三角示范区域内选址建设低空产业新城，面积约 17,250 亩。其中，高端装备制造用地 1,000 亩；低空飞行器制造基地 1,100 亩；机场用地 1,000 亩；智慧物流中心 900 亩；医院、幼儿园、中小学校、博物馆、展示中心、服务中心、指挥中心、道路、绿化、消防、公交等公共设施配套用地 4,150 亩；国际联合航空大学 5,000 亩；科研配套用地 1,300 亩；配套住宅 1,500 亩；配套商办 800 亩；国际平行进口飞行器交易中心、私人飞行体验中心 500 亩。

　　每个城市都有自己的特点和定位，低空飞行社区（通航小镇）也会各具特色。

9.6　低空交通飞行氢能小镇规划

　　被誉为 21 世纪"终极能源"的氢能源，其应用技术发展逐渐成熟。在日本、德国、美国等国家已经广泛用于飞机、汽车、轮船上，另外在发电、取暖等日常生活中技术也日趋成熟。2030 年韩国将建造 520 座加氢站，日本计划建造 900 座，德国计划建造 1,000 座加氢站。

　　国家发展改革委、国家能源局联合印发《氢能产业发展中长期规划（2021—2035 年）》显示：我国年制氢产量约 3,300 万 t，其中，达到工业氢气质量标准的约 1,200 万 t。全产业链规模以上工业企业超过 300 家，集中分布在长三角、粤港澳大湾区、京津冀等区域。规划目标到 2025 年，燃料电池车辆保有量约 5 万辆，部署建设一批加氢站。而全国只要建设 3,000 个加氢站，就可以实现氢能源飞机全国飞行。建 100 个加氢站，就可以实现省内飞行。

　　为了更好地建设长三角，打造低碳城市，可以引入氢能类产业。主要有氢燃料电池生产企业，氢能飞行器的氢能发动机生产企业，氢气生产、运输、罐装、加氢企业、氢能发电技术开发、系统集成企业。

✈ 9.6.1　目标与愿景

　　（1）建立完整的氢能产业链：构建从氢气生产到最终应用的完整氢能产业链，实现氢能源的可持续开发和利用。

　　（2）推动氢能源航空技术创新：通过氢燃料电池和氢气内燃机技术的研发，推动低空飞行领域的技术革命。

（3）打造低碳环保的航空小镇：实现小镇运营的低碳化，减少环境污染，提供清洁能源驱动的航空运输解决方案。

✈ 9.6.2　核心业务板块

（1）氢气生产。利用风能、太阳能等可再生能源通过电解水制氢，研究与开发高效的氢气生产过程，确保氢气生产的经济性和可靠性。应选址在风能和太阳能丰富的地区，充分利用已有的投资项目和产业布局。

（2）氢气运输与储存。建立安全的液氢和压缩氢气运输系统，研发高效能、高安全性能的氢气储存技术，确保氢气的安全储存与供应。

（3）氢气加注站。在小镇内建设氢气加注站，为氢能源小型飞机及其他氢能设备提供加氢服务。制定严格的安全标准和操作流程，保障加氢过程的安全。全国每个低空机场建设一个加氢站，就可以实现全覆盖的低空飞行，远比氢能源汽车所需要的加氢站少。

（4）氢能驱动的小型飞机产业。发展基于氢燃料电池和氢气内燃机的小型飞机设计和制造。与国内外航空制造商和科研机构合作，推进氢能源飞机技术的创新与应用。建立小型飞机的测试、认证和运营服务体系。

（5）技术研发和创新中心。成立氢能源技术研发中心，聚焦氢燃料电池和氢气内燃机的关键技术研究。与高校和科研机构合作，进行科技成果转化和人才培养。

✈ 9.6.3　实施策略

（1）政府与市场联动：争取政府支持，获得政策优惠和资金支持，同时吸引私人投资参与。

（2）技术创新与标准制定：鼓励技术创新，参与国内外氢能源技术标准的制定，确保技术先进性和安全性。

（3）社区参与与环境教育：加强社区低空小镇的居民参与度，开展氢能与环保教育，提升公众对氢能源的认知和接受度。

✈ 9.6.4　预期效果

通过实施上述规划，能够在小镇范围内形成闭环的氢能经济体系，推动氢能源在低空飞行领域的商业化进程；提升小镇的经济活力，促进就业和经济增长；为氢能在航空领域的应用提供示范，推动全球航空业向低碳化转型；经过几年积累和聚集，形成较为完善的氢能产业发展制度政策环境，产业创新能力显著提高，基本掌握核心技术和制造工艺，初步建立较为完整的供应链和产业体系；氢能示范应用取得明显成效，清洁能源制氢及氢能储运技术取得较大进展，市场竞争力大幅提升，初步建立以工业副产氢和可再生能源制氢就近利用为主的氢能供应体系。

预计到 2030 年，形成较为完备的氢能产业技术创新体系、清洁能源制氢及供应体系，产业布局合理有序，可再生能源制氢广泛应用，有力支撑碳达峰目标实现；到 2035 年，形成氢能产业体系，构建涵盖交通、储能、工业等领域的多元氢能应用生态，可再生能源制氢在航站楼能源消费中的比重明显提升，对能源绿色转型发展起到重要支撑作用。

第10章

新时代低空交通实现路径和手段

按照"总体谋划、试点先行、总结完善、逐步推广"的思路，选择条件比较成熟的区域，开展以紧急救援、通航旅游、物流配送、军事投送等为优先试点项目，并切实研究和协调解决管理政策瓶颈和技术攻关中的关键、难点问题。试点内容包括：基础设施改造升级、通信设施布局、装备选型试航、指挥平台建设、平战结合无缝切换、系统行业接口打通、专业人员培训及业务流程、标准规范的制定等。

10.1 "1+5+32+X"的技术体系

根据用户的实际需要，建设一个"1+5+32+X"的多方信息共享的技术体系，并采用分层结构设计，为全国低空交通管理平台的构建探索技术和管理手段。

✈ 10.1.1 飞行服务要求

低空用户实施低空飞行活动前，应当根据飞行任务和飞行路线，掌握相关空域准入和运行要求，掌握飞行服务站提供的服务和程序。低空用户原则上只向起飞所在地的飞行服务站报批或报备飞行计划，接受低空飞行服务。低空用户应当及时向飞行服务站报告起飞和落地信息，向飞行服务站报告空管设施服务状况。

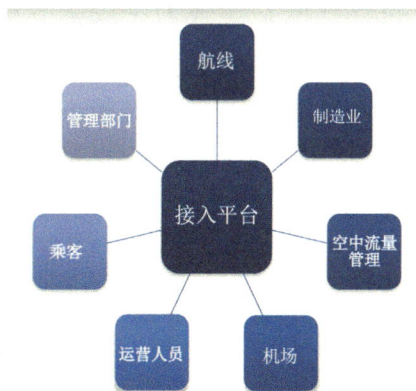

图 10-1 飞行服务功能图

✈ 10.1.2　建立空中应急救援平台

开展空中应急救援、缩短处置和转移时间，降低突发事件和交通事故造成的损失。依托低空交通飞行任务管理平台，以直升机救援为基础，建立应急救援业务平台。平台要与当地 120、999 呼叫平台连通，协调调度相关救援力量，充分发挥各种救援力量的优势，提高应急处置效率。

✈ 10.1.3　搭建低空交通运输平台

在具备飞行起降条件的服务区增加物流仓储等基础设施，开展无人机物流、定点配送、低空中短途运输等业务，探索低空交通立体运输新模式，增强低空物流和战备物资运输、兵力投送能力、增加国防动员渠道，拓宽陆空联运渠道。

✈ 10.1.4　搭建运游结合平台

在有条件的服务区，开展短途飞行客运、低空观光旅游、飞行体验等业务，满足不同人群出行需要和人民物质文化生活等方面需求。搭建运游结合业务平台，拓展服务内容和渠道，与服务区周边旅游资源相结合，推出低空交通的新型旅游线路，开展资源旅游、文化旅游、生态旅游活动，努力使空中旅游平台成为服务区增加收入的导入窗口，促进通航旅游消费。

10.2　典型地区的低空交通飞行试点航路规划

低空交通建设规划的总目标是：致力于构建立体交通一体化、全域旅游一体化、应急救援一体化、平战时运力统筹一体化的低空交通体系，打造以区内都市圈为中心的低空 1 小时交通圈和 1 小时物流圈。

✈ 10.2.1　建设内容

低空交通落地子项目包括：低空交通运营管理中心、大数据中心、FBO 运营中心等运营项目，以及小型飞机、飞行汽车、商用无人机、氢能源飞机、低空雷达、低空导航设备等装备制造产业项目，还有航空培训、航空维修机械师培训、航空金融、维护保养及跨境贸易等服务类项目。这些项目可形成低空交通产业聚集区，并带动其他省的低空交通全产业链发展。

另外，还要建立以高速公路为连接的空中走廊，沿途视情况接入区域内的工业园区、旅游景区等节点。

✈ 10.2.2　大湾区低空交通飞行试点航路规划

未来延伸航线节点及拓展规划航线包括覆盖全区的空中走廊，并与广西、福建等省内的沿海城市高速连接。

✈ 10.2.3　喀什低空交通飞行试点航路规划

喀什地区共辖 1 个县级市、10 个县和 1 个自治县，境内有 G3012、S13、S16 和 G3013 共 4 条高速公路，有高速服务区 7 个、高速停车区 5 个。为实现辖区内通用飞行县县通，约需新增 12 个飞行起降场。根据低空交通相关指导思想，可在高速沿线具备条件的服务区进行飞行起降场建设（可考虑县机场与服务区改建合一），AA 级及以上景区可根据情况设立简易机场或直升机起降点。飞行起降场的建设综合考虑服务区地理位置以及对周边资源的整体带动效应，可拓宽资源开发渠道，带动相关产业发展。

喀什低空交通规划的总目标是：实现 12 个县互通，每个县建立一个低空交通节点，可起降小型固定翼和直升机。实现全区 52 个 AA 级景点有直升机起降点，8 个 AAAA 级景区有低空交通节点。实现物流园区、产业园区、工业园区有直升机起降点，条件成熟的可降落固定翼飞机。

✈ 10.2.4　内蒙古低空交通飞行试点航路规划

依据陆空一体交通体系建设的相关指导原则，经过深入的现场勘察和航线线路分析与研究，内蒙古自治区确定申报 7 个试点项目，包括国家已经批准的大板、桑根达莱、乌兰浩特 3 个，和新增加申请的以呼和浩特作为陆空港枢纽中心，包头、鄂尔多斯、阿拉善作为申报点做整体规划的 4 个为试点线路的低空飞行走廊，呼和浩特—G5511 察根达来—大板—乌兰浩特总长约 1,500 km，呼和浩特—包头—鄂尔多斯长约 220 km，呼和浩特—额吉纳旗长约 1,048 km，规划试点线路直线距离约 2,768 km。路线如图所示。

✈ 10.2.5　湖北省低空交通飞行试点航路规划

依据低空交通建设的相关指导原则，及湖北省城市分布和地形特点，规划十堰—襄阳—随州—孝感—武汉—黄冈，恩施—宜昌—荆门—武汉，宜昌—荆州—岳阳—咸宁—黄冈，襄阳—荆门—荆州和随州—岳阳的三横两纵线路。线路连接 12 个地市，可有效带动区域经济、文化、旅游等方面的发展。

试点空域避开海、空军航线和民航航线，可以进行统一协调，利于试点过程中的飞行任务审批。根据规划，结合实际近地地形勘察等，拟在试点线路上设置 25 个点作为导航站架设地点。

按照导航站覆盖空域 45 km 半径计算，通过设备间空域覆盖及衔接，构建低空导航台网，形成一条空域全覆盖的低空飞行走廊，可以实现对飞行走廊内的通航机场固有空域和飞行走廊上的飞行器进行有效监管。

图 10-2　湖北低空交通飞行试点航线图

通过低空交通管理指挥服务平台的专业化管理，可以对低空飞行走廊内飞行器进行监视、管理、调度和指挥，从而确保低空飞行航线的安全。基于低空导航网对空域覆盖形成的低空飞行走廊，可以通过对低空飞行走廊的分层管理，规划不同高度层，不同速度飞行器的飞行路径，形成立体化的空中飞行航线航路。

10.3 低空交通建设保障措施

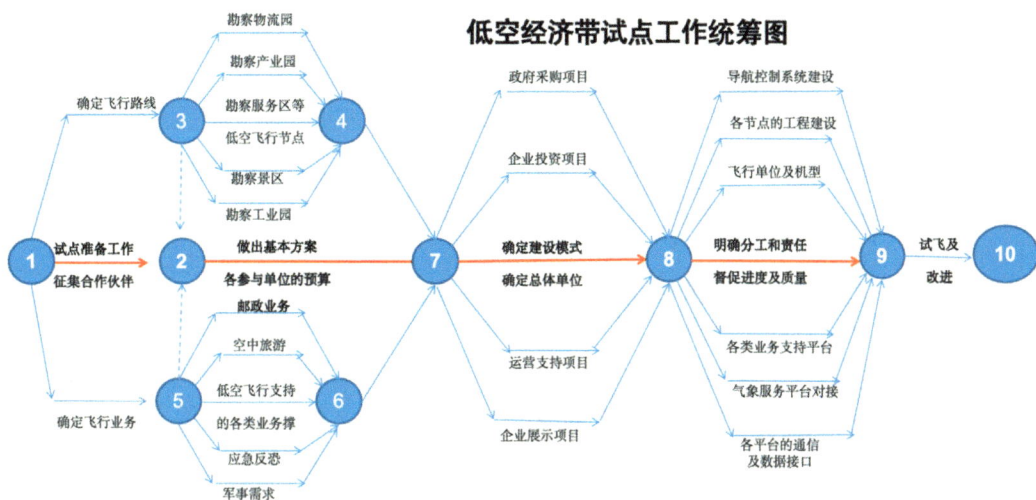

低空经济带试点工作统筹图

图 10-3 低空经济带试点工作统筹图

✈ 10.3.1 建立联席会议制度，组建联合行动小组

在国家空管部门的指导下，由发改委、交通运输部、民航局牵头，协同应急管理、退役军人事务、文旅、自然资源、扶贫办等部门，形成重要议题协商机制。统一思想、统一部署，确立发展总体规划、战略性产业方向；明确军队是军事需求方之一，政府是主导方，军地企业、科研院校是实践方，军民融合服务机构是连接军事需求和市场供给的桥梁，形成低空交通工程项目共同体。由军队、发改、交通、民航、自然资源、文旅、空管、物流、应急、扶贫等跨界专家，协同谋划、联合攻关，确保要素资源联动，实现供需衔接互补，全力打赢推动规划任务落实攻坚战。

在前期低空交通产业探索和技术储备基础上，开展系统论证、方案评估、标准制定等基础技术管理研究，形成科学辅助决策机制。针对高速公路服务区基础设施升级改造、提升路网资源带宽管理水平，对低空航空器准入、运行安全实施等方面全程监管，逐步构建基础设施、运输装备、运输组织等全方位的低空交通标准体系，配套制定立体交通相关建设和评价标准。

✈ 10.3.2 开展军地协同科研

设立科研计划，与国家重点实验室开展联合科研任务，同时向中央科技委、国家发改委、网信部、交通运输部等相关主管机构申请科研专项任务。厘清低空经济交通运输体系军地需求，注重综合规划和体制机制自觉创新，形成法规标准和技术体系无缝对接，提出政府主导和市场参与的政策配套，实现基础设施和运输装备军民融合的共建共用。

组织军队科研院所、军工单位、民营企业、科研机构、高等院校进行联合创新，做好重大关键技术联合攻关、军工技术成果推广应用、军用技术向民用领域转化应用，以及民用先进技术进入军用领域的转化应用，形成军民科技成果双向动态转移的机制和环境。

✈ 10.3.3　加强联合投送训练，争创军民融合示范

在交通部门、各战区和地方政府牵头下，组织运输投送机构、重点任务部队和地方交通部门联合开展应急输送训练，重点检验组织筹划、保障协同、特情处治等内容，顺畅工作关系，积累实践经验，检验平战结合方案的适用性，提高军地快速输送的组织指挥能力和综合协调能力。运营组织单位以演练为契机，通过提高分析能力、理解投送任务、制定投送方案、拟制投送计划、组织投送协同等训练项目，加速运输投送专业人员知识更新和能力提升，开展重点难点问题攻关，密切军地合作关系，提高联合投送水平。

选择国家公路网络中能发挥战略地位、比较优势和资源禀赋的工程项目，采取科研系统与实验系统并行的方式，在理论创新和实践创新进程中梳理成果经验，组织科学评估，完善应用标准，储备专业能力。总结形成平战结合的联合投送指挥系统、内联外引的联合投送信息系统、因情施策的联合投送管理办法、废立并举的联合投送法规体系、拓展创新的军民投送保障方式，提高战区与地区联合投送指挥能力。

把握新时代军民融合运输投送的使命要求，保障"低空交通"快、联、远、准的优势得到最大发挥，部、省、军形成重点联系，将"低空交通"规划纳入各省综合交通运输中长期发展规划和交通战备规划，在试点的基础上连线成网，形成国家低空交通投送网，提升平战结合与运输投送的质量层次，强化符合新体制要求的国家低空交通联合投送力量。

高起点谋划、高质量建设、高效率推进，着力在体制机制创新、政策制度创新、发展模式创新、技术标准创新和成果转移转化等方面树立标杆。坚持平时履行"服务经济、服务社会"职责，战时履行"服务国防、支援保障"使命的发展原则。

✈ 10.3.4　加强低空交通人才培养

充分利用好平台优势，依托优惠政策和条件，引进部队和地方有经验的专业人才，重点培养一批低空交通专业人才，不仅提高保障能力，同时培养国防后备人才，进而推动低空交通融入"国防后备力量、国防交通、国家应急救援"三个体系。

第11章

低空交通通导监平台设计和规划

全国低空飞行服务保障体系由1个国家信息管理系统、5个区域信息处理系统以及一批飞行服务站组成。国家信息管理系统与区域信息处理系统之间、区域信息处理系统与飞行服务站之间，实现了低空飞行服务保障数据和产品的交换。低空飞行服务保障体系的系统构架如下图所示：

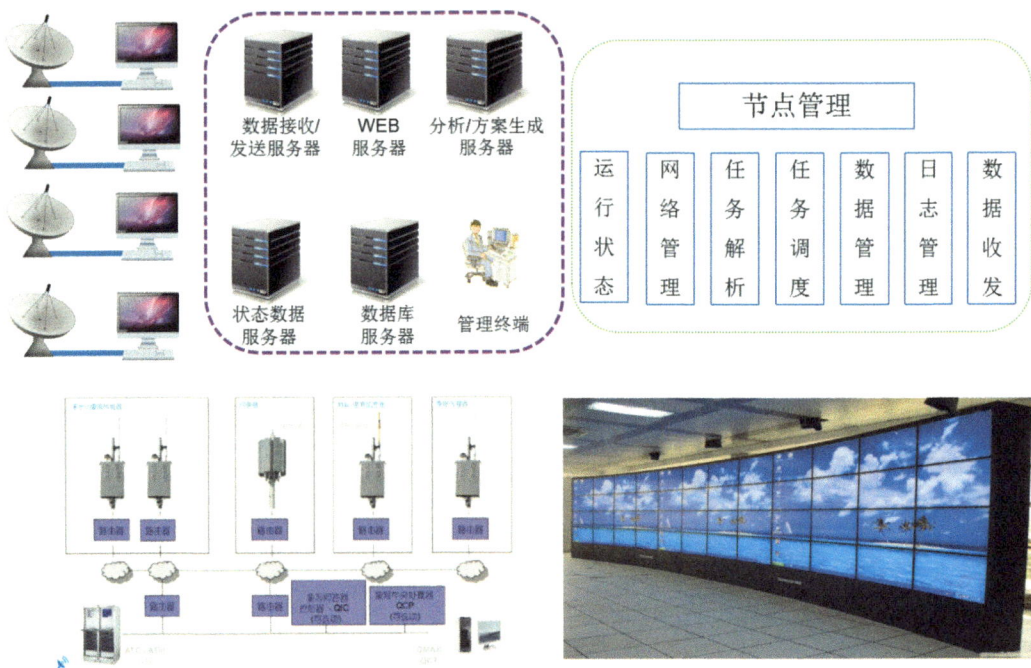

图11-1 低空交通导航管理服务平台系统构架图

系统在前端雷达探测到监管区域目标后，与区域内发布的机载综合通信网关的信息进行数据融合，然后确定目标性质（进行敌我识别）。根据系统的管理数据和飞行申请，确定目标的合法性，及时向区域内的其他飞行器和国家管理机关提供空情数据。

11.1 系统平台的功能规划

低空信息管理系统的设计要依据民航局空中交通管理局的有关建设要求，其主要功能定位是：收集全国低空航空情报原始资料，汇总区域信息处理系统上报的航空情报初级产品，制作并发布低空交通情报产品和相关航行通告；收集汇总低空气象情报；掌握全国低空飞行计划及实施情况；掌握低空空域管理使用信息；集成各类服务信息，为区域信息处理系统和飞行服务站统一提供基础产品和信息。国家信息管理系统应逐步增强统一向全国提供飞行服务的能力，不断拓展服务渠道，推动服务产品和信息共享，便利低空飞行的实施。平台的功能设计如下：

✈ 11.1.1　系统平台的监管功能

（1）贯彻执行国家空管方针政策、法律法规和民航局的规章、制度、决定、指令。

（2）管理低空交通用户航空中的交通服务、通信、导航、监视、航空气象、航行情报。

（3）拟定低空交通空管运行管理制度、标准、程序。

（4）实施通航空域使用和空管发展建设规划。

（5）组织协调通航全国航班时刻和空域容量等的资源分配工作。

（6）组织协调管理区内的导航监管服务系统建设。

（7）为通航提供空中交通管制和通信导航监视、航行情报、航空气象服务，监控全国民航空管系统运行状况，负责专机、重要飞行活动和民航航空器搜寻救援等空管保障工作。

（8）研究开发民航空管新技术，并组织推广应用。

（9）为中央空管委和民航局空管局提供信息、情报和管理报表。

✈ 11.1.2　系统平台的服务功能

（1）飞行计划。飞行计划服务提供飞行计划支持和飞行计划数据处理，通过开发和使用协调的飞行计划来支持国家空域的安全和高效使用。这包括准备和进行预飞、飞行简报，提交飞行计划和修正，管理飞行计划评估和接收，准备飞行计划广播信息，管理和广播整个飞行过程中的飞行状态（包括变更），以及维护飞行计划数据档案。该服务为在国家空域管理系统内进行飞行做好准备，并允许在总平台内操作时更改飞行配置文件。

（2）空中交通控制（ATC）——间隔保证。间隔保证服务确保飞机与其他飞机、车辆、地形、障碍物以及未指定为常规航空旅行的某些空域保持安全距离。间隔保证涉及应用间隔标准以确保安全，根据操作环境以及飞机类型、大小和设备定义标准，ATC设施的管制员负责使用垂直、横向、纵向或视觉间隔方法安全分离其控制下的飞机。

（3）空中交通控制（ATC）——咨询。空中交通控制和其他设施向飞行员提供建议和信息，以协助安全进行飞行和飞机移动。这些咨询包括向飞行员、飞行计划者和公众提供天气信息、交通和系统状态信息。这些咨询和信息要么指向特定位置，要么广播给区域内的任何用户。

（4）流量管理（TM）——同步。流量同步支持在给定时间内的大量飞机起降在大平台内的顺畅流动。大平台流程要最大限度地提高效率和容量，以应对天气、大平台基础设施、跑道可用性或其他条件。流量同步关注给定交通流内流量管理的处理策略模块，通过提供飞机的排序、间隔和路由，在维持间隔保证和实施战略流量管理指令的同时完成流量同步活动。流量同步服务提供战术指令，以优化空中和地面的操作。

（5）流量管理（TM）——战略流量。战略流量服务从系统角度为空中交通的有序流动提供支持，分析并平衡NAS的需求和容量，以最小化延迟、避免拥堵并最大化整体吞吐量、灵活性和可预测性。将实际和预测的需求与当前和预测的空域、机场和基础设施容量进行比较，以规划整体策略。必要时，协作开发流量管理（TFM）计划，以优化交通流量，同时满足用户需求和时间表、空域、基础设施、天气限制以及其他变量。战略流量服务包括长期规划（超过一天）、飞行日流量管理（当前24小时周期）和性能评估。

（6）紧急情况和警报。监测平台发现紧急情况，评估紧急情况的性质，并向飞行者提供适当的紧急响应，包括在地面或飞行中发生的紧急情况。紧急服务包括紧急援助和警报支持。

（7）导航。导航服务提供空间中的电子信号，使系统内用户能够确定飞机位置，并在大多数天气条件下安全高效地起降。机载航电设备接收并处理信号，以提供当前位置、与预定或选定位置的距离、进程选择和进程偏差。导航服务包括基于地面和空间的电子导航辅助设备（NAVAIDS）网络，以及符合国际标准的视觉NAVAIDS。NAVAIDS网络使用户能够在飞行操作（如巡航、进近和着陆）和地面操作期间使用导航。

（8）政府/机构支持。政府/机构支持提供信息和协调服务，为执法任务、政府土地管理机构、自然灾害救援飞行、医疗紧急飞行、空中森林灭火、缉毒飞行、区域航管局、中国民航局和军事防空行动提供服务，同时维护国家空域的安全和高效使用。

通过以上服务内容，低空信息管理系统主要实现基于轨迹的运营

（TBO），它将通过使用改进的飞行路径知识来加速飞机在机场之间的移动，空中交通管制员和飞行员可以评估如何最好地平衡容量和需求，并最小化诸如恶劣天气等干扰的影响。TBO 的预期好处包括增强飞行效率、提高吞吐量以及改善操作的可预测性和灵活性。

高性能基础导航以及支持技术如数据通信和全系统信息管理，对于实现 TBO 至关重要，它主要由服务于关键机场的相互依赖的空中交通设施组成。当实现 TBO 时，我们在此基础上可以构建一个以信息为中心的系统，进行多样化的操作，并由一个有弹性且不断进化的基础设施来支持，以提高安全性和效率。

✈ 11.1.3　区域和节点的功能

11.1.3.1　区域平台的功能

区域信息处理系统依托民航地区空中交通管理局，其功能定位是：

（1）收集处理区域内低空航空情报原始资料，制作航空情报初级产品，发布低空交通相关航行通告，并上报国家信息管理系统。

（2）收集上报区域内低空气象情报；向区域内各类飞行服务站提供航空情报、航空气象等信息；掌握并上报区域内低空交通飞行计划及实施情况，将本区域内飞行计划及实施情况分发至相关飞行服务站。

（3）掌握并上报区域内低空空域管理使用信息；协调飞行服务站，提供告警和协助救援服务；集成各类服务信息，为飞行服务站统一提供基础服务和信息。

11.1.3.2　节点（飞行服务站）的功能

作为 1+5+32+X 体系的节点，飞行服务站是低空飞行服务保障体系的重要组成，是服务低空空域用户的窗口和平台终端连接。飞行服务站可以单独设立，也可以依托现行运输机场空管单位或通航机场设立，飞行服务站应当具备飞行计划处理、航空情报服务、航空气象服务、告警和协助救援服务等功能，向服务范围内的低空交通飞行活动提供服务，定期向区域信息处理系统提供飞行计划及实施情况相关信息。飞行服务站除以上功能外，还应当具备监视和飞行中服务等功能。

11.1.3.3　节点（飞行服务站）布局

每个省级行政区原则上设立 1 ～ 13 个飞行节点（与地级市数量相适

应），统筹本行政区内低空空域划设及飞行计划管理需求，根据本行政区低空空域分类情况、通用机场布局规划以及低空交通发展实际，制定本行政区子节点的飞行服务站布局规划。飞行服务站应当明确其服务范围，根据运行需求确定具体功能模块，并配置相应的设施设备，在相关通用机场及低空飞行活动区域部署信息收集、服务航站楼。

✈ 11.1.4　建设综合服务平台模块设计

低空信息管理服务平台在总体技术构架的基础上，结合低空交通的飞行特点和低空管理的有关要求，提供飞行任务申请、任务调度、任务管理、航空情报服务、气象服务等，确保对低空交通飞行走廊的安全管理。

参照美国新一代空管系统，平台除一般管理功能外，还应包括三个决策支持系统（DSS）：流量管理系统（TFMS）、基于时间的流量管理（TBFM）、终端飞行数据管理（TFDM），以保证数据在平台中的空中交通能够安全高效地流动。DSS 帮助组织并增加航空信息的可见性，支持决策制定并增强飞行员和空中交通管制员之间的通信。利用现有技术实施改进，并在 DSS 内部署新兴技术，将提高流量管理的可靠性、效率和灵活性。

图 11-2　Next Gen DSS 运营现场

（1）流量管理系统（TFMS）。TFMS 提供交通需求和容量信息，使决策者能够管理 NAS。TFMS 工具在整个平台范围内可用：自适应压缩用于地面延误程序期间，根据条件变化调整调度；统一延误程序改善了对突发航班的处理，用于地面延误和空域流量程序，从而增加了延迟的总体公平性和延迟时间的稳定性；协作轨迹选项程序使运营商能够将其路线和延迟偏好传达给必须通过受限空域管理需求的交通管理者；空域流量程序识别航线约束，并实时列出进入受限区域的航班，分发"预期起飞许可时间"，以通过该区域调节需求，确保飞机在特定时间和地点交付；重定路线程序允许交通管理者建模并确定重定路线的效果，如有必要，他们可以在发布前修改新路线；走廊集成天气系统自动预测和分析天气，以支持开发和执行对流天气（例如雷暴）影响疏解计划，也可用于拥挤的航线空域，协作空域限制解决、预测部门需求和容量，它识别问题并生成拥堵解决方案计划。机载重定路线（ABRR）和出发前重定路线（PDRR）功能将TFMS 和 ERAM 连接起来，允许交通管理者通过电子方式发送针对特定飞机的指定重定路线给空中交通管制员。这在恶劣天气期间特别有益，当出发路线迅速开放和关闭时，或用于缓解特定的流量问题。在这种情况下，该功能消除了管制员需要将重定路线输入到飞行计划中的需求，并为飞行重定路线问题提供了更快、更准确和更高效的解决方案。

图 11-3　TFMS 系统工作界面

（2）基于时间的流量管理（TBFM）。TBFM 的核心功能是在交通流中安排飞机到达一个定义的限制点，这个限制点可能是一个跑道、一个计量固定点或高架（次）流中的一个时隙。TBFM 安排飞机在指定时间到达限制点，创造有序的交通序列。这些预定时间允许交通流合并，同时最小化协调，减少将飞行中的飞机重定向到期望点的需求，并有效利用机场和空域容量。TBFM 工具包括到达计量、相邻中心计量、联合调度以及到达侧的扩展计量，以及对离港飞机的出发调度。TBFM 下的一项增强功能通过新的终端排序和间隔（TSAS）工具将调度能力扩展到终端区域。TSAS为终端控制器提供与航线控制器相同的到达管理指导，使用已发布的到达和进近程序是其排序和调度的基础。有了 TSAS，可以实现更精确的到达交付。TBFM 的综合出发 / 到达能力（IDAC）协调机场之间的出发时间，并通知塔台空中交通管制员，使他们可以从可用出发时间中选择并规划他们的操作以满足这些时间要求。IDAC 使用电子消息请求出发时间，消除了从塔台到航线中心打电话的需求。使用 IDAC 自动化的途中出发能力（EDC）帮助确定延迟航班出发的时间长度以及它将如何适应高架流。当控制器需要在拥堵时增加航班之间的间隔，EDC 会有所帮助。

（3）航空社区消费者与全球政府之间的协作通过连接到"安全交换网关"或以直达显示方式进行。其企业级基础设施使系统能够向用户发布信息，请求并接收来自其他平台模块的服务信息，并支持安全需求。综合交互平台为全系统的程序提供治理，以确保服务符合综合交互平台的标准并满足所有其他接入要求，从而降低主控平台程序开发和部署服务的成本和风险。使用各分系统模块消息传递允许灵活且高效的系统交互，消除了特定生产者到消费者接口的需求。提供的其他核心服务包括安全、数据管理和调解，这是交互平台的一种能力，它可以转换数据。为了遵守保护敏感未分类信息的政策，交互具有安全控制措施，以防止敏感信息传输给外部用户。

数据可用性创建了一个新的信息生态系统，为航空社区提供服务，从而为飞行公众带来更好的体验。运营公司航班数据发布服务（SFDPS）将来航路自动化系统（ERAM）的航线飞行数据提供给各种消费者，数据种类包括飞行计划、飞行轨迹、信标代码和交接状态，消费者可以访问有关航班、空域、运营和通用消息的数据，用于分析、业务流程、研究和其他活动。该服务还传播扇区配置数据、路线状态、特殊活动空域状态、高度计设置以及 ERAM 的状态等数据，使用这些数据的消费者能够比较预测的和实际的出发时间，比较控制时间和实际出发时间，确定最繁忙的出发和到达定位点，测量最繁忙的交通区域，并收集其他有价值的见解。其他功能包括快速准确的航班匹配，以及可以轻松与应用程序集成的数据，如航空地图。

数据交换平台终端数据分发系统（STDDS）可以将从机载综合数据网关、雷达或机场塔台和终端雷达进近控制设施的传感器收集的表面和终端监视数据转换为易于访问的信息。STDDS 使用 NEMS 将来自机场塔台的地面信息发送到相应的终端雷达设施，以便流量管理协调员可以评估如何最优平衡需求和容量。STDDS 通过消除冗余或冲突的信息来增强数据源，为从地面到巡航高度的完整空中交通管理情境提供了快速准确的航班匹配能力，并启用了地面可视化工具。为了支持安全起降，该工具向相应的终端雷达进近控制设施和航线中心的空中交通经理以及其他 NAS 和非 NAS 消费者展示了塔台管制员看到的相同信息。身份和访问管理（IAM）使用专用的 FAA 公钥基础设施（PKI）为 NAS 系统提供认证和授权服务，以安全地识别 NAS 系统并保护 NAS 信息。

（4）TFDM 将部署在两种配置中。配置 A 将包括电子飞行数据、地面监视数据整合、交通流量管理数据交换与整合、一个地面态势感知显示，以及完整的决策支持工具。配置 B 包括电子飞行数据，并且在选定地点，一个地面态势感知显示。TFDM 还将采用多构建策略进行其部署，构建特点为完整的硬件开发、电子飞行数据交换、跑道分配预测、基本负载平衡、通过 TFMS 的地面态势感知查看器，以及维护工具。[①]

11.2　低空交通监管的核心技术

✈ 11.2.1　低空通信技术解决 "联得上" 的问题

低空通信技术作为低空产业的核心技术之一，其现状与挑战直接关系到低空产业的发展与未来。当前，随着无人机技术的广泛应用和航空器数量的快速增长，低空通信技术的需求也日益增加。然而，在实际应用中，低空通信技术面临着诸多挑战。

首先，低空通信技术的覆盖范围与通信质量是亟待解决的问题。因低空环境复杂多变，如山地、城市高楼等障碍物对信号传输造成干扰，导致通信覆盖范围受限，通信质量不稳定。因此，提高低空通信技术的覆盖范围与通信质量，对于确保低空飞行的安全至关重要。

其次，低空通信技术的频谱资源紧张问题日益凸显。随着无人机等航空器的普及，频谱资源的需求不断增加，而频谱资源是有限的。如何在有限的频谱资源下，实现高效、稳定的通信，是低空通信技术面临的又一挑战。为此，各国纷纷开展频谱共享技术的研究与应用，通过动态分配频谱资源，提高频谱利用率，以满足低空飞行的通信需求。

此外，低空通信技术的安全性与可靠性也是不容忽视的问题。低空飞行中，无人机等航空器需要实时传输大量数据，如位置信息、飞行状态等。这些数据的安全性与可靠性直接关系到低空飞行的安全。因此，加强低空通信技术的安全防护，防止数据泄露、篡改等安全问题，是低空通信技术发展的重要方向。

面对这些挑战，低空通信技术需要不断创新与发展。一方面，加强基础技术研究，提高通信覆盖范围与通信质量；另一方面，推动频谱共享技术的研究与应用，提高频谱利用率；同时，加强安全防护技术的研究与应用，确保数据的安全性与可靠性。只有这样，才能为低空产业的发展提供坚实的技术支撑。

---

① 说明：平台设计只是一般性的描述介绍，实际技术平台有详细的开发计划书。

在低空通信领域，5G 技术的应用正逐步展现出其革命性的潜力。以 5.5G 技术为例，其作为 5G 技术的演进，不仅继承了 5G 的超高速率、超低时延和大连接数等特性，更在通感一体等创新性能力上实现了突破。福建移动与华为在厦门马拉松赛道沿线区域成功实现的 5.5G 通感一体技术的低空多站连续组网通信能力验证，便是这一技术突破的有力证明。该验证实验在全球首次采用 5.5G 通感一体基站进行连续组网，用于城市低空目标的探测和预警。实验结果显示，在 120 m 的高度范围内，该技术能够迅速锁定并实时监测多架时速高达 60 ～ 80 km 的无人机航迹，即使在复杂场景下也能保持高效稳定的通信能力。这标志着 5.5G 技术在低空通信领域的应用迈出了坚实的一步。

5.5G 技术的引入，为低空通信带来了前所未有的机遇。其高速率、低时延的特性，使得无人机、无人车等低空智能设备能够实时传输大量数据，实现更高效的协同作业。同时，通感一体等创新性能力，使得低空通信不再局限于传统的数据传输，而是能够实现对低空目标的探测、预警和识别，为城市管理、应急救援等领域提供了更为强大的技术支持。

在北斗已经覆盖我国及周边地区的情况下，我国目前已开发了一款基于北斗、利用现有的 GPRS/3G/4G/5G 网络的机载综合网关，该网关可实现基本速率 45 kbps ～ 2 Mbps，可支持 720 km/h 的高速移动通信，避免了重复建立超低空通信网基站的投入。

✈ 11.2.2 低空导航监视技术，解决"看得见"的问题

监视（Surveillance）技术是国际民航组织新航行系统（CNS/ATM）的重要组成部分，是为空管运行单位及其他相关单位和部门提供目标（包括空中航空器及机场场面动目标）的实时动态信息。空管运行单位等利用监视信息判断、跟踪空中航空器和机场目标位置，获取监视目标识别信息，掌握航空器飞行轨迹和意图、航空器间隔及监视机场场面运行态势，并支持空—空安全预警、飞行高度监视等相关应用，整体提高空中交通安全保障能力，提升空中交通运行效率，提高航空飞行安全水平以及运行效率。

11.2.2.1 监视技术分类

目前应用于空中交通管理的监视技术主要有一次监视雷达（PSR）、场面监视雷达（SMR）、二次监视雷达（SSR）、自动相关监视（ADS）、多点定位（MLAT）。按照监视技术的工作原理，国际民航组织（ICAO）将监视技术分为独立非协同式监视、独立协同式监视和非独立协同式监视。

（1）独立非协同式监视，指无须监视目标协作，直接通过地面设备独立辐射电磁波测量并获取监视目标定位信息的监视技术。目前主要包括一次监视雷达和场面监视雷达。其中，一次监视雷达按作用距离分为远程一次监视雷达和近程一次监视雷达。

（2）独立协同式监视，指由地面设备向监视目标发出询问，并接收监视目标的应答信息，通过计算获取监视目标定位信息的监视技术。目前主要包括二次监视雷达和多点定位。其中，二次监视雷达按询问模式分为 A/C 模式二次监视雷达和 S 模式二次监视雷达；多点定位按应用范围分为场面多点定位系统（ASM）和广域多点定位系统（WAM）。

低空飞行走廊的监视手段

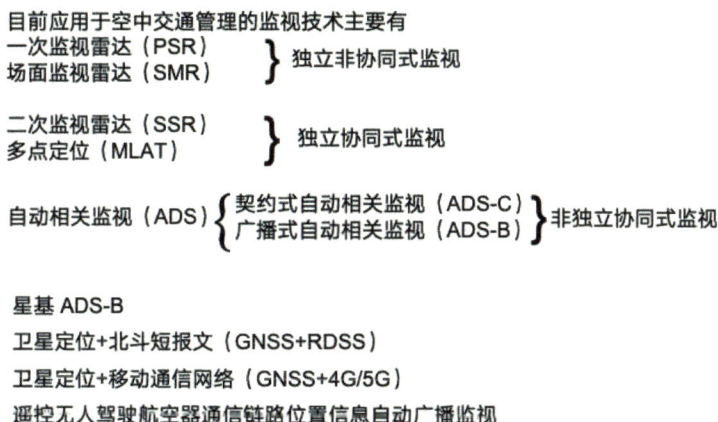

目前应用于空中交通管理的监视技术主要有
一次监视雷达（PSR）
场面监视雷达（SMR） 　　　独立非协同式监视

二次监视雷达（SSR）
多点定位（MLAT）　　　独立协同式监视

自动相关监视（ADS）　契约式自动相关监视（ADS-C）
　　　　　　　　　　　广播式自动相关监视（ADS-B）　非独立协同式监视

星基 ADS-B
卫星定位+北斗短报文（GNSS+RDSS）
卫星定位+移动通信网络（GNSS+4G/5G）
遥控无人驾驶航空器通信链路位置信息自动广播监视

图 11-4　低空飞行走廊监视技术

（3）非独立协同式监视，指监视目标依靠定位系统获取自身位置信息，并通过数据链向地面设备主动发送定位信息的监视技术。目前主要包括契约式自动相关监视（ADS-C）、广播式自动相关监视（ADS-B）。

除国际民航组织定义的应用于空中交通管理的监视技术外，近年来还涌现了其他监视技术，包括基于卫星的广播式自动相关监视（星基 ADS-B）、卫星定位 + 北斗短报文（GNSS+RDSS）、卫星定位 + 移动通信网络（GNSS+4G/5G）和遥控无人驾驶航空器通信链路位置信息自动广播监视。但上述技术在写入国际民航组织相关标准与建议措施（SARPs）前，不能用于空中交通管理。

11.2.2.2　监视用途分类

监视按照不同用途定义分为以下两种类别：
空中交通管理监视为空管运行单位提供航空器目标的实时动态信息，

是进行空中交通管理的基础。

非空中交通管理监视不以空中交通管理为目的，为空管运行单位及其他相关单位和部门提供航空器目标的实时动态信息。具体包括以下三类：

（1）国家空域安全监视。为国家空域管理部门、民航管理部门等提供涉及国家及公众安全的航空器目标实时动态信息。

（2）公共飞行服务监视。为飞行服务单位、低空运营人等提供飞行服务保障所需的航空器目标实时动态信息。

（3）其他监视。用于科学研究、旅客航班信息服务等不涉及以上两类监视应用的航空器目标信息的获取或提供。

11.2.2.3　低空监管的技术装备

为实现低空"看得见，联得上，管得住"的目标，国内最新研制的超低空三坐标雷达，突破了低空雷达背景噪声与雷达目标快速识别技术，解决了长期困扰空管部门的管控技术难题，为空域开放提供了技术保障。[①]

低空三坐标雷达的主要技术参数：工作频段为 X 频段、Ku 波段；扫描方式为一维相扫；探测距离，低空小飞机 RCS≥0.5 m^2（≥45 km），小型无人机 RCS≥0.05 m^2（≥10 km）；测量精度（均方根误差）；距离 <15 m，方位 <0.15°，俯仰 <0.2°；目标容量 >500 批；工作方式 7×24 小时；单台覆盖 $R^2 \times \pi$=（45 km）$^2 \times$3.14≈6360 km^2。

✈ 11.2.3　低空平台管理队伍建设

前面第 2 章介绍过，美国就是首先建立了 Air Services 部门，充分发挥了退伍军人的作用和对飞机的热爱，那些从战场上退役的飞机，如同战

---

①　美国机场的各种监视雷达包括：小型机场使用小型雷达屏幕 BRITE DISPLAY，可以显示约 12 英里范围内的机场表面情况。大部分主要机场都使用了最先进的 ARTS（Automated Radar Terminal System）系统。该系统通过多种自动化系统实现了最佳性能，包括终端控制器飞机识别、航班计划数据以及与雷达显示器相关的飞行员信息等。此外，许多空管中心还使用了垂直和水平雷达显示器。中型机场也配备了 ARTS 系统的不同阶段。战术机场监视雷达系统 AN/TPS-73，是一款 2D 战术机场监视雷达系统，具有 ECM 功能，可通过 AN/TSQ-131 进行控制。它可以探测高达 60,000 英尺的空中目标，并能够在 4 小时内由 4 名军人组装完成。AN/TPN-22 是一个 3D 跟踪式搜索天线，为 TSQ-131 提供数据输入，使控制器能够监控和控制降落区空域内的飞机。它的笔直波束雷达具有 46 度方位覆盖范围、10 海里范围和 8 度（负 1 到正 7 度）的仰角覆盖范围。GCA 是一个移动的雷达进场设施，配备有雷达、精密进场雷达、通信设备等，负责为指定机场提供雷达空管服务。RATCC 则是一个固定设施，配备有固定雷达、移动精密雷达、固定通信设备等，其任务是确保机场内空运的安全、有序和高效流动，并协助飞行员在低能见度和低云层天气条件下进行降落。综上所述，美国 NPIAS 机场的空管雷达装备种类丰富且数量充足，从小型机场的小型雷达屏幕到大型机场的先进 ARTS 系统，再到战术机场监视雷达系统和地面控制进场设施，均体现了美国在空管雷达技术上的先进性、多样性和全覆盖。

友般可爱。

同样，今天我们有几千万的退役士兵和军官，他们虽然脱下了军装，仍然愿意守卫祖国的蓝天、大地和海洋，仍然愿意为国家经济建设无私奉献，仍然愿意为低空交通探路闯关。充分发挥这些人的积极性和创造性，建立起一支靠得住、信得过、守得牢的低空管理队伍和科技服务队伍，推进人力资源的军民共用，培养既符合国防需求又适应经济社会发展的高素质人才，可以在经济建设中贯彻国防需求，在国防建设中合理兼顾民用需要，促进要素交流融合，提高资源共享效率。

✈ 11.2.4　低空气象服务

低空气象服务涵盖了对低空空域飞行活动所需的各类气象信息和服务支持，包括基本气象要素预报、特殊天气现象预警，以及针对低空和无人机等低空飞行活动的定制化气象服务。

低空气象服务在内容上要提供风速、风向、温度、湿度等基本气象要素的实时监测和预报。这些信息对飞行计划的制定至关重要，尤其在低空空域，气象条件变化较快，需要高度精确和及时的数据更新。低空气象服务还需要涵盖对飞行安全影响较大的特殊天气现象，例如雷暴、低空风切变、大雾等。这些天气现象可能突然发生并对飞行安全构成严重威胁，因此，及时的预警和预报成为保障飞行安全的关键。

由于低空飞行活动种类繁多，包括私人飞行、公务飞行、应急救援、医疗救助、抢险救灾等，这些飞行任务对气象服务的需求各不相同。例如，医疗救助飞行可能更关注恶劣天气条件下的临时窗口，而私人飞行可能更看重整体航线的气象条件。这就要求气象服务能够根据不同需求提供定制化的信息服务，确保服务的针对性和有效性。

随着无人机技术的广泛应用，无人机在低空飞行器中的比重越来越大。无人机对气象服务的精细度要求更高，因为它们大多体积小、重量轻，对气象条件更为敏感。这就要求低空气象服务不仅要在大范围、中尺度上提供准确的气象信息，还要在小范围、小尺度上提供精准的气象数据。例如，针对特定无人机配送航线的实时流场预报，以确保低空飞行器安全高效地飞行。

随着低空产业的发展和低空空域管理改革的深入，低空气象服务不仅需要在技术上不断创新，提高预报精度和实时性，还需要在服务体系上进行顶层设计和资源整合。例如，通过构建更加精密的低空气象监测网络，提升数据采集和分析能力；建设完善的航空气象服务平台，实现数据的互联互通和共享；与通航部门建立紧密合作机制，共同推进航空气象服务体系建设。

综上所述，低空气象服务是保障低空飞行安全和促进低空交通发展的重要支撑。它不仅需要提供准确、及时的基本气象信息和特殊天气现象预警，还需要根据不同的飞行任务提供定制化服务，并在技术和体系上不断创新和完善。随着低空和无人机技术的发展，低空气象服务将面临更高的要求和更大的挑战，同时也将迎来更多的发展机遇。

✈ 11.2.5 低空飞行服务

低空飞行服务是指针对低空空域内的各类飞行活动，提供包括飞行计划、航空情报、航空气象、飞行情报、告警和协助救援等一系列保障服务。这些服务旨在确保低空飞行的安全、高效运行，促进低空业的发展。

随着国家对低空空域管理改革的不断推进，低空交通成为全球竞逐的战略性新兴产业，是培育和发展新质生产力的重要方向。平台规划到2030年将初步建成由全国低空飞行服务国家信息管理系统、区域低空飞行服务区域信息处理系统和飞行服务站组成的三级低空飞行服务保障体系。这一体系将为低空飞行活动提供有效的飞行计划、航空情报、航空气象、飞行情报、告警和协助救援等服务；低空飞行服务保障体系将全面覆盖低空报告、监视空域和通用机场，各项功能完备，服务产品齐全。规划方案旨在加快构建行业社会共建、军民融合发展、服务高效便捷的低空飞行服务保障体系。

此外，与各地已经上线的无人驾驶航空器综合管理平台进行数据衔接，实现低空飞行监管和服务全覆盖，进一步提升低空飞行服务的保障能力。这些举措不仅可以规范低空飞行服务，还在提升低空情报服务、低空监视能力和低空气象服务等方面具有重要作用。

✈ 11.2.6 低空飞行器机载设备

低空飞行器机载设备是指安装在低空飞行器上，用于支持飞行操作、监控、通信和导航等一系列功能的设备系统。这些设备对于确保飞行安全、提升飞行效率以及促进低空交通发展至关重要。

机载系统包括通信、导航、监视和空中交通管理系统，确保飞行器在飞行过程中的安全和高效运行。随着数字化和信息化技术的发展，机载系统越来越依赖于先进的雷达、高精度地图、气象监测设备等，以应对低空复杂的飞行环境，同时实现敌我识别功能。

11.3　对低空交通导航监视设备选型的基本要求

综合监管平台的可能的职能及实际业务，低空警戒三坐标雷达的功能需求，主要体现在以下方面：

✈ 11.3.1　先期发现

由于低空交通的管理区域辽阔，空域情况复杂多变，指挥中心距离飞行器遥远，致使现场附近的响应、执行行动速度受多种因素制约。因此，如何有效实现"早发现、早跟踪、早处置"，提高一线监管的行动效率，是平台监管系统的一个重要方面。

低空交通平台的监视雷达应具备在较远距离发现小目标的能力，同时能够通过通信网络，将已监测到的目标信息传递到各级指挥中心，以便指挥人员及时了解前方的情况，并根据多种信息要素，形成综合判断，引导现场执法。

✈ 11.3.2　准确识别

在导航监管的过程中，需要监测的目标不仅包括大型目标，也包括各类小型目标，甚至极小目标，同时还包括各种低空的飞行器如无人机等。对于各类监控目标的类别、运动轨迹、意图、威胁的有效跟踪与判别，是雷达能否提供有效决策支持的核心因素，因此低空三坐标雷达需要具有极强的目标分辨能力和多信息综合判断能力。

✈ 11.3.3　智能值守

全国 3,000 部雷达同时开机的情况下，监测信息量大，仅靠执法人员人工盯屏进行目标观察与监测不仅工作强度大，也很难及时发现目标。因此要求雷达具备重点区域设置、自动发现、自动跟踪、自动报警等功能，实现不间断无人值守，对设定区域实时监控，在发现空情时能够及时报警，提高监测效率，降低人工工作量。

要与其他类型子系统有机融合并联合运行，实现全天候、全气象条件下，在整个监控范围内全自动探测、跟踪所有目标物。在监测时，能够通过雷达引导光电设备进一步实现识别。此外，系统应具备多类型警报机制，可以实现包括：丢失报警、碰撞报警、区域报警、速度报警等多种报警模式。

✈ 11.3.4 记录回放

在监管过程中所监测到的目标信息数据都可以实现实时记录存储，并且能够进行事后记录回放。主要用于：

（1）空情分析。分析异常目标运动的特点和规律，摸索总结其飞行习惯，从而增强执法过程的预见性和针对性。

（2）经验总结。不断总结积累导航监管的经验，加强针对性的业务学习与训练，提高执法能力。

（3）执法取证。为解决后续争端，维护国家主权和海洋权益提供重要事实依据。

11.4　低空交通监管平台的远期目标规划

✈ 11.4.1 提升航空情报服务能力

建立低空航空情报服务体系，提升航空情报系统对低空飞行活动的服务和保障能力。建立低空情报原始资料收集、整理、编辑及航空情报服务产品设计、制作、发布体系，为通航飞行活动提供基础资料。根据行业标准，研制目视航图，满足通航飞行活动需要。研究低空机场数据采集规范和特种航图编绘规范，研制《通用机场航空情报资料汇编》。研究航空障碍物收集方法，制定《电子地形及障碍物数据规范和产品规范》，逐步建立低空障碍物数据库。强化地区航空情报服务机构低空静态数据加工、处理的能力建设，通过整合飞行计划数据、航空情报数据和气象数据等信息，为低空用户提供全面综合信息服务。研制低空情报数字化产品，根据用户需要，提供航空情报定制服务。

✈ 11.4.2 提高低空通信监视能力

集约使用频率资源，减少频率审批，全国统一低空甚高频地空通信无线电频率，设台单位应当向台（站）所在地区管理局民航无线电管理机构进行备案。根据需要，民用航空无线电管理机构也可批准设台单位使用其他频率。推动以北斗数据为基础，融合北斗短报文（RDSS）、广播式自动相关监视（ADS-B）数据的低空监视信息平台建设，实现对低空飞行器的实时监视。深入挖掘低空监视数据在通航领域的多种应用，不断拓展低空监视能力，为低空空域管理与服务、国家安全监控体系和低空运行提供数据支持。

✈ 11.4.3　提升低空航空气象服务能力

飞行服务保障体系各级单位、民用航空气象服务机构应当加强低空气象观测信息的共享与服务，加强通用机场气象信息的收集和交换；建立与地方气象资源的共享交换机制，不断丰富完善低空气象信息获取渠道；促进基于互联网的低空气象服务，丰富气象信息共享与服务大数据平台，强化平台的产品供应和服务能力，提高气象信息获取的便捷性、及时性，提高低空天气预报预警的水平；不断改进和优化现有气象情报产品和服务流程，提升低空气象情报发布的针对性、准确性和及时性。

✈ 11.4.4　完善飞行计划管理

服务平台应当建立与服务范围内军、民航管制部门、地方政府有关部门的工作联系和数据推送，按照管理部门要求明确服务范围内各类低空空域的准入要求、飞行计划的报批报备要求，优化飞行计划管理流程。飞行活动涉及管制空域的，应当按现行规定报批飞行计划，服务平台可协助低空飞行用户申请。由民航提供管制服务空域的飞行活动，由民航管制单位按现行规定进行批复。仅涉及监视空域和报告空域的飞行计划，通过飞行服务平台向有关飞行计划管理部门报备后即可飞行。飞行计划可以通过电报、电传、网络以及专用系统等渠道提出。

✈ 11.4.5　建立低空交通法规标准体系

不断完善低空飞行服务保障相关规章规范性文件，制定低空飞行服务保障系统评估管理规定，根据管理部门逐步简化低空飞行管理及保障的要求。组织起草低空飞行服务系统相关行业标准，明确低空飞行服务系统技术要求和配置要求。制定低空飞行服务数据概念模型和交换模型，统一数据接口和传输标准，明确数据交换的内容和格式，确保飞行服务保障体系各运行单位间信息能有效地相互传递。

12

第12章

低空交通产业的社会和经济影响

低空交通是按照军用民用融合、平时战时衔接、应急应战一体、市场战场兼顾的原则，以现有的低空机场、直升机直降点和可改造的高速公路服务区功能拓展为切入点，以低空天网技术为依托，通过监视、导航系统建设，构建沿高速公路常态飞行，具备空域联动、战术投送、应急救援、游运结合、低空物流等综合效益的新经济走廊。完整的"低空交通"，一是可以升级国家应急体系，补充提高国家应急处置效率和能力，确保平时、战时、应急状态下多种能力储备和扩展，实现洞库、基地、机场跑道建设的有机结合。二是可以提升我国国防战备交通服务能力，可补充战备急速物流运力，实现兵力的快速调动、集结出击、高效支援。三是带动低空飞行全产业链的落地和发展。四是可以实现军民深度融合，以民用市场引导国防力量储备。五是低空天网可以为现有的空防系统补缺拾漏。

12.1　低空交通产业在国防安全中的作用

✈ 12.1.1　低空交通在军事侦察与监视中的应用

低空交通在军事侦察与监视中的应用，无疑是现代战争中不可或缺的一环。随着技术的不断进步，无人机等低空交通器在军事侦察与监视领域发挥着越来越重要的作用。以美国 RQ-4 全球鹰无人机为例，这款被誉为"高空侦察王牌"的无人机，凭借其先进的侦察设备和长时间盘旋能力，能够在世界任何一个角落快速定位并提供准确的目标信息。这种长程侦察能力，使得全球鹰无人机在军事侦察中占据了举足轻重的地位。

除了全球鹰无人机，以色列的 Heron TP 无人机也是军事侦察与监视领域的佼佼者。这款无人机具备超长时间飞行能力和较高的飞行高度，能够在 6,000 m 高度飞行长达 45 小时，为军事侦察提供了极大的便利。Heron TP 无人机所携带的多种先进设备，使得其在夜间和恶劣天气条件下依然能够提供高质量的图像和视频信息，为军事决策提供了有力的支持。

低空飞行在军事侦察与监视中的应用，不仅提高了军事部队的作战力，还降低了部队的人员伤亡率。无人机等低空交通器能够执行高风险任务，减少了士兵的伤亡风险。同时，无人机所携带的先进侦察设备，能够实时传输目标信息，为军事决策提供及时、准确的情报支持。这种高效、准确的侦察与监视能力，使得军事部队在战场上更加游刃有余。

正如美国海军上将约翰·阿·莱曼所言："在战争中，情报比弹药更为重要。"低空交通在军事侦察与监视中的应用，正是对这句话的最好诠释。随着技术的不断进步和应用的不断拓展，低空交通在军事侦察与监视领域的作用将越来越重要。未来，我们有理由相信，低空交通的建设可以为边海防的低空防御起到补缺的作用，也将在军事领域发挥更加重要的作用，为国家的安全和稳定作出更大的贡献。

俄乌冲突自 2022 年初爆发以来，双方都大量使用了无人机进行侦察、监视和攻击任务。乌克兰方面，由于其在无人机技术和生产方面的相对落后，主要依赖于国际援助和民用无人机的改装。而俄罗斯则展示了其在无人机领域的领先水平，使用了多种型号的军用无人机，包括侦察型、攻击型和电子战型。

12.1.1.1　俄罗斯方面

"猎户座"（Orion）无人机是一款具备卫星通信功能的察打一体无人机，主要执行侦察、监视及打击任务。在俄乌冲突中，该无人机在库尔斯克与乌克兰边境地区频繁执行巡逻任务，成功摧毁了乌军多辆坦克、装甲车以及炮兵阵地等关键目标。

图 12-1　俄罗斯"猎户座"（Orion）无人机 [①]

"前哨"-R（Forpost-R）无人机是一款中型察打一体无人机，基于

---

① 图片来源：https://topwar.ru/uploads/posts/2017-07/1500703810_a537461483be68d71886bc9fab0ba0b0.jpg

以色列 Searcher 2 无人机改造而成。俄罗斯国防部发布的视频显示，"前哨"–R 无人机从 3000 m 高空成功发射导弹，摧毁了乌军的多管火箭发射系统。此外，该无人机还配备了反坦克导弹，并结合光电设施，在夜间执行侦察与反坦克任务，实现了无人机战斗群对敌方坦克部队的即时发现与摧毁。

"天竺葵"系列（Geran）无人机，包括"天竺葵"–2 自杀式无人机，其技术源自伊朗的"见证者 –136"无人机。俄罗斯在引进该技术后进行了本土化改造和升级，形成了具有自身特色的"天竺葵"系列无人机。其中，"天竺葵"–2 无人机是该系列的代表性型号。在俄乌冲突中，"天竺葵"系列无人机对乌克兰军事设施造成了显著破坏，并在心理层面对乌军造成了巨大压力。其低成本、高效率的特点使得俄罗斯能够大量生产并部署这些无人机，形成对敌方的持续打击能力。

"柳叶刀"–3（Lancet-3）是一款自杀式无人机，与"见证者"136 自杀式无人机协同作战。该无人机由俄罗斯卡拉什尼科夫集团旗下的 ZALA Aero Group 公司设计和开发，属于巡飞弹武器系统。它采用先进的制导技术和武器系统，能够在战场上执行侦察、监视和打击任务，对敌方高价值目标造成致命打击。同时，其具备自主飞行和抗干扰能力，提高了在复杂战场环境中的生存能力和打击效果。

图 12-2　俄罗斯柳叶刀无人机 [①]

"海鹰"–10（Orlan-10）无人机由俄罗斯圣彼得堡特种技术中心设

———
①　图片来源：https://cdn-i.vtcnews.vn/resize/th/upload/2023/06/14/uav-lancet-3-08532947.jpg

计生产，是一款中程无人侦察机，用于侦察和电子战任务。它采用模块化设计，可携带光学和热成像设备等多种有效载荷，具备自主飞行和导航能力，能够在恶劣环境下执行侦察任务。在实战中表现出色，为俄罗斯军队提供了重要的情报支持和火力支援。

"副翼"系列无人机由俄罗斯喀山市埃尼克斯公司生产，体积小、重量轻、噪声低、隐蔽性好。采用飞翼布局和电动机动力装置，机体使用复合材料。利用气动弹射器发射、伞降回收，无需跑道准备且不受地面面积限制。可对地面目标进行实时侦察、识别、定位，既可人工操控飞行，也可按预设程序自动飞行。可执行侦察监视、目标指示、火力校正、战场毁伤评估和通信中继等任务。

"石榴"无人侦察机由俄罗斯研发，使用专用的加速弹射器起飞，通过展开降落伞降落，同时也是紧急降落系统。使用光电和红外相机传输区域图像，还可配备航空摄影和电子战设施。主要用于对地形进行战术侦察，执行巡逻和观察任务，以及搜索和救援行动等。

"海雕"-10无人机由俄罗斯研发，早在2014年俄军就采购了一批"海雕"-10无人机，并在北极旅组建无人机部队。2015年，俄罗斯东部军区和驻扎克里米亚的独立部队集群也先后宣布列装"海雕"-10无人机。装备日间或夜视摄像头、显示器和电子战设备，通常需要无人机分队协同操控，3架无人机群可以形成不同的战斗队形，执行侦察、电子战和信息中继等任务。

12.1.1.2　乌克兰方面

"惩罚者"无人机，由乌克兰本土制造，是一种小型无人机，体积小、低空飞行，难以被敌方发现。其有效载荷为 2 kg，航程为 45 km，巡航速度为 80 km/h。该无人机执行侦察和打击任务，能够深入敌后。

"战争伙伴1"无人机，由波兰 WB Electronics 公司开发，是一款微型巡飞弹。其小巧的体积、灵活的控制方式和隐蔽性，在冲突中发挥了重要作用。它不仅能够执行监视和侦察任务，还能对敌方目标进行精确打击，是乌克兰军队在现代化战争中不可或缺的重要装备。

TB-2 无人机，由土耳其贝卡公司设计并制造，是一种中空长航时无人机，具备侦察与打击一体化功能。其航程超过 150 km，最大飞行高度可达 7,620 m，续航时间超过 20 h，载荷能力为 155 kg。该无人机在战场上成功摧毁了俄军的"山毛榉"防空导弹系统以及多辆装甲车、加油车和油库等目标。

图 12-3　TB-2 无人机 [1]

　　"弹簧刀"无人机（Switchblade UAV），由美国航空环境公司研制，是一种单兵便携的小型自杀式无人机。其特点为小巧便携、噪声小、热信号低，难以被探测。在冲突中，乌克兰军队曾使用"弹簧刀"无人机对俄军目标进行精确打击。

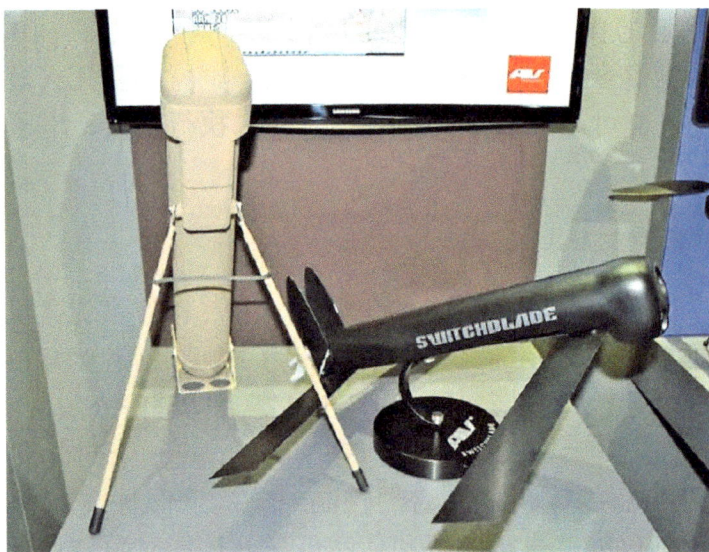

图 12-4　TB-2 无人机 [2]

　　Tu-141 "雨燕"无人机，苏联时期研发，是一种大型高空高速无人机，更像是一枚巡航导弹。经过改装后，Tu-141 无人机可以充当巡飞弹使用，

　　[1]　图片来源：https://idsb.tmgrup.com.tr/ly/uploads/images/2021/05/25/thumbs/800x531/117132.jpg?v=1621952573

　　[2]　图片来源：https://weaponsparade.com/wp-content/uploads/uav-usa-SWITCHBLADE-300-loitering-1.jpg

袭击了俄罗斯腹地的恩格斯空军基地等目标。

RAM-2 无人机，由乌克兰本土制造，是一种自杀式无人机，配备光学摄像机，可实时传输数据。主要用于打击电子战系统、雷达侦察系统和防空系统。

"波塞冬"无人机，由乌克兰本土制造，是一种垂直起降无人机，集成诸多先进技术。每个系统包含三架无人机和两个控制站，具备电子战防御系统。提升了乌克兰军队在战场上的侦察和监视能力，为后续的军事行动提供了情报保障。

Ukrjet UJ-22 Airborne 无人机，由乌克兰研制的单引擎无人机，可携带内置弹头或空投炸弹。已证实该无人机在 2023 年 2 月对莫斯科的袭击中使用过。

"海狸"无人机，由乌克兰研制，采用独特的鸭式布局，机身圆滑，尾部倒置。曾被用于攻击莫斯科和俄罗斯境内的其他目标。

值得一提的是光纤无人机，它由遥控无人机改装而成。光纤传输信号指令时不怕干扰、信号稳定，易于改装。在冲突中，双方开始大量使用光纤无人机执行作战任务。

这些无人机在俄乌冲突中发挥了重要作用，不仅提升了双方军队的侦察和监视能力，还通过精确打击对双方目标造成了有效破坏。

✈ 12.1.2　低空交通在紧急救援与物资运输中的作用

低空交通在紧急救援与物资运输中扮演着至关重要的角色。在自然灾害、事故灾难等紧急情况下，低空交通能够迅速响应，提供及时有效的救援服务。例如，在近年来的地震、洪水等自然灾害中，低空交通飞行器通过空中投送、空中搜索等方式，为灾区提供了急需的物资和医疗援助，极大地提高了救援效率。

在物资运输方面，低空交通具有灵活、快速、高效的特点，它不受地面交通条件的限制，能够直接抵达偏远地区或受灾现场，实现点对点的快速运输。这种运输方式在紧急情况下尤为重要，能够确保关键物资在最短时间内送达目的地，为救援工作提供有力支持。

此外，低空交通在紧急救援与物资运输中的应用还体现在其多样化的服务形式上。除了传统的空中投送和搜索外，低空交通还可以提供空中医疗转运、空中消防灭火等服务。这些服务形式的应用，不仅丰富了救援手段，也提高了救援效率。据深圳新闻网报道，2024 年 9 月 22 日 9 时 50 分，一名游客在深圳大鹏新区背仔角区域不慎坠落海岸悬崖，导致多发外伤，有生命危险。因事发地点周边都是悬崖峭壁，加上当时风急浪高，从海上与陆上均无法及时实施救援。大鹏新区应急管理局决定启动航空医疗救护，在市急救中心指导下，由东部通航派出直升机以绞车吊运方式进行紧急救援，于11点08分成功将患者送达深圳大学总医院，用时38分钟。

图 12-5　直升机实施救援

✈ 12.1.3　低空交通在边境巡逻与反恐斗争中的贡献

低空交通在边境巡逻与反恐斗争中的贡献不容忽视。随着技术的不断进步，大型察打一体无人机等高端低空交通产品已成为边境安全的重要守护者。这类无人机拥有超长的滞空时间，能够肩负起边境地区高空侦察的重任，大幅缩短边防人员执行巡逻任务的时长，降低边境巡逻中的危险性。特别是在一些地形复杂、环境恶劣的边境地区，无人机能够先行侦察，为边防部队提供及时准确的信息支持。

以我国边境地区为例，沙尘暴、迷雾等恶劣天气时常出现，给边境巡逻带来极大困难。大型察打一体无人机凭借其先进的光电吊舱和合成孔径雷达技术，能够在复杂天气条件下进行高精度侦察，有效提升了边境巡逻的效率和安全性。

新疆克孜勒苏军分区奥尔托苏边防连：利用无人机在帕米尔高原上进行巡逻，有效提升了戍边能力。无人机能够抵御高寒、强紫外线、低气压、暴风雪等不良气候影响，为官兵们提供了重要的侦察监视手段。

吉林长白朝鲜族自治县 G331 国道沿线：警用无人机搭载喊话器向游客宣传边境旅游注意事项，并在紧急情况下迅速参与救援行动。

昭苏垦区公安局波马边境派出所：利用无人机在治安巡逻中迅速锁定目标位置并进行实时监控，成功找到了轻生男子并对其进行安抚工作。

此外，低空交通在反恐斗争中也发挥着重要作用。无人机能够搭载多种侦察设备，如可见光 / 红外 / 激光测距光电吊舱、CCD 相机等，可对地面目标进行昼夜长航时侦察监视。在反恐行动中，无人机能够迅速定位恐怖分子的藏身之处，为反恐部队提供精确打击的情报支持。

低空交通在边境巡逻与反恐斗争中的贡献不仅体现在技术层面，更在于其能够提升边境安全水平，维护国家安全和稳定。正如一位边防战士所说："有了无人机的帮助，我们就像多了一双眼睛，能够更好地守护祖国的边疆。"未来，随着技术的不断进步和应用的不断拓展，低空交通将在边境巡逻与反恐斗争中发挥更加重要的作用。

✈ 12.1.4　低空交通将为国防建设储备力量

从前面几章美国与中国的低空交通发展的实际情况可以看出，我们在机场建设、机队规模、飞行员队伍和飞行时间上都有巨大的差异。低空交通的迅猛发展，将为我国补上这一短板。以飞行员为例，中国持证飞行员数量仅为美国的 10%。如果中国的飞行员总数达到 80 万人，将是巨大的国防动员潜力。

美国持证飞行员约 80 万人，其中年龄在 16~44 岁的共有 44.7 万人，是非常庞大的后备役力量。

12.2　低空交通与旅游业的融合发展

《"十四五"通用航空发展专项规划》中明确提出了振兴新型消费的目标和方向：

（1）低空交通推动低空旅游发展。支持文旅主管部门扩大空中游览、高空跳伞等对景区的覆盖，建立连接景区、度假区、主题公园等旅游目的地的低空旅游网。支持地方政府发展"通用航空＋旅游"，鼓励依托观光游、主题游、体验游等形态丰富低空旅游内涵，支持脱贫地区发展低空交通特色休闲农业和精品旅游。支持成立跨行业联盟，推动低空交通和旅游、互联网融合发展，打造低空交通消费新格局。

（2）支持航空运动创新。加强与体育主管部门协同，支持举办具有国际影响力的航空运动赛事和展览，广泛开展群众性航空运动活动。鼓励企业创新低空消费服务，积极拓展新兴消费业态，开发通航衍生产品，推动低空创意经济，满足多样化低空消费需求。支持航空运动参与主体创新发展，推动在基础较好地区打造航空运动集聚区和产业带。

（3）鼓励自用娱乐飞行。充分发挥地方政府作用，鼓励非经营性低空活动，支持开展大众娱乐等私人飞行，加快壮大消费群体规模。支持自用飞行社会团体发展，营造良好发展氛围。

根据《沈阳日报》的报道，文化和旅游部办公厅、交通运输部办公厅、国家铁路局综合司、中国民用航空局综合司、国家邮政局办公室、国铁集团办公厅联合公布了第二批交通运输与旅游融合发展示范案例，沈阳"法库低空文旅融合项目"荣幸地被选中。"法库低空文旅融合项目"以沈阳法库通用航空产业基地（法库财湖机场）为核心单位，凭借其独特的地理优势和空域条件，成功打造了一个以发展通用航空为主导，以无人机和低空旅游为辅助的新兴产业项目。该基地拥有辽宁省唯一的报告空域，使用面积达到 $1,500 \text{ km}^2$，高度限制在 $1,000 \text{ m}$（含）以下。机场定期开展直升机护林、高空跳伞、驾照培训等 10 个应用场景的建设，将基地的通航产业特色与财湖的自然风光完美融合。在这里，游客们可以允分体验到航空旅游带来的独特、激动人心的新感受。

据统计，目前全国已有 100 多个城市正在实施低空旅游项目。2023 年上半年，全国低空旅游飞行小时和载客量分别增长至 1.5 万小时和 30 万人次左右。

未来的新型低空交通旅游，将会融合上述三个方面，并作为一种新兴的旅游形式，以其独特的魅力和特点吸引着越来越多的游客。它利用低空交通设施，整合周边旅游资源，为游客提供以低空交通体验为核心的旅游活动。这种旅游方式不仅为游客带来了前所未有的飞行体验，还通过延伸的购物、美食、娱乐、度假等活动，丰富了旅游的内涵和形式。

低空交通旅游的最大特色在于其独特性。航空特色是通航旅游的最大亮点，也是其最强吸引力所在。游客可以乘坐直升机、固定翼飞机等低空交通器，从空中俯瞰壮丽的自然风光和人文景观，获得与众不同的游览体验。这种独特的游览方式，使得低空旅游在旅游市场中独树一帜，成为越来越多游客追求的新选择。

除了独特性，低空旅游还具有强烈的体验性。与其他旅游产品相比，通航旅游产品更注重游客的参与性和体验性。游客可以亲身参与飞行过程，感受飞行的刺激和乐趣，这种亲身体验使得低空旅游更具吸引力。同时，通航旅游还围绕通航体验活动，延伸开展购物、美食、娱乐、度假等活动，为游客提供全方位的旅游体验。

然而，低空旅游在发展过程中也面临着一些挑战。例如，如何确保飞行安全、提高服务质量、满足游客多样化需求等问题。为此，我们需要加强对低空旅游产业的规范化管理，提高从业人员的专业素养和服务水平，推动低空旅游产业的健康发展。

总之，低空交通旅游以其独特的魅力和特点，正成为旅游市场的新宠。我们应该积极把握市场机遇，加强产业规划和政策支持，推动通航旅游产业的快速发展。

✈ 12.2.1　低空交通旅游的市场需求与潜力

低空交通旅游作为近年来新兴的旅游业态，其市场需求与潜力日益凸显。随着人们生活水平的提高和旅游消费观念的转变，越来越多的游客开始追求独特、个性化的旅游体验。低空交通旅游以其独特的视角和体验方式，满足了游客对新鲜感和刺激感的需求，成为旅游市场的新宠。

从市场需求来看，低空交通旅游的市场规模不断扩大。据前瞻产业研究院报告预测，到 2030 年，中国低空交通市场规模总和将达到 1.4 万亿元左右，其中低空交通旅游市场将占据重要份额。这一数据充分说明了低空交通旅游市场的巨大潜力。同时，随着低空旅游、空中观光等项目的普及，低空交通旅游的市场需求将进一步释放。

在低空交通旅游市场中，低空旅游项目尤为受欢迎。例如，山东临沂费县许家崖飞行营地依托其得天独厚的自然优势，打造集山地滑翔、陆上飞行、水上翱翔于一体的超级航空飞行乐园，吸引了大量游客前来体验。此外，各地还纷纷推出以低空交通为主题的旅游节庆活动，如兰州的"飞跃黄河"低空文旅展演活动，通过无人机表演向市民和游客展示城市的崭新形象。这些成功案例不仅丰富了低空交通旅游市场的产品供给，也进一步激发了游客的消费需求。图 12-6[①] 是一个典型的低空旅游场景。

从潜力分析来看，低空交通旅游市场具有广阔的发展前景。首先，随着技术的进步和成本的降低，低空交通器的性能和安全性将得到进一步提升，为低空交通旅游的发展提供了有力保障。其次，随着旅游市场的不断细分和个性化需求的增加，低空交通旅游将能够满足更多游客的特定需

---

　① 图片由文心一言大模型生成。

求，如私人飞行、航空俱乐部等。最后，随着国际合作与交流的加强，低空交通旅游市场将进一步拓展国际市场，吸引更多国际游客前来体验。

图 12-6　低空旅游体验

低空交通旅游市场具有巨大的市场需求和潜力。未来，随着政策的支持和市场的推动，低空交通旅游将成为旅游市场的重要增长点。

✈ 12.2.2　低空交通旅游产业的发展方向

低空交通旅游作为新兴产业，其独特的体验性和高端性吸引了越来越多的消费者。在推动低空交通旅游产业的发展过程中，制定科学的发展策略与建议至关重要。

首先，应深入调研市场需求，了解消费者的出行偏好和预算水平，以制定符合市场需求的旅游产品和服务。例如，横店"航空＋影视＋旅游"的交旅融合案例，通过提供低空游览、跳伞等多元化服务，成功吸引了大量游客，实现了旅游与航空的完美结合。

其次，加强品牌建设与市场推广是提升低空交通旅游竞争力的关键。通过打造独特的品牌形象，提高品牌知名度和美誉度，可以吸引更多消费者选择低空交通旅游。同时，可以利用互联网、社交媒体等新媒体平台，加强线上线下的宣传推广，提高市场曝光度，扩大市场份额。

在人才培养方面，低空交通旅游产业需要一支高素质、专业化的团队来支撑其发展。因此，应加大对低空交通旅游人才的培养力度，建立完善的教育体系和培训机制，提高从业人员的专业素养和服务水平。同时，加强与高校、研究机构的合作，共同培养具备创新能力和实践经验的低空交通旅游人才。

此外，技术创新也是推动低空交通旅游产业发展的重要动力。通过引入新技术、新设备，提高低空交通旅游的安全性和舒适度，提升消费者的旅游体验。例如，利用人工智能、大数据等技术手段，可以对旅游行程进行智能规划和管理，提高服务效率和质量。

最后，加强国际合作与交流也是推动低空交通旅游产业发展的重要途径。通过与国际知名低空交通旅游企业开展合作，引进先进的管理经验和技术手段，可以提升我国低空交通旅游产业的国际竞争力。同时，要积极参与国际低空交通旅游展会和论坛等活动，加强与国际同行的交流与合作，共同推动全球低空交通旅游产业的繁荣发展。

12.3　低空交通产业与环保事业的结合

✈ 12.3.1　低空交通在环境监测与保护中的应用

低空交通在环境监测与保护中发挥着不可或缺的作用。随着环境问题的日益严峻，对空气质量、水质、土壤污染等环境因素的实时监测变得尤为重要。低空交通凭借其高效、灵活、覆盖范围广的特点，为环境监测提供了强有力的技术支持。

在空气质量监测方面，无人机搭载空气质量监测设备，可实时采集城市、工业园区等重点区域的大气污染物浓度（如 $PM2.5$、SO_2、NO_x 等），并结合气象参数（如温度、湿度、风速等）进行分析，快速定位污染源，为大气污染治理提供精准数据支持。这不仅提高了监测效率，还使得监测结果更加准确可靠。例如，无人机被用于监测雾霾天气，通过收集和分析数据，为政府制定环保政策提供了科学依据。

在水质监测方面，低空交通同样发挥着重要作用。通过搭载多光谱成像仪、水质传感器等设备，低空交通能够实现对河流、湖泊等水体的快速巡查和监测，可实时监测水体的酸碱度、溶解氧、化学需氧量、氨氮等指标，及时发现污染源并处理问题，为水污染防治和水资源保护提供数据支撑。这有助于及时发现水质污染问题，为环保部门提供及时有效的治理方案。

✈ 12.3.2　低空交通在生态修复与保护中的作用

低空交通在生态修复与保护领域中扮演着举足轻重的角色，其重要性随着全球环境问题的日益凸显而愈发显著，已成为各国政府及社会各界密切关注的焦点。低空交通以其高效、灵活的特性，为生态修复与保护带来了前所未有的潜力和价值。

在森林火灾的监测与扑灭方面，低空交通的作用尤为突出。无人机搭载红外探测设备，能够在广袤的森林中迅速锁定火源，其精准度高达95%以上。这些无人机能够实时传输火源位置信息，为灭火队伍提供精确到米级的定位，使得灭火效率相较于传统方式提升了近50%。据统计，采用低空交通手段进行森林火灾监测与扑灭，平均能够减少约30%的火灾损失，不仅挽救了大量森林资源，还有效降低了灭火成本。

湿地保护与恢复方面，低空交通同样展现出了其无可比拟的优势。无人机搭载高清摄像设备，对湿地生态环境进行24小时不间断的实时监测，能够及时发现湿地退化、污染等问题，准确率高达90%以上。此外，利用低空交通手段进行湿地植被恢复，通过精准投放种子或幼苗，使得植被成活率相较于传统方法提高了近40%，极大地促进了湿地生态系统的恢复与重建。

在野生动物保护与生物多样性维护方面，低空交通的作用同样不容小觑。无人机搭载专业监测设备，能够对野生动物进行远程、无干扰的监测，准确记录它们的迁徙路线、栖息地状况等信息。这些数据为野生动物保护提供了科学的依据，使得保护措施更加精准有效。同时，低空交通还被广泛应用于打击非法狩猎、盗猎等违法行为。无人机的高空巡视和快速响应能力，使得违法行为的发现率提高了近60%，有效保护了野生动物的生存安全，为生物多样性的维护贡献了重要力量。

✈ 12.3.3 低空交通产业与环保事业的协同发展策略

低空交通产业与环保事业的协同发展，已然成为当下乃至未来产业发展的主流趋势。在全球气候变化和环境问题日益凸显的背景下，航空业作为碳排放的主要参与者，其绿色发展路径备受业界内外的广泛关注。作为航空业的关键组成部分，低空交通产业的绿色发展不仅关乎其自身的可持续性发展，更对全球环保事业有着至关重要的影响。

在推进低空交通产业与环保事业协同发展的策略中，技术创新扮演着举足轻重的角色。通过引入和应用先进的航空技术与环保材料，诸如轻质复合材料、高效发动机技术以及生物燃料等，低空交通器得以显著削减燃油消耗和碳排放量。这些创新技术的应用，为低空交通产业的绿色发展奠定了坚实基础。

低空交通产业还通过优化航线规划、提升飞行效率等途径，进一步减少碳排放。借助先进的飞行管理系统和数据分析技术，航空公司能够更精准地预测飞行需求，科学规划航线，有效减少不必要的飞行时间和距离，从而实现碳排放的显著降低。

此外，低空交通产业积极与环保组织和企业展开合作，共同助力环保事业的发展。通过资源共享、经验交流以及技术创新合作等方式，低空交通产业与环保事业实现了互利共赢的良性发展。譬如，低空交通公司可以与一家环保组织携手，共同启动一项针对海洋塑料污染的清理项目。该项目将充分利用低空交通器的独特优势，快速发现和定位漂浮在海面上的塑料垃圾，为渔船清理指明方向和位置。

12.4　低空交通产业的人才培养与教育体系

✈ 12.4.1　低空交通产业的人才需求与现状

低空交通产业，作为现代航空工业的璀璨明珠，其人才储备与现状直接关乎产业的蓬勃发展与持续繁荣。近年来，随着低空交通市场的日益拓展和技术的飞速跃进，对专业人才的需求愈发迫切。借鉴美国的发展轨迹，中国低空交通产业正面临着超过百万的人才缺口，其中飞行员、机务维修人员及航空管理人员等关键岗位尤为紧缺，成为制约产业发展的瓶颈。

飞行员作为低空交通的驾驭者，其需求呈现出井喷式增长。他们不仅需掌握精湛的飞行技艺，更需积累丰富的飞行经验，具备应对各种复杂情境的应变能力。因此，培育合格的飞行员，已成为低空交通产业发展的重要使命。为此，国内多所高校及培训机构正加大培养力度，通过校企合作、产学研深度融合，为低空交通产业源源不断地输送优秀飞行员。

机务维修人员作为低空交通的安全守护者，其需求同样旺盛。随着低空交通器数量的激增和技术的日新月异，对机务维修人员的专业技能提出了更高要求。他们需兼具扎实的机械、电子、航空等专业知识，以及丰富的实践经验和优秀的问题解决能力。为满足这一需求，众多企业和机构正着力加强机务维修人员的培训与教育，通过引进尖端维修设备和技术、举办技能竞赛等方式，全面提升机务维修人员的技能水平和综合素质，为低空交通产业的安全、高效运行提供坚实保障。

低空交通产业的蓬勃发展，还亟需一大批精英航空管理人员的鼎力支持，以推动产业的稳健运营与长远发展。这些管理人员，需兼备丰厚的管理经验与深厚的专业知识，能够运筹帷幄，协调各方资源，谋划合理的发展蓝图，并从容应对各种突如其来的挑战。

为培育更多出类拔萃的航空管理人才，众多企业与机构正着力加强培训与教育力度。他们积极引进先进的管理理念与方法，开展丰富多彩的管理实践活动，旨在全面提升航空管理人员的综合素质与管理能力，为低空交通产业的腾飞蓄势储能。

面对低空交通产业日益凸显的人才需求与现状，我们务必采取行之有效的举措，强力推进人才培养与引进工作。一方面，我们要大力加强高校与培训机构的建设，着力提高人才培养的质量与数量，为产业输送源源不断的优秀人才；另一方面，我们还需积极拓展与国际先进企业和机构的合作与交流，引进前沿的技术与管理经验，助力我国低空交通产业提升竞争力，实现更高水平的发展。

"凡用教育方法，使人人获得生活的供给及乐趣，一面尽其对群众之义务，此教育名曰职业教育。"[①] 低空交通产业的持续健康发展，离不开坚实的人才支撑，尤其是不可忽视职业技能人才。唯有不断加强人才培养与引进，我们才能为这一新兴产业的蓬勃发展注入强劲动力，开创更加辉煌的未来。

✈ 12.4.2 低空交通产业的教育体系与培训机制

低空交通产业作为战略性新兴产业，其教育体系与培训机制对于培养高素质人才、推动产业持续发展具有重要意义。近年来，随着低空交通市场的不断扩大，对专业人才的需求也日益增长。在这一背景下，我国低空交通产业的教育体系与培训机制不断完善，为产业发展提供了有力的人才保障。

在教育体系方面，我国已初步形成了涵盖本科、硕士、博士等多层次的低空交通教育体系。以南昌航空大学为例，该校依托其航空特色优势，与中国航空工业昌河飞机工业（集团）有限责任公司开展战略合作[②]，设立南昌航空大学通航学院。面向全国招收首期通航方向本科生，以培养大批通航产业需求的高素质、应用型、复合型高级专业人才。北京航空航天大学青岛研究院、北京航空航天大学无人系统研究院和中国航空学会等共

---

① 摘自黄炎培《实施实业教学要览》。

② 数据来源：南昌航空大学官网。2018 年 4 月 28 日，南昌航空大学与中国航空工业昌河飞机工业（集团）有限责任公司战略合作协议签订暨南昌航空大学通航学院揭牌仪式在学校卧龙港举行。江西省、中国航空工业集团有限公司通航办、省发改委、省财政厅、省工信委、省科技厅、航空工业昌飞、南昌航空大学等单位领导出席战略合作协议签订及揭牌仪式。

同组织建设的以无人机创新教育为特色的科普教育示范基地[①]，为学生提供实践机会和就业渠道。此外，我国还鼓励高校与企业合作，共同开发航空类交叉学科、边缘学科和新兴学科，为低空交通产业培养更多具有创新精神和跨界融合能力的人才。

在培训机制构建上，我国低空交通产业应积极响应"三中全会"关于深化教育改革、促进产学研深度融合的决策部署，坚持"产、学、研"紧密结合的发展路径，通过深化校企合作、推动产学研用一体化，实现人才培养与产业发展的无缝对接。航空公司携手专业人力资源公司，共同搭建起层次分明、类别清晰的培训体系，并建立健全培训责任机制，有力提升了员工的职业素养和服务能力。

尤为值得一提的是，我国低空交通产业的教育体系与培训机制始终秉持国际化视野，注重与国际先进水平接轨。通过加强国际合作与交流，我们积极引进国际前沿的教育理念、教学方法和课程体系，不断提升我国低空交通产业的教育质量和国际竞争力。同时，我国还积极参与国际航空组织、协会和论坛等各类活动，与国际同行开展广泛交流与合作，共同擘画全球低空交通产业的发展蓝图。

✈ 12.4.3　低空交通产业人才培养的未来发展与挑战

低空交通产业作为现代交通运输体系的重要组成部分，其人才培养的未来发展与挑战不容忽视。随着技术的不断进步和产业的快速发展，对低空交通人才的专业素养、技能水平和创新能力提出了更高要求。

首先，从数据上看，我国低空交通产业人才缺口巨大。根据美国通用航空产业的发展数据，可以预测，未来 10 年低空交通飞行员缺口将超过100 万，这凸显了我国低空交通人才培养的紧迫性。同时，通航人才就业结构不合理，高层次、专业化、国际化的管理人才稀缺，这也为通航人才培养指明了方向。

其次，从最近案例来看，一些企业已经开始积极探索通航人才培养的新模式。例如，湖南翔龙飞机有限公司与南京航空航天大学、西北工业大学等高校合作，聘请了多名院士和博士生导师，建立了研发中心，致力于培养通航领域的专业人才。这种产学研结合的模式，不仅提高了人才培养的针对性和实效性，也为通航产业的创新发展提供了有力支持。

然而，通航人才培养也面临着诸多挑战。一方面，培养通航人才的硬

[①]　数据来源：北京航空航天大学青岛研究院官网。

件条件不足，市场上缺乏专业的通航培训机构，导致人才培养步伐缓慢。另一方面，通航产业对人才的需求日益多元化和专业化，要求人才具备跨学科的知识结构和创新能力，这对传统的教育模式提出了挑战。

针对这些挑战，我们需要采取一系列措施来加强通航人才培养。首先，政府应加大对通航教育的投入，支持高校和培训机构建设专业的通航教育平台，提高人才培养的质量和规模。其次，企业应加强与高校和科研机构的合作，共同开展通航技术研发和人才培养项目，推动产学研深度融合。此外，还应加强国际交流与合作，引进国外先进的通航教育理念和资源，提升我国通航教育的国际化水平。

综上，低空交通产业人才培养的未来发展与挑战并存。我们需要从多个方面入手，加强通航人才培养的体系建设和质量提升，为通航产业的持续健康发展提供有力的人才保障。

12.5　低空交通产业的国际合作与交流

✈ 12.5.1　国际低空交通产业的发展概况

国际低空交通产业作为航空领域的重要分支，近年来呈现出蓬勃发展的态势。从全球范围来看，低空交通飞机交付量和销售额虽受全球经济波动和疫情影响出现波动，但整体趋势依然保持增长。据美国低空交通制造商协会（GAMA）数据显示，2023年全球通用飞机交付量突破4,000架，交付金额达到278亿美元，较2022年同比增长3.7%，这充分证明了低空交通市场的强劲需求和活力。

在低空交通市场，美国、加拿大、欧洲等发达国家一直占据主导地位，这些国家不仅拥有庞大的低空飞行器保有量，而且在技术创新、产业规模、市场应用等方面也处于领先地位。例如，美国在低空交通领域拥有完善的产业链和成熟的商业模式，其低空交通器广泛应用于私人飞行、商务航空、农业航空等多个领域，为美国经济和社会发展作出了重要贡献。

与此同时，亚洲、非洲等新兴市场也在逐步崛起，成为低空交通市场的重要增长点。以中国为例，近年来中国政府高度重视低空交通产业的发展，出台了一系列政策措施，鼓励和支持低空交通产业的发展。随着政策的推动和市场的逐步开放，中国低空交通市场呈现出快速增长的态势，市场规模不断扩大，产业链不断完善，为低空交通产业的全球发展注入了新的活力，国际交流与贸易也必将逐步兴起。

在低空交通产业的发展过程中，技术创新是推动产业发展的重要动力。随着无人机、电动飞机等新技术的不断涌现，低空交通产业正朝着智能化、绿色化、多元化的方向发展。这些新技术不仅提高了低空飞行器的性能和安全性，还降低了运营成本，拓宽了应用领域，为低空交通产业的可持续发展提供了有力支持。尤其是在电动飞行器上，中国将走出一条非凡之路。

国际低空交通产业正迎来快速发展的黄金时期。面对全球市场的激烈竞争和不断变化的市场需求，各国应加强合作与交流，共同推动低空交通产业的创新与发展，为全球经济和社会发展作出更大的贡献。

✈ 12.5.2　中国低空交通产业的国际合作现状

中国低空交通产业的国际合作现状呈现出日益活跃的态势，这不仅体现在技术交流与研发合作上，更在产业链整合、市场开拓等方面取得了显著成果。近年来，随着国内低空交通市场的快速发展，越来越多的中国企业开始寻求与国际先进企业的合作，共同推动低空交通产业的进步。

在技术合作方面，中国低空交通企业与国际知名航空制造商、技术提供商等建立了广泛的合作关系。例如，一些中国企业与波音、空客等公司在飞机制造、航空器维修等领域开展了深入合作，共同研发新技术、新产品，提高了中国低空交通产业的技术水平和国际竞争力。

在市场开拓方面，中国低空交通企业也积极与国际企业开展合作，共同开拓国际市场。通过与国际航空运输企业、旅游企业等建立合作关系，中国低空交通企业成功将国产低空飞行器推向国际市场，提高了中国低空交通产业的国际影响力。尤其在无人机出口业务上，已经初见成效。2023年中国无人机出口 2,793,132 架，总额 12,741,775,965 元（人民币）[①]。

表 12-1　2023 年中国无人机出口主要国家统计[②]

序号	国家	出口金额 / 亿元	金额占比	单价/（元 / 架）	出口数量 / 万架
1	美国	18	14.13%	2397	75.08
2	荷兰	11.34	8.90%	5035	22.52
3	德国	9.13	7.16%	4744	19.24
4	澳大利亚	6.97	5.47%	5095	13.68
5	英国	5.81	4.56%	3352	17.33

[①] 数据来源：中国海关官网。
[②] 数据来源：聚汇数据网根据海关数据统计，https://www.gotohui.com/trade/topic-4095.

续表

序号	国家	出口金额 / 亿元	金额占比	单价 /（元 / 架）	出口数量 / 万架
6	阿联酋	5.01	3.93%	9297	5.38
7	丹麦	4.69	3.68%	7930	5.91
8	法国	4.4	3.45%	4535	9.7
9	加拿大	3.81	2.99%	3432	11.1
10	日本	3.73	2.93%	3407	10.95
		72.89			190.89

此外，中国低空交通产业还积极参与国际航空合作项目，如无人机国际合作、航空服务合作等。这些合作项目不仅促进了中国低空交通产业的国际化发展，也为全球低空交通产业的进步作出了积极贡献。

"飞机和无线电使我们更为接近，这些发明本来就是为了唤起人的善性，唤起全世界兄弟般的情谊，要我们团结。"[1] 中国低空交通产业的国际合作正是基于这样的理念，通过加强与国际先进企业的合作与交流，共同推动全球低空交通产业的繁荣与发展。

✈ 12.5.3　国际合作与交流对低空交通产业发展的影响

国际合作与交流在低空交通产业发展中扮演着重要的角色。近年来，随着全球化的深入发展，各国低空交通产业间的联系日益紧密，国际合作与交流成为推动产业发展的重要动力。以中国为例，中国低空交通产业积极参与国际合作与交流，不仅提升了自身的技术水平和创新能力，也促进了产业的国际化发展。

首先，国际合作与交流对于低空交通产业的技术共享与创新具有积极的促进作用。通过与国际先进企业及研发机构的合作，由中国航空工业集团公司下属的西安飞机工业（集团）有限责任公司研制的一种双发涡轮螺旋桨支线飞机新舟 60（MA60），自 2004 年起开始出口，逐步进入非洲、东南亚、美洲、大洋洲等市场。截至目前，新舟 60 系列飞机已累计获得 200 余架订单，已有 80 余架新舟 60 系列飞机交付到全球 15 个国家，在 100 多条航线上运营。

其次，国际合作与交流有助于低空交通产业的市场拓展和品牌建设。通过与国际市场的接轨，中国低空交通产业能够更好地了解国际市场需求和竞争态势，制定更加精准的市场策略。同时，通过参与国际展览、论坛

---

[1]　著名喜剧演员查理·卓别林（Charlie Chaplin）在电影《大独裁者》中的一段著名演讲词。

等活动，中国低空交通产业能够展示自身的实力和品牌形象，提高国际知名度和影响力。例如，中国航空工业集团多次参加巴黎航展等国际知名航空展览，展示了中国低空交通产业的最新成果和技术实力，吸引了众多国际客户的关注。

图 12-7　津巴布韦驻华使馆代办（左）和中国航空技术进出口总公司负责人在签署验收证书后握手[①]

2024 年，珠海航展向世界展示了中国飞行产业的显著变革，特别是在低空飞行领域取得了显著进步，甚至在某些方面领先于全球。首次创新性地打造了"一展三地"的展览模式，珠海国际航展中心包括 12 万 m² 的室内展区、23 万 m² 的室外展区以及 12 万 m² 的地面装备动态演示区。中国航展第二展区（斗门莲洲）包括 3 万 m² 的无人机演示区和 30 万 m² 的无人船演示区，通过"室内＋室外""动态＋静态""水上＋空中"的形式，进行无人机、无人船全景化展演。金凤台观演区包括金凤台之摄影平台、金凤台之大石湾、航展公园等区域，总面积约 16.8 万 m²。展会内容全面覆盖了"陆、海、空、天、电、网"六大领域，涵盖了低空经济、商用飞机产业、民用航空产业、商业航天等多个主题展区。航展期间，吸引了来自 47 个国家和地区的超过 1,022 家企业参展，包括波音、空客、霍尼韦尔等国际知名航空航天企业，以及俄罗斯、法国、美国等国家的展团。在为期六天的展览中，参展飞机 261 架、地面装备 248 型，举办会议论坛、签约仪式、商务洽谈等活动 247 场，签订总值约 2,856 亿元人民币合作协议，成交各种型号飞机 1,195 架，吸引近 59 万人参观。紧扣低空经济、商业航天、可持续航空等前沿话题，举办了 2024 珠海论坛、中国航展论

---

① 图片来源：中国政府网，https://www.gov.cn/node_11140/2005-12/23/content_135860.htm.

坛、中南地区通用航空发展论坛、低空经济高质量发展论坛等 247 场高水准的会议论坛活动，深入解读行业发展趋势，分享前沿技术成果，积极搭建技术交流与经贸合作的专业化平台。本届航展预计将继续发挥其对全球航空航天产业的吸引力，成为全球关注的焦点。

图 12-8　中国珠海航展 [1]

此外，国际合作与交流还有助于低空交通产业的政策协调和规则制定。不同国家之间的法律法规和政策制度存在差异，这对低空交通产业的国际合作和交流造成了一定的障碍。通过加强国际合作与交流，各国可以共同制定一些标准和规范，加强政策协调和规则制定，减少不必要的阻碍，促进低空交通产业的健康发展。例如，国际民航组织（ICAO）等国际组织在推动全球低空交通产业的政策协调和规则制定方面发挥了重要作用。

国际合作与交流对低空交通产业的发展具有深远的影响。中国低空交通产业应该积极参与国际合作与交流，加强与国际先进企业和研发机构的合作，引进先进的技术和管理经验，加速自身的技术升级和产业升级；同时，还应该积极参与国际市场的竞争和品牌建设，提高国际知名度和影响力；此外，还应该加强政策协调和规则制定方面的合作，共同推动全球低空交通产业的健康发展。

12.6　低空交通产业与未来科技的融合

✈ 12.6.1　人工智能在低空交通产业中的应用

在低空交通产业中，人工智能（AI）的应用正日益成为推动行业创新发

---

① 图片来源：https://www.alamy.com/visitors-look-at-helicopters-during-the-10th-china-international-aviation-and-aerospace-exhibition-also-known-as-airshow-china-2014-in-zhuhai-city-image263641943.html

展的关键力量。从飞行控制到数据分析，再到客户服务，AI 技术正逐步渗透到低空交通的各个环节。以飞行控制为例，AI 算法能够实时分析飞行数据，预测潜在风险，并自动调整飞行参数，确保飞行安全。

尽管对人工智能在面临关键情况时将提供的可靠性存在不确定性（这些情况目前由航空专家负责处理），但航空工业仍采用了人工智能。《航空和航天中人工智能应用研究手册》中提出了相关指南、建议和指导方针。

在数据分析方面，AI 技术能够处理海量的飞行数据，提取有价值的信息，为航空公司提供决策支持。例如，通过分析历史飞行数据，AI 可以预测未来市场需求，帮助航空公司优化航线布局和航班计划。此外，AI 还能够分析客户行为数据，为航空公司提供个性化的服务、提升客户满意度提供有效的数据支撑。

在客户服务领域，AI 技术也发挥着重要作用。通过智能客服系统，航空公司能够为客户提供 24 小时不间断的在线服务，解答客户疑问，处理投诉建议。在航空业技术创新不断推进的背景下，格拉斯哥机场推出了一款基于 AI 的数字助手，以简化旅客服务流程。这款数字助手能在机场内为旅客提供实时信息、航班更新时间、导航协助等个性化服务。试用期内，该助手的推出有效减少了机场客户服务人员的旅客咨询量达 50%，为 12.3 万名旅客提供了服务，满意率达到 86%。据麦肯锡咨询公司报告，采用 AI 技术的智能客服系统能够降低客服成本约 30%，同时提高客户满意度约 20%。

AI 技术还在低空交通的多个领域展现出巨大潜力。例如，在无人机领域，AI 技术可以实现无人机的自主飞行和智能避障，提高无人机作业的效率和安全性。在航空维修领域，AI 技术可以通过图像识别和数据分析等技术手段，实现航空器的智能检测和故障诊断，提高维修效率和质量。

人工智能在低空交通产业中的应用正日益广泛和深入。未来，随着技术的不断进步和应用场景的不断拓展，AI 技术将为低空交通产业带来更多的机遇和挑战。

✈ 12.6.2　GAI 技术对低空交通产业的推动

在低空交通产业的快速发展中，生成式人工智能技术（Generative Artificial Intelligence，GAI）技术正成为一股不可忽视的推动力。GAI 技术以其强大的数据分析和处理能力，为低空交通产业带来了前所未有的变革。

在低空交通器的研发与制造领域，GAI 技术正扮演着举足轻重的角色。GAI 技术为设计师们提供了一把精准的"尺子"，使他们能够以前所未有的精确度模拟和预测航空器的性能表现。这一强大的工具不仅助力设计师们优化设计方案，还极大地减少了试错成本，让研发过程更加高效。同时，GAI技术如同一位智能的"助手"，帮助制造商实现生产过程的自动化和智能化。在它的加持下，生产效率显著提升，产品质量也得到了有力保障。

而当我们把目光投向低空交通的整个领域，GAI技术的影响力更是无处不在，它贯穿于研发制造到运营服务的每一个环节。在研发与制造方面，GAI技术的贡献已经得到了充分验证，它让设计方案更加完善，生产成本更加可控，产品质量更加可靠。

而在低空交通运营与服务领域，GAI技术的应用潜力同样令人瞩目。众所周知，民航运行不仅涉及专业面广，而且规章制度多。航空公司利用GAI技术实现了航班信息的即时更新与智能化调度，这极大地提升了航班的准时率，也显著增强了顾客的满意度。

GAI技术还在飞行计划优化、空中交通管理的安全性与效率提升等多个方面发挥着关键作用。从飞行员到空中交通管制员，再到机场运营商和流量管制员，GAI技术为航空系统的各级管理者提供了全方位的支持，通过实时数据分析为空中交通管制员提供关键信息，从而提升飞行管理的安全性和效率，推动了低空交通领域的智能化发展。

同时，GAI技术在航空器故障诊断与维护方面也发挥着重要作用，通过智能分析航空器运行数据，能够提前识别潜在问题，减少故障发生概率，降低维修成本。GAI同时也面临着新任务、能源转型、新空中交通组件集成以及交通扰动情况下的系统挑战。例如，通过人工智能优化飞行计划，航空公司能够提高飞机使用效率并最大程度减少延误。人工智能技术还支持在飞行过程中检测和解决机上问题，通过影响飞机的预测稳定性行为来降低坠机和事故的风险。此外，实施先进的监控和跟踪系统（如预测性维护）使航空公司能够在物流问题导致飞行中断之前识别并解决这些问题。因此，这项技术对于确保机组人员获得更好的体验以及飞机的运营至关重要。

GAI有望与驾驶舱深度融合，在实际飞行或训练中成为理想的飞行助手。一方面，GAI能够帮助飞行员和机组快速获取飞机状态，提供其当前最关键的航路、天气等信息，辅助机组做出及时、正确的决定。另一方面，可以发挥GAI的"生成式"优势，在虚拟现实场景中创建丰富、生动的飞行训练场景库，提供接近真实或定制化的互动场景和反馈信息，从而提升训练效率。

值得一提的是，GAI 技术对低空交通产业的推动还体现在对产业生态的重塑上。随着 GAI 技术的广泛应用，低空交通产业正逐渐形成一个以数据为核心、以智能化为特征的全新生态体系。在这个体系中，各个环节之间的信息流通更加顺畅，资源配置更加高效，产业协同能力得到显著提升。

美国国家航空航天局（NASA）正在进行航空研究，旨在探索可解释人工智能（XAI）技术在提升未来航空运输安全性和效率方面的潜力。可解释人工智能技术使人类能够洞悉自主系统决策过程的机制，进而增强对这些系统的信任，并降低意外错误的风险。此外，该技术对于自主系统的认证过程以及确保符合相关监管标准具有重要意义。NASA 致力于创造一个未来，其中自主飞行器能够在空域中安全、高效地运行，从而减少空中交通拥堵并提升飞行安全水平。在这一愿景的实现过程中，可解释人工智能技术扮演着至关重要的角色，因为它不仅使人类能够理解自主系统决策的生成过程，还提供了更高的透明度和信任度。

正如加加林 [①] 所言："宇宙航行不是一个人或某群人的事，这是人类在其发展中合乎规律的历史进程。"GAI 技术在低空交通产业的应用，正是这一历史进程中的重要一环。我们有理由相信，在 GAI 技术的推动下，低空交通产业将迎来更加广阔的发展空间和更加美好的未来。

✈ 12.6.3　未来科技趋势的机遇与挑战

随着科技的飞速发展，未来科技趋势为低空交通产业带来了前所未有的机遇与挑战。在智能化与自动化的浪潮下，低空交通产业正迎来一场深刻的变革。人工智能技术的广泛应用，使得航空器的自主飞行和无人驾驶成为可能，这不仅提高了飞行的安全性和效率，还降低了人力成本。例如，美国 Skydweller Aero 公司的太阳能自主飞行系统，通过 AI 执行自主航路点导航，展现了未来航空器智能化的巨大潜力。

然而，智能化与自动化也带来了新问题。随着无人飞行器的广泛应用，如何确保飞行安全成了一个棘手的问题。无人飞行器的指挥与控制系统、飞行冲突及避让系统的设计都需要进一步完善，以确保飞行的安全性和可靠性。此外，空域管理也面临着新的挑战，随着无人飞行器的增加，如何有效管理空域，确保飞行器之间的安全分隔与协调，成为低空交通产

---

① 尤里·阿列克谢耶维奇·加加林（Yuri Alekseyevich Gagarin）是苏联宇航员，1961 年 4 月 12 日驾驶"东方一号"完成首次绕地球飞行，耗时约 108 分钟。这次任务不仅展示了人类太空生存能力，还证明了太空探索的可行性，也推动了全球航天事业的发展，激发了人们对太空探索的热情。

业需要解决的重要问题。

未来科技趋势为低空交通产业带来了机遇与挑战并存的发展环境。低空交通产业需要积极应对挑战、抓住机遇，加强技术创新和产业升级，推动产业的可持续发展。

12.7 低空交通产业与民航运输的协同发展

✈ 12.7.1 协同发展的背景与意义

随着全球经济的不断发展和科技的不断进步，低空交通产业与民航运输的协同发展已成为行业发展的重要趋势。这一协同发展的背景源于两者在资源共享、优势互补以及市场需求多元化等方面的天然联系。低空交通以其灵活性和便捷性，在短途运输、私人飞行、应急救援等领域发挥着重要作用，而民航运输则以其大规模、高效率的特点，在长途、国际航线等方面占据主导地位。两者在航线网络、机场设施、航空器制造与维修等方面存在广泛的合作空间。

协同发展的意义在于，通过整合双方资源，实现优势互补，共同推动航空产业的快速发展。一方面，低空交通可以利用民航运输的航线网络和机场设施，扩大其服务范围，提高运营效率；另一方面，民航运输也可以借助低空交通的灵活性和便捷性，满足更多元化的市场需求，提升服务质量。此外，协同发展还有助于推动航空技术的创新和应用，促进航空产业的可持续发展。

以美国为例，其低空交通产业与民航运输的协同发展取得了显著成效。美国拥有世界上最发达的低空交通产业，其低空交通飞行器数量占全球总数的近一半。同时，美国的民航运输也处于世界领先地位，拥有完善的航线网络和先进的机场设施。通过协同发展，美国的低空交通产业与民航运输在资源共享、技术创新等方面实现了深度融合，共同推动了美国航空产业的繁荣和发展。

在中国，随着经济的快速增长和人民生活水平的提高，航空市场需求不断增长，低空交通产业与民航运输的协同发展对于满足市场需求、推动产业升级具有重要意义。通过加强政策引导和市场培育，推动低空交通产业与民航运输在航线网络、机场设施、航空器制造与维修等方面的深度合作，可以实现资源共享、优势互补，共同推动中国航空产业的快速发展。

低空交通产业与民航运输的协同发展正是创新在航空产业中的具体体现。通过整合双方资源、推动技术创新和应用，可以实现航空产业的转型升级和可持续发展，为经济社会发展注入新的动力。

✈ 12.7.2 协同发展的策略与路径

在深入探讨低空交通产业与民航运输的协同发展策略及其具体实施路径时，我们首先需要全面而深刻地认识到这两者之间所存在的互补性和共生性关系。低空交通，凭借其独特的灵活性和便捷性优势，在短途运输、私人飞行、紧急救援以及城市空中交通等多个细分领域中发挥着不可或缺的重要作用。与此同时，民航运输则依托其大规模、高效率的运营特点，在长途航线、国际航线以及大规模人员物资运输等方面占据着主导地位。正是基于这种各有侧重的功能定位，低空交通与民航运输的协同发展显得尤为重要。这种协同不仅有助于优化航空资源的合理配置，避免资源浪费和重复建设，还能通过优势互补，显著提升整个航空产业的市场竞争力和综合服务能力，从而推动航空产业的健康、可持续发展。

协同发展的策略之一是实现资源共享。例如，低空交通机场和民航机场在基础设施、空域资源等方面可以相互利用，提高资源利用效率。同时，低空交通企业可以与民航运输企业合作，共同开发短途航线，满足市场多元化需求。此外，低空交通在紧急救援、物资运输等方面的优势，也可以为民航运输提供有力支持。

在协同发展路径上，我们可以借鉴国际先进经验。以美国为例，其低空交通产业与民航运输的协同发展取得了显著成效。美国政府通过制定相关政策，鼓励低空交通企业参与民航运输市场，同时加强低空交通机场建设，提高服务质量。此外，美国还积极推动低空交通技术创新，提升产业竞争力。这些经验为我国低空交通产业与民航运输的协同发展提供了有益借鉴。

在具体实施上，我们可以从以下几个方面入手。首先，加强政策引导，制定有利于低空交通产业与民航运输协同发展的政策措施。其次，推动技术创新，提升低空交通产业的科技含量和竞争力。同时，加强人才培养和引进，为产业发展提供有力支持。最后，加强国际合作与交流，借鉴国际先进经验，推动产业国际化发展。

低空交通产业与民航运输的协同发展是提升我国航空产业整体竞争力的重要途径。通过实现资源共享、借鉴国际经验、加强政策引导和技术创新等措施，我们可以推动两者之间的深度融合和协同发展，为我国航空产业的可持续发展注入新的动力。

12.8　低空交通产业的金融支持与投资策略

✈ 12.8.1　低空交通产业的融资需求与现状

随着全球经济的复苏和航空市场的持续增长，低空交通产业对资金的需求也日益增加。据国际航空运输协会（IATA）的预测，未来数年内，全球低空交通产业将需要庞大的资金支持，以推动技术创新、产业升级和市场拓展。

在中国，低空交通产业正迎来快速发展的黄金时期。政策环境的优化、市场需求的增长以及技术创新的推动，都为低空交通产业提供了广阔的发展空间。然而，资金短缺仍是产业发展的主要瓶颈之一。目前，低空交通产业的融资模式主要包括银行贷款、股权融资、债券发行以及租赁融资等。其中，银行贷款是最常见的融资方式，但受限于银行信贷政策和风险控制要求，融资额度往往难以满足企业的实际需求。

为了解决融资难题，低空交通产业需要积极探索多元化的融资模式。例如，通过发行债券或股票等直接融资方式，可以吸引更多的社会资本进入产业，提高融资效率。同时，租赁融资作为一种灵活的融资方式，也受到了越来越多企业的青睐。通过租赁公司购买飞机并租赁给航空公司使用，不仅可以降低航空公司的运营成本，还可以为租赁公司带来稳定的租金收入。

在融资过程中，低空交通产业还需要注重风险管理和控制。由于航空产业具有高风险、高投入的特点，因此，在融资过程中需要充分考虑各种风险因素，如市场风险、技术风险、政策风险等。通过建立完善的风险评估体系，制定科学的风险管理策略，可以有效降低融资风险，保障产业的稳健发展。

低空交通产业的融资需求与现状是产业发展中不可忽视的一环。通过积极探索多元化的融资模式、加强风险管理和控制，可以为低空交通产业的持续健康发展提供有力的资金保障。

✈ 12.8.2　低空交通产业的投资热点与机会

在低空交通产业的投资热点与机会方面，近年来，随着技术的飞速发展和市场需求的不断增长，该领域呈现出蓬勃的发展态势。

首先，技术创新是推动低空交通产业投资的重要动力。小型低空飞行器制造方面，中国起步较晚，与西锐设计公司（Cirrus Design Corporation）、塞斯纳公司（Cessna Aircraft Company）、派珀飞机公司（Piper Aircraft Inc.）、豪客比奇公司（Hawker Beechcraft Corporation）、Evektor 航空工业公司、皮亚乔航空工业公司（Piaggio Aviation）、航宇捷流公司（BAE Systems Regional Aircraft）、Dynaero 公司、罗宾飞机公司（Robin Aircraft）、德国飞行设计公司（Flight Design GmbH）、Deutsche Aircraft、阿古斯塔·韦斯特兰公司（AgustaWestland）等国际知名的小型飞机制造商距离还很大，且飞机制造商数量较少。

在运营方面，为农业、林业、渔业等行业提供的高效的空中作业服务，低空旅游、航空运动等新兴娱乐项目，这些领域正成为投资者关注的焦点。据中研普华研究院的报告，2023 年上半年，低空交通空中游览小时数同比增长高达 92.82%，显示出巨大的市场潜力。

其次，低空交通短途运输市场也展现出广阔的投资前景。随着"最后一公里"运输需求的增加，低空交通短途运输以其灵活、便捷、高效的服务特性，满足了日益增长的市场需求。特别是在地形复杂、交通不便的地区，短途运输更是发挥着不可替代的作用。据智研瞻发布的报告，低空交通短途运输行业在全球范围内均得到了快速发展，成为民航领域的重要分支。

此外，低空交通产业与环保事业的结合也为投资者提供了新的机遇。随着社会对环境保护的重视，绿色航空技术的发展成为行业的重要趋势。低空交通在环境监测与保护、生态修复与保护等领域的应用日益广泛，为投资者提供了广阔的市场空间。

在投资策略上，投资者应关注技术创新、市场需求和政策支持等因素。一方面，加强研发和技术创新，降低成本并提高航空安全性，是低空交通产业持续发展的关键。另一方面，投资者应关注市场需求的变化，积极拓展新兴市场，如低空旅游、航空运动等。同时，政策扶持也是推动低空交通产业发展的重要因素，投资者应密切关注政策动向，把握政策机遇。

低空交通产业作为新兴产业，具有广阔的投资前景和巨大的市场潜力。投资者应关注技术创新、市场需求和政策支持等因素，积极把握投资机会，实现投资回报。

✈ 12.8.3　金融支持与投资策略建议

在提出低空交通产业的金融支持与投资策略建议前，我们需要深入剖析产业的融资需求与现状，同时把握投资热点与机会。当前，低空交通产业正迎来快速发展的黄金时期，其融资需求也日益旺盛。据统计，近年来中国低空交通产业的融资规模呈现稳步增长态势，但相较于国际先进水平，仍存在较大的差距。因此，加大金融支持力度，拓宽融资渠道，对于推动低空交通产业的持续健康发展具有重要意义。

在投资策略上，我们应重点关注低空交通产业的投资热点与机会。一方面，随着技术的不断进步和市场的不断扩大，低空交通产业中的智能制造、无人机应用、航空旅游等领域将成为投资的重点方向。例如，无人机在农业、环保、物流等领域的应用日益广泛，其市场规模和潜力巨大。另一方面，随着国家政策的不断扶持和市场的逐步成熟，低空交通产业中的龙头企业、创新型企业等也将成为投资的重要标的。这些企业具有较强的市场竞争力和品牌影响力，能够为投资者带来稳定的回报。

在制定金融支持与投资策略时，我们还应充分考虑低空交通产业的特点和风险。低空交通产业具有高技术、高投入、高风险等特点，需要投资者具备较高的风险承受能力和专业的投资知识。因此，我们建议投资者在投资前应进行充分的市场调研和风险评估，选择具有专业背景和丰富经验的投资机构进行合作。同时，政府也应加大对低空交通产业的金融支持力度，通过设立专项基金、提供贷款担保等方式，降低企业的融资成本，促进产业的健康发展。

正如著名投资家沃伦·巴菲特所指出："投资的基本原则是避免亏损，而第二条原则是永远铭记第一条。"在对低空交通产业进行投资时，我们尤应重视风险管理和收益平衡，特别是要精准把握行业发展趋势。必须采用科学合理的投资策略和建立完善的风险管理机制，德国两家电动垂直起降（eVTOL）飞行器公司的破产案例，为我们敲响了警钟。德国 eVTOL飞行器领域的佼佼者 Volocopter 公司已在官方网站上宣布，已向卡尔斯鲁厄地方法院申请破产保护程序。Volocopter 公司自 2011 年成立以来，一直是全球 eVTOL 项目的先驱之一，并且是全球首个实现载人飞行的eVTOL 项目。自 2013 年获得首笔 50 万欧元种子轮融资以来，Volocopter一直受到众多知名投资者的青睐，包括戴姆勒、英特尔、吉利控股、日本三井住友保险集团、MS&AD 风险投资公司、Translink 资本公司、贝莱德、Avala Capital、Atlantia S.p.A.、德国大陆集团、日本电报电话、东京世纪公司、韩国 WP Investment 以及沙特 NEOM 等，公司估值一度达到 140 亿元人民币。与此同时，德国另一家 eVTOL 领域的明星公司 Lilium 也向法院提交了破产申请。Lilium 公司成立于 2015 年，其创始人丹尼尔·维甘德同样怀揣着飞行的梦想。该公司自成立以来，因其创新性被誉为"飞行汽车界的特斯拉"，在过去的 9 年里，Lilium 共筹集资金约 14.5 亿美元（约合 103 亿元人民币），其中腾讯是其主要投资者之一。在过去的多轮融资中，腾讯至少参与了七轮，其中腾讯领投的三轮融资为 Lilium 共筹集资金约 5.7 亿美元（约合 40 亿元人民币）。在纳斯达克市场，Lilium 的市值曾一度超过 100 亿美元，而破产前市值仅为 1 亿美元。这两家公司的困境，均与适航证的获取难题密切相关。

我们希望在低空交通产业中获得丰厚的回报，并为产业的持续健康发展贡献力量。

12.9　低空交通产业的社会影响与公众认知

✈ 12.9.1　低空交通产业对经济和社会的影响

低空交通产业作为国民经济的重要组成部分，对经济和社会的影响深远而广泛。近年来，随着技术的不断进步和政策的持续支持，中国低空交通产业取得了显著的发展成果。这一产业的蓬勃发展不仅推动了经济增长，还促进了科技创新、交通运输的便捷化以及旅游业的繁荣。

（1）创造新的经济增长点：低空交通产业涵盖了航空器研发制造、市场运营、综合保障以及延伸服务等全产业链条，具有巨大的市场潜力。随着低空交通的普及和发展，将带动相关产业链的发展，形成新的经济增长点。

（2）推动产业升级：低空交通产业的发展将促进航空器研发制造、航空运输、航空旅游等相关产业的发展。同时，还将带动高端装备制造、新材料、新能源等战略性新兴产业的发展，进一步推动我国产业结构的升级和优化。

（3）创造就业机会：低空交通产业的发展将创造大量的就业机会，涵盖研发、制造、运营、管理等多个领域。这有助于缓解就业压力，提高人民的生活水平。

（4）改变出行方式：低空交通的兴起将彻底改变人们的出行方式。通过直升机、无人机或新型垂直起降飞行器，人们可以更快地从一个地点到达另一个地点，尤其是在城市拥堵的情况下，低空交通将成为一种极具吸引力的选择。

（5）提高物流效率：低空物流将使得货物的运输更加快速和灵活。无人机配送、空中货运等新型物流方式将大大提高物流效率，特别是在城市"最后一公里"配送中，低空物流有望解决地面交通拥堵带来的问题。对于偏远地区或难以通过传统方式到达的地方，低空物流将提供一种可行的解决方案，有助于实现更加均衡的资源分配。

（6）丰富旅游与休闲方式：低空旅游将成为一种新的旅游方式，为人们提供从空中俯瞰美景的独特体验。这将有助于推动旅游业的发展，并创造新的经济增长点。此外，低空经济还将促进休闲活动的多样化，例如空中观光、空中运动等，丰富人们的休闲娱乐生活。

（7）促进城市规划与建设：随着低空交通的普及，城市的空间布局和规划将发生变化。未来的城市可能会更加注重垂直空间的发展，例如建设更多的停机坪、空中交通走廊等。低空经济还将促进城市基础设施的升级和完善，例如建设更加智能化的空中交通管理系统、提升空中安全监管能力等。

（8）推动区域协调发展：低空交通产业的发展有助于推动区域协调发展。通过建设低空飞行网络，加强各地区之间的交通联系，有助于缩小地区间的经济差距。同时，低空交通还能促进旅游资源的开发利用，推动旅游业的发展，进而带动相关产业的繁荣。

（9）提升科技创新能力：低空交通产业涉及航空器研发制造、飞行控制、通信导航等多个领域，这些领域的技术创新将推动我国科技水平的提升。同时，低空交通产业的发展还将吸引更多的创新资源和人才聚集，形成科技创新的良性循环。

✈ 12.9.2　公众对低空交通产业的认知与态度

公众对低空交通产业的认知与态度，是推动该产业持续发展的重要因素之一。近年来，随着低空交通产业的快速发展，公众对其的认知逐渐从陌生到熟悉，态度也从好奇转变为积极支持。据对公务员和金融机构的从业人员的最新调查，超过 70% 的受访者表示对低空交通产业有所了解，并认为其在促进经济发展、提升生活质量等方面具有积极作用[①]。

然而，公众对低空交通产业的认知仍存在一些误区和偏见。部分公众认为低空交通仅适用于高端消费或特定领域，与日常生活关系不大。这种认知限制了低空交通产业的普及和应用。另一部分则认为，低空经济就是

[①] 调查对象主要集中于城市职工，区县政府的交通、工信、科技部门和相关金融机构的工作人员。

无人机的推广和应用。为了纠正这些误区，产业界和媒体应加大宣传力度，通过案例展示、科普讲座等方式，让公众更加全面、深入地了解低空交通产业的实际价值和潜力。

同时，公众对低空交通产业的态度也受到多种因素的影响。其中，政策环境、安全保障、服务质量等因素对公众的态度具有重要影响。政策环境的稳定性和透明度能够增强公众对低空交通产业的信心；安全保障的完善能够降低公众对飞行风险的担忧；服务质量的提升则能够提升公众对低空交通产业的满意度和忠诚度。

因此，为了转变公众对低空交通产业的认知与态度，产业界需要采取一系列措施。首先，加强政策引导和支持，为低空交通产业的发展提供稳定的政策环境；其次，加强安全保障体系建设，确保飞行安全；再次，提升服务质量，满足公众对高品质、个性化服务的需求。通过这些措施的实施，相信公众对低空交通产业的认知与态度将会更加积极、理性。

✈ 12.9.3 提升公众认知与促进低空交通产业发展的策略

提升公众对低空交通产业的认知与促进产业发展是相辅相成的两个重要方面。随着科技的进步和经济的发展，低空交通产业正逐渐从专业领域走进大众视野，成为推动经济增长和社会发展的重要力量。然而，公众对低空交通产业的认知仍然有限，这在一定程度上制约了产业的发展。因此，需要采取一系列策略来提升公众认知，进而促进低空交通产业的健康发展。

首先，通过媒体宣传和教育普及是提升公众认知的有效途径。可以利用电视、广播、报纸等传统媒体以及互联网、社交媒体等新媒体平台，广泛宣传低空交通产业的重要性、应用领域和发展前景。同时，开展低空交通知识进校园、进社区等活动，让更多人了解低空交通产业，激发公众的兴趣和热情。

其次，通过成功案例的展示和分享，可以进一步加深公众对低空交通产业的认识。例如，可以邀请低空交通领域的知名企业或专家，分享他们在技术创新、市场开拓、国际合作等方面的成功经验，让公众看到低空交通产业的巨大潜力和广阔前景。此外，还可以组织低空交通产业的展览、论坛等活动，让公众亲身体验低空交通产品的魅力，增强对产业的认同感和支持度。

在提升公众认知的基础上，还需要制定有效的策略来促进低空交通产业的发展。一方面，政府应加大对低空交通产业的支持力度，完善相关法规政策，优化市场环境，为产业发展提供有力保障。另一方面，企业应积极创新，加强技术研发和人才培养，提高产品质量和服务水平，增强市场竞争力。同时，加强国际合作与交流，学习借鉴国际先进经验和技术，推动产业国际化发展。

"创新是经济发展的根本动力。"在提升公众认知与促进产业发展的过程中，不仅要注重技术创新和产业升级，还要关注市场需求和消费趋势的变化，不断拓展新的应用领域和市场空间。只有这样，才能让低空交通产业真正融入大众生活，成为推动经济和社会发展的重要力量。

第13章

低空交通产业的未来发展趋势

13.1　世界经济的恢复与增长

2023 年，全球实际 GDP 增长继续缓慢减速。2021 年 GDP 增长了 6.1%，2022 年放缓至 3.1%，然后在 2023 年进一步放缓至 2.7%，比疫情前十年的平均水平低了几个百分点。疫情期间，通货膨胀飙升，政府赤字膨胀，这些条件是财政当局通过提高利率和减少支出来努力逆周期调节的结果，但这也限制了经济增长。由于利率仍然较高，2024 年 GDP 进一步放缓，之后将逐渐回升至其趋势增长率。

在美国，随着 COVID-19 救助措施的效果减弱、消费者支出正常化以及更高利率减缓活动，实际 GDP 增长从 2023 年的 2.4% 放缓至 2024 年的 1.4%，高利率在 2025 年将继续抑制其增长。随着经济增长速度放缓，失业率从 2023 年的 3.6% 上升至 2024 年的 4.3%。通过抑制需求，中央银行（Federal Reserve System，美联储）实现了其降低通货膨胀率至 2025 年 2.0% 的目标，此前为 2023 年的 4.1%，随后利率被下调。长期来看，GDP 增长平均每年为 1.7%，失业率稳定在 4.3%。与其他发达经济体一样，GDP 增长受到人口老龄化的阻碍，这减缓了劳动力增长并导致参与率下降。

与美国相比，欧盟和英国的 2023 年实际 GDP 增长明显较弱，为 0.5%，2024 年再次为 0.6%。激进的赤字削减努力、高能源成本和利率都在短期内抑制了增长，并且与该地区因人口和生产率趋势放缓而导致的较低趋势增长率相吻合。

在日本，旅游业、资本投资和扩张性财政政策共同促成了 2023 年实际 GDP 增长 1.9%，但高价格和疲软的出口使增长放缓至 2024 年的 0.8%。随着该国持续的消费支出疲软和人口增长趋势放缓的问题仍然存在。

在我国，由于 COVID 相关政策的结束，GDP 增长率从 2022 年的低点 3.0% 反弹至 2023 年的 5.4%，然后恢复其长期逐渐放缓的趋势。预计增长率将受到房地产市场低迷、经济和银行部门改革停滞以及高家庭储蓄率的拖累。

2023 年，巴西这个新兴市场大国再次实施了大规模的财政刺激政策，从而实现了 3.0% 的经济增长率。[①] 从长期视角来看，巴西的经济发展得益于其庞大的国内市场和丰富的自然资源，但同时也受到高利率和巨额财政赤字的制约。俄罗斯在 2022 年因制裁导致经济增长率下滑之后，于 2023 年实现了 3.3% 的经济恢复增长，这得益于该国找到了规避制裁的途径，并增加了军事开支。然而，由于熟练专业人员和适龄入伍人员的流失，人口结构呈现下降趋势，预计经济增长将逐渐放缓，到本世纪末可能降至 1.5%。此外，外国公司和投资的撤离也导致了生产力的损失，对经济放缓产生了影响。印度在制造业和服务领域均实现了强劲的扩张，2023 年经济增长率达到 6.9%，但预计后期增长将逐渐放缓。从中长期来看，其经济增长将受到有利的人口结构的推动，这包括来自不断壮大的中产阶级家庭的强劲消费支出、服务业日益增长的贡献，以及尚未开发的自然资源潜力。

亚洲引领全球经济增长（2024—2044年国内生产总值年度百分比增长）

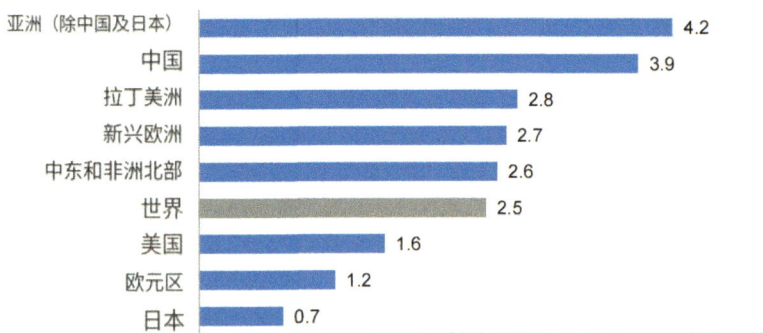

来源：标普全球，2024年1月全球比较概览

图 13-1　2024—2044 年世界经济增长预测

标准普尔[②] 全球预测，从 2024 年到 2044 年，世界实际 GDP 将以每年 2.5% 的速度增长。新兴市场预计以每年 3.7% 的速度增长，将快于全球平均水平，但增长速度低于 21 世纪初。亚洲（不包括日本），在印度和中国的带领下，预计将有最快的增长，其次是拉丁美洲、东欧以及非洲和中东地区。成熟经济体的增长（每年 1.4%）将低于全球趋势，其中美国的增长最快，其次是欧洲。日本的增长预计将非常缓慢，每年仅为 0.7%，反映出与人口减少和老龄化相关的深层次结构问题。

---

① 2024 年第三季度的实际 GDP 增长率为 0.9%，低于第二季度的 0.7% 和第一季度的 1.0%。

② 标准普尔（Standard&Poor's，S&P）是一家全球知名的金融分析机构，由亨利·瓦纳姆·普尔（Henry Varnum Poor）于 1860 年创立。其核心业务包括信用评级、指数编制、独立分析研究和投资咨询等服务。标准普尔是世界三大信用评级机构之一，与穆迪和惠誉齐名，其提供的信用评级和指数服务在全球范围内具有重要影响力。

13.2　全球低空飞行将重现生机

美国联邦航空管理局（FAA）依据通用航空及第 135 部运营活动调查（GA 调查）所提供的机队规模、飞行小时数及利用率数据，作为预测通用航空机队及活动的基础。鉴于该调查以日历年为周期进行，并且数据是按日历年收集的，因此 GA 预测同样以日历年为单位进行。预测过程中，FAA 结合通用航空制造商协会（GAMA）提供的数据，并依据退役率的假设，计算出各飞机类别的机队增长率。这些增长率随后被应用于 GA 调查中的机队规模估算。值得注意的是，预测的对象是"活跃飞机"，而非飞机总数。此外，FAA 的低空交通预测亦依赖于与行业专家在行业会议上的讨论，这些会议包括每年一月，五月或六月举行的商业航空和民用直升机小组委员会的交通研究委员会（TRB）会议。

2022 年的通用航空（GA）调查结果，作为最新数据，与自 2004 年起开展的历年调查结果保持一致，这反映了调查方法的持续改进。据估计，2022 年活跃的通用航空机队规模为 209,540 架飞机，较 2021 年微增0.2%。尽管活塞式飞机类别（包括旋翼机）出现轻微下降（不到 1%），但这一减少被涡轮螺旋桨飞机和涡轮喷气机队的增加（增长 4.6%）以及实验性飞机和轻于空气飞行器的增加（两个机队总和增长 1.3%）所弥补。2022 年的总飞行小时数估计为 2,700 万小时，较上一年增长 1.9%，与2019 年相比增长了 5.4%，达到了自 2007 年以来的历史最高水平。观察到涡轮喷气机（增长 7.6%）、涡轮螺旋桨（增长 4.6%）、涡轮旋翼机（增长 2.8%）和单引擎活塞飞机（增长 1.5%）的飞行小时数有所上升；而实验性飞机（下降 8.2%）、活塞旋翼机（下降 7.1%）、多引擎活塞（下降4.2%）、轻型运动飞机（LSA，下降 5.7%）、滑翔机以及轻于空气飞机（共同构成其他类别，下降 2.3%）的飞行小时数则有所减少。

2023 年，美国制造的通用航空飞机交付量增至 2,104 架，较 2022 年增长了 7.7%，与 2019 年相比提升了 18.8%。其中，单引擎活塞飞机交付量上升了 10.7%，而较小的多引擎活塞飞机交付量亦增长了 9.5%，两者合计使得固定引擎活塞飞机交付量增加了 10.7%。商务喷气机交付量提升了 1.0%，涡轮螺旋桨飞机交付量增长了 8.0%，进而使得固定翼涡轮飞机发货量增加了 4.3%。尽管美国制造的通用航空飞机工厂净开票额的具体统计数据尚未对外公布，但全球开票额显示，2023 年已增长 2.2%，达到234 亿美元。

图 13-2　2014—2023 年美国通用航空飞机增长曲线

GAMA 还报告了 2023 年全球层面上旋翼机交付量在活塞和涡轮部分分别增加了 7.7% 和 10.4%。

这些当前数据表明，低空部门从疫情的影响中恢复得比航空公司快得多，超过了 2019 年的活动水平。2022 年的活跃机队仅比 2019 年的水平低 0.7%，固定翼涡轮、实验性和其他（滑翔机和轻于空气的飞行器）飞机类别超过了它们 2019 年的水平。由涡轮飞机活动驱动的低空交通长期展望保持稳定。2021 年至 2022 年间增长了 0.2% 的活跃低空交通机队，预计其规模将从 2022 年的 209,540 架飞机增加到 2044 年的 228,975 架，因为固定翼活塞机队的减少被涡轮、旋翼机、实验性和轻型运动机队的增加所抵消。总活跃低空交通机队每年小幅增长 0.4%。这些新兴的消费会迅速传导到东亚。

更昂贵且复杂的涡轮动力机队（包括旋翼机）预计将在 2022 年至 2044 年间增加 18,480 架飞机，到 2044 年总数达到 52,340 架，在此期间平均增长率为每年 2.0%，其中涡轮喷气机队每年增长 2.6%。以 2019 年的水平衡量，涡轮动力机队的增长率为每年 2.0%，总增长为 62.3%。美国 GDP 和企业利润的增长是涡轮机队增长的催化剂。

在预测的 2022 年至 2044 年期间，固定翼活塞飞机这一机队的主要部分预计将缩减 6,945 架，平均每年的减少率为 -0.2%。这一下降趋势可归因于飞行员人口统计的不利因素、飞机拥有成本的普遍上升、娱乐用途替代方案的经济性以及新飞机交付量未能满足老旧机队退役需求的现实。

另一方面，最小的类别，轻型运动飞机（创建于 2005 年）预计每年增长 3.0%，到 2044 年新增约 2,439 架飞机，几乎是其 2022 年机队规模 2,666 架的两倍。

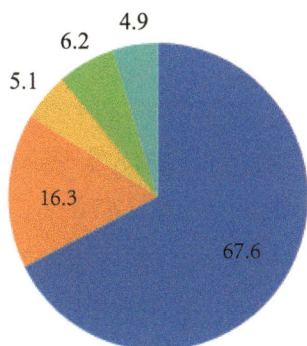

图 13-3　2020 年喷气式交付分区统计

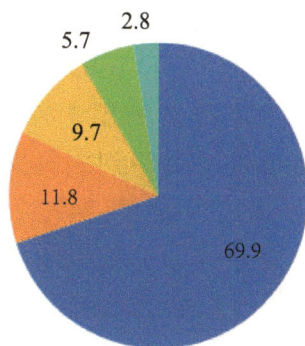

图 13-4　2020 年活塞式交付分区统计

尽管预计总活跃的低空交通机队将略有增长，但根据预测，从当前至 2044 年，低空交通的飞行小时数将平均每年上升 0.7%，累计增长 17.4%，从 2022 年的 2,700 万小时增至 3,160 万小时。这一增长主要得益于新飞机每年飞行小时数的增加。与此同时，固定翼活塞飞机的飞行小时数预计将比机队整体下降速度稍快，平均每年减少 0.8%。这一趋势是基于过去 14 年通用航空（GA）调查中按飞机年龄分组的平均淘汰率计算得出的，预计到 2044 年，大部分机队（61.1%）将达到或超过 60 年的使用年限（2022 年时，已有 22.5% 的固定翼活塞飞机达到或超过了 60 年的使用年限）。与此相反，涡轮飞机（包括旋翼机）的飞行小时数预计在 2022年至 2044 年期间将每年增长 2.1%。

喷气式飞机占增长的大部分，其飞行小时数在此期间平均每年增长 2.5%。喷气式飞机飞行小时数的大幅增加主要归因于商务喷气机队的规模不断增加。

受到油价上涨、相关石油勘探以及通过增长的乘客转运和紧急医疗服务（EMS）部门带来的额外和替代需求的积极影响，旋翼机交付量在 2022 年得到改善。先进空中移动性（包括电动垂直起降——eVTOLs）在预测期后期的潜在影响还不确定，因此尚未包含在预测中。活跃的旋翼机队预计将以比去年预测稍快的速度增长，每年 1.7%，由涡轮部分的更高增长驱动，从 2022 年的总共（活塞和涡轮一起）9,769 架增加到 2044 年的 14,025 架。在此期间，旋翼机的飞行小时数预计每年增长 2.2%。轻型运动飞机类别的飞行小时数预计每年增加 3.6%，主要由机队增长驱动。

美国联邦航空管理局还使用该机构迈克·莫罗尼航空中心编制的数据对飞行员进行了按认证类别的预测。截至 2023 年底，FAA 认证的活跃飞行员共有 806,940 名。大多数飞行员类别的证书数量继续增加，而娱乐飞行员证书预期会下降，目前只有 71 名飞行员持有。自 2018 年以来，FAA 暂停了学生飞行员的预测。由于 2016 年 4 月生效的一项监管变更取消了新学生飞行员证书的到期日期，学生飞行员的数量从 2016 年底的 128,501 名跃升至 2017 年底的 149,121 名，到 2023 年底达到 316,470 名。2016 年的规则变更导致证书数量累积增加，并打破了学生飞行员与私人飞行员或更高级别的进阶证书之间的联系。

13.3 东亚低空交通产业市场将成为热点

在中国，低空交通产业的智能化与自动化发展尤为迅速。年轻的财富拥有者，与前辈的消费理念会有更大区别，汽车不断地增加，会使得公路出行更加拥堵，便捷的公共交通、同质化的城市建设和融媒体的发展，使他们不会再拥进各城市的"购物中心、步行街、人造景区"，而会以引领空中生活为热点，带动低空交通的迅速发展。

13.4 智能化与自动化趋势显现

展望未来，智能化与自动化的发展将为低空交通产业带来革命性的变革。随着人工智能、大数据等技术的不断应用，低空交通器的智能化水平将不断提高，自动驾驶、智能调度等技术的应用将进一步提升低空交通器的安全性和运营效率。同时，智能化的发展也将推动低空交通产业向更加高效、便捷、绿色的方向发展。

中国低空交通产业的未来发展将呈现智能化与自动化的趋势，无人机技术的快速发展、低空交通旅游的兴起以及智能化与自动化的应用将共同推动低空交通产业迈向新的发展阶段。在这个过程中，政府、企业和社会各界需要共同努力，加强政策引导、技术创新和人才培养，为低空交通产业的可持续发展提供有力支持。

在低空交通产业的未来发展趋势中，智能化与自动化的发展无疑将占据核心地位。近年来，随着人工智能、大数据、云计算等技术的飞速发展，低空交通产业正迎来智能化与自动化的新浪潮。据国际航空运输协会（IATA）预测，到 2035 年，全球航空业将有超过一半的飞机实现自动化飞行，这将极大提升飞行效率和安全性。

随着美国新一代 NAS 的推进，其对美国及全球市场必将带来引领作用，空管的智能化、自动化水平会进一步提升，对各类飞行请求的处理会更及时、准确，给用户带来更好应用体验，从而让更多的人选择空中出行。

另外，无人机在农业植保、环境监测、物流配送等领域的应用日益广泛，其智能化水平不断提高，实现了自主飞行、智能避障、精准作业等功能。此外，随着 5G 技术的商用化，无人机与地面控制中心的通信将更加稳定、高效，为无人机的广泛应用提供了有力支撑。

在低空交通器的制造领域，智能化与自动化技术的应用也日益深入。通过引入先进的机器人生产线、智能化检测设备和数字化管理系统，低空交通器的生产效率和质量得到了显著提升。同时，智能化技术还使得低空交通器的设计更加优化，性能更加卓越。

智能化与自动化的发展不仅提升了低空交通产业的效率和安全性，还推动了产业的创新升级。例如，通过引入人工智能技术，低空交通器可以实现自主巡航、智能决策等功能，为飞行员提供更加精准的飞行数据和决策支持。此外，智能化技术还可以应用于低空交通器的维护和管理领域，实现远程监控、故障诊断和预测性维护等功能，降低维护成本和提高维护效率。

总之，智能化与自动化的发展为低空交通产业带来了前所未有的机遇和挑战。未来，随着技术的不断进步和应用场景的不断拓展，低空交通产业将实现更加智能化、自动化的飞行和管理方式，为人类社会的发展作出更大的贡献。

13.5　绿色环保与可持续发展

在低空交通产业的未来发展趋势中，绿色环保与可持续发展占据了举足轻重的地位。随着全球气候变化和环境问题的日益严峻，低空交通产业正面临着转型的压力和机遇。近年来，中国政府高度重视环保事业，出台了一系列政策鼓励低空交通产业向绿色、低碳、可持续的方向发展。

在低空交通领域，环境友好型的实践主要体现在两个层面：首先，是降低航空器在运行过程中对环境的负面影响，包括减少噪声污染和降低废气排放；其次，是利用低空交通技术为环保事业提供支持，例如进行环境监测和生态修复工作。相关统计数据显示，相较于传统机型，采用新型环保技术的低空交通工具能够将碳排放量减少大约 30%，同时有效控制噪声污染。

以无人机在环境监测中的应用为例，无人机凭借其高效、灵活、低成本的特点，在空气质量监测、森林火险预警、水域污染监测等方面发挥了重要作用。通过无人机搭载的高清摄像头和传感器，可以实时获取环境数据，为环保部门提供决策支持。此外，无人机还可用于生态修复工作，如播种、施肥、喷洒生物制剂等，有效促进了生态环境的改善。

据美国网站报道，可持续推进技术正持续涌入主流市场。2023 年 7 月，Diamond Aircraft 在其奥地利维也纳新城总部成功首飞了全电动 eDA40 飞机。同年 1 月，加州企业 ZeroAvia 也完成了多尼尔 228 氢电测试飞机的首飞，并在 7 月实现了该飞机初始飞行测试的第 10 次升空。这款飞机采用氢燃料电池发电和电动推进系统，实现了零碳排放。

此外，5 月时，一架使用可持续航空燃料混合物的湾流 G700 飞机以马赫 0.89 的速度，从乔治亚州萨凡纳飞抵东京，创下速度纪录。这继 2022 年末湾流 G650 首次以 100% 可持续航空燃料飞行之后，再次为商务喷气机行业向 2050 年二氧化碳净零排放目标迈进树立了重要里程碑。值得一提的是，2022 年的飞行采用了加利福尼亚世界能源公司提供的废脂肪和植物油提取的两种成分混合物燃料，而威斯康星州的 Virent Inc. 公司则利用植物糖合成了芳香烃煤油，为可持续航空燃料的发展贡献了新的方案。

2023 年 7 月，位于加利福尼亚的 Reliable Robotics Corp. 获得了美国联邦航空管理局对其连续自动驾驶接合系统的认证计划的批准。该系统旨在实现自动滑行、起飞和着陆操作。该公司计划将飞行控制技术应用于塞斯纳卡拉万 208 飞机，以执行货运飞行任务，并最终拓展至客运飞行。近期，该公司将依照认证计划开展飞行测试。同样位于加利福尼亚的 Joby Aviation，在其 S4 空中出租车项目上取得了显著进展。S4 是一种四座电动垂直起降飞机，公司正致力于获取美国联邦航空管理局的型号证书。2024 年 2 月，Joby 宣布已成功完成认证的第二阶段，其间公司确定了满足第一阶段认证所确定的安全规定的方法。到了 7 月，Joby 提交了其第三阶段认证计划，详细阐述了为证明合规性所需进行的分析和测试。9 月，Joby 宣布选定俄亥俄州代顿作为其首个飞机生产设施的地点，并计划每年生产多达 500 架飞机。

2019 年，隶属于德国宇航中心（DLR）的 H2Fly 公司成功完成了全球首架四座氢燃料电池飞机 HY4 的首次飞行任务。DLR 正致力于深入研发零排放氢燃料动力系统，目标是未来将其应用于空中出租车以及 19 座的支线飞机。

图 13-5　HY4 氢燃料电池飞机 [1]

　　HY4 飞机采用尖端的氢电燃料电池系统，具备四个冗余系统确保在低压条件下的可靠性。飞机使用液态氢储存技术，通过多层真空绝热杜瓦罐实现低温储存，并通过复杂的蒸发机制为燃料电池系统提供氢气。该技术严格遵循安全协议，确保飞行安全。HY4 飞机的航程达到 1,500 km，实现了零排放，显著减少了航空业的碳足迹，公司计划在 2027 年前实现氢电飞机的商业化，到 2050 年实现净零排放。H2FLY 的液态氢动力飞行不仅是一项技术成就，将为航空业带来革命性的变化，也预示着航空业向更可持续的未来转变。

　　2024 年，沈阳航空航天大学与辽宁通用航空研究院及其他合作单位携手，成功研发并实现了世界首架四座氢燃料内燃机飞机原型机的首次飞行。该飞机配备了基于"红旗"汽油机技术改良的 2.0 L 氢燃料内燃机，实现了零排放，这一成就标志着中国在氢燃料航空动力技术领域取得了显著进展。该飞行器于 2024 年 1 月 29 日在沈阳市法库财湖机场顺利完成了首飞测试，试飞员报告称其动力强劲、振动微弱、操控性能优异，为后续的飞行试验打下了坚实的基础。该飞机的设计融合了上单翼、低平尾、前置螺旋桨以及前三点式固定起落架的布局，其翼展为 13.5 m，机身长度为 8.2 m，具备 4.5 kg 的储氢能力，巡航速度可达每小时 180 km。

　　为了实现低空交通产业的可持续发展，需要政府、企业和社会各界共同努力。政府应加大政策扶持力度，鼓励企业研发环保型低空交通器，推广绿色航空技术；企业应积极履行社会责任，加强环保意识，提高资源利用效率；社会各界应加强对低空交通产业的关注和支持，共同推动产业向绿色、低碳、可持续的方向发展。

---

　　[1]　数据和图片来源：Cold Facts | December 2023 | Volume 39 Number 6。

图 13-6　四座氢内燃机验证机 [1]

正如联合国环境规划署前执行主任埃里克·索尔海姆所言："可持续发展是我们共同的未来，我们需要携手合作，共同应对环境挑战。"低空交通产业作为国民经济的重要组成部分，其绿色环保与可持续发展对于推动整个社会的可持续发展具有重要意义。

13.6　多元化与跨界融合的发展趋势

在低空交通产业的未来发展趋势中，多元化与跨界融合成为不可忽视的重要方向。随着技术的不断进步和市场需求的日益多样化，低空交通产业正逐步打破传统界限，与多个领域实现深度融合。例如，无人机技术的快速发展为低空交通产业带来了全新的应用场景，从农业植保、环境监测到物流配送、应急救援，无人机正逐步渗透到各个行业领域，成为推动低空交通产业发展的重要力量。在旅游领域，低空交通旅游作为一种新兴的旅游方式，正以其独特的魅力和便利性吸引着越来越多的消费者。据统计，近年来低空交通旅游市场的年复合增长率超过 10%，显示出巨大的市场潜力和发展空间。此外，低空交通产业与环保事业的结合也日益紧密。通过利用低空交通技术，可以实现对环境的高效监测和保护，为环保事业提供有力支持。例如，无人机技术在环境监测、森林防火、野生动物保护等方面发挥着重要作用，成为环保事业的重要工具。这种跨界融合不仅促进了低空交通产业的发展，也为环保事业带来了新的机遇和挑战。

在多元化与跨界融合的过程中，低空交通产业还积极寻求与其他产业的协同发展。例如，在民航运输领域，低空交通与民航运输的协同发展已成为行业共识。通过优化资源配置、提高运营效率、拓展服务范围等方

---

[1]　数据和图片来源：《中国工程科学》2023 年第 25 卷第 5 期。

式，实现了低空交通与民航运输的互补共赢。这种协同发展不仅有助于提升整个航空产业的竞争力，也为消费者提供了更加便捷、高效的航空服务。

　　总之，多元化与跨界融合是低空交通产业未来发展的重要趋势。通过与其他产业的深度融合和协同发展，低空交通产业将不断拓宽应用领域和市场空间，实现更加广阔的发展前景。

参考文献

［1］U.S. Government Publishing Office. (1994). General Aviation Revitalization Act of 1994. https://www.govinfo.gov/content/pkg/COMPS-920/pdf/COMPS-920.pdf.

［2］Federal Aviation Administration. (2024). Air Traffic by The Numbers. https://www.Federal Aviation Administration.gov/air_traffic/by_the_numbers/html.

［3］U.S. Government Publishing Office. Title 14 Aeronautics and Space Code of Federal Regulations. https://ecfr.io/Title-14/html.

［4］Federal Aviation Administration. ENR 1.4 ATS Airspace Classification. https://www.Federal Aviation Administration.gov/air_traffic/publications/atpubs/aip_html/part2_enr_section_1.4.html.

［5］Cropf, K., & Calabrese, S. (2023). FEDERAL AVIATION ADMINISTRATION SWIM Updates. International Transportation and Infrastructure Engineeri-ng Conference.

［6］PWC. (2020). Contribution of General Aviation to the US Economy in 2018.

［7］Federal Aviation Administration. (2021). NextGen Annual Report Fiscal Year 2021. https://www.Federal Aviation Administration.gov/nextgen/NextGenAnnualReport-FiscalYear2021.pdf.

［8］Federal Aviation Administration. (2020). National Plan of Integrated Airport Systems (NPIAS) 2021-2025. U.S. Department of Transportation. https://www.Federal Aviation Administration.gov/sites/Federal Aviation Administration.gov/files/airports/planning_capacity/npias/current/NPIAS-2021-2025-Narrative.pdf.

［9］Federal Aviation Administration. (2024). FEDERAL AVIATION ADMINISTRATION Aerospace Forecasts Fiscal Years 2024-2044. https://www.Federal Aviation Administration.gov/dataresearch/aviation/aerospaceforecasts/Federal Aviation Administration-aerospace-forecasts.pdf.

［10］Emerging Aviation Entrants: Unmanned Aircraft Systems and

Advanced Air Mobility. NASA Official Social Media Accounts.

[11] Federal Aviation Administration. (2024). 14 CFR Part 135: Operating Requirements: Commuter and on Demand Operations and Rules. U.S. Department of Transportation Federal Aviation Administration.

[12] Federal Aviation Administration. (2024). 14 CFR Part 21: Operating Requirements: Commuter and on Demand Operations and Rules.

[13] Federal Aviation Administration. (2024). 14 CFR Part 23: Airworthiness Standards: Normal Category Airplanes.

[14] Federal Aviation Administration. (2024). 14 CFR Part 91: General Operating and Flight Rules.

[15] Kraus, T. L. Tensions, Trials, and Tribulations: The Federal Aviation Administration During the Carter Presidency, 1977–1981. U.S. Department of Transportation Federal Aviation Administration.

[16] PwC. (2024). Global aerospace and defense Annual industry performance and outlook. From PwC Aerospace and Defense.

[17] GAMA. (2023). General Aviation Airplane Shipments (1994–2023) and Helicopter Shipments (2012–2023) by Type and Billings Worldwide. From General Aviation Manufacturers Association 2023 Annual Data.

[18] National Commission on Terrorist Attacks Upon the United States. (2011). THE 9/11 COMMISSION REPORT.

[19] Lin Wang. (2021).Review of the Application of Open Source Flight Control in Multirotor Aircraft. International Core Journal of Engineering. (ISSN: 2414–1895).

[20] U.S. Department of Homeland Security. (2011). Implementing commission 9/11 recommendation.

[21] (2013). Final Airport Master Plan Springfield–Branson National Airport. https://www.jviation.com.

[22] U.S. Air Force. (2021). Air Force Handbook1 Airman.

[23] Shaw, F. J. (2014). Locating Air Force Base Sites History's Legacy. U.S. Air Force.

[24] Maurer, M. (1987). Aviation in the US. Army, 1919–1939. Office of Air Force History, United States Air Force.

[25] Cessna History. Retrieved from Cessna History.

[26] Federal Aviation Administration.(2011).Federal Aviation Administration FY 2011 President's Budget Submission.

[27] Wolk, H. S. (1984). Planning and Organizing the Postwar Air Force 1943-1947. Office of Air Force History, United States Air Force.

[28] U.S. Coast Guard. (2020). The Coast Guard Journal of Safety & Security at Sea Proceedings.

[29] (1996). NORAD Agreement. https://csps.aerospace.org/sites/default/files/2021-08/NORAD%20Agreement%20May96.pdf.

[30] (2009). Eric Marcus Municipal Airport Master Plan.

[31] The Institude for Defence Analyses. (2013). Expediting the Transfer of Technology from Government Laboratories into the Aeronautics Industry.

[32] Johnson, E. R. (2010). American Flying Boats and Amphibious Aircraft. McFarland & Company, Inc., Publishers.

[33] Giulio Bartolini. (2005). Air Operations Against Iraq (1991 and 2003).

[34] G1000® Integrated Flight Deck Pilot's Guide. Cessna Nav III.

[35] National Park Service. (1998). Guidelines For Evaluating and Historic Documenting Aviation Properties "National Bulletin Register Technical information on the National Register of Historic Places".

[36] National Aeronautics and Space Administration. (1989).Office of Management Scientific and Technical Information Division: A History of the NACA and NASA, 1915-1990.

[37] The Aircraf yearbook for 1945. (Official Publication). Aeronautical Chamber of Commerce of America, Inc.

[38] The Aircraf yearbook for 1925. (Official Publication). Aeronautical Chamber of Commerce of America, Inc.

[39] The Aircraf yearbook for 1928. (Official Publication). Aeronautical Chamber of Commerce of America, Inc.

[40] Lorenzo Trainelli. (2013). The Tandem Wing: Theory, Experiments, and Practical Realisations. (POLITECNICO DI MILANO Scuola di Ingegneria Industriale e dell' Informazione CORSO DI LAUREA

参考文献

MAGISTRALE IN INGEGNERIA AERONAUTICA *①).

［41］Kimon P. Valavanis George J. Vachtsevanos. 2011.《Handbook of Unmanned Aerial Vehicles》ISBN 9789048197064 .Springer.

［42］Hunsaker, J. C. (1956). Forty Years of Aeronautical research. Smithsonian Institution.

［43］Federal Aviation Administration. (2012). General Aviation Airports: A National Asset.

［44］Federal Aviation Administration. (2012). ASSET2: In-Depth Review of the 497 Unclassified Airports.

［45］Kraus, T. L. (1982) Tensions, Trials, and Tribulations: The Federal Aviation Administration During the Carter Presidency, 1977-1981. U.S. Department of Transportation Federal Aviation Administration.

［46］PwC. (2024). Global aerospace and defense Annual industry performance and outlook. From PwC Aerospace and Defense.

［47］Kovarik, K. V. (2008) Amending the General Aviation Revitalization Act to Mitigate Unintended Inequities. Seattle University Law Review. Vol. 31:973

［48］Small Aircraft Regulatory Reform Act. public law.

［49］Air commerce Act 1926. public law.

［50］Nicklin, S. (2016). Hopping the Pond: The Normalization of North Atlantic Civil Aviation from its Origins to the Rise of the Jumbo Jet, 1919-1970. Department of History Faculty of Arts University of Ottawa.

［51］Federal Aviation Administration. (1998) Federal Aviation Administration Historical Chronology, 1926-1996.

［52］Schaffel, K. (1991). The Air Force and the Evolution of Continental Air Defense 1945-1960. Office Air History United States Air Force Washington. D.C.

［53］Congressional Research Service, the Library of Congress. (2001, October 10). China-U.S. Aircraft Collision Incident of April 2001: Assessments and Policy Implications. https://policyarchive.org/handle/10207/1198.

［54］Grant, R. G. (2002). Flight: 100 years of aviation. Duxford Imperial Museum, Smithsonian Institution.

---

① 意大利语：米兰理工大学（Politecnico di Milano）的工业与信息工程学院（Scuola di Ingegneria Industriale e dell'Informazione）航空航天工程硕士课程（Corso di Laurea Magistrale in Ingegneria Aeronautica。